현장사례를 통해 배우는
어린이집 운영

알기쉬운

영유아보육법령과 지도점검

저자 : **이기용** | 감수 : **김태우**

양 성 원

추천사

일반적으로 전문서적을 출판한다는 것은 그 분야에 근무하는 직원 1만 명 가운데 1명에 지나지 않는다고 합니다.

그것은 아마도 많은 시간과 정성 그리고 인내와 상당한 자료 등을 갖춰야만 출간이 가능하기 때문이라 할 것입니다.

또한, 이 과정은 매우 지난(至難)한 여정이기도 합니다.

그러나, 전문분야를 저술하여 출간을 하게 되면 저자로서 나름 자긍심은 물론, 많은 사람들과 지식과 정보 그리고 경험을 공유하게 됩니다.

그런데 이번에 이기용 과장이 보육행정에서의 상당한 경험과 보육계의 고민을 긴 인고와 수고의 결실로 이 책을 출간하게 되었습니다.

이 책에는 보육현장에서 반드시 알고 있어야만 하는 근간인 영유아보육법령 특히, 지도점검의 내용과 대응, 행정심판 등 그리고 어린이집의 노무관리와 특이민원 등이 차곡히 수록되었습니다.

어린이집 전 교직원이 이해하고 있어야 할 필요한 내용이라고 생각됩니다.

여러 해 동안 공직자로서 법무관과 특히, 영유아보육과 복지관계 공무원으로 재직한 경험으로 어렵지 않은 사례들을 잘 들었다는 점에서 어린이집 운영의 안내서가 될 것으로 보입니다.

이번 출간 된 책은 대학 등에서 주교재로 또는 보육교직원들의 보수교육의 보충교재로 채택하여도 손색이 없는 알찬 내용을 담고 있습니다.

따라서 어린이집에서는 꼭 필요한 기본서로서 어린이집 운영에 많은 도움이 될 것입니다.

이러한 점에서 사)한국보육교사교육연합회장과 전국 보육교직원 보수교육기관협의회장으로서 이 교재를 적극 추천합니다.

바라건대 보육교직원들과 어린이집에 많은 도움이 되었으면 하는 바랍니다.

감사합니다.

2020. 8.

사) 한국보육교사교육연합회장

사) 한국보육교직원보수교육기관협의회장

이 만 수

들어가면서…

어느 날 어린이집에서 연락이 왔습니다.

일주일전 어린이집 지도점검 결과 냉장고에 보관하고 있던 식품 유통기한이 5. 3. 인데 지도점검 당일 5. 4.일로 이미 1일이 지났다며 지도점검 보육담당공무원이 확인서 작성을 요구해서 작성해 주었다고 합니다.

한데, 지금까지 그 어린이집에서는 유통기한을 철저하기 준수하여 왔고 식품점에서 유통기한을 확인하여 구입하여 왔는데 도저히 납득할 수 없었다고 합니다.

하여, 후일 식품점을 방문하여 당시 판매하였던 같은 식품을 확인해 보니 모두 유통기한이 8일자 표기되었지만 그 중 몇 개 식품이 3일자 표기돼 이상하다 여겨 불빛에 자세히 비추어 보니 8일자라는 겁니다.

같은 식품인데 유통기한을 달리해 판매할 리 만무하여 식품점에 확인하니 유통기한은 모두 8일자로 확인해 주었다고 합니다.

이후 어린이집 냉장고에 보관되었던 식품 표면 역시 유통기한은 5. 3 일로 표기되어 있어 불빛에 비추어 보니 명확히 8자 표기인데 왼쪽부분이 희미하여 3자로 보였답니다.

그런데, 이미 시정명령처분 됐다고 합니다.

너무 속상하다고 합니다.

어떻게 해야 할까요? (이의신청 민원 또는 시정명령취소 행정심판 등)

아무리 『영유아보육법』과 『보육사업안내』를 찾아보아도 복잡하기만 하고 너무 당황스럽기만 하지요?

바로 이런 일처럼 많은 보육인들이 현장에서 보육서비스의 질을 높이기 위해 어린이집 운영을 하면서 부딪치는 여러 문제들을 해결하기에는 항상 무언가 부족하고 어렵다는 생각을 하게 되었습니다.

바로 이러한 여러 문제들을 해결하기 위해 찾아 걸어왔던 그 동안의 보육행정 경험과 보육강의를 이 책에 오롯이 담아 보았습니다.

※ 이 책은 보건복지부 및 고용노동부 등 시 · 도 또는 시 · 군 · 구 자료 일부를 참고 또는 인용하였습니다.

머리말

'현장에 답이 있다'라는 말이 있습니다.
보육행정의 근간인 『영유아보육법』이 1991. 1. 14. 제정된 이래 29년이 지난 현재에 이르기까지 무려 53회 차례나 개정하기에 이르렀습니다.
이는 보육현장에서 뜻밖에 발생하는 많은 물음에 대한 응답의 산물이라는 점에서 그 만큼 보육현장의 급변을 반영해 온 현상이라 여겨집니다.
아울러, 보건복지부 역시 해마다 영유아보육법령의 개정과 더불어 어린이집 운영에 필요한 내용을 정리하여 발행하고 있는 『보육사업안내』 내용도 상당한 변화를 겪어 왔습니다.
이는 급증하고 있는 보육수요에 부응하면서 보육의 질을 높이고자 시행하여 왔던 각종 다양한 보육제도와 정책을 법령에 담아 시행하는 과정에서 『영유아보육법』과 『보육사업안내』는 보육행정 발전에 크게 기여해 왔다고 할 것입니다.
그러나, 『영유아보육법』과 『보육사업안내』 만으로 많은 보육인들이 어린이집 운영을 통한 보육서비스의 질을 높이기에는 부족함과 어려움이 있다는 생각을 하게 되었습니다.
그만큼 영유아보육법이 제정당시 32개조의 법률조항이 현재는 91개조의 법률조항으로 조항으로는 무려 3배나 늘어났고 내용면에서 5배정도 늘었다는 점에서도 보육서비스의 질을 높이기 위한 보육행정 역시 그만큼 복잡하여 어려워지고 있다는 뜻이기도 합니다.
이러한 점에서 십여 년간 보육행정의 경험과 보육강의를 통하여 정리하였던 영유아보육법령을 보다 쉬운 이해를 돕기 위하여 그 동안의 사례와 법원의 판결을 정리 하였습니다.
그리고 무엇보다도 어린이집 원장님들이 가장 힘들어 하는 어린이집 지도 · 점검에 대한 실무, 실제사례와 행정심판 등 그리고 어린이집의 노무관리, 특이민원 등 어린이집 운영에 실질적으로 도움이 되도록 정리해 보았습니다.
비록, 부족한 글이지만 어린이집 원장님과 보육교사 선생님 등 보육관계자들 뿐만 아니라 특히 보육행정을 담당하는 공무원에게 조금이나마 도움이 되었으면 하는 바람으로 이 책을 출간하게 되었습니다.
끝으로 이 책이 나올 수 있도록 많은 도움을 준 보육행정 담당 공무원과 어린이집 원장님 등 보육교사 선생님 등 관련 분들에게 깊은 감사를 드립니다.

2020. 8.

이 기 용

차례

Ⅰ. 영유아보육법 개관

Ⅱ. 영유아보육법의 내용

Ⅲ. 어린이집의 지도점검

Ⅳ. 어린이집의 노무관리

Ⅴ. 특이민원 및 대응방안

I

영유아보육법 개관

1절 영유아보육법의 제정과 주요 개정내용

1. 영유아보육법의 제정배경

○ 영유아보육법 제정이유는 현대사회의 산업화에 따른 여성의 사회참여 증가 및 가족구조의 핵가족화에 의한 탁아수요의 급증에 따라 아동보호와 교육문제는 개인적인 차원을 넘어 사회적·국가적 차원에서 해결이 불가피하게 되었음

○ 아동복지법에 의한 탁아사업은 시설 설립주체의 제한으로 인한 보육사업 확대곤란, 관장부처의 다원화로 체계적이고 효율적인 보육사업 추진 등에 문제점이 발생

○ 영유아의 보호와 교육에 관한 별도의 입법을 통하여 보육시설의 조속한 확대 및 체계화로 아동의 건전한 보호·교육 및 보육자의 경제적·사회적 활동의 지원을 통하여 가정복지증진을 도모하기 위하여 영유아보육법을 1991. 1.14. 제정하여 1991. 1. 14.부터 시행됨.

○ 이후 여러 차례 영유아보육법의 개정을 통해 현재에 이르고 있으나 큰 폭으로 개정은 2004. 1. 29. 법률 제7153호 전부 개정하여 2005. 1. 30. 시행 이후 다시 수십여 차례의 개정을 통해 현재에 이르렀음

2. 영유아보육법의 주요 개정내용

연 도	주 요 내 용	비 고
1991.01.14.	• 영유아보육법 제정	보건사회부
1998.03.01.	• 초등학교 취학직전 1년의 영유아 무상보육 • 국가와 지방자치단체는 보육시설 설치·운영	보건복지부
1998.07.01.	• 보육시설 설치를 **인가**에서 **신고**로 변경	보건복지부
1999.05.09.	• 민간 및 직장보육시설의 폐지 또는 휴지를 **승인**에서 **신고**로 완화 • 보육시설 보육료 시장·군수·구청장 승인하고 한도액은 시도지사가 정함	보건복지부
2004.03.11.	• 영유아 보육사무 보건복지부에서 **여성부**로 이관됨	**여성부**
2005.01.30.	• 보육정책조정위원회 설치 • 중앙보육정책위원회 및 지방보육정책위원회 • 보육시설설치 **신고**에서 **인가**를 받도록 함	**여성부**

연 도	주 요 내 용	비 고
	• 보육교사 등급 구분(1내지 3급) • 저소득층의 자녀 우선보육시설 이용 • 생활기록부 작성관리 • **보육시설 평가인증** • 무자격 보육종사자 채용 시설 업무정지 • 허위 또는 부정한 방법으로 취득한 보육교사 자격취소	
2006.03.30.	• 보육시설의 장은 보육시설설치운영위원회 설치 · 운영 • 명의대여 등의 금지 보육시설의 장 또는 보육교사는 다른 사람에게 자기의 성명이나 보육시설의 명칭 등 자격증 대여금지	**여성부**
2008.02.29.	• 영유아 보육사무 **여성부**에서 **보건복지가족부**로 이관됨	보건 복지가족부
2008.04.18.	• 보육시설 또는 보육시설용지확보 노력 • 민간보육시설 등 기부채납 시 운영위탁 –행정제재처분효과의 승계(양도, 사망, 법인합병)	보건 복지가족부
2008.07.28.	• 대체교사 도입 • 영아 또는 장애아에게 심한 불편을 줄 우려가 있는 경우 운영정지 처분에 갈음하는 정원감축 또는 아동모집정지	보건 복지가족부
2009.07.01.	• 보육의 정의(시설이용 이동 → 전체 영유아) • 취약보육(다문화아동 포함) • 보육시설 안전공제사업 설립 • 양육수당 신설, 다자녀가구 보육료지원 신설 • 보육서비스 이용권 신설 • 보육비용의 신청 및 지원절차 신설	보건 복지가족부
2010.03.19.	• 영유아 보육사무의 주관부처 보건복지가족부에서 **보건복지부**로 명칭변경	보건복지부
2011.12.08.	• 보육시설 및 보육시설종사자 등의 명칭을 각각 **어린이집** 및 **보육교직원**으로 변경함 • 보육실태조사의 실시 주기를 3년으로 함 • 어린이집의 설치 · 운영자는 놀이터를 설치하도록 함. 다만, 보육정원 50인 미만인 경우와 100미터 이내에 보건복지부령으로 정하는 기준을 충족하는 놀이터가 설치되어 있는 경우에는 놀이터를 설치하지 않도록 함 • 원장 및 보육교사 자격검정 및 자격증 교부 공공 또는 민간기관단체에 위탁 등 • 다문화가족 자녀 국공립어린이집 우선이용 및 무상보육 • 보육료 및 양육수당 지원확정자 금융정보제공 • 보호자가 거짓이나 부정한 방법으로 보육료 및 양육수당을 지원받	보건복지부

연 도	주 요 내 용	비 고
	은 경우에는 그 비용의 전부 또는 일부를 환수할 수 있도록 함 • 보조금횡령 또는 유용하여 운영정지를 명하는 경우 이를 갈음하여 3천만원 이하 **과징금** 부과	
2012.02.05.	• 보육시설의 종류에 법인 · 단체 등 보육시설을 신설함 • 국공립 보육시설을 최초로 위탁하는 경우 국공립어린이집 위탁체 선정관리 기준에 따라 심의하고, 공개경쟁의 방법에 의함 • 어린이집 평가인증의 결과를 공표하고 거짓이나 부정한 방법으로 평가인증을 받은 경우에는 평가인증 취소 • 어린이집 안전공제회 보상의 범위를 생명신체상의 피해에서 재산상의 피해까지 확대하고 **어린이집은 공제회에 당연 가입** • 어린이집 원장은 최초로 보육하는 영유아의 예방접종 여부를 시장 · 군수 · 구청장 또는 부모로부터 예방접종증명서 등을 발급받아 30일 이내에 확인	보건복지부
2012.07.01.	• 직장어린이집 설치의무를 이행하지 아니한 사업장에 대한 위반사실을 공표 • 어린이집 비상재해대비시설의 설치기준강화 전(2009. 7. 3) 이미 인가받은 어린이집의 경우 비상재해대비시설기준 심의위원회의 심의를 거쳐 종전의 비상재해대비시설기준을 적용 • 원장의 보수교육은 사전직무교육과 직무교육 • 보육교사의 보수교육은 직무교육과 승급교육 • 보조금반환명령 선행은 착오 또는 경미한 과실로 인하여 보조금을 수령하는 경우	보건복지부
2013.03.01.	• 국가와 지방자치단체 보육에 필요한 재원 확보의무 • 영유아에 대한 **무상보육** 근거 마련 • 보건복지부장관 표준보육비용 등 조사 후 그 결과로 무상보육비용을 정함 • 국가와 지방자치단체는 무상보육에 따른 영유아와 장애아 및 다문화 가족 자녀를 위한 어린이집 설치운영	보건복지부
2013.12.05.	• **보육정보센터**의 명칭을 **육아종합지원센터**로 변경하고 일시보육, 보육에 관한 정보수집, 상담 등의 기능수행 • 어린이집에 부모모니터링단 설치 · 운영 • 국가와 지방자치단체는 일시보육서비스 제공시설 지정 • 일시보육서비스 이용 영유아도 양육수당 지원 • 어린이집원장 자격정지 요건 중 영유아에게 중대한 생명 · 신체 또는 정신적 손해를 입힌 경우로 명확히 함 • 어린이집에서 보육료 등 필요경비 · 예산 · 결산 사항 등 부모가 궁금해 하는 정보를 매년 1회 이상 공시 • 보조금 부정수령 등 위반행위 어린이집 공표	보건복지부

연 도	주 요 내 용	비 고
2014.02.14.	• **아동복지법 제17조의 금지행위**를 하여 금고 이상의 실형을 선고 받고 그 집행이 종료된 날부터 **10년이 경과**되지 아니한 경우에는 어린이집 설치 · 운영을 할 수 없도록 함 • 어린이집 설치 · 운영자 및 어린이집 근무자 결격 사유 중 **벌금형** 또는 **통고처분**을 받고 그 선고 또는 이행 후 2년이 경과되지 아니한 경우와 아동복지법 제17조에 따른 금지행위를 위반하여 벌금형을 선고받은 경우에는 10년이 경과되지 아니한 경우 추가 • 아동복지법 제17조에 따른 금지행위를 하여 자격이 취소된 후 자격 재교부기한이 경과 되지 아니한 경우에는 어린이집에 근무할 수 없음 • 보건복지부장관은 아동복지법 제17조에 따른 금지 행위를 위반한 어린이집의 원장 및 보육교사에게 아동학대 행위 방지를 위한 교육을 명령 • 어린이집운영위원회는 보육료 외의 필요경비를 받는 경우 그 수납액 결정에 관한 사항을 심의 • 특별활동 특정시간 부모동의 특별활동을 하지 않는 영유아에게 대체프로그램 제공	보건복지부
2014.02.14.	• 통학차량 도로교통법 제52조에 따라 미리 경찰서장에게 신고 • 보호자 동의 없이 특별활동하는 경우와 특별활동 참여하지 않는 영유아에게 대체프로그램 제공하지 않은 경우 시정명령 • 어린이집설치운영자 및 보육교직원이 아동복지법 제17조의 금지행위를 한 경우 운영정지 또는 폐쇄 • 어린이집의 원장 및 보육교사가 아동복지법 제17조에 따른 금지행위를 하여 자격이 취소된 경우에는 취소된 날부터 10년 이내에는 자격을 재교부하지 못함	보건복지부
2014.11.29.	• 결격사유 중 금치산자 및 한정치산자를 피성년 후견인 및 피한정후견인으로 변경 • 아동복지법 제17조 위반으로 금고이상의 형의 집행유예를 선고받고 확정된 경우, 결격사유에 해당하는 기간을 확정된 날부터 10년으로 함 • 어린이집 폐쇄명령을 받은 경우 결격사유에 해당하는 기간을 1년에서 2년으로 강화함 • 어린이집 설치 · 운영의 결격사유 중 벌금, 통고 처분을 받고 2년이 지나지 아니한 경우를 영유아보육법을 위반하여 300만 원 이상의 벌금형을 선고받고 2년이 지나지 아니한 경우와 아동복지법 제17조를 위반하여 벌금형을 선고 받고 10년이 지나지 아니한 경우로 함 • 도로교통법 제53조제3항을 위반하여 보호자인 보육교직원의 동승	보건복지부

연 도	주 요 내 용	비 고
	없이 어린이통학버스 운행 중 발생한 교통사고로 영유아가 사망하거나 신체에 중상해를 입은 경우, 어린이집에 운영 정지 및 폐쇄를 명할 수 있도록 함	
2015.09.19.	• 90일 이상 해외체류 시 양육수당 지급정지	보건복지부
2016.08.04.	• 어린이집의 종류에 보호자 또는 보호자와 보육교직원이 조합을 결성하여 설치 · 운영하는 협동어린이집을 둠 • 보육의 우선 제공 대상에 제1형 당뇨를 가진 경우로서 의학적 조치가 용이하고 일상생활이 가능하여 보육에 지장이 없는 영유아를 추가함 • 어린이집의 원장은 간호사(간호조무사를 포함한다)로 하여금 영유아가 의사의 처방, 지시에 따라 투약행위를 할 때 이를 보조하게 할 수 있도록 함 • 보육비용등 지원 신청자 및 지원 결정자 등의 권리를 보호하고 합리적인 조사가 이루어지도록 하기 위하여 출입을 방문으로 변경하고 소속공무원이 조사 등을 할 때 권한을 표시하는 증표뿐만 아니라 조사기간, 조사범위 등이 기재 된 서류를 제시하도록 함	보건복지부
2017.09.15.	• 국가와 지방자치단체가 영유아의 보호자에게 영유아의 성장 · 양육방법, 보호자의 역할, 영유아의 인권 등에 대한 교육을 실시하고, 교육에 필요한 비용을 보조할 수 있는 근거를 마련함 • 직장어린이집에 국가나 지방자치단체의 장이 소속공무원 및 국가나 지방자치단체의 장과 근로계약을 체결한 자로서 공무원이 아닌 자를 위하여 설치 · 운영하는 어린이집을 추가함 • 우선적으로 **국공립어린이집**을 설치하도록 하는 대상에 산업입지 및 개발에 관한 법률 제2조 제8호에 따른 **산업단지 지역**을 포함함 • 보육교직원이 업무를 수행함에 있어 영유아의 생명 · 안전보호 및 위험방지를 위하여 주의의무를 다하도록 함 • 보육의 우선제공 대상에 국가유공자 중 전몰자 · 순직자 및 보건복지부령으로 정하는 상이등급 판정을 받은 자의 자녀를 추가함 • 영유아의 건강진단 실시여부를 어린이집 생활기록부에 기록하여 관리하는 등 건강관리를 하도록 함	보건복지부
2018.06.13.	• 보육정원 21명 이상인 어린이집은 **교사실** 설치 교사 교육활동 계획 · 준비, 자료제작 등 • 2018.6.13.이후 신규 및 변경인가(정원감원은 제외) 시설부터 적용	보건복지부
2019.06.12.	• **어린이집 평가인증제도 전환** 임의사항 → **의무제**, 평가인증 → **평가등급제** • 거짓이나 그 밖의 부정한 방법으로 평가를 받은 경우나 어린이집	보건복지부

연 도	주 요 내 용	비 고
	대표자나 보육교직원이 아동학대범죄 또는 아동 · 청소년 대상 성범죄를 저지른 경우 평가등급을 최하위등급으로 하향조정함 • 보육개발원을 **한국보육진흥원**으로 설립 • 어린이집 우선이용대상자 형제자매가 장애인 영유아 • 어린이집 관련 위법행위에 **공익신고자 포상금** • 어린이집 평가를 거부, 방해, 기피 등 부정한 방법 평가 시 시정 또는 변경 명령을 명할 수 있음 • **평가 및 확인점검**에 관한 업무를 **한국보육진흥원**에 위탁 할 수 있음	
2019.03.25.	• 일시보육 서비스 → **시간제보육 서비스**로 정비함 • 국가나 지방자치단체는 주택법에 따른 **500세대 이상 공동주택**에 설치되어야 하는 어린이집을 **국공립어린이집**으로 운영하고, 국공립어린이집을 설치하는 경우 지방보육정책위원회의 심의를 거쳐 설치 · 운영하도록 함 • 어린이집 원장이 예방접종통합관리시스템을 활용하여 매년 정기적으로 영유아의 예방접종 여부를 확인할 의무를 부여함 • **국공립어린이집과 중소기업이 공동**으로 설치 · 운영하는 **직장어린이집에 대해 국 · 공유재산의 무상 대부 및 사용**에 대한 법적 근거를 마련함	보건복지부
2020.01.16.	• 특별자치도지사 · 시장 · 군수 · 구청장이 어린이집의 설치인가 시 해당 **지역의 보육 수요**를 **고려**하여 **인가** 여부를 결정하도록 함 • 보건복지부장관은 표준보육비용을 3년마다 조사하고, 조사 결과를 바탕으로 중앙보육정책위원회의 심의를 거쳐 **표준보육비용**을 결정하도록 함 → 2022년도 조사 • 비용 및 보조금의 반환명령 대상에 거짓이나 그 밖의 부정한 방법으로 **무상보육** 실시에 필요한 **비용**을 지원받은 경우를 **추가**함	보건복지부
2019.11.01.	• 시 · 도지사 등이 **직장어린이집 미설치** 기간 · 사유 등을 고려하여 **이행강제금을 100분의 50의 범위**에서 **가중**할 수 있도록 함	보건복지부
2020.03.01.	• **기본보육과 연장보육**으로 보육시간을 구분하여 운영하는 어린이집은 구분된 보육시간별로 이를 전담하는 보육교사를 배치할 수 있도록 함. • 어린이집은 해당 어린이집을 이용하는 모든 영유아에게 필수적으로 제공되는 과정인 기본보육과 이를 초과하여 보호자의 욕구 등에 따라 제공되는 연장보육을 구분하여 운영할 수 있도록 함	보건복지부
2020.07.08.	• 국가자격증이 대여 · 알선 등을 통해 돈벌이 수단으로 악용되는 것을 방지하기 위하여 어린이집 원장이나 보육교사 자격증의 대여 · 알선 등의 행위를 금지함 • 이를 위반한 경우 처벌할 수 있는 근거를 규정함	보건복지부

2절 영유아보육법의 목적

○ 영유아의 심신을 보호하고 건전하게 교육하여 건강한 사회 구성원으로 육성함

○ 보호자의 경제적 · 사회적 활동이 원활하게 이루어지도록 함으로써 영유아 및 가정의 복지 증진에 이바지함을 목적으로 함

3절 영유아보육법의 구조

구 성	주 요 내 용	관련조항
제1장 총칙	• 목적 • 정의 • 보육이념 • 책임 • 보육정책조정위원회 • 보육정책위원회 • 육아종합지원센터 • 한국보육진흥의 설립과 운영 • 보육실태조사 • 보호자 교육	제1조 제2조 제3조 제4조 제5조 제6조 제7조 제8조 제9조 제9조의2
제2장 어린이집의 설치	• 어린이집의 종류 • 보육계획의 수립 및 시행 • 어린이집 또는 어린이집 용지확보 • 국공립어린이집의 설치 등 • 국공립어린이집 외의 어린이집이 설치 • 직장어린이집의 설치 등 • 직장어린이집 설치의무 미이행 사업장 명단공표 등 • 어린이집 설치기준 • 놀이터 설치 • 비상재해대비시설 • 폐쇄회로 텔레비전의 설치 등 • 영상정보의 열람금지 등 • 결격사유	제10조 제11조 제11조의2 제12조 제13조 제14조 제14조의2 제15조 제15조의2 제15조의3 제15조의4 제15조의5 제16조
제3장 보육교직원	• 보육교직원의 배치 • 보육교직원의 직무	제17조 제18조

구 성	주 요 내 용	관련조항
	• 보육교직원의 책무	제18조의2
	• 보육교직원의 임면 등	제19조
	• 결격사유	제20조
	• 어린이집의 원장 또는 보육교사의 자격	제21조
	• 어린이집의 원장 또는 보육교사의 자격증의 교부	제22조
	• 명의대여 등의 금지	제22조의2
	• 어린이집 원장의 보수교육	제23조
	• 보육교사의 보수교육	제23조의2
	• 교육명령	제23조의3
제4장 어린이집의 운영	• 어린이집의 운영기준	제24조
	• 보육시간의 구분	제24의2
	• 어린이집운영위원회	제25조
	• 부모모니터링단	제25조의2
	• 보호자의 어린이집 참관	제25조의3
	• 취약보육의 우선실시 등	제26조
	• 시간제보육 서비스	제26조의2
	• 어린이집 이용대상	제27조
	• 보육의 우선 제공	제28조
	• 보육과정	제29조
	• 어린이집 생활기록	제29조의2
	• 어린이집 평가	제30조
제5장 건강 · 영양 및 안전	• 건강관리 및 응급조치	제31조
	• 어린이집 안전공제사업 등	제31조의2
	• 예방접종 여부의 확인	제31조의3
	• 치료 및 예방조치	제32조
	• 급식관리	제33조
	• 어린이집 차량안전관리	제33조의2
제6장 비용	• 무상보육	제34조
	• 양육수당	제34조의2
	• 보육서비스 이용권	제34조의3
	• 비용지원의 신청	제34조의4
	• 조사 · 질문	제34조의5
	• 비용지원 신청관련 정보의 고지	제34조의7
	• 비용의 보조 등	제36조, 제35조 삭제
	• 사업주의 비용 부담	제37조
	• 보육료 등의 수납	제38조
	• 세제 지원	제39조
	• 국 · 공유재산의 대부 등	제39조의2

구 성	주 요 내 용	관련조항
	• 비용 및 보조금의 반환명령 • 보육비용 지원액의 환수	제40조 제40조의2
제7장 지도 및 감독	• 지도와 명령 • 보고와 검사 • 위반행위의 신고 및 신고자 보호 • 어린이집의 폐지 · 휴지 및 재개등의 신고 • 어린이집에 대한 휴원명령 • 시정 또는 변경명령 • 직장어린이집 설치의무 미 이행 사업장에 대한 이행명령 • 이행강제금 • 어린이집의 폐쇄 등 • 과징금 처분 • 행정제재처분효과의 승계 • 어린이집의 원장의 자격정지 • 보육교사의 자격정지 • 어린이집의 원장 또는 보육교사의 자격취소 • 청문 • 어린이집 정보의 공시 등 • 위반사실의 공표	제41조 제42조 제42조의2 제43조 제43조의2 제44조 제44조의2 제44조의3 제45조 제45조의2 제45조의3 제46조 제47조 제48조 제49조 제49조의2 제49조의3
제8장 보칙	• 경력인정 • 권한의 위임 • 업무의 위탁 • 관계 기관 간 업무협조 • 도서 · 벽지 · 농어촌 지역 등의 어린이집 • 어린이집 연합회	제50조 제51조 제51조의2 제51조의3 제52조 제53조
제9장 벌칙	• 벌칙 • 양벌규정 • 어린이집 운영위반 과태료	제54조 제55조 제56조
부칙	• 시행일 • 적용례	제1조 제2조

Ⅱ

영유아보육법의 내용

제1장 총칙(제1조~제9조의2)

1절 목적

제1조(목적) 이 법은 영유아의 심신을 보호하고 건전하게 교육하여 건강한 사회 구성원으로 육성함과 아울러 보호자의 경제적·사회적 활동이 원활하게 이루어지도록 함으로써 영유아 및 가정의 복지 증진에 이바지함을 목적으로 한다.

○ 1991. 1. 14 제정당시 목적

이 법은 보호자가 **근로 또는 질병 기타 사정**으로 인하여 보호하기 어려운 영아 및 유아를 심신의 보호와 건전한 교육을 통하여 건강한 사회성원으로 육성함과 아울러 보호자의 경제적·사회적 활동을 원활하게 하여 가정 복지증진에 기여함을 목적으로 하였음.

○ 이후, 영유아에 대한 보편적 육아정책에 따라 영유아보육법의 목적이 수정, 변경되었음

2절 정의·보육이념·책임 등

1. 영유아 및 보육, 어린이집 등

제2조(정의) 이 법에서 사용하는 용어의 뜻은 다음과 같다.

1. "영유아"란 6세 미만의 취학 전 아동을 말한다.
2. **"보육"**이란 영유아를 건강하고 안전하게 보호·양육하고 영유아의 발달 특성에 맞는 교육을 제공하는 어린이집 및 가정양육 지원에 관한 **사회복지서비스**를 말한다.
3. "어린이집"이란 보호자의 위탁을 받아 영유아를 보육하는 기관을 말한다.

○ "영유아"는 6세 미만의 취학 전 **아동**으로 유아교육법 제2조 제1호의 "유아"란 만 3세부터 초등학교 취학 전까지의 **어린이**로 각 정의함.
영유아보육법은 "**아동**" 유아교육법은 "**어린이**" 각 다르게 정의함

○ "**보육**"을 어린이집 및 가정양육 지원에 관한 **사회복지서비스**로 "유치원"이란 유아의 교육을 위한 **학교**를 말함

○ 어린이집은 종전 아동복지법에 의한 "탁아시설", 남녀교용평등법에 의한 "사업장육아시설", 유아교육진흥법에 의한 "새마을유아원" 등을 보육시설로 정의하였고 2011. 12.08 이후 "**어린이집**"으로 최종 정리하여 정의하였음.

> 4. "보호자"란 친권자 · 후견인, 그 밖의 자로서 영유아를 사실상 보호하고 있는 자를 말한다.
> 5. "보육교직원"이란 어린이집 영유아의 보육, 건강관리 및 보호자와의 상담, 그 밖에 어린이집의 관리 · 운영 등의 업무를 담당하는 자로서 어린이집의 원장 및 보육교사와 그 밖의 직원을 말한다.

○"친권자"란 미성년자에게 친권을 행사할 권리와 의무가 있는 사람

○"후견인"이란 친권자가 없는 미성년자, 피성년후견인, 피한정후견인을 보호하며 그의 재산 관리 및 법률 행위를 대리하는 사람

※ **피성년후견인**(종전 금치산자)은 질병, 장애, 노령, 그 밖의 사유로 인한 정신적 제약으로 사무를 처리할 능력이 지속적으로 결여된 자로서 일정한 자의 청구에 의하여 법원으로부터 성년후견개시의 심판(금치산선고)을 받은 자임(민법 제9조, 가사소송규칙 제32조~제38조).

※ **피한정후견인**(종전 한정치산자)은 질병, 장애, 노령, 그 밖의 사유로 인한 정신적 제약으로 사무를 처리할 능력이 부족하여 일정한 자(본인, 배우자, 4촌 이내의 친족, 미성년후견인, 미성년후견감독인, 성년후견인, 성년후견감독인, 특정후견인, 특정후견감독인, 검사 또는 지방자치단체의 장)의 청구에 의하여 법원으로부터 한정후견개시의 심판(한정치산선고)을 받은 자임(민법 제12조, 가사소송규칙 제32조~제38조).

○ "보육시설종사자"를 2011. 12. 8. '**보육교직원**'으로 명칭변경

○ "취사원"을 2015. 1. 28. '**조리원**'으로 명칭변경

2. 보육이념과 책임

제3조(보육 이념) ① 보육은 영유아의 이익을 최우선적으로 고려하여 제공되어야 한다.
② 보육은 영유아가 안전하고 쾌적한 환경에서 건강하게 성장할 수 있도록 하여야 한다.
③ 영유아는 자신이나 보호자의 성, 연령, 종교, 사회적 신분, 재산, 장애, 인종 및 출생지역 등에 따른 어떠한 종류의 차별도 받지 아니하고 보육되어야 한다.

제4조(책임) ① 모든 국민은 영유아를 건전하게 보육할 책임을 진다.
② 국가와 지방자치단체는 보호자와 더불어 영유아를 건전하게 보육할 책임을 지며, 이에 필요한 재원을 안정적으로 확보하도록 노력하여야 한다.
③ 특별자치도지사 · 시장 · 군수 · 구청장(자치구의 구청장을 말한다. 이하 같다)은 영유아의 보육을 위한 적절한 어린이집을 확보하여야 한다.
④ 국가와 지방자치단체는 보육교직원의 양성 및 근로여건 개선을 위하여 노력하여야 한다.

3절 보육정책 (조정) 위원회

제5조(보육정책조정위원회) ① 보육정책에 관한 관계 부처 간의 의견을 조정하기 위하여 국무총리 소속으로 보육정책조정위원회(이하 "보육정책조정위원회"라 한다)를 둔다.
② 보육정책조정위원회는 다음 각 호의 사항을 심의 · 조정한다.
1. 보육정책의 기본 방향에 관한 사항
2. 보육 관련 제도개선과 예산지원에 관한 사항
3. 보육에 관한 관계 부처간 협조 사항
4. 그 밖에 위원장이 회의에 부치는 사항

③ 보육정책조정위원회는 위원장을 포함한 12명 이내의 위원으로 구성하되, 위원장은 국무조정실장이 되고 위원은 다음 각 호의 자가 된다.
1. 기획재정부차관, 교육부차관, 보건복지부차관, 고용노동부차관 및 여성가족부차관
2. 제1호의 위원이 추천하여 위원장이 위촉하는 보육계 · 유아교육계 · 여성계 · 사회복지계 · 시민단체 및 보호자를 대표하는 자 각 1명

④ 보육정책조정위원회의 구성과 운영 등에 필요한 사항은 대통령령으로 정한다.

1. 보육정책조정위원회

2. 보육정책위원회의 구성–영유아보육법 시행령 제6조

제6조(보육정책위원회) ① 보육에 관한 각종 정책 · 사업 · 보육지도 및 어린이집 평가에 관한 사항 등을 심의하기 위하여 보건복지부에 중앙보육정책위원회를, 특별시 · 광역시 · 도 · 특별자치도(이하 "시 · 도"라 한다) 및 시 · 군 · 구(자치구를 말한다. 이하 같다)에 지방보육정책위원회를 둔다. 다만, 지방보육정책위원회는 그 기능을 담당하기에 적합한 다른 위원회가 있고 그 위원회의 위원이 제2항에 따른 자격을 갖춘 경우에는 시 · 도 또는 시 · 군 · 구의 조례로 정하는 바에 따라 그 위원회가 지방보육정책위원회의 기능을 대신할 수 있다.

② 제1항에 따른 중앙보육정책위원회와 지방보육정책위원회(이하 "보육정책위원회"라 한다)의 위원은 보육전문가, 어린이집의 원장 및 보육교사 대표, 보호자 대표 또는 공익을 대표하는 자, 관계 공무원 등으로 구성한다. 〈개정 2011. 6. 7.〉

③ 보육정책위원회의 구성 · 기능 및 운영 등에 필요한 사항은 대통령령으로 정한다.

○ 중앙보육정책위원회－보건복지부

▸ 위원장 1명과 부위원장 1명을 포함한 **20명** 이내로 구성

▸ 위원장은 보건복지부차관, 부위원장은 위원 중 호선

▸ 위원구성

■ 보육전문가, 어린이집 원장 및 보육교사 대표, 보호자 대표 또는 공익을 대표하는 자

■ 보건복지부에서 보육정책을 담당하는 3급 공무원 또는 고위공무원단에 속하는 일반직 공무원

○ 지방보육정책위원회－특별시 · 광역시 · 도 · 특별자치도 및 시 · 군 · 구

▸ 위원장 1명과 부위원장 1명을 포함한 **15명** 이내로 구성

▸ 위원장과 부위원장은 위원 중 호선함

▸ 민간위원의 임기는 2년, 한차례만 연임 할 수 있음

○ 위원구성

구 분	인원	위원구성
보호자 대표 및 공익을 대표하는 자	8명	전체 위원의 100분의 45이상
보육전문가	3명	전체 위원의 100분의 20이하
관계공무원	2명	전체 위원의 100분의 15이하
어린이집 원장	1명	전체 위원의 100분의 10이하
보육교사 대표	1명	전체 위원의 100분의 10이하

※ 보육전문가 : 해당지역을 관할하는 육아종합지원센터장을 우선 포함[1)]

1) 2020년도 보육사업안내 149면－차기 위원회 구성 시부터 적용하고 연임을 제한하는 경우 관련 규정 정비

3. 보육정책위원회의 기능－영유아보육법 시행령 제7조

○ 중앙보육정책위원회의 심의사항－【사례 1】[2)]

▸ 보육계획 및 연도별 시행계획수립에 관한사항

▸ 보육과정 개발에 관한 사항

▸ 어린이집 평가에 관한 사항

▸ 그 밖에 보육업무의 위탁 등 보육에 관하여 위원장이 회의에 부치는 사항

○ 지방보육정책위원회의 심의사항－【사례 2】, 【사례 3】[3)]

▸ 보육계획 및 연도별 시행계획 수립에 관한 사항

▸ 공립어린이집의 설치 및 운영 위탁에 관한 사항

▸ 교육훈련시설의 지정에 관한사항

▸ 보수교육의 실시 위탁에 관한사항

▸ 어린이집 이용자가 납부할 보육료 등에 관한 사항

▸ 도서 벽지 농어촌지역 등의 어린이집 설치기준 및 보육교직원의 배치기준에 관한 사항

▸ 그 밖에 보육에 관하여 위원장이 회의에 부치는 사항

4. 보육정책위원회 위원의 임기－영유아보육법 시행령 제8조

○ 중앙보육정책위원회 및 지방보육정책위원회의 민간위원 임기 **2년**으로 **한차례만** 연임할 수 있음

○ 위원의 사임 등으로 인하여 새로 위촉된 위원의 임기는 전임위원 임기의 남은 기간으로 함

2) 보건복지부 중앙보육정책위원회 심의결과 공고

3) 경기도와 파주시의 보육정책위원회 심의결과 공고

○○○부 공고 제 2019-995 호 【사례 1】

2020년도 보육교직원 온라인 보수교육 위탁기관 선정 결과 공고

『2020년도 보육교직원 온라인 보수교육(특별직무교육)』 위탁기관으로 선정된 기관을 다음과 같이 공고합니다.

-다 음-

○ **위탁 교육과정** : 영유아보육법 시행규칙 제 20조 별표7의 특별직무교육
(영아보육, 장애아보육, 방과 후 보육)

○ **위탁 교육 기간** : '20. 2. 1 ~ '21. 1. 31

○ **선정기관**(5개 기관, 가나다순)
- ○○○복지재단, (사)○○코리아, ○○○육아종합지원센터, ○○○보육교사교육원, ○○○대학교

2019년 12월 30일

○○○장관

○○도 공고 제2020-188호 **【사례 2】**

2020년 ○○도 보육정책위원회 심의·의결 사항 결정 공고

「영유아보육법」 제6조(보육정책위원회)에 의거 2020년 제1차 ○○도 보육정책위원회 심의에 따른 의결사항을 아래와 같이 결정 공고합니다.

2020년 1월 22일

○ ○ 도 지 사

□ 2020년 어린이집 교직원 보수교육 위탁기관 선정 : 23개 기관

○○보육교사교육원, ○○여대보육교사교육원, ○○대학교글로벌미래교육원, ○○보육교사교육원, ○○대학교평생교육원, ○○보육교사교육원, ○○대학교보육교사교육원, ○○대학교자연캠퍼스미래교육원, ○○대학교평생교육원, ○○대학교평생교육원, ○○대학교평생교육원, ○○케어보육교사교육원, ○○과학기술대학교산학협력단, ○○과학대학교평생교육원, ○○복지대학교평생교육원, ○○대학교평생교육원, ○○대학교평생교육원, ○○대학교평생교육원, ○○보육교사교육원, ○○대학교영유아교육원, ○○북부보육교사교육원, ○○동부보육교사교육원, ○○대학교평생교육원

□ 2020년 정부 미지원 어린이집 만3~5세 보육료 수납 한도액

(적용기간 : 2020. 3월 ~ 2021. 2월)

(단위 : 1인당 천원/월)

민간어린이집		가정어린이집		비 고
만3세	만4~5세	만3세	만4~5세	
329	306	332	332	

※ 정부지원어린이집 만0~5세 및 정부미지원어린이집 만0~2세 보육료 수납한도액은 '20년 보건복지부 지원단가와 동일하게 결정하고, 그 외 보육료(장애아, 방과후, 시간연장, 야간, 24시간, 휴일, 추가) 수납한도액은 보건복지부 보육사업안내의 기준을 따름

□ 2020년 어린이집 필요경비 수납주기 및 수납한도액

【수납주기】

○ **입학준비금(연), 행사비(연), 현장학습비(분기)**

○ **특별활동비(월), 차량운영비(월), 급식비(월), 특성화비용(월)**

※ 수납주기별 한도액 내에서 분할수납 가능

【수납한도액】

○ **국공립어린이집** : 동결

입학준비금 (년)	차량비 (월)	특별활동비 (월)	현장학습비 (분기)	행사비 (년)	아침 · 저녁 급식비 (월)	특성화비 (월)
100,000원	26,000원	51,390원	105,000원	200,000원	40,000원 * 1식 2,000원	34,500원

○ **민간 · 가정어린이집** : 동결 **(시군별 수납한도액 2019년 수준 동결)**

○ **(공통)** 입학준비금은 총 한도액 내에서 시군에서 세부한도액(상해보험료, 피복류 구입비, 전자출결태그)을 정할 수 있음.

○○시 공고 제 2020- 325 호 【사례 3】

공 고

「영유아보육법」 제11조(보육계획의 수립 및 시행) 및 제24조(어린이집의 운영기준 등), 제52조(도서 · 벽지 · 농언촌지역 등의 어린이집)에 의거 보육정책위원회 심의 의결내용을 다음과 같이 공고합니다.

2020년 2월 10일

○ ○ 시 장

□ ○○시 보육정책위원회 심의 의결내용

1. 시립어린이집 위탁운영자 선정(법 제24조)

어린이집명	원 장	위탁기간	운영기간	비 고
○○○	○○○	'20. 5. 1 ~ '23. 4.30.	3년	
▽▽▽	○○○	'20. 3. 1 ~ '25. 2.28.	5년	
◎◎◎	○○○			
◇◇◇	○○○	'20. 5.16 ~ '23. 5.15.	3년	

2. 2020년 ○○시 어린이집 수급계획(법 제11조 및 시행령 제19조)

가. 목 적

○ 지역주민의 보육에 대한 요구를 반영하여 신규 및 증원인가 가능여부를 결정하고 어린이집 수급을 원활하게 하고자 함.

나. 시행시기

○ 공고일 부터 보육수급계획 재수립 시까지

다. 주요내용

(1) 어린이집 인가 기준

○ 인가기준

구 분	대 상 지 역	비 고
제한지역	○○읍, ◎◎읍, ◐◐읍, ◨◨읍, ◫◫면, △△면, ▷▷면, ○○면, ◈◈면, ◇◇권역(▣▣ 1·2·3동)	
신규·증원인가	◇◇·◈◈권역(○○동, ▣▣ 1·2·3동) : ○○명	

※ 신규·증원인가는 별도 공고

○ 인가제한 예외

- 국공립·직장·장애아전담·부모협동(협동조합)·공동주택 단지 내 의무어린이집
- 건축물 일부를 어린이집으로 사용하면서 건물의 2층 이상에 어린이집을 설치한 시설에 한하여 당해 시설의 설치자(대표자)가 현행 설치기준을 충족하는 장소로 소재지를 변경하는 경우

(2) 소재지 변경 : 행정 읍·면·동 단위 소재지 변경가능

지역주민의 시설 이용성과 접근성을 감안하여 ○○권역(▽▽1동, ◁◁2동, ▼▼3동) 및 ◇◇·◈◈권역(○○동, ▣▣ 1·2·3동)은 권역내 인근 어린이집과의 근접거리 유지 시 소재지 이전 가능

※ 공동주택을 제외한 소재지 변경 시 인근 어린이집과의 근접거리 유지(50m 이상)

3. 2020년 농어촌특례지역 보육교사대 아동비율 특례인정(법 제52조 및 시행규칙 제40조)

가. 특례인정 대상

○ 행정구역상 읍·면지역

○ 「국토의 계획 및 이용에 관한 법률」 제36조 관련 지역 중 주거, 상업, 공업지역 제외한 동지역

나. 특례인정 내용

○ 특례인정 범위(보육교사 1인이 보육할 수 있는 영유아 수)

구 분		0세	1세	2세	3세	4세 이상
원 칙		3명	5명	7명	15명	20명
탄력보육		3명이내	6명이내	9명이내	18명이내	23명이내
농어촌 특 례	기본보육	4명이내	7명이내	9명이내	19명이내	24명이내
	연장보육	7명이내(0세 포함시 5명 이내)			20명 이내	

○ 해당 지역

- 행정구역상 읍·면지역(○○읍, ◉◉읍, ◈◈읍,,◇◇읍, ◇◇면,,◆◆면, ◑◑면, ◒◒면, ◍◍면,)
-「국토의 계획 및 이용에 관한 법률」제36조 관련 지역 중 주거, 상업, 공업지역 제외한 동지역 (◍◍동, ◎◎1동, ◉◉2동, ◈◈3동,◆◆1동, ▣▣3동)

○ 특례인정 조건

- 교사 대 아동비율의 특례를 인정받은 어린이집은「2020년 보육사업안내」지침에 따라 교사1인이 보육할 수 있는 영유아 수가 증가하여 발생하는 보육료수입의 30%이상을 보육교사 처우개선비로 지급해야함.

다. 특례인정 승인기간 : 2020. 3. 1 ~ 2021. 2. 28

4. 2020년 원장의 보육교사 겸임허용 특례인정(법 제52조)

가. 특례인정 대상

○ 행정구역상 읍·면지역

○「국토의 계획 및 이용에 관한 법률」제36조 관련 지역 중 주거, 상업, 공업지역 제외한 동지역

○ 해당지역 : 43개소

나. 특례인정 내용

○ 특례인정 범위 : 특례인정 지역에 위치한 보육정원 21~39인 어린이집

○ 원장의 보육교사 겸임허용 : 2020. 3. ~ 2021. 2월말까지

(단위 : 개소)

지역별	합계	○○	○○	○○	○○	○○	○○	○○	○○	○○	○○	○○	○○	○○	○○	○○
총수	162	52	33	7	9	7	8	1	5	1	15	1	1	5	1	–
(21～39인)	43[4]	15	8	4	4	1	1	–	2	–	3	–	–	1	4	–

5. 2020년 어린이집 필요경비 수납한도액

○ 국공립어린이집 : 동결

○ 민간 · 가정어린이집 : 동결(시군별 수납한도액 2019년 수준 동결)

항 목		수납 주기	민간 · 가정어린이집		국공립어린이집		비 고
			道 항목별 상한액	필요경비 수납한도액	道 결정액	필요경비 수납한도액	
입 학 준비금	상 해 보험료	연	100,000원	100,000원	100,000원	100,000원	
	피복류 구입비						
	전자출결 태그비용						
차량 운행비		월	26,000원	26,000원	26,000원	26,000원	
특별활동비		월	70,000원	70,000원	51,390원	51,390원	
현장학습비		분기 (월)	135,000원 (월 45,000원)	135,000원 (월 45,000원)	105,000원 (월 35,000원)	105,000원 (월 35,000원)	
행 사 비		연 (월)	276,000원 (월 23,000원)	276,000원 (월 23,000원)	200,000원 (월 16,660원)	200,000원 (월 16,660원)	
아침 · 저녁 급식비		월	1식 1,500원	1식 1,500원	1식 2,000원	1식 2,000원	
기타 시 · 군 특성화 비용		월	43,000원	43,000원	34,500원	34,500원	
월 최대 수납 금액			**245,330원**	**245,330원**	**211,890원**	**211,890원**	
연간 최대 수납 금액			**2,944,000원**	**2,944,000원**	**2,542,680원**	**2,542,680원**	

끝.

4) 특례지역 어린이집 중 정원 21~39인 어린이집 현황

4절 육아종합지원센터 – 영유아보육법 시행령 제12조

제7조(육아종합지원센터) ① 영유아에게 제26조의2에 따른 시간제보육 서비스를 제공하거나 보육에 관한 정보의 수집 · 제공 및 상담을 위하여 보건복지부장관은 중앙육아종합지원센터를, 특별시장 · 광역시장 · 특별자치시장 · 도지사 · 특별자치도지사(이하 "시 · 도지사"라 한다) 및 시장 · 군수 · 구청장은 지방육아종합지원센터를 설치 · 운영하여야 한다. 이 경우 필요하다고 인정하는 경우에는 영아 · 장애아 보육 등에 관한 육아종합지원센터를 별도로 설치 · 운영할 수 있다.

② 제1항에 따른 중앙육아종합지원센터와 지방육아종합지원센터(이하 "육아종합지원센터"라 한다)에는 육아종합지원센터의 장과 보육에 관한 정보를 제공하는 보육전문요원 및 보육교직원의 정서적 · 심리적 상담 등의 업무를 하는 상담전문요원 등을 둔다.

③ 삭제 〈2011. 8. 4.〉

④ 육아종합지원센터의 설치 · 운영 및 기능, 육아종합지원센터의 장과 보육전문요원 및 상담전문요원의 자격 및 직무 등에 필요한 사항은 대통령령으로 정한다. 〈개정 2011. 8. 4., 2013. 6. 4., 2015. 5. 18.〉

1. 육아종합지원센터

○ 중앙육아종합지원센터 – 보건복지부장관이 설치 · 운영

○ 지방육아종합지원센터 – 특별시장 · 광역시장 · 특별자치시장 · 도지사 · 특별자치도지사 및 시장 · 군수 · 구청장이 설치 · 운영

2. 육아종합지원센터의 기능 – 영유아보육법 시행령 제13조

○ 시간제 보육서비스의 제공

○ 보육에 관한 정보의 수집 및 제공

○ 보육프로그램 및 교재 · 교구의 제공 또는 대여

○ 보육교직원에 대한 상담 및 구인 · 구직정보의 제공

○ 어린이집설치 · 운영 등에 관한 상담 및 컨설팅

○ 장애아보육 등 취약보육에 대한 정보의 제공

○ 부모에 대한 상담 · 교육

○ 영유아의 체험 및 놀이공간 제공

○ 영유아 부모 및 보육교직원에 대한 영유아 학대예방 교육

○ 그 밖의 어린이집 운영 및 가정양육지원 등에 관하여 필요한 사항

5절 한국보육진흥원

제8조(한국보육진흥원의 설립 및 운영) ① 보육서비스의 질 향상을 도모하고 보육정책을 체계적으로 지원하기 위하여 한국보육진흥원(이하 "진흥원"이라 한다)을 설립한다.

② 진흥원은 다음 각 호의 업무를 수행한다.

1. 어린이집 평가척도 개발
2. 보육사업에 관한 교육 · 훈련 및 홍보
3. 영유아 보육프로그램 및 교재 · 교구 개발
4. 보육교직원 연수프로그램 개발 및 교재 개발
5. 이 법에 따라 보건복지부장관으로부터 위탁받은 업무
6. 그 밖에 보육정책과 관련하여 보건복지부장관이 필요하다고 인정하는 업무

③ 진흥원은 법인으로 하고, 주된 사무소의 소재지에 설립등기를 함으로써 성립한다.

④ 진흥원은 보조금, 기부금, 그 밖의 수입금으로 운영한다.

⑤ 보건복지부장관은 진흥원의 운영에 필요한 경비를 예산의 범위에서 지원할 수 있다.

⑥ 진흥원은 제2항제3호 및 제4호의 업무를 관련 전문기관 등에 위탁할 수 있다.

⑦ 진흥원에 관하여 이 법과 「공공기관의 운영에 관한 법률」에서 정한 사항 외에는 「민법」 중 재단법인에 관한 규정을 준용한다.

1. 설립목적

보육서비스의 질 향상을 도모하고 보육정책을 체계적으로 지원하여 영유아의 건강하고 행복한 성장과 발달에 기여

2. 한국보육진흥원 소재지 – 2009.12. 법인설립

○ www.kcpi.or.kr/ 서울시 용산구 청파로 345 주연빌딩 3~6층

3. 보육관련사업의 통합적 운영

○ 보육시설 평가인증사무국 – 2004 → 현) 평가사업국

○ 보육자격 관리사무국 – 2005 → 현) 교직원지원국 (자격관리팀) ☎ 1661 – 5666

○ 중앙보육정보센터 – 1995 (기관위탁) → 현) 중앙육아종합지원센터

○ 경영기획국, 공공사업단(**현지조사지원팀, 어린이집 이용불편 · 부정신고센터 등**)

4. 한국보육진흥원 사업내용

○ 어린이집 평가

▸ 어린이집 평가 과정운영

▸ 평가제 사후관리

○ 어린이집 지원

▸ 취약보육지원 사업

▸ 시간제보육사업 관리

▸ 공공형 어린이집 품질관리사업

▸ 서울시 위탁 어린이집 원장 사전직무교육사업

▸ 어린이집 원장 대상 보육사업안내(지침) 교육사업

▸ 국공립어린이집 확충지원사업

▸ 부모모니터링단 운영지원 사업

○ 보육교직원 지원

▸ 보육교직원 자격관리 사업

▸ 보육교직원 역량강화사업(직무교육관련)

▸ 보육관련정보제공

○ 기관위탁 및 기타 수탁사업

▸ 중앙육아종합지원센터 위탁운영

▸ 드림스타트 사업지원단 운영

▸ 다함께 돌봄사업지원단 운영

▸ **어린이집 이용불편 · 부정신고센터 운영 및 현지조사지원 사업**
2019. 7. 1.(월)부터 운영

6절 보육실태조사 – 영유아보육법시행규칙 제4조

제9조(보육 실태 조사) ① 보건복지부장관은 이 법의 적절한 시행을 위하여 보육 실태 조사를 3년마다 하여야 한다. 〈개정 2008. 2. 29., 2010. 1. 18., 2011. 6. 7.〉
② 제1항에 따른 보육 실태 조사의 방법과 내용 등에 필요한 사항은 보건복지부령으로 정한다. 〈개정 2008. 2. 29., 2010. 1. 18.〉

Ⅱ

1. 가구조사

- 가구 및 영유아의 특성에 관한 사항
- 어린이집 이용 현황
- 어린이집 이용 시 만족도 및 요구사항
- 그 밖에 향후 어린이집 이용계획 등 어린이집의 이용과 관련하여 보건복지부장관이 정하는 사항

2. 어린이집 조사

- 어린이집의 환경 및 설비
- 보육교직원의 실태에 관한 사항
- 어린이집의 지역별 · 유형별 분포
- 어린이집의 정원 · 현원에 관한 사항
- 보육내용 및 보육비용에 관한 사항
- 그 밖에 어린이집을 이용하는 영유아의 건강 · 영양 및 안전관리에 관한 사항 등 어린이집 운영에 관하여 보건복지부장관이 필요하다고 인정하는 사항

보육실태조사에 관한 판례

○ 구청은 2011년 어린이집 정원 충족률을 참고하지 않고 2004년 여성가족부 보육실태조사를 근거로 한 2009년 보육수급계획에 따라 어린이집 신규인가를 제한했다며 무상보육 등 새로운 정책들을 도입하면서 보육수요에 변동이 있는데도 구청이 실질적 보육 수요를 제대로 검토하지 않고 신규인가를 거부한 것은 위법함

○ 구청은 어린이집 정원 충족률이 평균치를 초과해 초과범위 78명 내에서 신규인가를 허용해야 하는데도 기존 어린이집의 증원을 허용했음. 어린이집 증원이 객관적 근거 없이 임의로 기준을 정한 것이므로 보건복지부 사업안내 지침에도 위배됨.
즉, 8년 전 보육실태 조사결과를 근거로 어린이집 신규인가 신청거부는 위법함
(대구지방법원 2013. 12. 16. 선고 2012구합5048판결)

7절 보호자 교육– 영유아보육법시행규칙 제4조의2

제9조의2(보호자 교육) ① 국가와 지방자치단체는 영유아의 보호자에게 영유아의 성장 · 양육방법, 보호자의 역할, 영유아의 인권 등에 대한 교육을 실시할 수 있다.

② 보건복지부장관 또는 지방자치단체의 장은 예산의 범위에서 제1항에 따른 교육에 필요한 비용을 보조할 수 있다.

③ 제1항에 따른 교육의 내용, 실시 방법 등에 필요한 사항은 보건복지부령으로 정한다.

1. 교육방법

○ 육아종합지원센터 등 보육관련기관의 집합교육, 인터넷강의 등

2. 교육내용

○ 영유아의 성장 · 양육방법

○ 보호자의 역할

○ 영유아의 인권보호 및 아동학대 예방

○ 가족윤리 및 예절

○ 가족의 건강 · 영양 · 안전 등

제2장 어린이집의 설치(제10조~제16조)

II

1절 어린이집의 종류

제10조(어린이집의 종류) 어린이집의 종류는 다음 각 호와 같다.

1. 국공립어린이집 : 국가나 지방자치단체가 설치·운영하는 어린이집
2. 사회복지법인어린이집 : 「사회복지사업법」에 따른 사회복지법인(이하 "사회복지법인"이라 한다)이 설치·운영하는 어린이집
3. 법인·단체등 어린이집 : 각종 법인(사회복지법인을 제외한 비영리법인)이나 단체 등이 설치·운영하는 어린이집으로서 대통령령으로 정하는 어린이집
4. 직장어린이집 : 사업주가 사업장의 근로자를 위하여 설치·운영하는 어린이집(국가나 지방자치단체의 장이 소속 공무원 및 국가나 지방자치단체의 장과 근로계약을 체결한 자로서 공무원이 아닌 자를 위하여 설치·운영하는 어린이집을 포함한다)
5. 가정어린이집 : 개인이 가정이나 그에 준하는 곳에 설치·운영하는 어린이집
6. 협동어린이집 : 보호자 또는 보호자와 보육교직원이 조합(영리를 목적으로 하지 아니하는 조합에 한정한다)을 결성하여 설치·운영하는 어린이집
7. 민간어린이집 : 제1호부터 제6호까지의 규정에 해당하지 아니하는 어린이집

1. 어린이집 설치·운영에 관한 판례

직장어린이집에 미설치로 보육수당 지급에 관한 판례

○ 국가공무원인 甲 등이 국가가 직장보육시설을 설치하거나 지역의 보육시설과 위탁계약을 맺어 보육을 지원하지 아니하고 있으므로 구 영유아보육법(2011.6.7.법률 제10789호로 개정되기 전의 것, 이하 같다)제14조 제1항에 따라 보육수당을 지급할 의무가 있다고 주장하면서 국가를 상대로 보육수당의 지급을 구한 사안에서

○ 국가공무원법령에 위 보육수당에 관한 지급 근거가 없을 뿐 아니라,구 영유아보육법 제14조 제1항을 국가공무원법 제46조 제5항에 정한 '그 밖의 법률에 따른 공무원의 보수에 관한 규정'에 해당한다고 볼 수도 없으며, 위 보육수당이 국가예산에 별도로 계상되어 있지도 아니하므로, 甲 등이 구 영유아보육법 제14조 제1항에 근거하여 곧바로 보육수당의 지급을 구하는 것은 공무원의 '근무조건 법정주의'와 항목이 계상된 국가예산에 근거한 공무원 보수 지급의 원칙에 반하여 허용될 수 없다고 한 사례.
(대법원 2016. 8. 25. 선고 2013두14610 판결)

사회복지법인 어린이집에 관한 판례

사회복지법인 어린이집의 기본재산인 부동산 임의경매 시 주무관청의 허가 없이 진행된 낙찰자에게 소유권이전 안됨. (대법원 2003. 9. 26. 선고 2002마4353결정)

국공립어린이집위탁운영자 모집에 관한 판례

○○군청의 국공립어린이집위탁운영자 모집에 신청하였던 원고를 포함한 신청자 2명 중 다른 사람에 대한 선정처분에 원고가 이의를 제기하여 선정처분이 취소되었는데도 원고의 신청에 대하여 어떠한 처분도 하지 않은 것은 원고의 신청에 대하여 인용하는 적극적 처분 또는 기각하는 소극적 처분을 하여야 할 법률상 응답의무를 이행하지 않은 부작위로서 위법하다고 판단한 사례 (울산지방법원 2012. 7. 25. 선고 2011구합2952 판결)

공동주택 관리동 어린이집(민간 어린이집)에 관한 실태와 판례

○ 관리동 어린이집(민간 어린이집)의 임대차계약은 입주자대표회의(관리소장은 입주자 대표회의의 집행기관)와 임차기간. 임대료 등을 정하여 체결함. 그러나 임차기간 종료 후 입주자대표회의가 어린이집과 임차료 등의 문제 등으로 임대차계약을 해지하여 명도 할 수 있음.

○ 이후, 입주자 대표회의가 어린이집 운영주체를 선정하는 의결을 할 때에 기존 어린이집을 다니고 있는 입주민 학부모 1/2이상의 동의를 받도록 되어 있음.(공동주택관리법 제18조 및 같은법시행령 제19조 **제1항 제21호**, 제21조 규정 등)

○ 그러나, 기존 어린이집을 다니고 있는 입주민 학부모들이 기존 어린이집이 건실하게 잘 운영하여왔음을 이유로 1/2이상의 동의하지 않음에도 불구하고 대표회의가 이를 무시하고 새로 들어올 어린이집 운영자를 선정하는 경우가 발생될 수 있음

○ 이에 대하여 입주자 대표회의가 새로운 어린이집 원장을 선정하는 것에 반대하는 학부모들은 입주자 대표회의를 상대로 어린이집 선정 의결에 대한 무효소송에 대하여 법원은 입주자 대표회의가 공동주택법령 등 공동주택관리규약을 위반하여 어린이집을 선정하는 행위를 무효로 보고 있음(수원지방법원 성남지원 2013. 7. 19 선고 2013가단203429 판결, 의정부지방법원고양지원 2016. 6. 17 선고 2015가단21984 판결 등)

2. 공동주택 어린이집의 문제점

○ 그런데, 입주자대표회의가 어린이집 운영주체의 선정행위가 무효라는 법원판결이라면 기존 어린이집에 대한 임대차관계가 종료하였더라도 아파트 입주자 대표회의에서 기존 어린이집에 대한 명도를 요구하지 않아야 함.

○ 왜냐하면 새로운 어린이집이 법원판결로 무효가 되어 입주할 수 없는 상황임으로 기존 어린이집을 명도하면 어린이들이 보육할 곳이 없기 때문임.

○ 간혹, 입주자대표회의와 기존 어린이집 원장 사이에 임대료 등에서 감정의 골이 깊어져 문제로 새로 들어올 어린이집 운영자의 선정행위가 무효가 되어 법률적으로 운영자가 존재하지 않게 될 경우에도 입주자대표회의가 기존 어린이집에 대하여 명도판결을 받아 명도판결을 집행하는 경우가 있음

○ 이 경우 입주자 대표회의는 새로 들어올 어린이집 운영자의 선정에 따라 들어 올 수 없게 된 새로 들어올 어린이집 운영자로부터 손해배상 등의 책임을 질 수 도 있는 문제가 발생할 수도 있음

3. 공동주택 어린이집의 문제점 해소방안 등

○ 결국, 현행법 아래에서는 위와 같은 문제가 발생하면 법률적으로 해결할 방법이 없으므로 관리동 어린이집과 학부모, 입주자 대표회의 등 상호간 신뢰를 바탕으로 한 소통과 협력의 노력이 필요함

○ 다만. 영유아보육법 제12조 제3항이 2018. 12. 24. 신설되어 2019. 6. 12 시행하고 있는 공동주택 규모가 500세대 이상, 입주자등의 과반수가 국공립어린이집으로의 운영에 찬성하지 아니하는 경우 등을 제외하고는 국공립어린이집이 설치 · 운영할 수 있게 되어 일부 문제점을 해결되었다고 볼 수 있음

※ 공동주택관리규약이 제정 · 개정되거나 입주자대표회의가 구성 · 변경된 날부터 공동주택관리법 제18조 및 같은법시행령 제19조, 제20조, 제21조 규정 등에 따라 공동주택관리규약을 정하여 30일 이내 시장 · 군수 · 구청장에게 제출하여야 함.

※ 공동주택관리법시행령 제19조(관리규약의 준칙)

제1항 제21호 공동주택의 어린이집 임대계약(지방자치단체에 무상임대하는 것을 포함한

다)에 대한 다음 각 목의 임차인 선정기준. 이 경우 그 기준은 「영유아보육법」 제24조제2항 각 호 외의 부분 후단에 따른 국공립어린이집 위탁제 선정관리 기준에 준하여야 한다.

가. 임차인의 신청자격

나. 임차인 선정을 위한 심사기준

<u>다. 어린이집을 이용하는 입주자등 중 어린이집 임대에 동의하여야 하는 비율</u>

라. 임대료 및 임대기간

마. 그 밖에 어린이집의 적정한 임대를 위하여 필요한 사항을 정하게 됨.

2절 보육계획의 수립 및 시행-【사례 1】 내지 【사례 3】 참조

제11조(보육계획의 수립 및 시행) ① 보건복지부장관, 시 · 도지사 및 시장 · 군수 · 구청장은 보육사업을 원활하게 추진하기 위하여 보건복지부장관의 경우에는 중앙보육정책위원회, 그 밖의 경우에는 각 지방보육정책위원회의 심의를 거쳐 어린이집 수급계획 등을 포함한 보육계획을 수립 · 시행하여야 한다. 이 경우 보육계획에는 국공립어린이집의 공급에 관한 계획 및 목표가 포함되어야 한다. 〈개정 2008. 2. 29., 2010. 1. 18., 2011. 6. 7., 2013. 8. 13.〉

② 보건복지부장관, 시 · 도지사 및 시장 · 군수 · 구청장은 제1항에 따른 보육계획의 수립 · 시행을 위하여 필요하면 어린이집, 보육 관련 법인 · 단체 등에 대하여 자료 제공 등의 협조를 요청할 수 있으며, 그 요청을 받은 어린이집과 보육 관련 법인 · 단체 등은 정당한 사유가 없으면 요청에 따라야 한다. 〈개정 2008. 2. 29., 2010. 1. 18., 2011. 6. 7.〉

③ 제1항에 따른 보육계획의 내용, 수립 시기 및 절차 등에 필요한 사항은 대통령령으로 정한다.

○ 보육계획의 내용, 수립 시기 및 절차-영유아보육법 시행령 제19조

- 보육사업의 기본방향
- 어린이집의 설치 및 수급에 관한 사항
- 보육교직원에 관한 사항
- 어린이집 운영 및 평가에 관한 사항
- 보육비용에 관한 사항
- 그 밖에 영유아 보육에 관하여 필요한 사항

○ 보육계획의 수립 시행 등 공고

- 【사례 1】 내지 【사례 3】

3절 어린이집 용지 확보

제11조의2(어린이집 또는 어린이집용지 확보) 시 · 도지사, 시장 · 군수 · 구청장은 「도시개발법」, 「도시 및 주거환경정비법」, 「택지개발촉진법」, 「산업입지 및 개발에 관한 법률」 및 「공공주택 특별법」 등에 따라 시행하는 개발 · 정비 · 조성사업에 어린이집 또는 어린이집용지가 확보될 수 있도록 노력하여야 한다. 〈개정 2009. 3. 20., 2011. 6. 7., 2011. 8. 4., 2014. 1. 14., 2015. 8. 28.〉

II

4절 국공립어린이집의 설치 등

제12조(국공립어린이집의 설치 등) ① 국가나 지방자치단체는 국공립어린이집을 설치 · 운영하여야 한다. 이 경우 국공립어린이집은 제11조의 보육계획에 따라 다음 각 호의 지역에 우선적으로 설치하여야 한다. 〈개정 2011. 6. 7., 2013. 8. 13., 2017. 3. 14., 2018. 12. 24.〉

1. 도시 저소득주민 밀집 주거지역 및 농어촌지역 등 취약지역
2. 삭제 〈2018. 12. 24.〉
3. 「산업입지 및 개발에 관한 법률」 제2조제8호에 따른 **산업단지** 지역

② 국가나 지방자치단체가 제1항에 따라 국공립어린이집을 설치할 경우 제6조제1항에 따른 지방보육정책위원회의 심의를 거쳐야 한다. 〈신설 2018. 12. 24.〉

③ 국가나 지방자치단체는 「주택법」 제2조제3호에 따른 공동주택에 같은 법 제35조에 따라 설치되어야 하는 어린이집을 국공립어린이집으로 운영하여야 한다. 다만, 「공동주택관리법」 제2조제7호에 따른 입주자등의 과반수가 국공립어린이집으로의 운영에 찬성하지 아니하는 경우 등 대통령령으로 정하는 경우에는 그러하지 아니하다. 〈신설 2018. 12. 24.〉

④ 제3항에 따라 국공립어린이집을 설치 · 운영하여야 하는 공동주택의 규모와 국공립어린이집의 설치 · 운영에 필요한 사항은 대통령령으로 정한다. 〈신설 2018. 12. 24.〉

1. 국공립어린이집을 설치 · 운영하여야 하는 공동주택의 규모

○ 공동주택 규모 – **500세대 이상** (영유아보육법시행령 제19조의2)

○ 시행시기 – **2019. 6. 12.** (대통령령 제29805호, 2019. 6. 4 일부개정)

2. 입주자등의 과반수가 국공립어린이집으로의 운영에 찬성하지 아니하는 경우

○ 입주자등의 과반수가 국공립어린이집으로의 운영에 찬성하지 않을 것을 서면으로 표시한 경우

○ 해당 공동주택의 특성상 보육수요가 없는 등 국공립어린이집으로의 운영이 필요하지 않다고 지방보육정책위원회가 심의한 경우

3. 국공립 어린이집 위탁체 선정과정에서 참여 운영체가 1개일 경우 다시 공개모집(재공고) 여부－2020 보육사업안내(부록) 167면 참조

○ 영유아법시행규칙 24조의2(국공립 어린이집 위탁체 선정관리 기준) 별표8의2'국공립 어린이집 위탁체 선정관리 기준'에는 다시 공개모집(재공고) 사유로 '심사결과 신청 운영체가 모두 부적격으로 판정되는 경우'와 '운영체의 점수가 모두 70점 미만인 경우'로 규정됨

○ <u>그러므로 참여 운영체가 1개인 경우는 국공립 어린이집 위탁체 선정관리 기준의 재공고 사유에 해당하지 않아 단독 신청한 운영체를 심의하여 위탁체를 선정 할 수 있음(보건복지부 보육기반과－2190, 2015. 3. 18.)</u>

5절 국공립어린이집 외의 어린이집의 설치

제13조(국공립어린이집 외의 어린이집의 설치) ① 국공립어린이집 외의 <u>어린이집을 설치 · 운영하려는 자는 특별자치도지사 · 시장 · 군수 · 구청장의 인가를 받아야 한다.</u> <u>인가받은 사항 중 중요 사항을 **변경**하려는 경우에도 또한 같다.</u> 〈개정 2011. 6. 7., 2011. 8. 4.〉

② 특별자치도지사 · 시장 · 군수 · 구청장은 제1항에 따른 인가를 할 경우 해당 지역의 보육 수요를 고려하여야 한다. 〈신설 2019. 1. 15.〉

③ 제1항에 따라 어린이집의 설치인가를 받은 자는 어린이집 방문자 등이 볼 수 있는 곳에 <u>어린이집 인가증을 게시</u>하여야 한다.

④ 제1항에 따른 인가에 필요한 사항은 보건복지부령으로 정한다.

1. 대표자가 사망하는 경우 상속을 원인으로 한 변경인가 가능여부-가능

○ 어린이집변경 인가

- 영유아보육법 제13조제1항 후단 및 영유아보육법시행규칙 제5조의2제1항 규정에 따라 어린이집 변경인가신청서인【별지 제6호서식】를 제출하여 변경인가를 받아야함
- 대표자 변경하려는 상속인은 피상속인의 어린이집 재산상속 등 진행필요
- 중요사항

  ① **어린이집의 대표자** ② 어린이집의 종류 · 명칭 · 소재지 또는 보육정원을 각 변경하려는 경우

2. 대표자가 사망한 경우 어린이집변경 인가-가능

○ 영유아보육법 제5조의2 규정에 따른 대표자 변경인가의 원인이 양도 · 양수와 마찬가지로 상속역시 상속인이 승계하려는 의사표시가 있는 한 대표자 변경인가도 가능

○ 근거규정

- 영유아보육법 제13조제1항 후단 및 영유아보육법시행규칙 제5조의2제1항
- 영유아보육법 제45조의3(행정제재처분효과의 승계) 제1항 및 제2항

○ **변경인가 시 유의사항**-2020 보육사업 안내 33면~34면

가정 · 민간어린이집의 대표자가 양도에 따라 변경되는 경우 해당 지역의 보육수요를 고려하여 보육정원 감원을 조건으로 변경인가 가능

<u>감원 대상은 3년간 1회 이상 대표자가 변경된 어린이집, 고액의 권리금이 거래된 어린이집 또는 매월 말일 기준으로 최근 1년간 평균 정원 충족률이 60% 이하인 어린이집</u>

※ 다만, **대표자의 사망** · 질병 등 불가피한 사유로 3년 이내에 대표자가 변경되는 경우는 **감원 대상에서 제외**

6절 직장어린이집의 설치 등

제14조(직장어린이집의 설치 등) ① 대통령령으로 정하는 일정 규모 이상의 사업장의 사업주는 직장어린이집을 설치하여야 한다. 다만, 사업장의 사업주가 직장어린이집을 단독으로 설치할 수 없을 때에는 사업주 공동으로 직장어린이집을 설치·운영하거나, 지역의 어린이집과 위탁계약을 맺어 근로자 자녀의 보육을 지원(이하 이 조에서 "위탁보육"이라 한다)하여야 한다. 〈개정 2011. 6. 7., 2014. 5. 20.〉

② 제1항 단서에 따라 사업장의 사업주가 위탁보육을 하는 경우에는 사업장 내 보육대상이 되는 근로자 자녀 중에서 위탁보육을 받는 근로자 자녀가 보건복지부령으로 정하는 일정 비율 이상이 되도록 하여야 한다. 〈개정 2008. 2. 29., 2010. 1. 18., 2011. 6. 7., 2014. 5. 20.〉

③ 제1항에 따른 어린이집의 설치 및 위탁보육에 필요한 사항은 보건복지부령으로 정한다. 〈신설 2014. 5. 20.〉

1. 직장어린이집을 설치하여야 하는 사업장 규모-영유아보육법시행령 제20조

○ 상시 여성근로자 300명 이상 또는 상시근로자 500명 이상을 고용하는 하고 있는 사업장

2. 사업장의 사업주가 위탁보육을 하는 경우에는 사업장 내 보육대상이 되는 근로자 자녀 중에서 위탁보육을 받는 근로자 자녀 비율-영유아보육법시행규칙 제7조

○ 위탁보육 근로자 자녀비율 -100분의 30이상

3. 산업단지 내 국공립어린이집 위탁

○ 사업장의 사업주가 사업장 내 근로자 자녀 보육을 위해 산업단지 내 국공립 어린이집과 직장어린이집 설치의무의 대체수단인 위탁보육 계약체결이 가능한지 여부

직장어린이집 설치의무 사업장은 단독 또는 공동으로 직장어린이집을 직접 설치하거나 지역의 어린이집과 위탁보육계약을 맺어 의무를 이행 할 수 있음

○ 위탁보육 계약을 체결할 경우 해당 사업장의 직장어린이집 설치의무가 면제되는지

산업단지 내 국공립어린이집과 위탁보육 계약이 가능하며 당해 사업장이 보육대상 아동의 일정비율 이상(100분의30, 영유아보육법시행규칙 제7조제2항)을 위탁 보육할 경우 직장어린이집 설치 의무를 이행한 것으로 간주 함.
다만, 국공립어린이집일 경우에도 입소순위가 적용되어 사업장의 근로자 자녀가 국공립어린이집 입소에 한계가 있음을 고려해야 함
(보건복지부 보육기반과－6196, 2014. 10. 29.)

Ⅱ

7절 직장어린이집 설치의무 미 이행 사업장 명단 공표 등

제14조의2(직장어린이집 설치의무 미 이행 사업장 명단 공표 등) ① 보건복지부장관 및 대통령령으로 정하는 기관("조사기관"이라 한다. 이하 이 조에서 같다)의 장은 제14조에 따른 직장어린이집 설치 등 의무 이행에 관한 실태 조사를 매년 실시하여야 한다. 이 경우, 조사기관의 장은 실태 조사를 완료한 후 그 결과를 보건복지부장관에게 통보하여야 한다.
② 보건복지부장관은 제1항에 따른 실태조사 결과 직장어린이집 설치 등의 의무를 이행하지 아니한 사업장 및 실태조사에 불응한 사업장("미이행 사업장"이라 한다. 이하 이 조에서 같다)의 명단을 공표할 수 있다. 다만, 대통령령으로 정하는 사유가 있는 경우에는 그러하지 아니하다. 〈개정 2014. 5. 20.〉
③ 제2항에 따른 명단 공표 여부를 심의하기 위하여 보건복지부에 직장어린이집 명단공표심의위원회(이하 이 조에서 "위원회"라 한다)를 둔다. 이 경우 위원회의 위원은 위원장을 포함하여 5인 이상으로 구성하고 다음 각 호의 어느 하나에 해당하는 사람 중에서 보건복지부장관이 임명 또는 위촉한다. 〈개정 2014. 5. 20.〉
1. 보건복지부에서 보육정책을 담당하는 3급 공무원 또는 고위공무원단에 속하는 일반직 공무원
2. 변호사 등 법률 전문가
3. 근로자를 대표하는 사람

○ 직장어린이집 설치의무 미 이행 사업장 명단 공표

▸ 보건복지부 홈페이지(www.mohw.go.kr)
→ 알림 → 명단 공표 → 직장어린이집 설치의무 미이행 및 조사불응 사업장 명단

▸ 고용노동부 홈페이지(www.moel.go.kr)
→ 정보공개 → 사전정보 공표목록 → 청년/여성 → 직장어린이집 설치의무 미이행 및 조사불응 사업장 명단

8절 어린이집의 설치기준-영유아보육법시행규칙 제9조 【별표1】【별표1의2】

제15조(어린이집 설치기준) 어린이집을 설치·운영하려는 자는 보건복지부령으로 정하는 설치기준을 갖추어야 한다. 다만, 놀이터, 비상재해대비시설 및 폐쇄회로 텔레비전의 설치와 관련된 사항은 각각 제15조의2부터 제15조의4까지에 따른다. 〈개정 2008. 2. 29., 2010. 1. 18., 2011. 6. 7., 2011. 12. 31., 2015. 5. 18.〉

1. 어린이집의 설치기준-2020 보육사업안내 39면~42면 참조

○ **어린이집 시설기준 면적 산정-2005. 1. 29. 이전**

▸ 시설면적(보육실 포함) 영유아 1인당 3.63제곱미터 이상
(1991. 8. 8. 제정당시 보육실을 포함한 시설면적 1인당 4.29제곱미터 이상)

▸ 거실, 포복실, 유희실을 포함하여 3세 미만 영유아 1인당 2.64제곱미터 이상

▸ 3세 이상 영유아 1인당 1.98제곱미터 이상으로 함
(1991. 8.8. 제정당시 나이 구분 없이 모두 1인당 2.64제곱미터 이상)

○ 어린이집 시설기준 면적 산정-2005. 1. 29. 이후

▸ 보육실은 교실, 거실, 포복실, 유희실, 공동놀이실을 포함하여 영유아 1인당 2.64제곱미터 이상

▸ 어린이집 전용면적 영유아 1인당 4.29제곱미터 이상

2. 2005. 1. 29. 이전 어린이집의 정원책정 유지

○ 2005. 1. 29.이전 지하층(보육실) 포함해 인가한 어린이집 정원 감원여부

○ 2005. 1. 29. 이후 변경인가 없이 운영한 어린이집은 2010. 1. 30.부터 지하층 보육실을 운영할 수 없으나 (2005. 1. 30. 시행 영유아보육법 시행규칙 여성부령 제14호, 2005. 1. 29. 전부개정, 부칙 제2조 규정에 따라 설치기준 경과조치에 따라 5년 이내인 2010. 1. 29.까지 운영가능) 영유아보육법(2005. 1. 30. 시행, 법률 제7153호, 2004. 1. 29.전부개정) 부칙 제4조에 따라 종전규정 따라 지하층 보육실을 포함하여 책정한 보육정원은 지하층 보육실이 운영불가 하여도 정원감원 없이 정원은 그대로 유지됨
(2016년 경기도 행정심판 재결례)

※ 영유아보육법(2005. 1. 30. 시행, 법률 제7153호, 2004. 1. 29.)
부칙 제4조 (보육시설에 관한 경과조치) 이 법 시행 당시 **종전의 규정**에 의하여 **신고한 보육시설은 이 법에 의하여 인가**를 받은 것으로 본다.

▸ 2005. 1. 30. 시행된 영유아보육법 시행규칙(여성부령 제14호, 2005. 1. 29. 전부개정) 부칙 제2조 규정에 종전의 규정에 의하여 설치된 보육시설은 이 규칙 시행일부터 5년 이내 (2010. 1. 29.까지)에 별표 1에 의한 설치기준 중 시설의 구조 및 설비 기준을 갖추어야 함
▸ 결국, 지하층(사실상의 1층 아래 있는 층)에 설치된 어린이집은(보육실) 부칙 제2조 규정에 따라 2010. 1. 30.부터 운영불가 함

※ 지하층 사용
조리실은 1층 이상 실치하는 것이 원칙이나 식품위생법에 의해 집단급식소로 신고한 경우, 조리실 면적 이상의 선큰(Sunken)이 설치되어 있는 경우 사용가능. 다만, 영유아들의 식사를 위한 테이블(식탁) 등 식당시설을 설치할 수 없음

3. 현행 어린이집 정원 책정방법–2020 보육사업안내 37면~38면 참조

① 어린이집 전용으로 사용하는 시설(실내) 면적–영유아 1인당 4.29㎡
② 보육실 면적–영유아 1인당 2.64㎡
③ 옥외놀이터 및 대체놀이터(정원 50인 이상) 면적을 기준으로 산정한(영유아 1인당 3.5㎡) 원칙 후 각 <u>면적산정 인원 중 가장 적은 수 이하로 정함</u>(소수점 이하는 절사)

4. 위험물 저장 및 처리 시설로부터 수평거리 50미터 이상 떨어진 곳 배치

○ 영유아보육법 시행규칙 제9조【별표 1】1. 어린이집의 입지조건, 나목
○ 주택건설기준 등에 관한 규정 (약칭: 주택건설기준규정)
제9조의2 제1항 각 호의 시설로부터 <u>50미터 이상 떨어진 곳에 위치해야 한다</u>.
○ 주택건설기준 등에 관한규정 제9조 제2항 소정의 이격거리에 관한 규정이 주유소설치 허가에 적용되는지 여부

5. 보육교직원 기숙시설 설치여부 – 원칙적 금지 (다만, 예외적 허용)

○ 영유아보육법의 1991. 1. 14. 제정당시 어린이집의 보육교직원 기숙시설 설치 여부에 대하여 2017. 9. 15.전 까지 아무런 규정이 없었음

○ 이후, 2009년 보육사업안내에 비로소 구체적인 기숙시설 설치를 제한적으로 명시 후 2016년까지 보육사업안내로 규정하였다가 그 내용을 2017. 9. 15. 비로소 영유아보육법 시행규칙으로 법제화하였음.

○ 영유아보육법시행규칙 제9조제1항 – 2017. 9. 15.시행, 보건복지부령 제524호 【별표 1】 3. 어린이집의 구조 및 설비기준, 가. 일반기준, 1) ⇒ 신설됨

○ 보육교직원 기숙시설 – 영유아보육법시행규칙 제9조제1항

시행일	항 목	내 용 – 【별표 1】 제3호 가목 1)
2017.03.17	시행규칙 (보건복지부령 제487호, 2017.3.17개정)	3. 어린이집의 구조 및 설비기준 가. 일반기준 1) 어린이집의 구조 및 설비는 그 시설을 이용하는 영유아의 특성에 맞도록 하여야 한다.
2017.09.15	시행규칙 (보건복지부령 제524호, 2017.9.15.개정)	3. 어린이집의 구조 및 설비기준 가. 일반기준 1) 어린이집의 구조 및 설비는 그 시설을 이용하는 영유아의 특성에 맞도록 하여야 하며, 사적 용도를 위한 시설 등 영유아의 보육 목적에 부합하지 않는 시설은 설치할 수 없다. 다만, 관할 특별자치도지사 · 시장 · 군수 · 구청장이 지역적 특수성을 고려하여 필요하다고 인정하는 경우에는 보육교직원의 기숙시설을 설치할 수 있다. **(개정 2017. 9. 15) ⇒ 신설**

○ 보육사업 안내 - 보육교직원 기숙시설 내용

연 도	항 목	어린이집의 보육교직원 기숙시설 설치내용
2007 57면	라. 인가 시 유의사항	○ '건물전체를 보육시설(**종사자의 기숙시설 포함**)로 사용할 경우'에 있어 '건물전체'란 지상층 뿐만 아니라 지하층을 포함하며, 건물전체가 '노유자시설'용도이어야 한다.(보육시설 면적 산정시 지하층 면적과 종사자 기숙시설 면적은 제외)
2008 52~58면	6. 인가절차 및 유의사항	○ 별도의 규정 없음
2009 20면 2010 38면	4) 보육시설의 구조 및 일반기준	ii) **종사자 기숙시설**은 농산어촌 등과 같이 교사 등 종사자 수급이 곤란한 경우에 한하여 제한적으로 인정되며, 보육정원 책정 기준이 되는 시설면적에서 제외 ※ 대표자의 **주거시설**로 사용하거나, 종사자가 **가족**과 함께 주거하는 것은 **불가**
2011 42면	나. 보육시설의 구조 및 일반기준	– 종사자 기숙시설은 농선어촌 등과 같이 교사 등 종사자 수급이 곤란한 경우에 한하여 제한적으로 인정 ※ 대표자의 **주거시설**로 사용하거나, 종사자가 **가족**과 함께 주거하는 것은 **불가**
2012 46면	나. 보육시설의 구조 및 일반기준	– 보육교직원 기숙시설은 농선어촌 등과 같이 교사 등 보육교직원 수급이 곤란한 경우에 한하여 제한적으로 인정 ※ 대표자의 **주거시설**로 사용하거나, 보육교직원이 **가족**과 함께 주거하는 것은 **불가**
2013 43면	나. 보육시설의 구조 및 일반기준	– 보육교직원 기숙시설은 농선어촌 등과 같이 교사 등 보육교직원 수급이 곤란한 경우에 한하여 제한적으로 인정 ※ 대표자의 **주거시설**로 사용하거나, 보육교직원이 **가족**과 함께 주거하는 것은 **불가**
2014 48면 2015 33면	나. 어린이집의 구조 및 일반기준	– 보육교직원 기숙시설은 농산어촌 등과 같이 교사 등 보육교직원 수급이 곤란한 경우에 한하여 제한적으로 인정 ※ 보육교직원 기숙시설에 보육교직원이 **가족**과 함께 거주하는 것은 **불가**

<table>
<tr><td>2016
37면</td><td rowspan="2"></td><td rowspan="2">※ 어린이집의 일부를 대표자 등의 주거시설 및 영리를 목적으로 사용하는 것은 불가</td></tr>
<tr><td>2017
37면</td></tr>
<tr><td>2018
40면</td><td rowspan="3">나. 어린이집의 구조 및 일반기준</td><td rowspan="3">○ 어린이집 내에 사적 용도를 위한 시설 등 영유아의 보육 목적에 부합하지 않는 시설은 설치 불가(영유아보육법 시행규칙 〈별표1〉 제3호 가목 1))
※ 대표자 등 주거시설 또는 영리를 목적으로 한 시설 등 설치 불가
– 다만 관할 특별자치도지사·시장·군수·구청장이 지역적 특수성을 고려하여 필요하다고 인정하는 경우에는 보육교직원 기숙시설 설치 가능
※ 보육교직원 기숙시설에 보육교직원이 가족과 함께 거주하는 것은 불가</td></tr>
<tr><td>2019
40면</td></tr>
<tr><td>2020
42면</td></tr>
</table>

※ 보육사업안내

▸ 보건복지부가 매년 발행하는 어린이집의 영유아보육을 위한 지침서로 행정법상 행정규칙으로 볼 수 있음

▸ 행정규칙은 일반적으로 행정조직 내부에서만 효력을 가질 뿐 대외적인 구속력을 갖는 것은 아니지만 법령의 위임에 따라 그 규정의 내용을 보충하는 기능을 가지면서 당해 법령의 위임한계를 벗어나지 아니하는 한 그것들과 결합하여 대외적인 구속력이 있는 법규명령으로서의 효력을 갖게 될 수 있음
(대법원 1988. 5. 10 선고 87누1028 판결, 대법원 1998. 6. 9 선고 97누19915 판결, 대법원 2008. 4. 10 선고 2007두4841 판결 참조)

어린이집 설치기준에 관한 판례(위험물 저장시설)

○ 입법목적을 달리하는 법률들이 일정한 행위에 관한 요건을 각 규청하고 있는 경우에는 어느 법률이 다른 법률에 우선하여 배타적으로 적용된다고 해석되지 않는 이상 그 행위에 관하여 각 법률의 규정에 따른 요건을 갖추어야 한다고 할 것인바, 이 사건과 같은 석유판매업 등록에 있어서 그 입법목적, 규정사항, 적용범위 등에 비추어 보면 석유 및 석유대체연료 사업법은 영유아보육법(2007. 10. 17. 법률 제8654호로 개정되기 전의 것)에 우선하여 배타적으로 적용되는 관계에 있다고는 해석되지 아니하므로 영유아보육법 시행규칙 제9조 [별표]에 규정된 보육시설의 입지조건 중 보육시설과 위험시설의 이격거리에 관한 규정(이하 '이 사건 규정'이라 한다)은 영유아보육법에 의하여 보육시설을 설치하고자하는 자 뿐만 아니라 이미 설치된 보육시설이 있는 경우 위험시설을 설치하거나 그 위험시설을 이용하여 등록을 한 후 석유판매업을 영위하고자 하는 자에게도 미친다고 할 것이다(대법원 1994. 10. 15. 선고 94누2213 판결, 대법원 1995. 1. 12. 선고 94누3216 판결 등 참조)

○ 따라서 이와 같은 취지에서 이 사건 규정이 위 규정상의 이격거리인 50m 내에 주유소를 설치하여 석유판매업을 하고자 석유판매업등록을 신청한 원고에게도 미친다고 본 원심의 판단은 정당하고, 거기에 이 사건 규정의 해석에 관한 법리를 오해한 위법이 있다고 할 수 없다.

○ 원심판결 이유에 의하면, 이 사건 주유소는 그 부지에 5만 리터 규모의 기름탱크 7개를 매립하여 운영하는 작지 않은 규모이고, 영유아 보육시설인 어린이집은 그 부지의 경계선으로부터 불과 25m 거리에 위치하고 있음을 알 수 있는바, 위와 같이 보육시설에 아주 근접한 지역에 위와 같은 규모의 주유소가 설치될 경우 각종 안전사고의 위험성 등으로 인하여 위 보육시설에서 교육을 받는 영유아의 심신 보호 및 건전한 교육에 지장을 초래할 위험이 있는 점과 앞서 본 바와 같이 원고의 주유소 건축공사가 그 부지에 지하 터파기 공사를 하고 기름탱크의 매설공사를 완료한 정도에 머무르고 있는 상태인 점 등에 비추어 보면,

○ 피고가 그 공적견해 표명에 반하는 이 사건 처분을 함으로써 달성하고자 하는 위 보육시설 내 영유아의 심신을 보호하고 건전한 교육을 통하여 건강한 사회성원으로 육성하고자 하는 공익이 원고가 이 사건 처분으로 인하여 입게 되는 이익의 침해를 정당화 할 수 있을 청도로 크다고 할 것이어서 결국, 이 사건 처분은 신뢰보호의 원칙에 위반된다고 할 수 없다.
따라서 상고를 기각하고, 상고비용은 패소자가 부담하기로 하여 관여 대법관의 일치된 의견으로 주문과 같이 판결한다. (대법원 2008. 4. 24.선고 2007두25060판결)

○ 주택건설촉진법 제31조 제1항에 의한 주택건설기준 등에 관한 규정(1991.1.15. 대통령령 제13252호) 제9조 제2항 소정의 이격거리에 관한 규정은, 같은 법에 의한 사업주체가 사업계획승인을 얻어 공동주택 등을 건설할 때 기존 위험물저장시설 등으로부터 50m 이상을 유지하여야 한다는 의미뿐만 아니라, 이미 건설된 공동주택 등이 있다면 위험물저장시설 등을 설치하고자 하는 자도 그 공동주택 등으로부터 50m 이상을 유지하여야 하는 것으로 보아야 하므로, 주유소를 설치하려고 하는 토지에 대해 그 토지가 이미 건축된 공동주택으로부터 수평거리 50m 이내라면 그 규정을 들어 석유판매업허가신청을 반려한 처분은 적법하다.
(대법원 1994. 10. 15. 선고 94누2213 판결, 주유소허가신청반려처분취소)

9절 놀이터 설치

제15조의2(놀이터 설치) ① 어린이집을 설치·운영하는 자는 놀이터를 설치하여야 하며 설치에 관한 기준은 보건복지부령으로 정한다. 다만, 다음 각 호의 어느 하나에 해당하는 어린이집은 그러하지 아니한다.

1. 보육 정원 50명 미만인 어린이집
2. 100미터 이내에 보건복지부령으로 정하는 기준을 충족하는 놀이터가 설치되어 있는 어린이집

② 제1항에도 불구하고 특별자치도지사·시장·군수·구청장은 제6조제1항에 따른 지방보육정책위원회의 심의를 거쳐 2005년 1월 29일 이전에 인가받은 어린이집이 도심지 및 도서·벽지 등 지역의 여건상 놀이터를 설치하기 곤란한 경우로서 보육상 지장이 없다고 인정하는 경우에는 놀이터를 설치하지 아니하거나 놀이터 설치 기준을 완화하여 변경인가할 수 있다.

10절 비상재해대비시설

제15조의3(비상재해대비시설) ① 어린이집을 설치·운영하는 자는 반드시 1층과 2층 이상 등 종류별 비상재해대비시설을 설치하여야 하며 설치에 관한 기준은 보건복지부령으로 정한다.

② 제1항에도 불구하고 특별자치도지사·시장·군수·구청장은 2009년 7월 3일 이전에 이미 인가받은 어린이집("기인가 어린이집"이라 한다. 이하 이 조에서 같다)이 비상재해 대비에 지장이 없다고 판단할 경우 종전 인가당시 기준을 적용할 수 있다. 이 경우, 특별자치도지사·시장·군수·구청장은 기인가 어린이집이 비상재해 대비에 지장이 없는지 여부를 판단하기 위해 비상재해대비시설기준 심의위원회를 구성·운영하여야 하며 해당 위원회의 심의를 반드시 거쳐야 한다.

③ 제2항에 따른 비상재해대비시설기준 심의위원회의 위원은 5인 이상으로 하며 다음 각 호의 어느 하나에 해당하는 사람 중에서 특별자치도지사·시장·군수·구청장이 임명하거나 위촉한다. 이 경우 전체 위원의 2분의 1 이상은 제1호부터 제4호까지에 해당하는 사람으로 구성하여야 하며 위원장은 위원 중에서 호선한다.

1. 소방공무원
2. 소방기술사
3. 소방시설관리사
4. 「소방시설 설치·유지 및 안전관리에 관한 법률」 제4조의2에 따른 소방·방재 분야에 관한 전문지식을 갖춘 사람
5. 보육 관련 업무를 담당하는 공무원
6. 「고등교육법」 제2조에 따른 학교에 재직하고 있는 보육 관련 분야 교수

④ 위원의 임기, 운영 및 회의 등에 필요한 사항은 제6조에 따른 지방보육정책위원회 관련 규정을 준용한다.

□ 어린이집 비상재해대비시설 설치기준 연혁

○ 비상재해대비시설 설치기준-영유아보육법 시행규칙

시행일	항 목	주 요 내 용
1991.08.08	시행규칙 (보건사회부령 제876호, 1991. 8. 8. 제정)	▸ **소화용 기구**를 비치하고 **비상구**를 설치하며 비상재해에 대비한 시설을 갖추어야 한다.
2005.01.30	시행규칙 개정 (여성부령 제14호, 2005. 1. 29. 전부개정)	▸ **비상구** 상단에 **비상구 유도 등** 설치 및 **잠금장치**를 하여야 함 ▸ **2층 이상**인 경우 **비상계단** 또는 영유아용 **미끄럼대**를 반드시 설치하고 그 밖에 안전사고 및 비상재해에 대비한 대피시설, 장비 등을 구비하여야 함 ▸ 그 밖의 소방시설이 설치는 소방시설설치유지 및 안전관리에 관한법률 시행령 별표4의 규정에 따름 ▸ 부칙 ◂ ▸ 종전의 규정에 의하여 설치된 보육시설은 이 규칙 시행일부터 **5년 이내 (비상재해대비시설은 1년 이내)**에 별표 1에 의한 설치기준 중 시설의 구조 및 설비 기준을 갖추어야 함 다만, 보육시설 및 보육실의 영유아(장애아를 포함한다) 1인당 면적에 대한 부분은 종전의 규정에 의하고, <u>2층 또는 3층에 보육실이 설치되어 있는 보육시설에 대하여는 1층에 보육실을 설치하도록 한 부분을 적용하지 아니함</u> ▸ 위 규정에도 불구하고 이규칙 시행전에 설치된 보육시설을 증· 개축하거나 대표자, 종류, 소재지, 원 증원의 변경인가에는 이 규칙에 의한 기준을 모두 갖추어야 함
2009.07.03	시행규칙 개정 (보건복지가족부령 제124호) 2009. 7. 3. 일부개정	▸ **양방향 대비가능** ▸ 1충인 경우 주 출입구 외에 안전한 외부 지상층과 연결이 가능한 **1개 이상의 출구**를 설치하여야 함 ▸ 2층 이상인 경우 비상계단 또는 대피용 미끄럼대를 영유아용으로 설치하고 그 밖에 안전사고 및 비상재해에 대비한 대피시설, 장비 등을 구비하여야 함. 다만, 직통계단 2개 이상 설치 또는 <u>스프링클러(간이형 포함)</u>를 건물전체에 설치하고 피난기구 등을 설치한 경우에는 비상계단 또는 대피용 미끄럼대를 설치하지 않을 수 있음 ▸ 부칙 ◂ ▸ <u>1층의 경우 개정규정에도 불구하고 종전의 규정(여성부령 제14호)에 따름</u>

시행일	항 목	주 요 내 용
		▸ 2층 이상의 경우 2010. 12. 31.까지 개정규정에 따른 시설을 갖추어야 함
2011.04.07.	시행규칙 개정 (보건복지부령 제50호, 2011. 4. 7. 타법개정)	▸ 2층 또는 3층은 현행과 같음 ※ 2020.1.1부터 14. 3. 12. 이후 설치인가 또는 변경인가(정원 감원 제외)부터 수직구조대(나선형, 협착형), 피난 트랩 등 불인정 ▸ **4층** 또는 **5층**인 경우 – 소방시설설치유치 및 안전관리에 관한법률 시행령에 따른 **스프링클러 및 자동화재 탐지설비를 건물전체에 걸쳐 유효하게 설치**하고 건물내에 양방향 대피가 가능한 **2개소 이상의 직통계단**을 설치하며(2개 이상의 직통계단, 설치가 곤란한 경우에는 직통계단 1개소는 건물외부에 비상계단을 설치하여 이에 갈음할 수 있음) ▸ 보육실 주출입구는 직통계단 또는 비상계단까지의 **보행거리가 30m** 되도록 설치하고 건물의 천장 · 바닥과 벽체 등의 내부마감재는 **불연재**로 설치하며, 벽체 등에는 가연성 장식물을 부착하지 아니하고, **조리실은 내화구조로 된 바닥**, 벽 및 건축법시행령 제64조에 따른 **방화문으로 외부와 구획**하며 ▸ 소방시설설치유치 및 안전관리에 관한법률 시행규칙 제7조에 따른 연소우려가 있는 건축물의 구조가 아니어야 하고 **2급 이상의 방화관리자**를 고용(직원 중 방화관리자 자격증을 가진 자가 있을 경우에는 그러하지 아니하다)하여 **방화관리**를 할 것 ▸ 부칙 ◂ ▸ 공포한 날부터 시행
2012.07.01	영유아보육법 개정 법률 제11144호 2011. 12. 31. 일부개정	▸ 어린이집을 설치 · 운영하는 자는 반드시 1층과 2층 이상 등 종류별 비상재해대비시설을 설치하여야 함 ▸ 단, 2009. 7. 3. 이전에 이미 인가받은 어린이집이 비상재해 대비에 지장이 없다고 판단할 경우 종전 인가당시 기준을 적용할 수 있음 – 이 경우, 특별자치도지사 · 시장 · 군수 · 구청장은 기인가 어린이집이 비상재해 대비에 지장이 없는 지 여부를 판단하기 위해 '비상재해대비시설 기준 심의위원회'를 구성 · 운영하여야 하며 해당 위원회의 심의를 반드시 거쳐 적합여부를 심의하여야 함 ▸ 부칙 ◂ ▸ 공포한 날부터 시행

시행일	항 목	주 요 내 용
	비상재해대비시설기준관리지침 통보	▸ 2009. 7. 3. 이전에 이미 인가받은 어린이집이 비상재해대비에 지장이 없는 범위에서비상재해 대비시설기준을 일부 보완하여 운영 ▸ 시 · 군별 '비상재해대비시설기준 심의위원회'를 구성 · 운영 ▸ 시행규칙상 설치기준을 준수하지 않은 어린이집 중 비상재해대비에 지장이 없다고 위원회가 판단할 경우 비상재해대비시설 기준을 준수한 것으로 인정 ▸ 2012. 3. 15.까지 비상재해대비시설 설치기준 미준수 어린이집에 대한 전수조사 및 시정명령

11절 폐쇄회로 텔레비전의 설치 등

제15조의4(폐쇄회로 텔레비전의 설치 등) ① 어린이집을 설치 · 운영하는 자는 아동학대 방지 등 영유아의 안전과 어린이집의 보안을 위하여 「개인정보 보호법」 및 관련 법령에 따른 폐쇄회로 텔레비전(이하 "폐쇄회로 텔레비전"이라 한다)을 설치 · 관리하여야 한다. 다만, 다음 각 호의 어느 하나에 해당하는 경우에는 그러하지 아니하다.

1. 어린이집을 설치 · 운영하는 자가 보호자 전원의 동의를 받아 시장 · 군수 · 구청장에게 신고한 경우
2. 어린이집을 설치 · 운영하는 자가 보호자 및 보육교직원 전원의 동의를 받아 「개인정보 보호법」 및 관련 법령에 따른 네트워크 카메라를 설치한 경우

② 제1항에 따라 폐쇄회로 텔레비전을 설치 · 관리하는 자는 영유아 및 보육교직원 등 정보주체의 권리가 침해되지 아니하도록 다음 각 호의 사항을 준수하여야 한다.

1. 아동학대 방지 등 영유아의 안전과 어린이집의 보안을 위하여 최소한의 영상정보만을 적법하고 정당하게 수집하고, 목적 외의 용도로 활용하지 아니 하도록 할 것
2. 영유아 및 보육교직원 등 정보주체의 권리가 침해받을 가능성과 그 위험 정도를 고려하여 영상정보를 안전하게 관리할 것
3. 영유아 및 보육교직원 등 정보주체의 사생활 침해를 최소화하는 방법으로 영상정보를 처리할 것

③ 어린이집을 설치 · 운영하는 자는 폐쇄회로 텔레비전에 기록된 영상정보를 60일 이상 보관하여야 한다.

④ 제1항에 따른 폐쇄회로 텔레비전의 설치 · 관리기준 및 동의 또는 신고의 방법 · 절차 · 요건, 제3항에 따른 영상정보의 보관기준 및 보관기간 등에 필요한 사항은 보건복지부령으로 정한다.

12절 영상정보의 열람금지 등

제15조의5(영상정보의 열람금지 등) ① 폐쇄회로 텔레비전을 설치 · 관리하는 자는 다음 각 호의 어느 하나에 해당하는 경우를 제외하고는 제15조의4제1항의 영상정보를 열람하게 하여서는 아니 된다.

1. 보호자가 자녀 또는 보호아동의 안전을 확인할 목적으로 열람시기 · 절차 및 방법 등 보건복지부령으로 정하는 바에 따라 요청하는 경우
2. 「개인정보 보호법」 제2조제6호가목에 따른 공공기관이 제42조 또는 「아동복지법」 제66조 등 법령에서 정하는 영유아의 안전업무 수행을 위하여 요청하는 경우
3. 범죄의 수사와 공소의 제기 및 유지, 법원의 재판업무 수행을 위하여 필요한 경우
4. 그 밖에 보육관련 안전업무를 수행하는 기관으로서 보건복지부령으로 정하는 자가 업무의 수행을 위하여 열람시기 · 절차 및 방법 등 보건복지부령으로 정하는 바에 따라 요청하는 경우

② 어린이집을 설치 · 운영하는 자는 다음 각 호의 어느 하나에 해당하는 행위를 하여서는 아니 된다.

1. 제15조의4제1항의 설치 목적과 다른 목적으로 폐쇄회로 텔레비전을 임의로 조작하거나 다른 곳을 비추는 행위
2. 녹음기능을 사용하거나 보건복지부령으로 정하는 저장장치 이외의 장치 또.는 기기에 영상정보를 저장하는 행위

③ 어린이집을 설치 · 운영하는 자는 제15조의4제1항의 영상정보가 분실 · 도난 · 유출 · 변조 또는 훼손되지 아니하도록 내부 관리계획의 수립, 접속기록 보관 등 대통령령으로 정하는 바에 따라 안전성 확보에 필요한 기술적 · 관리적 및 물리적 조치를 하여야 한다.

④ 국가 및 지방자치단체는 어린이집에 설치한 폐쇄회로 텔레비전의 설치 · 관리와 그 영상정보의 열람으로 영유아 및 보육교직원 등 정보주체의 권리가 침해되지 아니하도록 설치 · 관리 및 열람 실태를 보건복지부령으로 정하는 바에 따라 매년 1회 이상 조사 · 점검하여야 한다.

⑤ 폐쇄회로 텔레비전의 설치 · 관리와 그 영상정보의 열람에 관하여 이 법에서 규정된 것을 제외하고는 「개인정보 보호법」(제25조는 제외한다)을 적용한다.

13절 결격사유

제16조(결격사유) 다음 각 호의 어느 하나에 해당하는 자는 어린이집을 설치·운영할 수 없다. 〈개정 2011. 6. 7., 2013. 8. 13., 2014. 5. 28., 2015. 5. 18., 2018. 12. 11.〉

1. 미성년자·피성년후견인 또는 피한정후견인
2. 「정신건강증진 및 정신질환자 복지서비스 지원에 관한 법률」 제3조제1호의 정신질환자
3. 「마약류 관리에 관한 법률」 제2조제1호의 마약류에 중독된 자
4. 파산선고를 받고 복권되지 아니한 자
5. 금고 이상의 실형을 선고받고 그 집행이 종료(집행이 종료된 것으로 보는 경우를 포함한다)되거나 집행이 면제된 날부터 5년(**「아동복지법」 제3조제7호의2에 따른 아동학대관련범죄를 저지른 경우에는 20년**)이 경과되지 아니한 자
6. 금고 이상의 형의 집행유예를 선고받고 그 유예기간 중에 있는 사람. 다만, **「아동복지법」 제3조제7호의2에 따른 아동학대관련범죄로 금고 이상의 형의 집행유예를 선고받은 경우에는 그 집행유예가 확정된 날부터 20년**이 지나지 아니한 사람
7. 제45조에 따라 어린이집의 폐쇄명령을 받고 5년이 경과되지 아니한 자
8. 제54조에 따라 300만원 이상의 벌금형이 확정된 날부터 2년이 지나지 아니한 사람 또는 **「아동복지법」 제3조제7호의2에 따른 아동학대관련범죄로 벌금형이 확정된 날부터 10년**이 지나지 아니한 사람
9. 제23조의3에 따른 교육명령을 이행하지 아니한 자

1. 아동학대 범죄로 인한 결격사유

○ 아동학대 범죄로 처벌받은 경우-어린이집의 경우

▸ 결격사유로 인한 기간이 최대 20년에서 10년

▸ 금고이상의 형은 20년, 벌금형은 10년

※ 아동학대 범죄로 처벌받은 경우, 취업제한의 아동복지법이 **위헌 결정**되어 개정되었어도 영유아보육법의 결격사유에 변함없음에 유의하여야 함

2. 아동복지법 제29조의3 등의 규정은 위헌결정

○ 아동학대 범죄자를 일률적으로 10년간 체육시설이나 학교에 취업 못함

○ 기본권에 과도한 제한해 직업선택의 자유침해

아동학대 범죄자 10년간 일률적 취업제한은 위헌

○ 아동복지법 제29조의3등은 아동학대 관련 범죄로 형 또는 치료감호를 선고 받고 형이 확정된 사람은 형 확정 때로부터 10년간 아동관련 기관이나 초중등교육법상 학교에 취업할 수 없도록 한 규정으로 헌법재판소는 심판대상 조항은 아동학대 관련범죄 전력만으로 그가 장래에 동일한 유형의 범죄를 다시 저지를 것은 당연시 하고 있음

○ 이는 아동학대 관련 범죄 전력자 중 재범 위험성이 없는 사람의 기본권에 과도한 제한을 초래한다. 아동학대 관련 범죄를 저지른 사람이라 하더라도 개별범죄의 경중에는 차이가 있고 이는 재범의 위험도 마찬가지라며 이 조항은 각 행위의 죄질에 따른 상이한 제재의 필요성을 간과함으로써 범행의 정도가 가볍고 재범의 위험성이 상대적으로 크지 않은 사람에게 10년 동안 일률적으로 취업제한을 부과하고 있으므로 제한의 정도가 지나침

○ 아동학대 관련 범죄 전력자의 취업제한에 있어 재범의 위험성 등에 관한 구체적인 심사절차가 필요하고 심도 있는 사회적 논의가 필요하겠지만 10년이라는 취업제한의 기간을 기간의 상한을 두고 **법관이 대상자의 취업제한 기간을 개별적으로 심사하는 방식**도 하나의 대안이 될 수 있음

(헌법재판소 2018. 6. 28.선고 2017헌마 130 위헌결정)

○ 헌법재판소의 위헌결정취지는 취업제한의 제재 자체가 위헌이라는 취지가 아니며 10년이라는 현행 취업제한기간을 기간의 상한으로 두고 법관이 대상자의 취업제한기간을 개별적으로 심사방식 등 현행제도를 합리적으로 교정해 합헌적으로 운영 할 수 있다는 취지임

3. 아동복지법 제29조의3 규정 등의 위헌결정에 따른 개정

○ 아동복지법 제29조의3 규정 등에 대한 위헌결정으로 2018.11.23. 국회본회의 통과 후 2018. 12. 11. 법률 제15889호, 일부개정 2019. 6. 12. 시행

○ 취업제한기간은 10년을 초과하지 못함-아동복지법 제29조의3 제2항

○ 아동복지법 제29조의3 (아동관련기관의 취업제한 등) 개정

⇒ **법원에서 각 사건별로 10년 이내로 취업기간을 제한하여 명령함**

① 법원은 아동학대관련범죄로 형 또는 치료감호를 선고하는 경우에는 판결(약식명령을 포함한다. 이하 같다)로 그 형 또는 치료감호의 전부 또는 일부의 집행을 종료하거나 집행이 유예·면제된 날(벌금형을 선고받은 경우에는 그 형이 확정된 날을 말한다)부터 일정기간(이하 "취업제한기간"이라 한다) 동안 다음 각 호에 따른 시설 또는 기관(이하 "아동관련기관"이라 한다)을 운영하거나 아동관련기관에 취업 또는 사실상 노무

를 제공할 수 없도록 하는 명령(이하 "취업제한명령"이라 한다)을 아동학대관련범죄 사건의 판결과 동시에 선고(약식명령의 경우에는 고지를 말한다)하여야 한다. 다만, 재범의 위험성이 현저히 낮은 경우나 그 밖에 취업을 제한하여서는 아니 되는 특별한 사정이 있다고 판단하는 경우에는 그러하지 아니하다.

1. 보장원, 제37조에 따른 취약계층 아동 통합서비스 수행기관, 아동보호전문기관, 가정위탁지원센터 및 제52조의 **아동복지시설**
2. 「가정폭력방지 및 피해자보호 등에 관한 법률」 제4조의6의 긴급전화센터, 같은 법 제5조의 가정폭력 관련 상담소 및 같은 법 제7조의2의 가정폭력피해자 보호시설
3. 「건강가정기본법」 제35조의 건강가정지원센터
4. 「다문화가족지원법」 제12조의 다문화가족지원센터
5. 「성매매방지 및 피해자보호 등에 관한 법률」 제5조의 성매매피해자등을 위한 지원시설 및 같은 법 제10조의 성매매피해상담소
6. 「성폭력방지 및 피해자보호 등에 관한 법률」 제10조의 성폭력피해상담소 및 같은 법 제12조의 성폭력피해자보호시설 및 같은 법 제18조의 성폭력피해자통합지원센터
7. 「영유아보육법」 제2조제3호의 **어린이집**
8. 「유아교육법」 제2조제2호의 **유치원**
9. 「의료법」제3조의 의료기관(같은 법 제2조의 의료인에 한정한다)
10. 「장애인복지법」 제58조의 장애인복지시설
11. 「정신건강증진 및 정신질환자 복지서비스 지원에 관한 법률」 제3조에 따른 정신건강복지센터, 정신건강증진시설, 정신요양시설 및 정신재활시설
12. 「주택법」 제2조제3호의 공동주택의 관리사무소(경비업무 종사자에 한정한다)
13. 「청소년기본법」 제3조에 따른 청소년시설, 청소년단체
14. 「청소년활동진흥법」 제2조제2호의 청소년활동시설
15. 「청소년복지 지원법」 제29조제1항의 청소년상담복지센터, 같은 법 제30조의 이주배경청소년 지원센터 및 같은 법 제31조 각 호의 청소년쉼터, 청소년자립지원관, 청소년치료재활센터
16. 「청소년 보호법」 제35조의 청소년 보호 · 재활센터
17. 「체육시설의 설치 · 이용에 관한 법률」 제2조제1호의 체육시설 중 아동의 이용이 제한되지 아니하는 체육시설로서 문화체육관광부장관이 지정하는 체육시설
18. 「초 · 중등교육법」 제2조 각 호의 학교 및 같은 법 제28조에 따라 학습부진아 등에 대한 교육을 실시하는 기관
19. 「학원의 설립 · 운영 및 과외교습에 관한 법률」 제2조제1호의 학원 및 같은 조 제2호의 교습소 중 아동의 이용이 제한되지 아니하는 학원과 교습소로서 교육부장관이 지정하는 학원 · 교습소
20. 「한부모가족지원법」 제19조의 한부모가족복지시설
21. 아동보호전문기관 또는 학대피해아동쉼터를 운영하는 법인
22. 「보호소년 등의 처우에 관한 법률」에 따른 소년원 및 소년분류심사원
23. 「민법」 제32조에 따라 보건복지부장관의 설립 허가를 받아 아동인권, 아동복지 등 아동을 위한 사업을 수행하는 비영리법인(대표자 및 아동을 직접 대면하는 업무에 종사하는 사람에 한정한다)

② 제1항에 따른 취업제한기간은 **10년을 초과**하지 못한다.

③ **법원은 제1항에 따라 취업제한명령을 선고**하려는 경우에는 정신건강의학과 의사, 심리학자, 사회복지학자, 아동학대 관련 전문가, 그 밖의 관련 전문가로부터 취업제한명령 대상자의 재범 위험성 등에 관한 의견을 들을 수 있다.

○ 위헌결정에도 영유아보육법 제16조 및 제20조에 따라 **어린이집은 여전히 10년에서 20년 취업제한** 돼 어린이집을 **설치 · 운영, 근무**할 수 없음

4. 아동학대 관련범죄의 개정된 취업제한기간－아동복지법 부칙 제3조

개정전 종전의 규정에 따라 아동학대관련범죄를 범하고 확정판결 받은 사람의 취업제한 기간 등에 관한 특례

구 분	기 간	비 고
3년 초과의 징역 또는 금고형이나 치료감호를 선고받아 확정된 사람, 그 형 또는 치료감호의 전부 또는 일부의 집행이 종료되거나 집행유예 · 면제된 날부터	**5년**	
3년 이하의 징역 또는 금고형이나 치료감호를 선고받아 확정된 사람, 그 형 또는 치료감호의 전부 또는 일부의 집행이 종료되거나 집행이 유예 · 면제된 날부터	**3년**	
벌금형을 선고받아 확정된 사람, 그 형이 확정된 날부터	**1년**	

※ 아동학대－정서학대 사례

보육교직원의 정서학대에 관한 판례 － 유죄

○ 보육교사가 강압적이고 부정적인 태도를 보이며 4세인 피해아동을 높이 78cm에 이르는 교구장 위에 약 40분 동안 앉혀놓고 아동용 소파를 거칠게 밀어내거나 교구장을 흔든 행위를 한 것이 피해아동에 대한 정신건강 및 발달에 해를 끼치는 정서적 학대에 해당한다고 본 사례

○ 보육교사의 행위는 그 자체로 위험한 행위일 뿐만 아니라 그 과정에서 피해아동은 공포감 내지 소외감을 느꼈을 것으로 보이고 실제로 피해아동이 정신적 고통을 호소하며 일주일이 넘도록 등원하지 못한 점 등에 비춰 볼 때 정서적 학대에 해당함.

○ 아동복지법상 금지되는 정서적 학대행위란 정신적 폭력이나 가혹행위로서 아동의 정신건강 또는 복지를 해치거나 정신건강의 정상적 발달을 저해할 정도 혹은 그러한 결과를 초래할 위험을 발생시킬 정도에 이르는 것을 말함. (1심에서 벌금 150만원을 선고했으나 항소심에서 범행이 피해 아동을 훈육하는 과정에서 발생해 그 경위에 참작할 만한 사유가 있다며 70만원으로 감형 선고하였고 대법원에서 그대로 확정함)
대법원 2020. 3. 12. 선고 2017도5769 판결)

5. 아동학대 사례-무죄판결 (신체학대 아님)

○○○은 어린이집 장애전담교사로서 발달장애증세를 앓고 있는 5살 △△△피해아동이 놀이도구를 제대로 정리하지 않고 바닥에 드러누웠다는 이유로 피해아동의 팔을 세게 잡는 등의 행위가 **신체적 학대행위인지 여부-무죄**
(대법원 2020. 1. 16 선고 2017도12742 판결)

○ 원심판단

원심은 아동 훈육의 기준을 판단함에 있어서 구체적 상황, 아동의 특성 및 나이, 발달 정도 등 여러 가지 고려사항이 있는데다가 발달 장애를 가진 아동에 대한 훈육은 돌발 상황이 비일비재하게 일어나고 또래와의 활동이 원활하지 않는 반면 장애가 있다고 하여 현상유지적 교육에 의존할 경우 발달이 더욱 더디게 되는 문제가 있는 등의 특수성이 있다는 점을 전제로 한 다음, 그 판시와 같은 사실관계를 종합하여 피고인이 한 달 반 정도 시행착오를 거치면서 피해아동을 돌보아 온 시점에서 똑같은 문제행동이 발생한 사건 당일에 보다 단호한 지도방법을 택한 것으로 볼 여지가 많고, 이는 오히려 아동의 정상적 발달을 도모하고자 하는 의도에서 비롯된 것으로 볼 것인바, 피고인의 행위를 두고 '아동의 건강 또는 복지를 해치거나 정상적 발달을 저해할 수 있는 신체적 폭력'으로는 보기 어렵다고 판단하여 이 부분 공소사실을 무죄로 판단하였다.

○ 신체적 학대행위의 의미와 판단기준

■ **법령의 개정**

구 아동복지법(2014. 1. 28. 법률 제12361호로 개정되기 전의 것) 제17조 제3호는 처벌대상인 **신체적 학대행위**를 '아동의 신체에 손상을 주는 학대행위'라고 규정하였다. 구 아동복지법 하에서 판례는, '신체에 손상을 주는 학대행위'는 아동의 신체에 대한 유형력의 행사로 신체의 완전성을 훼손하거나 생리적 기능에 장애를 초래하는 '상해'의 정도에까지는 이르지 않더라도 그에 준하는 정도로 신체에 부정적인 변화를 가져오는 것을 의미한다(대법원 2016. 5. 12. 선고 2015도6781 판결 참조)고 보았다.
개정 아동복지법(2014. 1. 28. 법률 제12361호로 개정된 것) 제17조 제3호는 '아동의 신체에 손상을 주거나 신체의 건강 및 발달을 해치는 신체적 학대행위'라고 규정함으로써 '신체의 건강 및 발달을 해치는 신체적 학대행위'가 구성요건에 추가되었다

■ 판단기준

개정 아동복지법상 신체적 학대행위에 해당하는지 여부를 판단함에 있어서는 아동이 건강하게 출생하여 행복하고 안전하게 자라나도록 복지를 보장하기 위한 아동복지법의 목적(제1조)에 비추어 행위가 발생한 장소와 시기, 행위에 이른 동기와 경위, 행위의 정도와 태양, 아동의 반응 등 구체적인 행위 전후의 사정과 더불어 아동의 연령 및 건강 상태, 행위자의 평소 성향이나 유사 행위의 반복성 여부 및 기간까지도 고려하여 종합적으로 판단하여야 할 것이다.

■ 이 사건의 경우

원심은 적법하게 채택한 증거들에 의하여 다음과 같은 사실을 인정하였다.

피고인은 장애아동 복지지원법령에 따라 장애영유아를 위한 어린이집인 이 사건 어린이집의 특수교사로서 발달장애 등을 갖고 있는 피해아동을 포함하여 장애아동 3명의 지도를 전담해 왔다. 피고인은 한 달 반 정도 시행착오를 거치면서 피해아동의 행동을 교정하기 위하여 반복적으로 말로 지시하거나 무관심한 척 하거나 일부만을 수행하도록 하고 나머지를 교사가 해주는 식으로 여러 가지 교육적 지도를 시도해 왔다.

이 사건 당시에도 피해아동이 놀이 후 정리하기를 거부하고 드러눕는 등 고집을 부리는 문제 상황이 발생하여 훈육의 목적으로 일시적으로 보다 단호한 지도방법으로서 피해아동의 팔을 잡는 등의 행동을 하게 된 것으로 일련의 교육과정의 일환으로 볼 여지가 많다.

또한 피고인의 사건 당일 위 행위 전후를 포함한 일련의 행위가 피해아동의 지도에 관한 내용으로 일관되어 있고, 그 일련의 행위 중에 피해아동을 손으로 때린다거나 발로 차는 등 적극적인 가해의사가 추인될만한 행동은 없다.

이 사건 이후 피해아동은 피고인의 지도에 잘 따르고, 피고인은 수업시간에 피해자 옆에 앉아 피해자의 팔을 주물러 주고 머리를 쓰다듬는 등의 행위로 피해아동을 정상적으로 지도하였다.

원심은 피고인이 합리적 범위 안에서 가장 적절하다고 생각하는 지도 방법을 택하였고 이는 계속적인 훈육의 일환으로 볼 수 있다고 판단하여 신체적 학대행위를 부정하였다.

위와 같은 원심의 판단에 논리와 경험의 법칙을 위반하여 자유심증주의의 한계를 벗어나는 등의 잘못이 없다.

○ 원심은 그 판시와 같은 이유로, 피고인의 행위와 피해자의 상해 사이에 상당인과관계가 있다고 보기 어렵고, 피해자가 상처를 입게 된 경위, 피고인과 피해자의 일련의 행위 등에 비추어 보면 피고인에게 당시 상해나 폭행의 고의를 인정하기 어렵다고 보아, 이 부분 공소사실을 무죄로 판단하였다.
원심판결 이유를 관련 법리와 기록에 비추어 살펴보면, 원심의 판단에 채증법칙 위반이나 판단누락 등의 잘못이 없다.

6. 어린이집에서 아동학대가 발생하는 경우

○ 영유아보육법 제16조(결격사유)－어린이집을 설치·운영 할 수 없음
○ 영유아보육법 제20조(결격사유)－어린이집에 근무할 수 없음
▸ 아동복지법을 위반하여 형이 확정된 날부터 벌금형 10년 / 금고이상 10년

○ 아동학대범죄의 처벌 등에 관한 특례법－2014. 9. 29 시행
▸ 아동학대범죄신고 : 사법경찰관리나 아동보호전문기관 현장출동
▸ 아동학대행위자에 대한 조사, 질문할 수 있음.
▸ 같은법 제63조 : 아동학대신고 하지 아니한 사람 ※ **아동학대 신고 112** 과태료 500만 원 이하 부과 (원장, 보육교직원)
▸ CCTV 영상확보

○ 처벌규정－아동학대범죄의 처벌 등에 관한 특례법 제4조 내지 제6조
▸ 아동학대치사－무기 또는 5년 이상 징역
▸ 아동학대중상해－3년 이하의 징역
▸ 상습범－그 죄에 정한 형의 2분의1 가중

제3장 보육교직원(제17조~제23조의3)

1절 보육교직원의 배치

제17조(보육교직원의 배치) ① 어린이집에는 보육교직원을 두어야 한다.〈개정 2011. 6. 7.〉

② 제24조의2제1항에 따라 보육시간을 구분하여 운영하는 어린이집은 같은 항 각 호에 따른 보육시간별로 보육교사를 배치할 수 있다.〈신설 2019. 4. 30.〉

③ 어린이집에는 보육교사의 업무 부담을 경감할 수 있도록 **보조교사 등**을 둔다. 〈신설 2015. 5. 18., 2019. 4. 30.〉

④ 휴가 또는 보수교육 등으로 보육교사의 업무에 공백이 생기는 경우에는 이를 대체할 수 있는 **대체교사**를 배치한다. 〈신설 2015. 5. 18., 2019. 4. 30.〉

⑤ 보육교직원 및 그 밖의 인력의 배치기준 등에 필요한 사항은 보건복지부령으로 정한다. 〈개정 2008. 2. 29., 2010. 1. 18., 2011. 6. 7., 2015. 5. 18., 2019. 4. 30.〉

2절 보육교직원의 직무

제18조(보육교직원의 직무) ① 어린이집의 원장은 어린이집을 총괄하고 보육교사와 그 밖의 직원을 지도·감독하며 영유아를 보육한다.〈개정 2011. 6. 7.〉

② 보육교사는 영유아를 보육하고 어린이집의 원장이 불가피한 사유로 직무를 수행할 수 없을 때에는 그 직무를 대행한다. 〈개정 2011. 6. 7.〉

1. 보육교사의 전임의무 규정 위반여부-위반됨 (×)

보육교사가 소속 보육시설의 통상적인 운영시간 중에 다른 업무에 종사하여 보건복지부장관의 '보육사업안내' 지침에서 정한 **전임규정을 위반**하였으나 나머지 근무시간이 8시간 이상인 경우 구 영유아보육법상 **보조금 지급요건을 갖추었다고 볼 수 있는지 여부**
(대법원 2013. 6. 13. 선고 2012두2436 판결)

○ 사건개요

원고가 운영하는 이 사건 어린이집은 0000년경 영아전담보육시설로 지정되어 영유아보육법령 등에 따라 국가로부터 보육교사 인건비 중 일부를 지원받게 되었음
원고는 0000. 12.경 피고에게 을(원고 오빠인 갑의 처임)을 이 사건 어린이집 보육교사로 채용하였다고 보고하였고, 피고는 이에 따라 원고에게 을의 인건비 중 일부를 보조금 명목으로 지급하여 왔음
이 사건 어린이집에 다니는 영아들은 보통 08:00경 등원하여 15:00경부터 18:00경까지 사이에 귀가하고 있는데, 을은 0000. 8.부터 0000. 2.까지 사이에 08:00경 출근하여 영아들을 돌보다 10:00경부터 14:00경까지 4시간씩 병의 이 사건 어린이집 건물 1층에서 운영하던 ○○학원에서 근무하였음
피고는 0000. 11. 30. 원고에 대하여, 이 사건 어린이집의 보육교사로 전임하지 아니한 을이 전임한 것처럼 속여 보조금을 부정수급하였다는 이유로 보육시설 운영정지 6개월, 보육시설장 자격정지 3개월 및 보조금 합계 48,693,840원의 환수를 명하는 이 사건 처분을 하였음

○ 판결요지

이러한 사정을 앞서 본 법리에 비추어 살펴보면, 을이 이 사건 어린이집의 통상적인 운영시간(08:00경～18:00경) 중에 4시간씩 이 사건 어린이집이 아닌 ○○학원에서 근무함으로써 관련 규정에서 요구하는 전임의무를 위반한 이상 비록 원고 주장과 같이 을이 나머지 통상적인 운영시간 또는 그 이후에 이 사건 어린이집에서 영아들을 보육함으로써 결과적으로 8시간 이상을 근무하였다 하더라도 이는 **정상적인 방법에 의하여는 보조금을 지급받을 수 없는 경우**에 해당함이 명백하다고 할 것임
원심이 같은 취지에서 원고가 거짓이나 부정한 방법으로 보조금을 교부받은 경우에 해당한다고 판단한 것은 정당하고, 거기에 상고이유 주장과 같이 어린이집 보육교사의 전임의무에 관한 법리를 오해한 위법이 없음

2. 보육교직원의 전임의무에 관한 법원판례

보육교직원의 직무에 관한 판례 = 전임의무

○ 구 영유아보육법(2011. 6. 7. 법률 제10789호로 개정되기 전의 것) 제36조, 구 영유아보육법 시행령(2011. 12. 8. 대통령령 제23356호로 개정되기 전의 것) 제24조 제2항 및 그에 따라 보건복지부장관이 마련한 '보육사업안내'지침 규정의 내용과 보육교사 인건비에 대한 보조금 지급취지 등을 종합하여 보면, 보육교사 인건비에 대한 보조금은 해당 보육교사가 기준 운영시간 범위에 따른 당해 보육시설의 통상적인 운영시간 중에 담당 업무에 전임하고,

○ 그 **전임 근무시간이 8시간 이상**임을 전제로 지급되는 것이고, 따라서 해당 보육교사가 소속 보육시설의 통상적인 운영시간 중에 다른 업무에 종사하여 전임규정을 위반한 이상 비록 나머지 근무시간이 8시간 이상이라 하더라도 이는 보조금 지급요건을 갖춘 경우로 보기 어렵다.(대법원 2013. 6. 13. 선고 2012두2436 판결)

3. 보육교직원(원장)의 복무 = 전임의무

○ 영유아보육법 제17조 제5항 및 같은법시행규칙 제10조【별표2】보육교직원의 배치기준, 2.보육교직원의 복무

가. **어린이집의 원장은 전임**이어야 하며, 다른 어린이집, 사회복지시설, 유치원 및 종교시설 등의 업무를 겸임할 수 없다.

나. 반을 담당하는 보육교사의 근무시간은 평일 8시간(연장보육을 담당하는 보육교사의 경우에는 평일 4시간)을 원칙으로 하고, 그 밖에 전후로 연장되는 시간은 어린이집의 원장과 보육교사가 교대 근무하며, 초과근무수당을 지급하여야 한다.

어린이집 원장은 특별한 경우를 제외하고는 근무시간 중에 상시 그 업무에 종사해야하는 바, 근무시간 중에 대가를 받고 월 12시간을 초과하는 세미나, 공청회 토론회,발표회, 심포지엄, 교육과정에 참석하여 강의·강연·발표·토론하는 행위를 할 수 없음

※ 대학으로부터 정기적인 급여를 받는 교수는 원장을 겸직할 수 없음
2020 보육사업안내 209면

3절 보육교직원의 책무

제18조의2(보육교직원의 책무) ① 보육교직원은 영유아를 보육함에 있어 영유아에게 신체적 고통이나 고성 · 폭언 등의 정신적 고통을 가하여서는 아니 된다. 〈개정 2017. 3. 14.〉
② 보육교직원은 업무를 수행함에 있어 영유아의 생명 · 안전보호 및 위험방지를 위하여 주의의무를 다하여야 한다. 〈신설 2017. 3. 14.〉

Ⅱ

1. 어린이집 원장의 영유아의 생명 · 안전보호 및 위험방지를 위한 주의의무

어린이집원장은 원생이 귀가할 때까지 보호할 의무가 있어 부모가 유아에게 안전교육을 안했다는 이유로 책임일부를 전가 할 수 없다는 판결임
(청주지방법원 2009. 6. 22. 선고 2008가단23101판결)

○ 판결요지

어린이집 밖 도로에서 어린이집 차량에 치여 사망한 부모가 어린이집 원장을 상대로 제기한 손해배상소송에서 차량보험사와 연대하여 2억여 원을 배상하라고 판결함
원장은 원생들에 대해 친권자에 준하는 보호감독의무를 지는 어린이집원장으로서 원생들을 어린이집으로 인솔한 후에도 나이 어린 원생이 다시 어린이집 밖 도로로 나와 사고를 당할 위험에 처하지 않도록 해야 할 주의의무가 있음에도 이를 게을리 한 과실이 인정됨

한편, 안전교육을 하지 않은 부모에 책임이 있어 손해배상에 참작해야 한다고 주장하나 원장은 영유아가 어린이집 도착한 순간부터 귀가 할 때까지 원생의 안전에 관해 직접적인 보호감독의 의무를 지는 자로서 사고애 대한 모든 책임을 지는 것이 마땅함.
만3세에 불과한 유아를 상대로 안전교육을 하지 않았다는 이유를 들어 부모에게 일부 책임을 전가하려는 것은 부당함

2. 보육교사 인솔 아래 횡단보도 건너던 어린이 교통사고 발생 시 책임여부 (○)

어린이집 보육교사 인솔 아래 어린이집 근처 횡단보도를 건너던 어린이가 자동차에 치였다면 어린이집에서 미리 안전교육을 실시했더라도 어린이집 측에 전적으로 책임이 있다는 판결임
(서울중앙지방법원 2019. 11. 28.선고 2018가단5181160 판결)

○ 사건개요

생후 27개월이던 어린이는 0000. 3월 보육교사 인솔에 따라 친구 6명과 함께 어린이집 인근 횡단보도를 건넜음.

그런데 어린이 등 2명이 뒤쳐진 상황에서 횡단보도를 건너고 있는 데 이를 발견하지 못한 운전자가 아이들을 발견하지 못하고 사고를 냈음.

이 과정에서 어린이는 약6주간 치료가 필요한 골반 가장자리 골절 등의 상해를, 다른 어린이는 12주간 치료를 요하는 후두골 골절 등의 상해를 입었음

이후 운전자는 이 사고와 관련해 교통사고처리특례법 위반 혐의로 기소돼 금고 1년에 집행유예 2년의 판결을 받았고 운전자가 자동차종합보험에 가입한 모 손해보험사는 어린이에게 치료비 명목으로 약 510만원을, 운전자는 형사재판 과정에서 원고들에게 위자료로 3000만원을 지급했음. 이후 어린이와 부모는 어린이집 원장과 보육교사를 상대로도 5000만원의 손해배상 청구를 한 사안임(원고1, 2는 1,500만원, 원고3은 2,000만원)

○ 판결요지

서울중앙지법은 어린이와 부모가 어린이집 원장과 보육교사를 상대로 낸 손해배상청구소송에서 피고들은 공동해 원고에게 1200만원을 지급하라는 원고일부승소 판결함(원고1, 2는 각 200만원, 원고3은 800만원)

법원은 판결을 통해 어린이집 교사는 영유아를 친권자로부터 위탁받아 수유 및 휴식, 놀이, 수면 등 영유아의 전 생활을 인수받게 되고, 영유아는 어린이집에 도착한 순간부터 보호자에게 돌아갈 때까지 어린이집의 지배영역 하에 있게 되기 때문에 어린이집 원장과 보육교사는 영유아의 생명 · 신체에 대해 친권자에 준하는 보호감독의무를 진다며 어린이집 원장과 보육교사는 영유아를 홀로 방치하지 말고 곁에서 발생 가능한 위급 상황에 대비해야 한다고 판시함

특히, 영유아의 경우 안전사고 위험에 대한 인식과 방어능력이 현저히 부족하므로 보육교사는 원아들을 데리고 횡단보도를 건널 때 아이들의 행동이나 보행 태도를 확인하고 교사 없이 횡단보도에 방치하지 않도록 사고를 미리 방지해야 할 업무상 주의의무가 있는데도 이를 위반했으며 어린이집 원장 역시 보육교사 의 사용인으로서 관리 · 감독을 게을리 했기에 손해를 배상해야 함을 판결함

3. 어린이에게 억지로 음식을 먹인 보육교사 정서적 아동학대로 벌금형

○ 어린이집 보육교사가 음식을 먹기 싫다고 우는 어린이에게 억지로 음식을 먹이고 다른 아동과 분리되는 등 혐의로 보육교사에게 벌금형(150만원)과 40시간의 아동학대 치료 프로그램 이수명령이 선고됨

○ 억지로 음식을 먹이고 44분간 다른 원생과 분리시킨 행위 등은 아동의 정신건강과 발달을 저해할 수 있는 정서적 아동학대행위에 해당한다는 취지임

(서울중앙지방법원 2019. 11. 1. 선고 2019고단3583 판결)

○ 판결요지

어린이집에서 보육교사로 근무하던 보육교사는 어린이가 점심 식사로 나온 카레떡볶이를 먹지 않자 어린이에게 식판과 숟가락을 가져오게 한 다음 억지로 떡볶이를 먹인 혐의를 받고 있음. 즉, 보육교사는 어린이가 울음을 터뜨리자 바닥을 닦았던 휴지로 어린이의 입을 강하게 닦은 뒤 데리고 나가 화장실 맞은편 의자에 44분가량 다른 원생과 분리돼 혼자 앉혀둔 것으로 조사됨. 보육교사는 반 아이들을 낮잠 재울 준비를 끝낸 뒤 불 꺼진 교실로 어린이를 다시 데려와 재웠음. 이 과정에서 어린이는 평소와 달리 엄마가 보고 싶다고 심하게 보챘고, 낮잠을 자고 일어난 뒤에는 약4분간 몸을 떠는 증세를 보이기도 했음 결국, 어린이가 분리조치 된 후 엄마가 보고 싶다며 보채거나 낮잠 자고 일어난 후 4분 넘게 몸을 떠는 증세를 보였던 것을 보면 만2세에 불과한 피해아동은 44분 동안이나 다른 원생들과 분리되는 등 심적으로 상당히 위축된 것으로 보이고, 낮잠 자는 시간이라 교실을 소등한 뒤 이끌려 교실로 들어왔을 때에는 두려움까지 느꼈을 것으로 보이는바 보육교사의 행위는 피해 어린이의 정신건강과 발달에 해를 끼치는 정서적 학대행위임을 미필적으로나마 인식하였다고 보이는 바 보육교사가 아동을 학대했음을 판시함

보육교직원의 책무에 관한 판례

친권자가 영 · 유아를 어린이집에 위탁하는 경우에는 어린이집에서 그와 같은(친권자) 책임을 인수하게 되므로 영 · 유아를 보육하는 어린이집의 원장 및 보육교사는 생명 · 신체에 대하여 친권자에 준하는 보호감독 의무를 진다.

(대구지법 2014. 4. 15.선고 2012가합8271판결, 대구지법 2012노809 판결)

4절 보육교직원의 임면 등–14일 이내에 인사기록카드 사본첨부 보고

제19조(보육교직원의 임면 등) ① 특별자치도지사 · 시장 · 군수 · 구청장은 보육교직원의 권익 보장과 근로여건 개선을 위하여 보육교직원의 임면(任免)과 경력 등에 관한 사항을 관리하여야 한다. 〈개정 2011. 6. 7., 2011. 8. 4.〉

② 어린이집의 원장은 보건복지부령으로 정하는 바에 따라 보육교직원의 임면에 관한 사항을 특별자치도지사 · 시장 · 군수 · 구청장에게 보고하여야 한다. 〈개정 2008. 2. 29., 2010. 1. 18., 2011. 6. 7., 2011. 8. 4.〉

1. 공립 어린이집을 원장에게 위탁한 경우 보육교사 임면권은 누구에게 있는지 ?

공립 어린이집에 대하여 원장에게 위탁하였다면 **어린이집 교사의 임면권은 원장**에게 있음. (서울고등법원 2007. 8. 30.선고 2007누3734 판결 및 대법원 2007. 12. 13.선고 2007두19096 판결)

- ○ 공립 어린이집을 원장에게 위탁하였다면 어린이집 교사 임면권은 원장에게 있음 비록, ○○○시가 어린이집 원장으로부터 보육교사의 임면에 관한 사항을 보고받고 있기는 하지만 이것은 ○○○시에 임면권이 있어서 라기 보다는 어린이집의 운영주체로서 보육교사의 임면권을 비롯한 운영권을 관리 · 감독하기 위해서임.
- ○ 어린이집을 설립하고 보조금을 지급하는 지방차지단체는 임면권을 지휘 · 감독하는 권한이 있을 뿐이며 보육교사는 퇴직금을 정산받고 원장과의 사이에 임용계약을 체결함으로써 지방자치단체와의 근로관계 단절에 동의했다고 봐야함

2. 보육교사 보호조치 결정 등–적법함

- ○ 어린이집 원장에게서 원아의 출석 일수를 조작하라는 지시를 받은 보육교사 甲이 이를 해당 지방자치단체에 신고하였고, 출석 일수 조작을 통해 보조금 부당 수령 사실을 확인한 관할 군수가 보조금 환수와 원장 자격 정지 처분을 하였는데,
- ○ 근로계약이 끝나가던 甲이 새로 부임한 원장 乙이 공고한 어린이집 보육교사 채용 절차에 응시하였다가 불합격하자 공익신고자에 대한 불이익조치에 해당한다며 국민권익위원회에 공익신고자 보호조치를 신청하였고,
- ○ 국민권익위원회가 乙에게 甲과 1년간 근로계약을 체결하라는 내용 등의 보호조치 결정을 한 사안에서, 甲에게 불이익조치를 한 乙에게 보호조치를 한 위 처분은 적법하다고 한 사례 (서울행정법원 2014. 5. 15 선고 2013구합26507 판결, 이후 항소심 서울고등법원 2014.10.21.선고 2014누51625 판결, 2014.11. 8.확정)

5절 결격사유

제20조(결격사유) 다음 각 호의 어느 하나에 해당하는 자는 어린이집에 근무할 수 없다. 〈개정 2011. 6. 7., 2013. 8. 13.〉

1. 제16조 각 호의 어느 하나에 해당하는 자
2. 제46조나 제47조에 따라 자격정지 중인 자
3. 제48조제1항에 따라 자격이 취소된 후 같은 조 제2항에 따른 자격 재교부 기한이 경과되지 아니한 자

○ 영유아보육법 제16조(결격사유)－어린이집 설치·운영에 관한 결격사유

○ 영유아보육법 제20조(결격사유)－어린이집의 근무에 관한 결격사유

6절 어린이집의 원장 또는 보육교사의 자격

제21조(어린이집의 원장 또는 보육교사의 자격) ① 어린이집의 원장은 대통령령으로 정하는 자격을 가진 자로서 보건복지부장관이 검정·수여하는 자격증을 받은 자이어야 한다. 〈개정 2008. 2. 29., 2010. 1. 18., 2011. 6. 7.〉

② 보육교사는 다음 각 호의 어느 하나에 해당하는 자로서 보건복지부장관이 검정·수여하는 자격증을 받은 자이어야 한다. 〈개정 2008. 1. 17., 2008. 2. 29., 2010. 1. 18., 2011. 8. 4.〉

1. 「고등교육법」 제2조에 따른 학교에서 보건복지부령으로 정하는 보육 관련 교과목과 학점을 이수하고 전문학사학위 이상을 취득한 사람

1의2. 법령에 따라 「고등교육법」 제2조에 따른 학교를 졸업한 사람과 같은 수준 이상의 학력이 있다고 인정된 사람으로서 보건복지부령으로 정하는 보육 관련 교과목과 학점을 이수하고 전문학사학위 이상을 취득한 사람

2. 고등학교 또는 이와 같은 수준 이상의 학교를 졸업한 자로서 시·도지사가 지정한 교육훈련시설에서 소정의 교육과정을 이수한 사람

③ 제2항에 따른 보육교사의 등급은 1·2·3급으로 하고, 등급별 자격기준은 대통령령으로 정한다.

④ 제2항제2호에 따른 교육훈련시설의 지정 및 지정 취소, 교육과정 등에 필요한 사항은 보건복지부령으로 정한다. 〈신설 2011. 8. 4.〉

보육교사 자격증을 위조하여 어린이집에 근무한 교사에 대한 판례

타인의 보육교사 1급 자격증에 자신의 사진을 붙여 위조하는 방법 등으로 어린이집에 보육교사로 1년간 근무하여 징역 10월에 집행유예 2년, 사회봉사 120시간으로 처벌됨.
(울산지방법원 2014. 1. 24.선고 2013고단3721 판결)

7절 어린이집의 원장 또는 보육교사 자격증의 교부 등

제22조(어린이집의 원장 또는 보육교사 자격증의 교부 등) ① 보건복지부장관은 제21조제1항 및 제2항에 따라 어린이집의 원장 또는 보육교사의 자격을 검정하고 자격증을 교부하여야 한다. 〈개정 2008. 2. 29., 2010. 1. 18., 2011. 6. 7.〉

② 보건복지부장관은 제1항에 따른 어린이집의 원장 또는 보육교사의 자격증을 교부받거나 재교부(이하 "보육자격증 교부등"이라 한다)를 받으려는 사람에게 보건복지부령으로 정하는 바에 따라 수수료를 받을 수 있다.

③ 삭제 〈2011. 8. 4.〉

④ 삭제 〈2011. 8. 4.〉

⑤ 제51조의2제1항제2호에 따라 보육자격증 교부등에 관한 업무를 위탁받은 공공 또는 민간기관 · 단체는 제2항에 따라 납부받은 수수료를 보건복지부장관의 승인을 받아 보육자격증 교부등에 필요한 경비에 직접 충당할 수 있다. 〈신설 2011. 6. 7., 2011. 8. 4.〉

⑥ 보육자격증 교부등에 필요한 사항은 보건복지부령으로 정한다. 〈개정 2008. 2. 29., 2010. 1. 18., 2011. 6. 7.〉

○ 보육교직원 자격관리 사업은 한국보육진흥원에서 담당함(영유아보육법 제8조)

8절 명의대여 등의 금지

제22조의2(명의대여 등의 금지) 제22조의2(명의대여 등의 금지) ① 어린이집의 원장 또는 보육교사는 다른 사람에게 자기의 성명이나 어린이집의 명칭을 사용하여 어린이집의 원장 또는 보육교사의 업무를 수행하게 하여서는 아니 된다. 〈개정 2011. 6. 7., 2020. 4. 7.〉

② 제22조제1항에 따라 자격증을 교부받은 사람은 다른 사람에게 그 자격증을 빌려주어서는 아니 되고, 누구든지 그 자격증을 빌려서는 아니 된다.〈신설 2020. 4. 7.〉

③ 누구든지 제2항에 따라 금지된 행위를 알선하여서는 아니 된다. 〈신설 2020. 4. 7.〉

[시행 2020. 7. 8.]

1. 통상의 명의대여

○ 명의대여는 통상 어린이집 원장 자격을 가진 ○○○가 ◉◉◉에게 원장자격증을 빌려주어 어린이집을 ○○○ 명의로 ◉◉◉가 운영하는 등의 명의대여 뿐만 아님

2. 변형된 명의대여

○ 어린이집 설치·운영자인 대표자◩◩◩가 보육교사 자격만 있고 원장자격이 없어 해당 어린이집 반을 담당하는 보육교사로 근무하면서 원장 자격을 가진 ◒◒◒을 원장으로 시장·군수·구청장 등에게 임면보고 하였음.

○ 그러나, 실제는 ◒◒◒을 보육담당교사로 반은 담당하게 하고 실제 원장자격이 없는 대표자◩◩◩가 원아상담 등을 하는 등 전반적인 어린이집을 총괄하는 등 원장의 역할을 하는 경우 명의대여에 해당 할 수 있어 상당한 주의가 필요함 명의대여가 인정되면 자격취소가 될 수 있음.

○ <u>원장자격 명의대여란 타인이 그 원장자격증을 이용하여 원장업무를 하려는 것을 알면서도 원장 자격증 자체를 빌려주는 것을 의미함</u>

그러므로, 통상 어린이집 원장으로서 원장이 하는 업무를 원장 아닌 사람이 사실상 원장으로서 처리하는 경우에 원장자격명의 대여로 볼 수 있음. 즉 사례별로 실질적 업무 관여여부, 원장으로 호칭여부, 사실상 원장으로서 어린이집 업무를 수행하여 왔는지 살펴보아야 함 (대법원 2002. 5. 10 선고 2002도1226 판결 참조)

3. 자격증 대여사실의 판단기준[5)]

○ <u>특정 어린이집에서 보육교사의 명의를 사용하도록 허용하는 행위</u>
보육교직원으로 임면보고 되어 있으나 실제 어린이집에 근무하지 않은 경우
○ <u>타인이 자신의 이름을 사용하여 보육교사로 근무할 수 있도록 허용하는 행위</u>
－보육교직원으로 임면보고 되어 있으나 실제로는 다른 사람이 보육교사로 근무하는 경우

○ 자격증 대여사실의 판단기준－원장자격증 취소 (○)

5) 2018년도 경기도 시군구 담당공무원 및 컨설턴트 워크숍 교육자료 중 보건복지부 질의답변 「보육교사의 명의대여에 따른 행정처분」146면

○ 영유아보육법 제48조 제4호에 따르면, 어린이집의 원장이 같은 법 제22조의2에 따른 명의대여 금지 등의 의무를 위반한 경우 그 자격을 취소할 수 있다.

○ 을호증의 기재와 변론 전체의 취지를 종합하면, 원고 갑은, 을 어린이집 원장으로 등록되어 있으나, 2013. 3. 1.부터 점검일인 2013. 6. 17.까지 병 어린이집 ○○○○반 담임교사로 근무하였다고 확인서를 작성한 사실을 인정할 수 있다. 위 인정사실 에 의하면, 위 기간을 어린이집 원장일을 하지 않은 원고 갑은 위 기간 사실상 위 어린이집 원장 역할을 한 원고 정에게 원장 명의를 대여하였다고 보는 것이 타당하므로, 처분사유가 인정된다.

○ 나아가 관계 법령의 취지 및 앞서 본 인정사실과 변론 전체의 취지를 종합하여 인정할 수 있는 다음 사정들, 즉 ① 어린이집을 총괄하고 교직원을 지도·감독할 지위에 있는 어린이집 원장은 그 책임과 역할이 중요하므로 원장 명의를 대여하지 못 하도록 엄격하게 규제할 필요가 있는 점, ② 원고 갑은 을 어린이집 원장으로 등록되었을 뿐 사실상 병 어린이집 보육교사로 일한 사정 등을 고려하면, 원고 갑의 명의 대여 행위의 위법성이 결코 가볍다고 보기 어려운 점 등을 종합하면, 이 사건처분이 재량권을 일탈·남용하였다고 할 수 없다.
(창원지방법원 2015. 2. 6 선고 2013구합21005 판결)

9절 어린이집 원장 및 보육교사의 보수교육

제23조(어린이집 원장의 보수교육) ① 보건복지부장관은 어린이집 원장의 자질 향상을 위한 보수교육(補修教育)을 실시하여야 한다. 이 경우 보수교육은 집합교육을 원칙으로 한다.
② 제1항에 따른 보수교육은 사전직무교육과 직무교육으로 구분한다.
③ 삭제 〈2011. 8. 4.〉
④ 제1항에 따른 보수교육에는 다음 각 호의 사항에 관한 내용을 포함하여야 한다.
1. 성폭력 및 아동학대 예방
2. 실종·유괴의 예방과 방지
3. 감염병 및 약물의 오남용 예방 등 보건위생 관리
4. 재난대비 안전
5. 교통안전
6. 어린이집 원장의 인성함양 (영유아의 인권보호 교육을 포함한다)
7. 그 밖에 보건복지부령으로 정하는 사항
⑤ 그 밖에 보수교육의 기간·방법 등에 필요한 사항은 보건복지부령으로 정한다.
제23조의2(**보육교사의 보수교육**) ① 보건복지부장관은 보육교사의 자질 향상을 위한 보수교육(補修教育)을 실시하여야 한다. 이 경우 보수교육은 집합교육을 원칙으로 한다.
② 제1항에 따른 보수교육은 직무교육과 승급교육으로 구분한다.
③ 제1항에 따른 보수교육에는 다음 각 호의 사항에 관한 내용을 포함하여야 한다.
1. 성폭력 및 아동학대 예방

2. 실종 · 유괴의 예방과 방지
3. 감염병 및 약물의 오남용 예방 등 보건위생 관리
4. 재난대비 안전
5. 교통안전
6. 보육교사의 인성함양 (영유아의 인권보호 교육을 포함한다)
7. 그 밖에 보건복지부령으로 정하는 사항

④ 그 밖에 보수교육의 기간 · 방법 등에 필요한 사항은 보건복지부령으로 정한다.

1. 보육교직원 보수교육(어린이집 원장 및 보육교사) – 2020. 03.01 기준

<table>
<tr><th>연번</th><th>교 육 명</th><th>구 분</th><th colspan="2">내 용</th></tr>
<tr><td rowspan="4">1</td><td rowspan="4">아동학대
예방교육
및
아동학대신고
의무자교육</td><td>대상</td><td colspan="2">• 모든 보육교직원</td></tr>
<tr><td>근거</td><td colspan="2">• 2020년 보육사업 안내 P=121,125
• 아동복지법 제26조 및 제26조의2, 같은법시행령 제26조 및 세26조의2</td></tr>
<tr><td>횟수</td><td colspan="2">• 연 1회 1시간 이상, 실적제출</td></tr>
<tr><td>기타</td><td colspan="2">• 집합교육, 온라인교육, 자체교육(중앙아동보호전문기관)
– 온라인교육: 중앙육아종합지원센터 e–러닝 https://lms.educare.or.kr
• 온라인교육: 중앙아동보호전문기관(www.korea1391.go.kr) ,
– 경기도지식캠퍼스 https://www.gseek.kr → 아동학대 예방교육 수강</td></tr>
<tr><td rowspan="4">2</td><td rowspan="4">보육교직원
안전교육</td><td>대상</td><td>• 어린이집 당 교직원1명
(보수교육연계)</td><td>• 모든 보육교직원</td></tr>
<tr><td>근거</td><td colspan="2">• 2020년 보육사업 안내 P=119–121
• 평가제 매뉴얼 3–5–2
• 영유아보육법 시행규칙 제23조</td></tr>
<tr><td>횟수</td><td>• 연 1회 (6시간)</td><td>• 연 1 회</td></tr>
<tr><td>기타</td><td>• 집합교육(안전공제회, 육아종합센터주관)
• 아동학대예방교육, 안전관리교육 수료시 동일도내 보수교육 건강, 안전 영역 이수 인정하여 면제</td><td>• 집합교육, 온라인교육, 자체연수
• 아동성폭력 예방교육, 응급처치 교육, 재난대피, 교통안전, 약물오남용 등</td></tr>
<tr><td rowspan="2">3</td><td rowspan="2">장애인식
개선교육</td><td>대상</td><td colspan="2">• 모든 보육교직원</td></tr>
<tr><td>근거</td><td colspan="2">• 장애인복지법 제25조(사회적 인식개선)
동법 시행령 제16조(장애 인식개선 교육)</td></tr>
</table>

연번	교 육 명	구 분	내 용
		횟수	• 연 1회 이상(성인 60분, 유아 20분 이상)
		기타	• 집합교육, 온라인교육 • 온라인: 보건복지부 〉 정책 〉 장애인 〉 알림마당 〉 교육/홍보자료 장애인식개선교육 실적관리시스템 〉 장애인식개선이러닝센터 〉 교육신청 〉 수강 〉 수료증 • 교육실적제출방법: 장애인식개선교육 실적관리 시스템 (www.able.edu.or.kr), 전년도 추진실적 당해연도 2월말까지 입력
4	구조 및 응급처치 교육	대상	• 영유아보육법 제21조 제2항에 따른 보육교사
		근거	• 응급의료에 관한 법률 제14조 제1항 제15호 • 집합교육: 육아종합지원센터, 관련기관교육 참석 • 평가제 매뉴얼(3-5-2) 보육교직원 중에 응급처치(심폐소생술) 관련 교육에 참여한 직원이 있음.
		횟수	• 연 1회 어린이집 당 1인(교육과정 내 실습포함)
5	직장내 성희롱.성폭력 예방교육	대상	• 모든 보육교직원
		근거	• 남녀고용과 일·가정 양립 지원에 관한 법률 제13조 같은 법 시행령 제3조
		횟수	• 연 1회 이상
		기타	• 여성가족부 예방교육통합관리(www.shp.mogef.go.kr) 시스템에 성폭력예방교육 전년도 추진실적 당해연도 2월말까지 입력 • 집합교육, 자체교육(예방교육통합관리시스템-교육자료실-성희롱, 성폭력 예방교육 표준강의안)
6	개인정보보호 교육	대상	• 개인정보를 취급하는 자 (원장 또는 개인정보취급자)
		근거	• 개인정보 보호법 제28조 (개인정보취급자에 대한 감독)
		횟수	• 연 1회 1시간이상(개인정보를 취하는 모든 사업장)
		기타	• 집합교육, 온라인교육, 자체교육 - 단, 자체교육 시 교육계획, 결과보고서 등 문서화하여 보관(사진첨부 권장) • 행정자치부 '개인정보보호 종합포털'(www.privacy.go.kr)
7	차량동승 보호자 및 운전자 안전교육	대상	• 어린이 통학버스 운영자 및 운전자
		근거	• 2020년 보육사업안내 P=116-119 • 도로교통법 제52조, 제53조 (어린이통학버스의 신고 등)
		횟수	• 신규 안전교육: 어린이통학버스 운영 또는 운전하기 전 교육실시 • 정기 안전교육: 2년마다 정기적으로 실시

연번	교 육 명	구 분	내 용
			• 차량동승보호자 연1회 온라인,오프라인 교육이수
		기타	• 통학버스운전자 안전운전 통합민원(www.safedriving.or.kr) 교육신청 후 집합교육 이수
8	어린이집 놀이시설 안전교육	대상	• 어린이놀이시설이 되어 있는 경우 안전관리책임자(담당 보육교직원)
		근거	• 어린이놀이시설 안전 관리법 제 20조, 시행규칙 20조
		횟수	• 신규교육: 어린이놀이시설 인도 받은 날 부터 3개월 이내, 안전 관리자가 변경된 날, 또는 안전교육 유효기간이 만료되는 경우 만료 전 3개월 이내 • 보수교육: 2년마다 1회(4시간)
		기타	• 한국생활안전연합(www.safia.org) • 한국어린이놀이시설협회(www.ikap.co.kr) • 대한산업안전협회(www.safety.or.kr) • 한국안전교육협회(www.koreakid.co.kr)
9	석면건축물 안전관리인 교육	대상	• 연면적 430㎡이상인 어린이집(09.1.1이전 설치 된 모든 어린이집) 석면건축물 소유자(대표자 또는 관리책임자)
		근거	• 석면안전관리법 제24조 및 동법 시행령 제35조, 동법 시행규칙 제33조
		횟수	• 신고 또는 변경신고일로부터 3개월 이내
		기타	• 집합교육 6시간 • 보수: 2년에 1회(4시간이상) • 사이버 교육 : 국립환경인재개발원 (https://ehrd.me.go.kr/)
10	소방 안전관리자실무교육	대상	• 선임된 소방안전관리자
		근거	• 소방시설 설치 · 유지 및 안전 관리에 관한 법률 제41조
		횟수	• 신규교육: 선임된 날부터 6개월 이내에 실무교육을 이수하여야 함 • 보수교육: 2년마다 1회
		기타	• 한국소방안전협회(www.kfsa.or.kr/)
11	다중이용시설 등의 실내공기질 관리자 교육	대상	• 어린이집 원장 또는 관리책임자 • 2020년 보육사업안내 P=113
		근거	• 다중이용시설등의 실내공기질관리법 제7조 및 동법 시행령 제2조 • 연면적 430㎡이상인 모든 어린이집(2020. 4. 3. 시행, 의무사항이행)
		횟수	• 신규교육: 1년 이내에 1회 • 보수교육: 신규교육을 받은 날을 기준으로 3년마다 1회 (6시간)
		기타	• 사이버.오프라인교육 : 환경보전협회(www.epa.or.kr)
12	식품위생 교육	대상	• 상시50인 이상 집단 급식소의 기관장 또는 관리책임자 (원장, 조리사, 영양사 등)

연번	교 육 명	구 분	내 용
		근거	• 식품위생법 제41조, 식품위생법 시행규칙 제52조 제1항 및 제2항
		횟수	• 2년에 1회
		기타	• 집합교육, 온라인교육 • 한국식품산업협회(www.kfia.or.kr)
13	조리원 및 영영사 교육 (조리사와 영양사)	대상	• 상시50인 이상(급식인원) 집단급식소의 조리사, 영양사
		근거	• 식품위생법 제56조 제1항
		횟수	• 2년마다 1회 6시간
		기타	• 집합교육, 온라인교육 • 한국조리사협회중앙회 (www.ikca.or.kr)
14	결핵감염 예방 및 관리기준 교육	대상	• 모든 보육교직원
		근거	• 결핵예방법 제11조 제1항, 결핵예방법 시행규칙 제4조
		횟수	• 연1회
		기타	• 집합교육, 온라인교육, 자체연수 • 대한결핵협회(www.knta.or.kr/index.asp)
15	긴급복지지원 신고의무자 교육	대상	• 모든 보육교직원
		근거	• 긴급복지지원법 제7조
		횟수	• 연1회 1시간 이상
		기타	• 자체교육 • 보건복지부(http://www.mohw.go.kr): 정보→연구/조사/발간자료→긴급복지지원 신고의무자 교육자료 (실적 제출은 별도공지)

2. 보육교직원 (사전) 직무 및 승급교육

연번	교 육 명	구 분	내 용
1	보육교직원 직무교육	대상	• 모든 보육교직원
		근거	• 2020년 보육사업 안내 P=221-222
		시기	• 보육경력 만2년이 지난 사람/ 직무교육을 받은 후 만2년이 지난사람 (승급교육 포함)
		방법	• 집합교육, 온라인교육(특별직무교육에 한함) – 집합교육 : 보육인력 국가자격증 홈페이지 (http://chrd.childcare.go.kr) 보육통합시스템 신청

연번	교 육 명	구 분	내 용
2	원장 직무교육	대상	• 어린이집 원장
		근거	• 2020년 보육사업 안내 P=222
		시기	• 원장의 직무를 담당한 때부터 만2년이 지난사람. 원장직무교육을 받은 해부터 만2년이 지난사람
		방법	• 집합교육 : 보육인력 국가자격증 홈페이지 (http://chrd.childcare.go.kr) 보육통합시스템 신청
3	원장 사전 직무교육	대상	• 원장 자격을 취득하고자 하는 자
		근거	• 2020년 보육사업 안내 P=223
		방법	• 집합교육 : 보육인력 국가자격증 홈페이지 (http://chrd.childcare.go.kr) 보육통합시스템 신청
4	장기 미종사자 직무교육	대상	• 어린이집원장 또는 보육교사 자격을 취득한 자로 만2년 이상 보육업무를 수행하지 않다가 다시 보육업무를 수행하려는 자
		근거	• 2020년 보육사업 안내 P=222
		시기	• 1일 8시간 총 40시간 교육
		방법	• 집합교육 – 집합교육 : 보육인력 국가자격증 홈페이지 (http://chrd.childcare.go.kr)
5	승급교육(2급)	대상	• 3급 보육교사 자격 취득 후 보육 경력 만 1년이 지난 사람
		근거	• 2020년 보육사업 안내 P=223
		방법	• 집합교육 : 보육인력 국가자격증 홈페이지 (http://chrd.childcare.go.kr) 보육통합시스템 신청
6	승급교육(1급)	대상	• 보육교사 2급을 취득한 후 보육 경력 만 2년 이상 경과한 자 • 보육교사 2급 취득 후 보육관련 석사학위 취득 후 보육경력 6개월 경과한 자
		근거	• 2020년 보육사업 안내 P=223
		방법	• 집합교육 : 보육인력 국가자격증 홈페이지 (http://chrd.childcare.go.kr) 보육통합시스템 신청

※ 영아, 장애아, 방과후 보육을 담당하고 있는 일반직무교육대상자는 사전에 특별직무교육을 받아야하며, 불가피하게 받지 못한 경우에는 채용 후 6개월 이내에 받아야함. 특별직무교육을 받은 사람은 일반직무교육을 이수한 것으로 봄.

※ 보수교육을 받아야하는 해에 승급교육을 받은 사람은 일반직무교육을 이수한 것으로 봄.

3. 어린이집의 어린이 대상 교육

연번	교 육 명	근 거	교육시간 및 방법
1	성폭력, 아동학대 예방교육	아동복지법 제31조	6개월 1회 이상 (연간 8시간 이상)
2	실종, 유괴의 예방, 방지교육	아동복지법 제31조	3개월에 1회 이상 (연간 10시간 이상)
3	감염병 및 약물의 오용, 남용 예방 등 보건위생관리 교육	아동복지법 제31조	3개월에 1회 이상 (연간 10시간 이상)
4	재난대비 안전교육	아동복지법 제31조	6개월에 1회 이상 (연간 6시간 이상)
5	교통안전교육	아동복지법 제31조	2개월에 1회 이상 (연간 10시간 이상)
6	스마트폰 과의존 예방교육 (인터넷 중독예방 및 해소관련교육)	국가정보화기본법 제30조의8제2항 2020 보육사업 안내 P=120	연 1회 • 어린이집 아동에게 교육진행 후 매년 4월30일 까지 전년도 교육결과 과학기술정보통신부장관 제출(한국정보화진흥원 스마트 쉼 센터) • 스마트쉼센터(www.iapc.or.kr): 자료실→유아동 대상 교육자료 다운→교육진행 →결과제출
7	장애인식 개선교육	장애인 복지법 제25조 같은법 시행령 제16조 (장애 인식개선 교육)	유아 대상 연 1회 20분

10절 교육명령

제23조의3(교육명령) ① 보건복지부장관은 「아동복지법」 제3조제7호의2에 따른 아동학대관련범죄를 저지른 사람이 제16조제5호부터 제8호까지의 결격사유 및 제20조제1호의 결격사유(제16조제5호부터 제8호까지의 결격사유에 해당하는 경우에 한정한다)에 해당하지 아니하게 되어 어린이집을 설치 · 운영하거나 어린이집에 근무하려는 경우에는 그 사람에 대하여 사전에 아동학대 방지를 위한 교육을 받도록 명하여야 한다. 이 경우 교육 실시에 드는 비용은 교육을 받는 사람이 부담한다. 〈개정 2015. 5. 18.〉

② 제1항에 따른 교육명령의 조치와 관련한 절차, 교육기관, 교육 방법 · 내용 등에 필요한 사항은 보건복지부령으로 정한다.

제4장 어린이집의 운영(제24조~제30조)

1절 어린이집의 운영기준 등

제24조(어린이집의 운영기준 등) ① 어린이집을 설치·운영하는 자는 보건복지부령으로 정하는 운영기준에 따라 어린이집을 운영하여야 한다. 〈개정 2008. 2. 29., 2010. 1. 18., 2011. 6. 7.〉

② 국가나 지방자치단체는 제12조에 따라 설치된 국공립어린이집을 법인·단체 또는 개인에게 위탁하여 운영할 수 있다. 이 경우 최초 위탁은 보건복지부령으로 정하는 국공립어린이집 위탁체 선정관리 기준에 따라 심의하며, 다음 각 호의 어느 하나에 해당하는 자에게 위탁하는 경우를 제외하고는 공개경쟁의 방법에 따른다.

1. 민간어린이집을 국가 또는 지방자치단체에 기부채납하여 국공립어린이집으로 전환하는 경우 기부채납 전에 그 어린이집을 설치·운영한 자
2. 국공립어린이집 설치 시 해당 부지 또는 건물을 국가 또는 지방자치단체에 기부채납하거나 무상으로 사용하게 한 자
3. 「주택법」에 따라 설치된 민간어린이집을 국공립어린이집으로 전환하는 경우 전환하기 전에 그 어린이집을 설치·운영한 자

③ 제14조에 따라 직장어린이집을 설치한 사업주는 이를 법인·단체 또는 개인에게 위탁하여 운영할 수 있다. 〈개정 2011. 6. 7.〉

④ 제2항과 제3항에 따른 어린이집 위탁 및 위탁 취소 등에 필요한 사항은 보건복지부령으로 정한다. 〈개정 2008. 2. 29., 2010. 1. 18., 2011. 6. 7., 2011. 8. 4.〉

2절 보육시간의 구분

제24조의2(보육시간의 구분)

① 어린이집은 다음 각 호와 같이 보육시간을 구분하여 운영할 수 있다.

1. 기본보육: 어린이집을 이용하는 모든 영유아에게 필수적으로 제공되는 과정으로, 보건복지부령으로 정하는 시간 이하의 보육
2. 연장보육: 기본보육을 초과하여 보호자의 욕구 등에 따라 제공되는 보육

② 제1항에 따른 보육시간 운영기준과 내용에 관한 사항은 보건복지부령으로 정한다.

○ 어린이집 운영시간－2020년도 보육사업안내 77면 ~ 78면 참조

▸ 주 6일 이상, 연중 계속 운영하는 것을 원칙으로 함

「관공서의 공휴일에 관한 규정」에 따른 공휴일 제외

월~금요일: 12시간(07:30~19:30), 토요일: 8시간(07:30~15:30)

▸ 어린이집 하원 이후 재등원은 불가

(다만, 영유아의 의료기관 진료와 같이 불가피한 경우에만 재등원 가능)

○ 보육시간

▸ **기본보육 : 09:00 ~ 16:00 (7시간)**

단, 지역별 · 어린이집별 사정에 따라 보호자와 협의하여 9시~16시 전 · 후 30분 범위 내에서 보육시간 탄력 조정 가능

07:30~09:00±30분의 등원지도 시간과 16:00~17:00±30분의 하원지도 시간은 기본보육으로 간주

▸ **연장보육 : 16:00 ~ 19:30**

▸ **그 밖의 연장보육**

－야간연장보육 : 19:30 ~ 24:00 (07:30 이전에 이용하는 경우도 야간연장보육으로 간주)

－야간12시간보육 : 19:30 ~ 익일 07:30

－24시간 보육 : 07:30 ~ 익일 07:30

－휴일보육 : 일요일, 공휴일 07:30 ~ 19:30

3절 어린이집운영위원회

제25조(어린이집운영위원회) ① 어린이집의 원장은 어린이집 운영의 자율성과 투명성을 높이고 지역사회와의 연계를 강화하여 지역 실정과 특성에 맞는 보육을 실시하기 위하여 어린이집에 어린이집운영위원회를 설치 · 운영할 수 있다. 다만, 제26조에 따른 취약보육(脆弱保育)을 우선적으로 실시하여야 하는 어린이집과 대통령령으로 정하는 어린이집은 어린이집운영위원회를 설치 · 운영하여야 한다. 〈개정 2011. 6. 7.〉

② 어린이집운영위원회는 그 어린이집의 원장, 보육교사 대표, 학부모 대표 및 지역사회 인사(직장어린이집의 경우에는 그 직장의 어린이집 업무 담당자로 한다)로 구성한다. 이 경우 학부모 대표가 2분의 1 이상이 되도록 구성하여야 한다.

③ 어린이집의 원장은 어린이집운영위원회의 위원 정수를 5명 이상 10명 이내의 범위에서 어린이집의 규모 등을 고려하여 정할 수 있다. 〈개정 2011. 6. 7.〉

④ 어린이집운영위원회는 다음 각 호의 사항을 심의한다.
1. 어린이집 운영 규정의 제정이나 개정에 관한 사항
2. 어린이집 예산 및 결산의 보고에 관한 사항
3. 영유아의 건강 · 영양 및 안전에 관한 사항
3의2. 아동학대 예방에 관한 사항
4. 보육 시간, 보육과정의 운영 방법 등 어린이집의 운영에 관한 사항
5. 보육교직원의 근무환경 개선에 관한 사항
6. 영유아의 보육환경 개선에 관한 사항
7. 어린이집과 지역사회의 협력에 관한 사항
8. 보육료 외의 필요경비를 받는 경우 제38조에 따른 범위에서 그 수납액 결정에 관한 사항
9. 그 밖에 어린이집 운영에 대한 제안 및 건의사항
⑤ 어린이집운영위원회는 연간 4회 이상 개최하여야 한다.〈신설 2015. 5. 18.〉
⑥ 그 밖에 어린이집운영위원회의 설치 · 운영에 필요한 사항은 보건복지부령으로 정한다. 〈개정 2008. 2. 29., 2010. 1. 18., 2011. 6. 7., 2015. 5. 18.〉

4절 부모모니터링단–보건복지부 부모모니터링단 사업계획 참조

제25조의2(부모모니터링단) ① 시 · 도지사 또는 시장 · 군수 · 구청장은 어린이집 보육환경을 모니터링하고 개선을 위한 컨설팅을 하기 위하여 부모, 보육 · 보건 전문가로 점검단(이하 이 조에서 "부모모니터링단"이라 한다)을 구성 · 운영할 수 있다.
② 부모모니터링단은 다음 각 호의 직무를 수행한다.
1. 어린이집 급식, 위생, 건강 및 안전관리 등 운영상황 모니터링
2. 어린이집 보육환경 개선을 위한 컨설팅
3. 그 밖에 보육 관련 사항으로서 보건복지부령으로 정하는 사항
③ 부모모니터링단은 10명 이내로 구성하며 시 · 도지사 또는 시장 · 군수 · 구청장이 위촉한다.
④ 시 · 도지사 및 시장 · 군수 · 구청장은 부모모니터링단으로 위촉된 사람에게 직무 수행에 필요한 교육을 실시할 수 있다.
⑤ 국가와 지방자치단체는 부모모니터링단의 구성 · 운영 및 교육 등에 필요한 비용의 전부 또는 일부를 예산의 범위에서 지원할 수 있다.
⑥ 부모모니터링단은 제2항 각 호의 직무를 수행하기 위하여 어린이집에 출입할 수 있으며, 이 경우 미리 시 · 도지사 또는 시장 · 군수 · 구청장의 승인을 받아야 한다.
⑦ 부모모니터링단이 제6항에 따른 승인을 받아 어린이집에 출입하는 경우에는 승인서와 신분을 표시하는 증표를 어린이집의 원장 등 관계자에게 내보여야 한다.
⑧ 부모모니터링단은 공무원이 제42조에 따라 어린이집 운영 상황을 조사하기 위하여 어린이집에 출입하는 경우에는 공무원과 함께 어린이집에 출입할 수 있다. 이 경우 시 · 도지사 또는 시장 · 군수 · 구청장의 승인을 생략할 수 있다.
⑨ 제1항부터 제8항까지에 따른 부모모니터링단의 구성 · 운영, 교육, 비용 지원 및 직무 수행 등에 필요한 세부사항은 보건복지부령으로 정한다.

1. 부모모니터링단 – 기간 3월 ~ 12월 (10개월)

○ 부모와 보육 · 보건 전문가가 직접 어린이집의 급식, 위생, 건강 및 안전관리 등 운영상황을 모니터링하여 수요자인 부모의 어린이집 운영 참여를 도모함

○ 어린이집에 대해서는 컨설팅을 제공하여 보육서비스의 질을 향상함으로써 부모가 믿고 맡길 수 있는 보육환경을 조성

2. 모니터링 대상 – 관할 지역 내 모든 어린이집

○ 지역 내 모든 어린이집을 대상으로 하되 다음의 어느 하나에 해당되는 경우 우선 선정하여 실시

- 최근 **1년간** 모니터링을 실시하지 않은 어린이집
- 전년도 모니터링 실시 어린이집 중 **컨설팅 대상 어린이집**(컨설팅 사후조치 확인 등)

○ 다음 각 호의 하나에 해당하는 경우 부모모니터링 대상에서 제외함

- **열린어린이집**
  부모모니터링단 대상 기준 산정 시 관할 열린어린이집은 제외
- **언론(방송, 인터넷, 신문) 보도 또는 보육과정 중 사고 발생 어린이집**은 모니터링 대상에서 제외하고, 지자체 지도점검 대상으로 우선적으로 선정

※ 제외 대상에 해당되더라도, 건강, 안전, 급식, 위생관리에 대한 모니터링이 필요하다고 지자체(또는 육아종합지원센터)가 판단하는 경우 모니터링 실시 가능

○ 지표축소 및 현장부담 완화

- **건강, 안전, 급식, 위생**의 상시관리가 필요한 **핵심지표 중심**으로 **지표 수 통합 · 감축** (25→20개) – 지표개선
- 문서확인을 축소하고 **면담을 확대하며, 모니터링 결과 안내방식**을 등급 대신 **개선필요** 부분을 적시하여 **통보 – 확인문서 축소 등**
- 식중독 및 감염병 부모 안내, 아동학대예방 부모 안내 (기록 – 면담)
- 현장의견 수렴 절차를 마련하여 부모모니터링단 사업의 어린이집 지원 기능에 대한 긍정적 인식 확산 및 소통 강화 – 현장의견수렴
- 서류간소화, 중복점검 지양, 컨설팅으로 모니터링 요청 등

○ 사업 운영 내실화

- **부모와 보육 · 보건전문가 2인 1조**로 구성하되, **정원 20인 이하 어린이집**의 경우 **부모 1인**이 방문가능 – 배치기준 완화
- 최근 1년이내 지도점검 및 모니터링, 평가를 받지 않은 어린이집을 모니터링 대상으로 포함하여 **모니터링 대상 확대 – 선정기준 개선**

3. 부모모니터링 결과 안내서(어린이집 배부)[6]

[서식 4-1]

부모모니터링 결과 안내서[어린이집 배부(부모 공지용), 지자체 제출]

어린이집명			
방문일자	2020년 월 일	시작시간	:
		종료시간	:
방 문 자	(부모단원) (서명)	어린이집 확 인 자	(원장) (서명)
	(전문가단원) (서명)		

□ 부모모니터링 결과에 대해 아래와 같이 안내합니다.

영역	지표	모니터링 및 컨설팅 주요 내용
건강관리	1-1. 영유아 및 보육교직원의 감염병 예방 · 관리를 위한 구체적인 관리수칙을 갖추고 실천하며, 영유아의 보호자에게 안내한다.	
	1-2. 비상약품이 용도별로 구비되어 있고, 비상약품을 유효기간 내로 관리하고 있다.	
	1-3. 투약의뢰 관련 절차를 준수한다.	
안전관리	2-1. 실내외 시설 · 설비 및 놀이시설에 위험요소가 없으며, 실내외 놀잇감이 영유아에게 안전하다.	
	2-2. 영유아 등 · 하원 시 교사 및 보호자 간 인계과정이 안전하게 이루어진다.	
	2-3. 등 · 하원 차량을 운행할 경우 안전요건을 갖추어 관리하며, 차량 운행 시 보육교직원이 동승하여 안전하게 인도한다.	
	2-4. 아동학대예방 및 아동권리존중 방법을 알고 실천한다.	
급식관리	3-1. 영양사가 작성한 식단표대로 급 · 간식을 제공하며, 신선한 과일 및 채소가 주 3회 이상 간식으로 제공된다.	
	3-2. 영유아의 식품 알레르기 질환 여부를 확인하고, 보호자의 요구를 반영하여 음식을 제공한다.	
	3-3. 조리가 위생적으로 이루어지며, 당일에 조리한 음식은 당일에 소비하는 원칙을 준수한다.	
	3-4. 식자재 보관규정을 준수한다.	
위생관리	4-1. 조리실 및 조리실 비품이 청결하게 관린된다.	
	4-2. 급 · 배식 과정 및 식수, 우유(모유), 컵, 젖병 등의 관리가 위생적이다.	
	4-3. 어린이집의 모든 실내 공간 및 놀잇감이 청결하게 유지 · 관리되고 실내 공기 질 및 온도가 적정하게 유지된다.	
	4-4. 영유아가 사용하는 개별 침구 및 칫솔, 양치컵이 청결하게 유지 · 관리된다.	

6) 보건복지부 보육정책관 2020년 부모모니터링단 사업계획 참조

4. 부모모니터링 결과 안내서 [서식 4-2]

부모모니터링 결과 안내서 [어린이집 배부, 지자체 제출]

□ 어린이집 개요

어린이집명			방문일자	년 월 일
소재지				
설립유형	□국 · 공립	□사회복지법인	□법인 · 단체등	□협동
	□민간	□가정	□직장	

□ 모니터링 내용

어린이집 의견	※ 모니터링 이후 어린이집 의견은 지자체 제출시 단원 작성(현장 안내 불필요)

○○ 시 · 군 · 구 ○○과

1. 건강관리

모니터링 지표	확인 내용 및 방법	확인 결과 (√)		컨설팅 주요 내용 (개선 필요사항, 지표 관련 정보 등)
		Y	N	
1-1. 영유아 및 보육교직원의 감염병 예방 · 관리를 위한 구체적인 관리수칙을 갖추고 실천하며, 영유아의 보호자에게 안내한다. ① 보육교직원이 감염병 관리수칙을 숙지하고 실천한다. ② 감염병 예방 · 관리 방법을 보호자에게 안내한다.	**1-1-① : 관찰, 면담** □ 어린이집 운영 시 감염병 관리수칙 준수 여부 □ 감염병 관리수칙 숙지 여부 **1-1-② : 면담** □ 식중독 및 감염병 예방 · 관리방법 부모 안내 여부 확인			
1-2. 비상약품이 용도별로 구비되어 있고, 비상약품을 유효기간 내로 관리하고 있다. ① 비상약품이 용도별 (실내활동용, 실외활동용)로 구비되어 있다. ② 비상약품을 사용(유효)기간 내로 관리하고 있다.	**1-2-① : 관찰** □ 비상약품 용도별(실내활동용, 실외활동용) 구비 여부 **1-2-② : 관찰** □ 어린이집 내 모든 비상약품의 사용(유효)기간 준수			
1-3. 투약의뢰 관련 절차를 준수한다. ① 부모가 의뢰한 투약사항에 따라 영유아에게 투약을 실시한다. ② 영유아에게 투약한 내용을 부모에게 보고한다.	**1-3-① : 기록, 관찰** □ 투약의뢰 관련 기록 구비 여부 ※ 필수기재사항(투약하는 약의 종류, 용량, 시간(횟수), 의뢰자명) □ 투약의뢰 관련 기록에 근거한 투약 실시 여부 **1-3-② : 기록** □ 투약보고 관련 기록 유무 ※ 필수기재사항(투약 여부, 투약자(확인))			

2. 안전관리

<table>
<tr><th rowspan="2">모니터링 지표</th><th rowspan="2">확인 내용 및 방법</th><th colspan="2">확인 결과 (√)</th><th rowspan="2">컨설팅 주요 내용 (개선 필요사항, 지표 관련 정보 등)</th></tr>
<tr><th>Y</th><th>N</th></tr>
<tr><td>2-1. 실내외 시설·설비 및 놀이시설에 위험요소가 없으며, 실내외 놀잇감이 영유아에게 안전하다.
① 실내외 시설·설비, 놀이시설, 놀잇감이 위험요소 없이 안전하게 관리된다.
② 실내외 공간의 위험한 물건이 영유아의 손이 닿지 않는 곳에 안전하게 보관·관리된다.</td><td>2-1-① : 관찰
□ 현관문, 출입문, 창문, 천장, 바닥, 벽면 등
□ 실내외 공간의 고정식 및 이동식 시설·설비, 전기설비 등
- 보육실 및 실내 공간의 고정식 시설·설비
- 보육실 및 실내 공간의 이동식 시설·설비
- 실외 공간의 고정식 및 이동식 시설·설비
- 실내외 공간의 전기콘센트, 전설줄 등
□ 세면대, 정수기의 온수 조절 장치
□ 성인이 주로 사용하는 실내외 공간에 대한 영유아 출입 관리
□ 실내외 놀잇감 및 놀잇감 보관함(바구니)의 안전 관리
- 실내 놀잇감 파손
- 실외 놀잇감 파손
- 놀잇감 보관함이나 바구니 파손

2-1-② : 관찰
□ 실내외 공간의 위험한 물건 관리(칼, 성인용 가위, 살충제, 세제 등)</td><td></td><td></td><td></td></tr>
<tr><td>2-2. 영유아 등·하원 시 교사 및 보호자 간 인계과정이 안전하게 이루어진다.
① 모든 영유아에 대한 귀가동의서가 구비되어 있다.
② 교사 및 보호자 간 인계과정이 안전하게 이루어진다.</td><td>2-2-① : 기록
□ 귀가동의서 구비
(전체 ________ 중 ________ 명)
□ 귀가동의서 필수항목 기재여부
※ 필수기재사항(영유아의 이름, 귀가 시 인계받는 보호자 이름, 관계 및 연락처, 보호자 서명)

2-2-② : 관찰, 면담
□ 인계과정 준수 여부</td><td></td><td></td><td></td></tr>
<tr><td>2-3. 등·하원 차량을 운행할 경우 안전요건을 갖추어 관리하며, 차량 운행 시 보육교직원이 동승하여 안전</td><td>2-3-① : 관찰, 면담
□ 차량안전수칙 부착 및 숙지 여부
□ 영아용 보호장구, 개별 안전띠 구비 및 관리</td><td></td><td></td><td></td></tr>
</table>

모니터링 지표	확인 내용 및 방법	확인 결과 (√) Y	N	컨설팅 주요 내용 (개선 필요사항, 지표 관련 정보 등)
하게 인도한다. ① 모든 통학차량에 차량안전설비(소화기, 잠자는 아이 확인 장치, 영아용 보호장구, 비상약품 등)가 구비되어 관리되고 안전수칙을 게시하여 숙지한다. ② 차량운행 시 보육교직원이 동승하여 영유아를 안전하게 인도한다.	□ 소화기 구비 및 관리 □ 잠자는 아이 확인 장치 설치 및 사용방법 숙지 여부 □ 비상약품 구비 및 관리 **2-3-② : 관찰, 면담** □ 성인 동승 여부(운전자 제외) □ 운전자의 안전운행 여부			
2-4. 아동학대예방 및 아동권리 존중 방법을 알고 실천한다. ① 모든 보육교직원이 아동학대 신고의무자로서의 역할 및 아동권리를 존중하는 방법을 알고 실천한다. ② 가정에서 아동학대예방 및 권리존중을 실천하도록 안내하고 있다.	**2-4-① : 면담** □ 아동학대 신고의무자 역할 인지 여부(아동학대 신고 및 상담전화 숙지, 장기결석 아동 및 학대 피해아동 발견 시 대처방법 등) □ 아동권리존중 인지 및 실천 여부 * 모니터링 진행 과정 중 체벌 등 아동학대 의심사례가 발견되는 경우 해당 시군구에 반드시 당일 통보 **2-4-② : 면담** □ 아동학대예방 및 권리존중 실천 관련 내용 안내 여부			

3. 급식관리

모니터링 지표	확인 내용 및 방법	확인 결과 (√) Y	N	컨설팅 주요 내용 (개선 필요사항, 지표 관련 정보 등)
3-1. 영양사가 작성한 식단표대로 급·간식을 제공하며, 신선한 과일 및 채소가 주 3회 이상 간식으로 제공된다. ① 영양사가 작성한 식단표를 사용하며, 식단표대로 급·간식을 제공한다.	**3-1-① : 기록** □ 식단표 영양사 작성 여부 □ 식단표와 제공된 급·간식 일치 여부 (전체 ________ 일 중 ________ 일 변동) **3-1-② : 관찰** □ 영유아의 연령 특성을 고려한 (크기, 조			

모니터링 지표	확인 내용 및 방법	확인 결과(√) Y	확인 결과(√) N	컨설팅 주요 내용(개선 필요사항, 지표 관련 정보 등)
② 영유아의 연령 특성을 고려한(크기, 조리형태) 충분한 양의 급·간식을 제공한다. ③ 간식이 오전과 오후로 제공되며, 신선한 과일 및 채소가 주 3회 이상 간식으로 제공된다.	리형태) 충분한 양의 급·간식 제공 **3-1-③ : 기록** □ 간식 1일 2회(오전, 오후) 제공 여부 □ 신선한 과일 및 채소 등 제공 주 3회 제공여부			
3-2. 영유아의 식품 알레르기 질환 여부를 확인하고, 보호자의 요구를 반영하여 음식을 제공한다. ① 영유아별 식품 알레르기 여부를 조사하여 관리한다. ② 식품 알레르기가 있는 영유아에게는 보호자의 요구를 반영하여 음식을 제공한다.	**3-2-① : 기록** □ 영유아별 식품알레르기 질환 조사 기록 (알림장, 면담자료, 가정통신문 등) **3-2-② : 기록** □ 보호자의 요구를 반영한 급·간식 실시 기록			
3-3. 조리가 위생적으로 이루어지며, 당일에 조리한 음식은 당일에 소비하는 원칙을 준수한다. ① 조리(조리과정, 조리직원 위생복장)가 위생적으로 이루어진다. ② 당일 조리한 음식은 당일 배식 후 전량 폐기한다.	**3-3-① : 관찰** □ 조리과정의 청결(조리 전 손 씻기, 맛보기 숟가락 별도 사용 등) □ 조리직원 위생모(머리카락 밖으로 나오지 않음) □ 조리직원 위생복(전용 앞치마 가능) □ 조리직원 위생화(전용 신발, 덧신 가능) □ 조리직원 장신구 미착용 **3-3-② : 관찰** □ 당일 급식에 제공된 음식 전량 폐기 여부			
3-4. 식자재 보관규정을 준수한다. ① 식자재 보관규정(냉동·냉장·실온보관)에 따라 적절히 보관하고 식자재 보관 장소를 청결하고 위생적으로 관리한다. ② 식자재별로 구입(입고)일자를 기입하여 관리한다. ③ 유통기한 경과 식품(식자재 등)이 없도록 관리한다.	**3-4-① : 관찰** □ 식자재 보관규정(냉동·냉장·실온보관)에 따라 적절한 보관 (부적절한 보관 ______ 건) □ 식재료 보관 장소의 청결·위생 상태 **3-4-② : 관찰** □ 식품구입(입고)일자 기입 (미기입 식품 ______ 건) **3-4-③ : 관찰** □ 유통기한 준수 (유통기한 경과 식품 _____ 건)			

4. 위생관리

모니터링 지표	확인 내용 및 방법	확인 결과(√) Y	N	컨설팅 주요 내용 (개선 필요사항, 지표 관련 정보 등)
4-1. 조리실 및 조리실 비품이 청결하게 관리된다. ① 조리실이 청결하고 위생적으로 관리된다. ② 조리도구가 청결하고 위생적으로 관리된다.	**4-1-① : 관찰** □ 조리실 공간(바닥, 벽, 천장 등)의 위생관리 □ 조리실 설비 및 주방가전의 위생관리 - 개수대, 조리대, 하수구, 식기수납장, 쓰레기통 - 가스레인지, 냉장고, 전자레인지 등 □ 후드 · 환풍기, 방충망의 설치 및 작동, 위생관리 **4-1-② : 관찰, 면담** 〈조리도구 및 비품 관리〉 □ 식기 □ 칼 □ 도마 □ 행주 □ 기타 주방도구(냄비, 국자, 후라이팬 등) 〈칼 · 도마 용도별 구분 사용〉 □ 칼 □ 도마			
4-2. 급 · 배식과정 및 식수, 우유(모유), 컵, 젖병 등의 관리가 위생적이다. ① 급 · 배식 도구가 청결하고, 급 · 배식 과정이 위생적으로 이루어진다. ② 식수, 우유(모유)를 위생적으로 관리하고, 컵, 젖병, 젖꼭지를 위생적으로 소독 · 관리한다.	**4-2-① : 관찰** □ 급 · 배식 전용도구(집게, 국자 등) 위생상태 □ 테이블 위생상태 □ 음식별 배식도구 사용 □ 개별식기 사용 **4-2-② : 관찰** □ 식수(정수기) 관리(꼭지 청결, 필터 교환) □ 우유(모유)의 냉장보관 □ 남은 우유(모유) 폐기 □ 컵 관리(청결상태, 사용 전후 구분) □ 젖병 · 젖꼭지 소독 · 관리 (1회 사용 후 소독)			
4-3. 어린이집의 모든 실내 공간 및 놀잇감이 청결하게 유지 · 관리되고 실내 공기 질 및 온도가 적정하게 유지된다. ① 어린이집의 모든 실내 공간 및 놀잇감이 청결하게 유지 · 관리된다. ② 쾌적한 보육실 조성을 위해 실내 공기가 쾌적하게 유지되고 실내온도가 적정수준으로 유지된다.	**4-3-① : 관찰** □ 보육실 □ 화장실(세면장) □ 조리실 □ 현관 □ 복도(통로) □ 계단 □ 유희실 □ 교사실 □ 원장실 □ 자료실 □ 기타( ) □ 보육실의 놀잇감(바구니 포함) 청결 **4-3-② : 관찰** □ 보육실(실내 공유 공간 등) 환기 여부 (급간식 후, 낮잠시간 후 등) □ 실내 적정 온도 유지			

모니터링 지표	확인 내용 및 방법	확인 결과 (√)		컨설팅 주요 내용 (개선 필요사항, 지표 관련 정보 등)
		Y	N	
4-4. 영유아가 사용하는 개별 침구 및 칫솔, 양치컵이 청결하게 유지·관리된다. ① 개별 침구가 구비되어 있고, 청결하게 유지·관리된다. ② 개별 칫솔, 양치컵이 구비되어 있고, 청결하게 유지·관리된다.	**4-4-① : 관찰** □ 개별 침구 구비(이불, 요, 베개) □ 청결 상태(이불, 요, 베개) **4-4-② : 관찰** □ 개별 칫솔, 양치컵 구비 □ 칫솔, 양치컵의 청결			

5절 보호자의 어린이집 참관

제25조의3(보호자의 어린이집 참관) ① 보호자는 영유아의 보육환경·보육내용 등 어린이집의 운영실태를 확인하기 위하여 어린이집 원장에게 어린이집 참관을 요구할 수 있다. 이 경우 어린이집 원장은 특별한 사유가 없으면 이에 따라야 한다.
② 제1항에 따른 참관 기준 및 방법 등에 필요한 사항은 보건복지부령으로 정한다.

○ **열린 어린이집**과 어린이집 참관의 영유아보육법 관련 법령 조항임

6절 취약보육의 우선 실시 등

제26조(취약보육의 우선 실시 등) ① 국가나 지방자치단체, 사회복지법인, 그 밖의 비영리법인이 설치한 어린이집과 대통령령으로 정하는 어린이집의 원장은 영아·장애아·「다문화가족지원법」 제2조제1호에 따른 다문화가족의 아동 등에 대한 보육(이하 "취약보육"이라 한다)을 우선적으로 실시하여야 한다. 〈개정 2008. 12. 19., 2011. 6. 7.〉
② 보건복지부장관, 시·도지사 및 시장·군수·구청장은 취약보육을 활성화하는 데에 필요한 각종 시책을 수립·시행하여야 한다.
③ 취약보육의 종류와 실시 등에 필요한 사항은 보건복지부령으로 정한다. 〈개정 2008. 2. 29., 2010. 1. 18.〉

○ 영유아보육법시행령 제28조(취약보육의 종류)

① 법 제26조제1항에 따른 취약보육은 다음 각 호의 보육을 포함한다.

1. 영아 보육: 만 3세 미만의 영아를 대상으로 보육서비스를 제공하는 것
2. 장애아 보육: 「장애인복지법」 제32조에 따라 장애인으로 등록된 영유아 등에게 보육서비스를 제공하는 것
3. 다문화아동 보육: 「다문화가족지원법」 제2조제1호에 따른 다문화가족의 영유아 등에게 보육서비스를 제공하는 것
4. 기타 연장형 보육: 별표 8에 따른 어린이집의 운영일 및 운영시간 외에 시간을 연장하여 보육서비스를 제공하는 것

② 취약보육의 정원 책정 등 취약보육에 대한 구체적인 사항은 보건복지부장관이 정한다. 〈개정 2010. 3. 19.〉

7절 시간제보육 서비스

제26조의2(시간제보육 서비스) ① 국가 또는 지방자치단체는 제34조에 따른 무상보육 및 「유아교육법」 제24조에 따른 무상교육 지원을 받지 아니하는 영유아에 대하여 필요한 경우 시간제보육 서비스를 지원할 수 있다. 이 경우 시간제보육 서비스의 종류, 지원대상, 지원방법, 그 밖에 시간제보육 서비스의 제공에 필요한 사항은 보건복지부령으로 정한다.

② 특별자치시장 · 특별자치도지사 · 시장 · 군수 · 구청장은 다음 각 호의 어느 하나에 해당하는 시설을 시간제보육 서비스를 제공하는 기관(이하 이 조에서 "시간제보육서비스지정기관"이라 한다)으로 지정할 수 있다.

1. 육아종합지원센터
2. 어린이집
3. 그 밖에 시간제보육 서비스의 제공이 가능한 시설로서 보건복지부령으로 정하는 시설

③ 보건복지부장관, 시 · 도지사 또는 시장 · 군수 · 구청장은 시간제보육서비스지정기관에 예산의 범위에서 시간제보육 서비스의 제공에 필요한 비용을 보조할 수 있다. 〈개정 2018. 12. 24.〉

④ 시장 · 군수 · 구청장은 시간제보육서비스지정기관이 다음 각 호의 어느 하나에 해당하는 경우에는 제2항에 따른 지정을 취소할 수 있다.

1. 시간제보육서비스지정기관이 지급받은 보조금 및 비용을 목적 외의 용도에 사용하였을 경우
2. 시간제보육서비스지정기관이 거짓이나 그 밖의 부정한 방법으로 보조금 및 비용을 지급받

았을 경우
3. 그 밖에 대통령령으로 정하는 사유가 있는 경우
⑤ 시간제보육서비스지정기관의 안전사고 예방 및 사고에 따른 영유아 생명·신체 등의 피해 보상에 관하여는 제31조의2를 준용한다. 이 경우 "어린이집"은 "시간제보육서비스지정기관"으로, "어린이집의 원장"은 "시간제보육서비스지정기관의 장"으로 본다. 〈개정 2018. 12. 24.〉

II

8절 어린이집 이용대상

제27조(어린이집 이용대상) 어린이집의 이용대상은 보육이 필요한 영유아를 원칙으로 한다. 다만, 필요한 경우 어린이집의 원장은 만 12세까지 연장하여 보육할 수 있다. 〈개정 2011. 6. 7.〉

9절 보육의 우선 제공

제28조(보육의 우선 제공) ① 국가나 지방자치단체, 사회복지법인, 그 밖의 비영리법인이 설치한 어린이집과 대통령령으로 정하는 어린이집의 원장은 다음 각 호의 어느 하나에 해당하는 자가 우선적으로 어린이집을 이용할 수 있도록 하여야 한다. 다만, 「고용정책 기본법」 제40조제2항에 따라 고용촉진시설의 설치·운영을 위탁받은 공공단체 또는 비영리법인이 설치·운영하는 어린이집의 원장은 근로자의 자녀가 우선적으로 어린이집을 이용하게 할 수 있다.
1. 「국민기초생활 보장법」에 따른 수급자
2. 「한부모가족지원법」 제5조에 따른 보호대상자의 자녀
3. 「국민기초생활 보장법」 제24조에 따른 차상위계층의 자녀
4. 「장애인복지법」 제2조에 따른 장애인 중 보건복지부령으로 정하는 장애 정도에 해당하는 자의 자녀
4의2. 「장애인복지법」 제2조에 따른 장애인 중 보건복지부령으로 정하는 장애 정도에 해당하는 자가 형제자매인 영유아
5. 「다문화가족지원법」 제2조제1호에 따른 다문화가족의 자녀
6. 「국가유공자 등 예우 및 지원에 관한 법률」 제4조제1항에 따른 국가유공자 중 제3호의 전몰군경, 제4호·제6호·제12호·제15호·제17호의 상이자로서 보건복지부령으로 정하는 자, 제5호·제14호·제16호의 순직자의 자녀
7. 제1형 당뇨를 가진 경우로서 의학적 조치가 용이하고 일상생활이 가능하여 보육에 지장이

없는 영유아
8. 그 밖에 소득수준 및 보육수요 등을 고려하여 보건복지부령으로 정하는 자의 자녀
② 사업주는 사업장 근로자의 자녀가 우선적으로 직장어린이집을 이용할 수 있도록 하여야 한다. 〈개정 2011. 6. 7.〉
③ 제1항에 따른 보육의 우선제공 대상에 대한 적용 방법 · 기준 등에 필요한 사항은 보건복지부령으로 정한다. 〈신설 2017. 3. 14.〉

10절 보육과정

제29조(보육과정) ① 보육과정은 영유아의 신체 · 정서 · 언어 · 사회성 및 인지적 발달을 도모할 수 있는 내용을 포함하여야 한다.
② 보건복지부장관은 표준보육과정을 개발 · 보급하여야 하며 필요하면 그 내용을 검토하여 수정 · 보완하여야 한다. 〈개정 2008. 2. 29., 2010. 1. 18.〉
③ 어린이집의 원장은 제2항의 **표준보육과정**에 따라 영유아를 보육하도록 노력하여야 한다. 〈개정 2011. 6. 7.〉
④ 어린이집의 원장은 보호자의 동의를 받아 일정 연령 이상의 영유아에게 보건복지부령으로 정하는 특정한 시간대에 한정하여 보육과정 외에 어린이집 내외에서 이루어지는 특별활동프로그램(이하 "특별활동"이라 한다)을 실시할 수 있다. 이 경우 어린이집의 원장은 특별활동에 참여하지 아니하는 영유아를 위하여 특별활동을 대체할 수 있는 프로그램을 함께 마련하여야 한다. 〈신설 2013. 8. 13.〉
⑤ 제1항에 따른 보육과정, 제4항에 따른 특별활동 대상 영유아의 연령 및 특별활동의 내용 등에 필요한 사항은 보건복지부령으로 정한다. 〈개정 2008. 2. 29., 2010. 1. 18., 2013. 8. 13.〉

11절 어린이집 생활기록

제29조의2(어린이집 생활기록) 어린이집의 원장은 영유아 생활지도 및 초등학교 교육과의 연계 지도에 활용할 수 있도록 영유아의 발달상황 등을 종합적으로 관찰 · 평가하여 보건복지부장관이 정하는 기준에 따라 생활기록부를 작성 · 관리하여야 한다. 〈개정 2008. 2. 29., 2010. 1. 18., 2011. 6. 7.〉

12절 어린이집 평가

제30조(어린이집 평가) ① 보건복지부장관은 영유아의 안전과 보육서비스의 질 향상을 위하여 어린이집의 보육환경, 보육과정 운영, 보육인력의 전문성 및 이용자 만족도 등에 대하여 정기적으로 평가를 실시하여야 한다.

② 보건복지부장관은 제1항에 따른 평가 결과에 따라 어린이집 보육서비스의 관리, 보육사업에 대한 재정적 · 행정적 지원 등 필요한 조치를 할 수 있다.

③ 보건복지부장관은 제1항에 따른 **어린이집 평가등급** 등 평가 결과를 공표하여야 한다.

④ 보건복지부장관은 제1항에 따라 평가를 받은 어린이집에 다음 각 호의 어느 하나에 해당하는 사유가 발생한 경우에는 그 평가등급을 최하위등급으로 조정하여야 한다.

1. 거짓이나 그 밖의 부정한 방법으로 평가를 받은 경우
2. 어린이집의 설치 · 운영자가 이 법을 위반하여 금고 이상의 형을 선고받고 그 형이 확정된 경우
3. 제40조제2호 또는 제3호에 따라 보조금의 반환명령을 받았거나 제45조, 제45조의2 또는 제46조부터 제48조까지의 규정에 따른 행정처분을 받은 경우로서 보건복지부령으로 정하는 경우
4. 어린이집의 대표자 또는 보육교직원이 「아동복지법」 제17조를 위반하거나 「아동 · 청소년의 성보호에 관한 법률」 제2조제2호의 아동 · 청소년대상 성범죄를 저지른 경우

⑤ 보건복지부장관은 제1항에 따라 평가를 받은 어린이집의 보육서비스의 질 관리를 위하여 필요한 경우 확인점검을 실시하여 제1항의 평가등급을 조정할 수 있다.

⑥ 제1항, 제3항 및 제5항에 따른 평가시기 및 방법, 확인점검의 대상 및 방법, 그에 따른 평가등급 결정 · 조정, 평가결과 공표의 내용 및 방법 등 필요한 사항은 보건복지부령으로 정한다.

○ 어린이집 평가인증 및 평가 등급제

- 평 가 인 증 – 2005. 1. 30. 시행
- 평가등급제 – 2019.06.12. 시행

제5장 건강·영양 및 안전(제31조~제33조)

1절 건강관리 및 응급조치

제31조(건강관리 및 응급조치) ① 어린이집의 원장은 영유아와 보육교직원에 대하여 정기적으로 건강진단을 실시하고, 영유아의 건강진단 실시여부를 제29조의2에 따른 어린이집 생활기록부에 기록하여 관리하는 등 건강관리를 하여야 한다. 다만, 보호자가 별도로 건강검진을 실시하고 그 검진결과 통보서를 제출한 영유아에 대해서는 건강진단을 생략할 수 있다. 〈개정 2011. 6. 7., 2017. 3. 14.〉

② 어린이집의 원장은 영유아에게 질병 · 사고 또는 재해 등으로 인하여 위급 상태가 발생한 경우 **즉시** 응급의료기관에 이송하여야 한다. 〈개정 2011. 6. 7.〉

③ 제1항에 따른 건강진단의 구체적인 기준과 내용 등 필요한 사항은 보건복지부령으로 정한다. 〈개정 2008. 2. 29., 2010. 1. 18., 2017. 3. 14.〉

2절 어린이집 안전공제사업 등

제31조의2(어린이집 안전공제사업 등) ① 어린이집 상호 간의 협동조직을 통하여 어린이집의 안전사고를 예방하고 어린이집 안전사고로 인하여 생명 · 신체 또는 재산상의 피해를 입은 영유아 및 보육교직원 등에 대한 보상을 하기 위하여 보건복지부장관의 허가를 받아 어린이집 안전공제사업(이하 "공제사업"이라 한다)을 할 수 있다.〈개정 2010. 1. 18., 2011. 6. 7., 2011. 8. 4.〉

② 공제사업을 위하여 설립되는 어린이집 안전공제회(이하 "공제회"라 한다)는 법인으로 하며, 주된 사무소의 소재지에 설립등기를 함으로써 성립한다. 〈개정 2011. 6. 7.〉

③ 어린이집의 원장은 공제회의 가입자가 된다. 〈개정 2011. 8. 4.〉

④ 공제회에 가입한 어린이집의 원장은 공제사업의 수행에 필요한 출자금과 다음 각 호의 공제료 등을 공제회에 납부하여야 한다. 다만, 제2호와 제3호의 공제료는 어린이집의 원장이 선

택하여 납부할 수 있다.〈신설 2011. 8. 4.〉

1. 영유아의 생명 · 신체에 대한 피해를 보상하기 위한 공제료

2. 보육교직원 등의 생명 · 신체에 대한 피해를 보상하기 위한 공제료

3. 어린이집의 재산상의 피해를 보상하기 위한 공제료

⑤ 공제회의 기본재산은 회원의 출자금 등으로 조성한다. 다만, 보건복지부장관은 공제회의 주된 사무소의 설치 및 운영에 필요한 비용의 일부를 지원할 수 있다. 〈개정 2010. 1. 18., 2011. 8. 4.〉

⑥ 공제회의 회원자격, 임원에 관한 사항 및 출자금의 부담기준에 관한 사항은 정관으로 정한다. 〈개정 2011. 8. 4.〉

⑦ 공제회의 설립허가 기준 및 절차, 정관기재사항, 운영 및 감독 등에 관하여 필요한 사항은 대통령령으로 정한다. 〈개정 2011. 8. 4.〉

⑧ 공제회는 공제사업의 범위, 공제료, 공제사업에 충당하기 위한 책임준비금 등 공제사업의 운영에 관하여 필요한 사항을 포함한 공제규정을 정하여 보건복지부장관의 허가를 받아야 한다. 공제규정을 변경하고자 하는 때에도 또한 같다. 〈개정 2010. 1. 18., 2011. 8. 4.〉

⑨ 공제회에 관하여 이 법에 규정된 것을 제외하고는 「민법」중 재단법인에 관한 규정을 준용한다. 〈개정 2011. 8. 4.〉

⑩ 이 법에 따른 공제회의 사업에 대하여는 「보험업법」을 적용하지 아니한다. 〈개정 2011. 8. 4.〉

⑪ 어린이집의 원장이 제4항제3호의 공제료를 납부하는 경우 「사회복지사업법」 제34조의3에 따른 보험가입의무를 이행한 것으로 본다. 〈신설 2011. 8. 4., 2018. 12. 24.〉

1. 보험(공제)가입－2012. 2. 5.일 이후 의무가입 (영유아, 방과후)

○ 원장은 어린이집 안전공제회를 가입하고 공제료를 납부하여야 함－의무
(법 제31조의2 ④항 제1호 영유아의 생명 · 신체에 대한 피해보상하기 위한 공제료)

○ 보육교직원 생명 · 신체 / 재산상 피해보장을 위한 공제료를 납부할 수 있음－임의

○ 보육교직원을 위한 국민연금, 건강보험, 고용보험, 산업재해보상보험에 가입함

○ 자동차를 운행하는 경우 자동차보험에 가입하여야 함

○ 어린이집 안전공제회－http://www.csia.or.kr/

2. 어린이집 안전공제회 내용－2012. 2. 5일 이후 의무가입(법 제31조의2)[7)]

대 상	보 상 범 위	부과기준
영유아 생명, 신체피해 (방과 후 아동포함) 영유아보육법시행규칙 제23조 【별표8】 2.사	• 배상책임담보 －대인배상 : 1인당 5억원, 1사고당 30억원 한도 －돌연사증후군 4천만원 보장－특약시 1억원 보장 －음식물 배상책임담보 포함 －대물배상 : 1 사고 당 500만원 한도 • 상해담보 : 치료비의 100%보장 (365일한도) • 시간제보육 특약 가입의무 －영유아보육법 제26조의2 제5항	현 원 의무－정산 제3자 치료비 담보특약 3백만원 한도
돌연사증후군특약	• 1인당 1억원 (= 4천만원 + 6천만원) －2016.2.29.이전 8천만원 (영유아 배상 및 상해 6천만원 포함)	현 원
화재(건물)	• 사고발생시 건물 감정평가액을 한도로 보상	시설유형별
화재(집기)	• 가입 설정한 금액을 한도로 보상 내부시설, 집기 (가액별)	시설정원에 따라 정산
보증공제	• 년 경상보조금총액 x 0.319%	경상보조금에 따라 정산
놀이시설배상책임	• 대인배상 8천만원, • 대물배상 2백만원 한도	정 원
가스사고배상책임	• 대인배상 8천만원, • 대물배상 3억원 한도	정 원
승강기사고 배상책임	• 대인배상 8천만원, • 대물배상 1천만원 한도	승강기 종류 및 대수에 따라 부과
보육교직원 상해	• 사망, 장애시 1.5억원 한도) －2016.02.29. 이전 보육외 활동제외 (단, 보육외 활동 중 발생시 3천만원 한도) • 치료비 : 2천만원 한도 (치료비의 90%) 2014년 가입	현 원 임 의

7) 어린이집 안전공제회 홈페이지 공제상품안내(특약포함, 안전사고 처리절차 등) 참조 (www.csia.or.kr/)

3. 어린이집 안전공제 특약

○ **영유아 생명, 신체담보 중 제3자 치료비 담보특약**

▸ 제3자에 대한 상해치료비 : 3백만원 한도

영유아 및 방과후의 상해담보의 피공제자를 제외한 제3자에 대한 상해 치료비

▸ 배상책임 담보 : 형사소송지원 특약(변호사비용 등)을 500만원 한도로 지원

배상책임사고로 인해 형사소송이 발생하는 경우 형사 소송금

▸ 『시간제 보육 특약』 가입의무－2020년도 보육사업안내 302면

○ 화재 (건물 / 집기)

▸ 화재배상 특약 : 어린이 집 뿐만 아니라 이웃의 화재배상 책임도 함께 보장

(대인〈정원〉 : 1억원 / 1인, 10억원 / 1사고) (대물 〈보장금액〉 : 1억원)

▸ 풍수해 특약 : 호우에 의한 피해를 1,000만원 또는 2,000만원 한도로 보장

(태풍, 홍수, 해일, 강풍, 지진 등) －지역별 등지로 부과

※ 보장시기/종기 : 정기가입 (매년 3. 1. 0시부터 다음해 2월말 24까지)

수시가입 (가입일 다음날 0시부터 다음해 2월말 24까지)

※ 효력발생시점 : 공제상품 가입 후 공제료 납부한 다음 날부터

4. 공제회 안전사고 처리절차 　　　　대표전화 1600－0611

순 서	절 차 내 용
1. 사고발생	• 사고발생
2. 사고보고	• 보육통합정보시스템 내 어린이 집 지원시스템 접속 후 사고보고서 작성 • 안전공제회 (좌측메뉴)－사고보고
3. **청구서류확인**	• 사고보고 시 팝업으로 안내된 사고 별 청구서류 (사고접수) 확인 －영유아 －보육교직원
4. 청구서류제출	• FAX, E－mail, 우편을 통해 제출
5. 공제급여산정	• 결정통지 ※ 이의가 있는 경우 보상심사위원회 심사청구
6. 공제회 지급	• 공제급여 수령
7. 종결	• 완료

3절 예방접종 여부의 확인

제31조의3(예방접종 여부의 확인) ① 어린이집의 원장은 영유아에 대하여 매년 정기적으로 「감염병의 예방 및 관리에 관한 법률」 제33조의2에 따른 예방접종통합관리시스템을 활용하여 영유아의 예방접종에 관한 사실을 확인하여야 한다. 다만, 영유아에 대하여 최초로 보육을 실시하는 경우에는 보육을 실시한 날부터 30일 이내에 확인하여야 한다. 〈개정 2018. 12. 24.〉

② 어린이집의 원장은 제1항에 따른 확인 결과 예방접종을 받지 아니한 영유아에게는 필요한 예방접종을 받도록 보호자를 지도할 수 있으며, 필요한 경우 관할 보건소장에게 예방접종 지원 등의 협조를 요청할 수 있다.

③ 어린이집의 원장은 영유아의 예방접종 여부 확인 및 관리를 위하여 제29조의2에 따른 어린이집 생활기록에 예방접종 여부 및 내역에 관한 사항을 기록하여 관리하여야 한다.

4절 치료 및 예방조치

제32조(치료 및 예방조치) ① 어린이집의 원장은 제31조에 따른 건강진단 결과 질병에 감염되었거나 감염될 우려가 있는 영유아에 대하여 그 보호자와 협의하여 질병의 치료와 예방에 필요한 조치를 하여야 한다. 〈개정 2011. 6. 7.〉

② 어린이집의 원장은 제31조에 따른 건강진단의 결과나 그 밖에 의사의 진단 결과 감염병에 감염 또는 감염된 것으로 의심되거나 감염될 우려가 있는 영유아, 어린이집 거주자 및 보육교직원을 보건복지부령으로 정하는 바에 따라 어린이집으로부터 격리시키는 등 필요한 조치를 할 수 있다. 〈신설 2011. 8. 4.〉

③ 어린이집의 원장은 제1항의 조치를 위하여 필요하면 「지역보건법」 제10조와 제13조에 따른 보건소 및 보건지소, 「의료법」 제3조에 따른 의료기관에 협조를 구할 수 있다. 〈개정 2011. 6. 7., 2011. 8. 4., 2015. 5. 18.〉

④ 제2항에 따라 협조를 요청받은 보건소 · 보건지소 및 의료기관의 장은 적절한 조치를 취하여야 한다. 〈개정 2011. 8. 4.〉

⑤ 어린이집의 원장은 간호사(간호조무사를 포함한다)로 하여금 영유아가 의사의 처방, 지시에 따라 투약행위를 할 때 이를 보조하게 할 수 있다. 이 경우 어린이집의 원장은 보호자의 동의를 받아야 한다. 〈신설 2016. 2. 3.〉

5절 급식관리

제33조(급식 관리) 어린이집의 원장은 영유아에게 보건복지부령으로 정하는 바에 따라 균형 있고 위생적이며 안전한 급식을 하여야 한다. 〈개정 2008. 2. 29., 2010. 1. 18., 2011. 6. 7.〉

II

1. 집단식중독 발생한 경우의 손해배상책임 여부

어린이집에서 집단 식중독이 일어난 경우 어린이집 원장에게 원아와 부모들에게 손해배상책임을 인정한 판례

어린이집을 운영하는 원장으로서 원아들에게 제공되는 음식물을 비롯하여 원아들이 생활하는 어린이집 환경을 위생적으로 철저히 관리하여 피고의 보호 · 감독 아래 있는 원아들이 건강하고 안전하게 생활할 수 있도록 하여야 주의의무가 있음에도 이를 다하지 아니하여 원아들에게 살모넬라균 감염에 의한 식중독에 걸리게 하였는바, 피고는 위와 같은 불법행위로 인하여 원고들이 입은 모든 손해를 배상할 책임이 있음
(부산지방법원 2008. 5. 20. 선고 2007가단78469 판결)

2. 먹다 남은 음식 이른 바 "잔반급식"의 책임

어린이들에게 먹다 남은 음식으로 죽을 만들어 먹인 어린이집 원장에 대해 위자료의 지급을 명한 판례

○ 영유아보호법령의 규정내용들과 그 운용실정에 비추어 보면, 영유아 보육시설을 운영하는 사람이 사물의 변별능력이 부족하여 스스로의 의사를 분명하고 적절하게 표현할 수 없는 영유아에 대하여 급식을 제공하는 경우에는 보통의 합리적인 일반인이 사회공동생활 중에 음식을 섭취함에 있어서 당연히 감수하여야 할 한도에 속하는 범위안에서 그 재량에 따라 적당한 식재료를 선택하여 이를 가지고 음식물을 만들어 제공하여야 할 의무가 있음

○ 이와 같은 의무에 위반하여 영유아에게 제공한 급식이 그 식재료의 선택에 있어 다른 사람이 먹다가 남긴 음식(유통기한이 지난 재료) 등을 모아서 이를 가지고 새로운 음식을 만들었다거나 그 음식의 조리방법이 현저하게 비위생적인 때와 같이 일반인의 사회생활상의 수인한도를 넘어서는 경우에는 위생적이고 안전한 급식을 통하여 그 인격체로서의 성장발달을 꾀할 영유아의 인격적 이익을 침해하는 위법한 행위에 해당함

○ 피고는 불법행위자 내지는 000의 사용자로서 민법 제750조 내지 민법 제756조에 따라 보육 어린이인 원고들에게는 각 500,000원, 그 부모들인 원고들에게는 각 100,000원 및 이에 대한 지연손해금을 지급할 의무가 있음
(부산지방법원 2008. 5. 20. 선고 2007가단78469 판결)

6절 어린이집 차량안전관리

제33조의2(어린이집 차량안전관리) 어린이집의 원장은 영유아의 통학을 위하여 차량을 운영하는 경우 「도로교통법」 제52조에 따라 미리 어린이통학버스로 관할 경찰서장에게 신고하여야 한다.

1. 어린이 보호구역 (스쿨 존)

○ 어린이보호구역

구 분	내 용 (반경)
초등학교 및 유치원 **정문(주 출입문)**을 중심	**반경 300m 이내**
다만, 시장 등은 해당 지역의 교통여건 및 효과성 등을 면밀히 검토하여 필요한 경우 보호구역 지정대상 시설의 주 출입문을 중심	**반경 500미터 이내**

▸ **어린이 · 노인 및 장애인 보호구역의 지정 및 관리에 관한 규칙 제3조 제6항**

○ 도로교통법(법률 제16830호, 2019.12.24. 일부개정] –2020. 3. 25.시행

▸ 스쿨 존에서는 즉시 정차할 수 있을 정도로 서행해야 함

▸ 어린이보호구역 도로표면에는 「**학교 앞 천천히**」애 따라 **시속** 30km **이하**로 운행해야 함–도로교통법 제12조 제1항

▸ 기존 10대 중과실사고에서 스쿨 존 내의 사고가 추가되어 11대 중과실 사고로 지정되었음

▸ 피해자와 합의가 이루어졌다 하더라도 운전자는 형사처벌을 받게 됨
(**특정범죄 가중처벌 등에 관한 법률 제5조의13**)

○ **도로교통법 제12조 제4항, 제5항 신설**–2020. 3. 25.시행

④ 지방경찰청장, 경찰서장 또는 시장 등은 제3항을 위반하는 행위 등의 단속을 위하여 **어린이 보호구역의** 도로 중에서 행정안전부령으로 정하는 곳에 우선적으로 제4조의2에 따른 무인 교통단속용 장비를 설치하여야 한다.

⑤ 시장 등은 제1항에 따라 지정한 어린이 보호구역에 어린이의 안전을 위하여 다음 각 호에 따른 시설 또는 장비를 우선적으로 설치하거나 관할 도로관리청에 해당 시설 또는 장비의 설치를 요청하여야 한다.

1. 어린이 보호구역으로 지정한 시설의 주 출입문과 가장 가까운 거리에 있는 간선도로상 횡단보도의 신호기
2. 속도 제한 및 횡단보도에 관한 안전표지
3. 「도로법」 제2조제2호에 따른 도로의 부속물 중 과속방지시설 및 차마의 미끄럼을 방지하기 위한 시설
4. 그 밖에 교육부, 행정안전부 및 국토교통부의 공동부령으로 정하는 시설 또는 장비

2. 어린이 보호구역 위반에 따른 처벌 – 일명 "민식이 법"

○ **특정범죄 가중처벌 등에 관한 법률 – 법 제5조의13을 다음과 같이 신설**
(시행 2020. 3. 25. 법률 제16829호, 2019. 12. 24., 일부개정)

▸ **법 제5조의13(어린이 보호구역**에서 **어린이 치사상**의 **가중처벌)**

자동차(원동기장치자전거를 포함한다)의 **운전자**가 「도로교통법」 제12조제3항에 따른 **어린이 보호구역**에서 같은 조 제1항에 따른 조치를 준수하고 **어린이의 안전에 유의**하면서 운전하여야 할 의무를 위반하여 **어린이(13세 미만인 사람을 말한다.** 이하 같다)에게 「교통사고처리 특례법」 제3조제1항의 죄를 범한 경우에는 다음 각 호의 구분에 따라 가중 처벌한다.

1. **어린이를 사망**에 이르게 한 경우	**무기 또는 3년 이상의 징역**
2. **어린이를 상해**에 이르게 한 경우	**1년 이상 15년 이하의 징역** 또는 **500만원 이상 3천만원 이하의 벌금**

3. 어린이집 차량관리 및 어린이보호구역 속도위반 시 범칙금과 벌점 등

○ **도로교통법시행령** 제93조제1항 및 제2항 관련【별표 8】,【별표 10】

○ **동시행규칙** 제91조제1항【별표 28】, 동시행령 제88조제4항【별표 6】,【별표 7】

<table>
<tr><th colspan="2" rowspan="3">위반행위</th><th colspan="4">승합차</th><th colspan="4">승용차</th></tr>
<tr><th colspan="2">일반도로</th><th colspan="2">어린이보호구역</th><th colspan="2">일반도로</th><th colspan="2">어린이보호구역</th></tr>
<tr><th>범칙금</th><th>벌점</th><th>범칙금</th><th>벌점</th><th>범칙금</th><th>벌점</th><th>범칙금</th><th>벌점</th></tr>
<tr><td rowspan="4">속도
위반</td><td>60㎞/h 초과</td><td>13만원</td><td>60</td><td>16만원</td><td>120</td><td>12만원</td><td>60</td><td>15만원</td><td>120</td></tr>
<tr><td>40초과~60이하</td><td>10만원</td><td>30</td><td>13만원</td><td>60</td><td>9만원</td><td>30</td><td>12만원</td><td>60</td></tr>
<tr><td>20초과~40이하</td><td>7만원</td><td>15</td><td>10만원</td><td>30</td><td>6만원</td><td>15</td><td>9만원</td><td>30</td></tr>
<tr><td>20㎞/h이하</td><td>3만원</td><td>-</td><td>6만원</td><td>15</td><td>3만원</td><td>-</td><td>6만원</td><td>15</td></tr>
</table>

<table>
<tr><th colspan="2">어린이 통학버스</th><th colspan="2">과태료</th></tr>
<tr><td rowspan="8">위반
행위</td><td>어린이통학버스를 신고하지 않고 운행한 운영자</td><td colspan="2">30만원</td></tr>
<tr><td>어린이 통학버스 안에 신고필증을 갖추지 아니한 어린이통학버스의 운행자</td><td colspan="2">3만원</td></tr>
<tr><td>어린이 통학버스에 탑승한 어린이나 유아의 좌석안전띠를 매도록 하지 아니한 운전자</td><td colspan="2">6만원</td></tr>
<tr><td>어린이통학버스 안전교육을 받지 아니한 사람</td><td colspan="2">8만원</td></tr>
<tr><td>어린이통학버스 안전교육을 받지 아니한 사람에게 어린이통학버스를 운전하게 한 어린이통학버스의 운영자</td><td colspan="2">8만원</td></tr>
<tr><td rowspan="2">어린이 보호구역 및 노인 · 장애인 보호구역에서 오전 8시부터 오후 8시까지에 법 제17조제3항을 위반하여 제한속도를 20km/h 이하로 위반한 차 또는 노면전차의 고용주등</td><th>승합차</th><th>승용차</th></tr>
<tr><td>7만원</td><td>7만원
(이륜자동차 5만원)</td></tr>
<tr><td>어린이 보호구역 및 노인 · 장애인 보호구역에서 오전 8시부터 오후 8시까지에 법 제32조부터 법 제34조까지의 규정을 위반하여 주차 또는 정차를 한 차의 고용주등</td><td>9만원
(2시간 초과-10만원)</td><td>8만원
(2시간초과-9만원)</td></tr>
</table>

※ 도로교통법시행규칙 제91조제1항【별표28】어린이보호구역 안에서 속도위반행위는 일반도로 위반행위에 벌점에 **2배에 해당하는 벌점을 부과함** (오전 8시부터 오후 8시까지)

어린이통학버스 보호자 동승의무는 영업자유와 재산권 침해한다며 헌법소원 ⇒ 합헌결정

○ 도로교통법 제53조 제3항의 **보호자 동승의무**는 청구인들의 **영업의 자유, 재산권을 침해**한다는 청구에 대하여 어린이나 영유아는 자신에게 주어진 환경을 조절하거나 바꿀 수 있는 능력이 부족하고 자신의 행동에 수반되는 위험을 평가하지 못하는 특성이 있으므로, 어린이 안전사고 대처를 위한 법적 장치를 마련함에 있어서는 어린이의 취약성이 충분히 고려돼야 하고 통학버스를 이용하는 것과 관련한 사고는 치명적인 결과를 가져온다는 점에서 보다 엄격한 안전관리가 필요함

○ 어린이통학버스의 동승보호자는 운전자와 함께 탑승함으로써 승·하차 시 뿐만 아니라 운전자만으로 담보하기 어려운'차량운전 중'또는'교통사고 발생 등의 비상상황 발생 시'어린이 등의 안전을 효과적으로 담보하는 중요한 역할을 하게 됨.

○ 결국, 어린이통학버스를 안전하게 운전할 의무를 지는'운전자'에게 그 의무에 덧붙여 승차 중 또는 승·하차하는 어린이 등을 보호할 의무까지 부과하는 것으로는 어린이 등의 안전을 담보하기에 부족하다고 할 것이어서 별도의 동승보호자를 두어 운전자와 더불어 어린이 등을 보호하게 하는 것이 어린이통학버스를 이용하는 어린이 등의 안전을 지키는데 필수적이라고 본 입법자의 판단이 현저히 불합리하다고 보기 어려움.

○ 보호자동승조항이 과잉금지원칙에 반하여 청구인들의 직업수행의 자유를 침해한다고 할 수 없음

(헌법재판소 2020. 4. 23.결정 2017헌마479 결정)

제6장 비용(제34조~제40조의2)

1절 무상보육

제34조(무상보육) ① 국가와 지방자치단체는 영유아에 대한 보육을 무상으로 하되, 그 내용 및 범위는 대통령령으로 정한다.

② 국가와 지방자치단체는 장애아 및 「다문화가족지원법」 제2조제1호에 따른 다문화가족의 자녀의 무상보육에 대하여는 대통령령으로 정하는 바에 따라 그 대상의 여건과 특성을 고려하여 지원할 수 있다.

③ 제1항에 따른 무상보육 실시에 드는 비용은 대통령령으로 정하는 바에 따라 국가나 지방자치단체가 부담하거나 보조하여야 한다.

④ 보건복지부장관은 어린이집 **표준보육비용** 등을 조사하고 그 결과를 바탕으로 예산의 범위에서 관계 행정기관의 장과 협의하여 제3항에 따른 국가 및 지방자치단체가 부담하는 비용을 정할 수 있다.

⑤ 국가와 지방자치단체는 자녀가 2명 이상인 경우에 대하여 추가적으로 지원할 수 있다.

⑥ 제12조제1항 후단에도 불구하고 국가와 지방자치단체는 제1항 및 제2항에 따른 무상보육을 받으려는 영유아와 장애아 및 다문화가족의 자녀를 보육하기 위하여 필요한 어린이집을 설치·운영하여야 한다. 〈개정 2018. 12. 24.〉

⑦ 보건복지부장관은 제4항에 따른 표준보육비용을 결정하기 위하여 필요한 조사를 **3년**마다 실시하며, 조사 결과를 바탕으로 제6조에 따른 중앙보육정책위원회의 심의를 거쳐 **표준보육비용을 결정**하여야 한다. 〈신설 2019. 1. 15.〉

⑧ 제7항에 따른 조사의 방법과 내용 등에 필요한 사항은 보건복지부령으로 정한다. 〈신설 2019. 1. 15.〉

○ 표준보육비용

▸ 영유아에게 어린이집에서 보육서비스를 제공하는데 필요한 투입비용

○ 표준보육비용의 구성

① **인건비** (원장과 보육교사, 보조교사, 영양사, 조리원 등의 급여, 퇴직금 등)

② **급간식비** ③ **교재교구비** ④ 교직원 보수교육, 차량운영비 등 **관리운영비**

⑤ 어린이집설치, 증개축 및 개보수비용을 포함한 **시설비** 등

2절 양육수당

제34조의2(양육수당) ① 국가와 지방자치단체는 어린이집이나 「유아교육법」 제2조에 따른 유치원을 이용하지 아니하는 영유아에 대하여 영유아의 연령을 고려하여 양육에 필요한 비용을 지원할 수 있다.

② 제1항에 따른 영유아가 제26조의2에 따른 시간제보육 서비스를 이용하는 경우에도 그 영유아에 대하여는 제1항에 따른 양육에 필요한 비용을 지원할 수 있다.

③ 국가와 지방자치단체는 제1항에 따라 양육에 필요한 비용을 지원받는 영유아가 90일 이상 지속하여 해외에 체류하는 경우에는 그 기간 동안 양육에 필요한 비용의 지원을 정지한다. 〈신설 2015. 5. 18.〉

④ 보건복지부장관 및 지방자치단체의 장은 제3항에 따라 양육수당의 지급을 정지하는 경우 서면으로 그 이유를 분명하게 밝혀 영유아의 보호자에게 통지하여야 한다. 〈신설 2015. 5. 18.〉

⑤ 제1항에 따른 비용 지원의 대상 · 기준 등에 대하여 필요한 사항은 대통령령으로 정한다. 〈개정 2013. 6. 4., 2015. 5. 18.〉

1. 2015년 보육료 · 양육수당 지원대상은 재외국민 제외는 위헌

○ 보육료 · 양육수당 지원대상－2015년 보육사업안내

▸ 대한민국 국적 및 유효한 주민번호를 보유한 만 0~5세 영유아

다만, 장애아보육료, 다문화보육료 등은 해당지원 요건을 충족한 자에 한함

(단, 주민등록법 제6조제1항제3호에 따라 주민번호를 발급받거나, 동법 제19조제4항에 따라 재외국민으로 등록 관리되는 자는 제외)

○ **2015년 보육사업안내**－헌법재판소 2018. 1. 25.선고 **2015헌마1047 결정－위헌**

2015년 보육사업안내 (2015.3.31. 보건복지부지침) 부록2 2015년도 보육료 · 양육수당 지원대상 선정안내, 제1편 제도개요, 1. 보육료 · 양육수당 지원사업개요, 1. 업무처리 과정과 주요 내용 중 '주민등록법 제6조제1항제3호에 따라 주민번호를 발급받거나, 동법 제19조제4항에 따라 재외국민으로 등록 관리되는 자'를 보육료 · 양육수당의 지원대상에서 제외하도록 한 부분은 헌법에 위반된다.
(헌법재판소 2018. 1. 25. 선고 2015헌마1047 위헌결정)

2. 헌법재판소 위헌결정-2015헌마 1047 결정사건

○ 사건개요

헌법소원을 제기한 청구인 부모들은 국내에 거주하며 대한민국 국민이자 일본 특별영주권을 보유하여 '재외동포의 출입국과 법적지위에 관한 법률' 제2조 제1호가 정하는 재외국민인 영유아를 자녀로 두고 있는 부모들임

청구인들은 2015. 8월~9월 경 관할 주민센터에 자녀들이 보육료·양육수당 의 지원 대상에 해당하는지 문의하였으나, 보건복지부지침에 따라 재외국민인 영유아는 지원대상이 아니라는 답변을 듣게 되자 2015. 11. 4. 헌법소원재판을 청구한 사례임

○ 결정이유 요지

▸ 영유아보육법이 이념 중 하나는 '영유아는 자신이나 보호자의 성, 연령, 종교, 사회적 신분, 재산, 장애, 인종 및 출생지역 등에 따른 어떠한 종류의 차별도 받지 아니하고 보육되어야 한다.'는 것임

보육료·양육수당은 영유아가 국내에 거주하면서 국내에 소재한 어린이집을 이용하거나 가정에서 양육되는 경우에 지원되는 것으로 제도가 마련되었다고 볼 수 있음

▸ 단순한 단기체류가 아니라 국내에 거주하는 재외국민, 특히 외국의 영주권을 보유하고 있으나 상당기간 국내에 거주하고 있는 자들은 주민등록법상 재외국민으로 등록·관리될 뿐 '국민인 주민'이라는 점에서는 다른 일반 국민과 실질적으로 동일하므로, 단지 외국의 영주권을 취득한 재외국민이라는 이유로 달리 취급할 아무런 이유가 없어 위와 같은 차별은 청구인들의 평등권을 침해함

3. 헌법재판소 위헌결정 전에 따른 2017 보육사업안내 일부개정[8)]

○ 보육료·양육수당 지원 자격(수급권자)

▸ 대한민국 국적을 가진 자로, 주민등록법에 의해 주민번호를 정상적으로 부여받은 만 0~5세 아동-재외국민 영유아에게 보육료와 양육수당 지원

▸ 주민등록법 제6조제1항제3호에 따라 주민번호를 발급받거나, 동법 제19조제4항에 따라 재외국민으로 등록 관리되는 자(재외국민 출국자는 제외)는 **보육료 지원**(양육수당은 제외)

8) 보건복지부 보육사업기획과-6317(2017. 8. 28.)호와 관련 『2017년 보육사업안내 지침 일부개정 안내』에 의하면 국가인권위원회 및 사회보장 신설·변경 협의회 권고에 따라 2017. 9. 1.일부터 국내거소 재외국민에게 영유아보육료를 지원하기로 결정하면서 2017년 보육사업안내 내용을 일부 개정하였음

3절 보육서비스 이용권 및 신청–'아이행복카드'

제34조의3(보육서비스 이용권) ① 국가와 지방자치단체는 제34조 및 제34조의2에 따른 비용 지원을 위하여 보육서비스 이용권(이하 "이용권"이라 한다)을 영유아의 보호자에게 지급할 수 있다. 〈개정 2011. 6. 7., 2011. 8. 4., 2013. 1. 23.〉
② 삭제 〈2011. 8. 4.〉
③ 이용권의 지급 및 이용 절차 등에 관하여 필요한 사항은 보건복지부령으로 정한다. 〈개정 2010. 1. 18., 2011. 8. 4.〉
제34조의4(비용 지원의 신청) ① 영유아의 보호자는 제34조 및 제34조의2에 따른 비용의 지원을 신청할 수 있다. 〈개정 2011. 6. 7., 2013. 1. 23.〉
② 삭제 〈2018. 12. 24.〉
③ 제1항에 따른 비용 지원의 신청 방법 및 절차는 보건복지부령으로 정한다. 〈개정 2011. 8. 4.〉

4절 조사 · 질문

제34조의5(조사 · 질문) ① 보건복지부장관 또는 지방자치단체의 장은 제34조의4제1항에 따른 신청자 및 지원이 확정된 자에 대하여 비용 지원대상 자격확인을 위하여 필요한 서류나 그 밖의 소득활동, 가족관계 등에 관한 자료의 제출을 요구할 수 있으며, 소속 공무원으로 하여금 비용 지원 신청자 및 지원이 확정된 자의 주거, 그 밖의 필요한 장소에 방문하여 서류 등을 조사하게 하거나 관계인에게 필요한 질문을 하게 할 수 있다.
② 보건복지부장관 또는 지방자치단체의 장은 제1항에 따른 조사 또는 비용 지원사업을 수행하기 위하여 필요한 국세 · 지방세 · 건강보험 · 국민연금 · 고용보험 · 산재보험 등에 관한 자료의 제공을 관계 기관의 장에게 요청할 수 있다. 이 경우 자료의 제공을 요청받은 관계 기관의 장은 특별한 사유가 없는 한 이에 응하여야 한다. 〈개정 2010. 1. 18., 2018. 12. 24.〉
③ 제1항에 따라 방문 · 조사 · 질문을 하는 자는 그 권한을 표시하는 증표 및 조사기간, 조사범위, 조사담당자, 관계 법령 등이 기재된 서류를 지니고 이를 관계인에게 내보여야 한다. 〈개정 2016. 2. 3.〉
④ 보건복지부장관 또는 지방자치단체의 장은 비용 지원 신청자 또는 지원이 확정된 자가 제1항에 따른 서류 또는 자료의 제출을 거부하거나 조사 · 질문을 거부 · 방해 또는 기피하는 경우에는 비용 지원의 신청을 각하하거나 지원결정을 취소 · 중지 또는 변경할 수 있다. 〈개정 2010. 1. 18.〉
⑤ 제1항에 따른 조사 · 질문의 범위 · 시기 및 내용에 관하여 필요한 사항은 보건복지부령으로

정한다. 〈개정 2010. 1. 18.〉
⑥ 보육비용 지원대상에 대한 주민등록 주소지 등을 파악하기 위하여 「전자정부법」 제36조제1항에 따라 행정정보를 공동이용 할 수 있다.
⑦ 제1항에 따른 조사 또는 질문의 내용 · 절차 · 방법 등에 관하여는 이 법에서 정하는 사항을 제외하고는 「행정조사기본법」에서 정하는 바에 따른다. 〈신설 2016. 2. 3.〉

제34조의6 삭제 〈2018. 12. 24.〉

5절 비용 지원 신청 관련 정보의 고지

제34조의7(비용 지원 신청 관련 정보의 고지) ① 보건복지부장관 또는 지방자치단체의 장은 영유아의 보호자에게 제34조의4에 따른 비용 지원의 신청과 관련한 정보를 서면 등의 방식으로 고지하여야 한다.
② 제1항에 따른 고지의 방식 · 시기 · 내용 및 절차 등에 필요한 사항은 보건복지부령으로 정한다.

제35조 삭제 〈2013. 1. 23.〉

6절 비용의 보조 등

제36조(비용의 보조 등) 국가나 지방자치단체는 대통령령으로 정하는 바에 따라 제10조에 따른 어린이집의 설치, 보육교사(대체교사를 포함한다)의 인건비, 초과보육(超過保育)에 드는 비용 등 운영 경비 또는 지방육아종합지원센터의 설치 · 운영, 보육교직원의 복지 증진, 취약보육의 실시 등 보육사업에 드는 비용, 제15조의4에 따른 폐쇄회로 텔레비전 설치비의 전부 또는 일부를 보조한다. 〈개정 2011. 6. 7., 2011. 8. 4., 2013. 6. 4., 2015. 5. 18.〉

○ 위 법률조항에 따라 각 지방자치단체는 보육지원조례 등을 제정하여 어린이집 또는 육아종합지원센터의 설치 · 운영비용, 보육교사(대체교사) 인건비, 초과보육비용 등 보육사업에 드는 비용의 전부 또는 일부를 보조하고 있음
예) ○○○ 도 · 시 · 군 · 구 보육지원 조례 또는 영유아보육 조례, 보육조례

7절 사업주의 비용 부담

제37조(사업주의 비용 부담) 제14조에 따라 어린이집을 설치한 사업주는 대통령령으로 정하는 바에 따라 그 어린이집의 운영과 보육에 필요한 비용의 전부 또는 일부를 부담하여야 한다. 〈개정 2011. 6. 7.〉

○ 사업주는 영유아법령에 따라 영유아 보육에 필요한 비용의 50% **이상**을 부담해야 함

8절 보육료 등의 수납

제38조(보육료 등의 수납) 제12조부터 제14조까지의 규정에 따라 어린이집을 설치·운영하는 자는 그 어린이집의 소재지를 관할하는 시·도지사가 정하는 범위에서 그 어린이집을 이용하는 자로부터 보육료와 그 밖의 필요경비 등을 받을 수 있다. 다만, **시·도지사**는 필요시 어린이집 유형과 지역적 여건을 고려하여 그 기준을 다르게 정할 수 있다. 〈개정 2011. 6. 7.〉

○ 지방보육정책위원회에서 심의하여 공고－영유아보육법 제6조

▸ 어린이집 이용자가 납부할 보육료 등에 관한 사항

【사례 2】, 【사례 3】 참조

9절 세제 지원

제39조(세제 지원) ① 제14조와 제37조에 따라 사업주가 직장어린이집을 설치·운영하는 데에 드는 비용과 보호자가 영유아의 보육을 위하여 지출한 보육료와 그 밖에 보육에 드는 비용에 관하여는 「조세특례제한법」에서 정하는 바에 따라 조세를 감면한다. 〈개정 2011. 6. 7., 2014. 5. 20.〉

② 제10조제4호의 직장어린이집을 제외한 어린이집의 운영비에 대하여도 「조세특례제한법」에서 정하는 바에 따라 조세를 감면한다.

10절 국 · 공유재산의 대부

제39조의2(국 · 공유재산의 대부 등) 국가 또는 지방자치단체는 다음 각 호의 어린이집의 설치 · 운영을 위하여 필요하다고 인정하는 경우 「국유재산특례제한법」에 따라 국유재산을, 「공유재산 및 물품 관리법」에도 불구하고 공유재산을 무상으로 대부하거나 사용하게 할 수 있다.

1. 제12조에 따른 국공립어린이집
2. 제14조에 따른 직장어린이집 중 「중소기업기본법」 제2조제1항에 따른 중소기업이 공동으로 설치 · 운영하는 어린이집

1. 국 · 공유재산은 원칙적으로 영구시설물의 축조가 금지됨

○ 영구시설물의 축조금지 (국유재산법 제18조 또는 공유재산법 제13조)

○ 국유재산법 제18조 단서규정의 기부를 조건으로 축조하는 경우 또는 공유재산 및 물품 관리법(약칭 '공유재산법') 제13조 단서규정에 기부할 재산의 무상 사용 · 수익 허가를 받기위하여 축조하는 경우 등 영구시설물 축조가 가능

2. 산업단지에서 공동 직장어린이집 설치 등

○ 산업입지 및 개발에 관한법률 제2조제8호에 따른 산업단지(국가, 일반, 도시첨단, 농공 등) 지역에 국공립어린이집 설치 가능－영유아보육법 제12조제1항제3호

○ 중소기업이 산업단지 내 국 · 공유지에 공동 직장어린이집 설치해 국가 또는 지방자치단체에게 기부하는 경우 무상으로 대부 또는 사용할 수 있음

11절 비용 및 보조금의 반환명령

제40조(비용 및 보조금의 반환명령) 국가나 지방자치단체는 어린이집의 설치 · 운영자, 육아종합지원센터의 장, 보수교육 위탁실시자 등이 다음 각 호의 어느 하나에 해당하는 경우에는 이미 교부한 **비용**과 **보조금의 전부** 또는 **일부**의 반환을 명할 수 있다.〈개정 2011. 6. 7., 2011. 8. 4., 2011. 12. 31., 2013. 6. 4., 2019. 1. 15.〉

1. 어린이집 운영이 정지 · 폐쇄 또는 취소된 경우
2. 사업 목적 외의 용도에 보조금을 사용한 경우

3. 거짓이나 그 밖의 부정한 방법으로 보조금을 교부받은 경우
3의2. **거짓이나 그 밖의 부정한 방법으로 제34조에 따른 비용을 지원받은 경우**
4. 삭제 〈2011. 8. 4.〉
5. 착오 또는 경미한 과실로 보조금을 교부받은 경우로서 보건복지부령이 정하는 사유에 해당하는 경우

1. 보육료 등에 대한 법원의 판례–'아이행복카드'

영유아의 보호자가 제시한 **보육 서비스 이용권**으로 결제 받는 경우 거짓이나 그 밖의 부당한 방법이 개입된 경우(아이 행복카드) 보조금 반환명령이나 어린이집 운영정지 또는 폐쇄를 명할 수 있는지 여부 – 없음
(대법원 2014. 6. 12 선고 2012두28032 판결)

○ 어린이집 운영자가 어린이집을 이용하는 영유아의 보호자가 제시하는 보육서비스 이용권으로 보육료를 결제 받는 과정에 거짓이나 그 밖의 부당한 방법이 개입된 경우, 어린이집 운영자에게 구 영유아보육법 제40조 제3호나 제45조 제1항 제1호에서 정한 보조금의 반환명령이나 어린이집의 운영정지 또는 폐쇄를 명할 수 있는지 여부–보조금의 반환명령이나 어린이집의 운영정지 또는 폐쇄를 명할 수 없음

○ 구 영유아보육법(2011. 8. 4. 법률 제11003호로 개정되기 전의 것, 이하 '구 영유아보육법'이라 한다) 제34조, 제34조의2, 제34조의3, 제35조, 제36조, 제40조 제3호, 제40조의2, 제45조 제1항 제1호, 제46조 제4호, 제54조 제2항, 제3항 제4호, 제5호의 각 규정과 입법 경위 등을 모두 종합해 보면, 국가나 지방자치단체가 구 영유아보육법 제34조, 제34조의2, 제35조에 따라 영유아의 보호자에게 보육이나 양육 내지 무상교육에 필요한 비용을 부담하거나 지원하는 것과 제36조에 따라 어린이집 운영자에게 보육사업에 드는 비용을 보조하는 것은 서로 구분되는 것으로 해석된다.

○ 그리고 국가나 지방자치단체가 구 영유아보육법 제34조의3 제1항, 제3항, 영유아보육법 시행규칙 제35조의3 제1항에 따라 영유아의 보호자에게 보육서비스 이용권을 발급해 준 다음 보호자가 이를 어린이집에 제시하고 결제한 보육료를 부담하는 경우 이는 국가 또는 지방자치단체가 구 영유아보육법 제34조 제1항에 따라 영유아의 보호자에게 보육에 필요한 비용을 지원하는 것으로서 보육서비스 이용권으로 결제한 보육료를 교부받은 자는 어린이집 운영자가 아니라 영유아의 보호자이다.

○ 따라서 어린이집 운영자가 어린이집을 이용하는 영유아의 보호자가 제시하는 보육서비스 이용권으로 보육료를 결제 받는 과정에 거짓이나 그 밖의 부당한 방법이 개입되어 있다고 하더라도 특별한 사정이 없는 한 어린이집 운영자를 구 영유아보육법 제40조 제3호나 제45조 제1항 제1호의 거짓이나 그 밖의 부당한 방법으로 보조금을 교부받은 자로 보아 그에게 보조금의 반환명령이나 어린이집의 운영정지(이를 갈음하는 구 영유아보육법 제45조의2에 따른 과징금 부과를 포함한다) 또는 폐쇄를 명할 수는 없다. (대법원 2014. 6. 12 선고 2012두28032 판결)

2. 대법원 판례에 따른 후속조치로 영유아보육법 제40조 규정 일부개정 신설

○ 문제점 발생

> 보육료 등에 대한 법원의 판례에 따라 어린이집 운영자가 어린이집을 이용하는 영유아의 보호자가 제시하는 보육서비스 이용권으로 보육료를 결제 받는 과정에 거짓이나 그 밖의 부당한 방법이 개입되어 있다고 하더라도 보조금의 반환명령이나 어린이집의 운영정지(이를 갈음하는 구 영유아보육법 제45조의2에 따른 과징금 부과를 포함한다) 또는 폐쇄를 명할 수는 없게 되었음

○ 법원 판결의 문제점 해결 – 영유아보육법 제40조제3호의2 신설 – 처분됨

> **제40조(비용 및 보조금의 반환명령)** 국가나 지방자치단체는 어린이집의 설치 · 운영자, 육아종합지원센터의 장, 보수교육 위탁실시자 등이 다음 각 호의 어느 하나에 해당하는 경우에는 이미 교부한 비용과 보조금의 전부 또는 일부의 반환을 명할 수 있다
> **3의2. 거짓이나 그 밖의 부정한 방법으로 제34조에 따른 비용을 지원받은 경우**
> (영유아보육법 제40조제3호의2 신설)
> **2020. 1. 16. 시행** (법률 제16251호, 2019. 1. 15. 일부개정)

※ 영유아보육법 제40조제3호의2 규정 신설에 따른 문제점 등

① 거짓이나 그 밖의 부정한 방법으로 영유아보육법 제34조에 따른 비용을 지원받은 경우를 신설하여 종전 대법원 판례취지가 몰각될 수 있다는 점

② 사법관계(민사법)를 공법관계(행정법)로 확대하여 의율하게 될 수 있다는 점 (어린이집 설치 · 운영자와 영유아보호자와의 관계 등)

▸ 어린이집에 재원하고 있는 영유아의 보호자가 제시하는 보육서비스 이용권(아이 행복카드)을 통해 어린이집에 보육료를 결재하지 아니하는 경우, 행정법상 이를 강제할

수 있는 수단과 방법이 사실상 없음에 비춰 사적관계로 여겨짐

③ 2009. 7. 1.일 형사처벌 규정(영유아보육법 제54조 제3할 제4호)을 신설해 시행 중에 있음에도 별도의 행정처벌 규정을 또다시 신설해 사적영역까지 확대 처벌하여 과잉금지의 원칙 등 문제가 있을 수 있음

④ 영유아보육법 제40조의2 규정과 상호 충돌하여 누구(어린이집의 설치 · 운영자 또는 보호자 등)에게 환수해야 하는지 불분명 (명확성의 원칙)

⑤ 영유아보육법 제34조의 비용의 반환을 명할 수 있는 근거가 불분명하다고 보이는 점

▸ 영유아보육법 제40조제3호의2 규정의 법문은 대법원 판례 취지에 비춰(대법원 2014. 6. 12 선고 2012두28032 판결 등) 국가나 지방자치단체로부터 영아유아보육법 제34조의 보육비용을 지원받은 자는 영유아의 보호자 임

▸ 그렇다면 어린이집의 설치·운영자에게 국가나 지방자치단체가 어떻게 무슨 근거로 영유아보육법 제34조의 비용의 반환을 명할 수 있는 것인지, 대법원 판례취지와 조화롭게 해석될 수 있는 지 의문으로 보임.

3. 보조금의 일부 또는 전부 반환여부에 대한 법원의 판례

거짓이나 그 밖의 부정한 방법으로 보조금을 교부받은 경우 이미 교부한 **비용**과 **보조금**의 **전부** 또는 일부의 반환을 명할 수 있는지 여부 – 없음

거짓이나 그 밖의 부정한 방법으로 보조금을 교부받은 경우 반환에 관한 판례의 태도(비용 과 보조금 반환)

0000년 2월과 3월에 ○○반에 대한 기본보육료 및 급식비 합계 1,941,650원 중 원고가 허위로 등록한 아동과 관련된 기본보육료 및 급식비 합계 539,310원을 제외한 나머지 부분은 '거짓이나 그 밖의 부정한 방법으로 교부받은 경우'에 해당하지 않는다고 보아, 0000년 2, 3월 ○○반에 대한 기본보육료 및 급식비 중 539,310원을 초과하는 부분에 대하여 반환을 명한 것은 위법하다고 판단하였다.
관련 법리와 기록에 비추어 살펴보면, 원심의 이유설시에 다소 미흡한 부분이 있으나, 허위로 등록한 영아에 대한 기본보육료 및 급식비 부분을 초과하여 해당 반에 대한 기본보육료 및 급식비 전부에 대하여 반환명령을 한 것이 위법하다고 본 결론은 옳고, 거기에 상고 이유로 주장하는 바와 같이 영유아보육법상 보조금의 반환범위 등에 관한 법리를 오해하여 판결에 영향을 미친 위법이 없다. (대법원 2015. 6. 24 선고 2015두39378 판결)

4. 기관보육료 지원요건 및 환수 - 보건복지부 2020 보육사업안내 416면

○ 지원요건 (기관보육료 2020 - 종전 기본보육료 2019)

> **기관보육료 지원 요건 (아래 사항 모두 충족)**
> ① 시 · 도지사가 고시하는 보육료 및 필요경비 상한선 준수
> ② '총정원' 및 '교사 대 아동비율(혼합반 구성원칙 포함)' 준수
> ③ 재무회계규칙에 의한 회계보고 이행
> ④ 법령 및 지침 위반으로 운영정지 중인 어린이집이 아닐 것

○ **환수 - 2020 보육사업안내 416면**

> 기관보육료의 지원요건을 위반하거나 아동을 허위로 등록하여 기관보육료 를 지원받은 경우, 영유아보육법 제40조, 보조금관리에 관한 법 제18조 및 제33조의2에 따라 해당 어린이집에 교부한 보조금(기관보육료)의 일부 또는 전부를 아래와 같이 환수

- (환수대상) 지원요건이 충족되지 않거나 아동을 허위로 등록하여 지원받은 기간의 기관보육료
- (환수금액) 해당 어린이집에 교부한 총 보조금(기관보육료=총 아동 수×1인당 지원단가) 중 일부인 위반 사항이 **발생한 반**에 지원된 기관보육료만 환수

※ 단, 지원요건 ④(법령 및 지침 위반으로 운영정지 중인 어린이집이 아닐 것)를 충족하지 않음에도 기관보육료를 지원받은 경우, 운영정지 기간이 시작된 날부터 지원된 보조금(기관보육료) 전부를 운영일 수에 따라 일할 계산하여 환수

○ **영유아보육법 제40조 - 법원과 보건복지부의 다른 법리해석**

- 보건복지부는 위반사항이 **발생한 반**(위법한 해당반)에 지원된 기관보육료만 환수
- 법원은 위반사항이 발생한 반(해당반)에 허위로 **등록한 아동**과 관련된 기본보육료만 환수

※ **행정소송 제기 시 구제가능성 여부 - 가능 (○) - 해당 아동만 반환**

> 위반사항이 발생한 반(위법한 해당반)에 대한 기본보육료에 환수처분에 대한 행정청에 대하여 법원의 판결은 위반사항이 발생한 반(해당반)에 허위로 등록한 아동과 관련된 기본보육료만 환수하라는 취지여서 행정소송 제기 시 구제가능성이 상당하다고 보임
> (대법원 2015. 6. 24 선고 2015두39378 판결)

5. 기관보육료

○ 환수대상 변경

▸ 2010년도 지원요건을 위반하여 지급된 해당기간의 **전체 반**

▸ 2011년도 위법한 **해당 반**

* '기본보육료'가 2020년부터 **'기관보육료'**로 명칭변경

○ 지원요건이 충족되지 않은 경우

해당연도	환수내용	비 고
2010년도 이전	• 지원요건 ② 총정원을 위반한 경우 – 미등록 아동을 보육하는 하는 등 총정원을 위반한 경우 해당기간 지급된 **전체반 기본보육료를 환수** • 지원요건 ④ 해당함에도 기본보육료를 지원한 경우 – 운영정지 기간이 시작된 날부터 이미 지원된 전체반 기본 보육료를 일할 계산하여 환수 • 허위보고에 의한 기본보육료를 지원시 환수 조치 – 아동이나 교사를 허위로 보고하여 기본보육료를 지원받은 경우에는 해당 기간 지급된 전체반 기본보육료를 환수	2010년도 보육사업안내 307~308면
2011년도 이후	• 지원요건 ①을 위반하여 기본보육료를 지원받은 경우 – 지원요건이 충족되지 않은 달부터 이미 지원된 기본보육료 중 **위반한 해당반** • (초과수납한 아동이 있는 반)의 기본보육료를 환수 – 위반한 반이'유아반'일 경우 해당월의 기본보육료 지급액이 가장 많은 영아반 1개반의 기본보육료를 환수 • 지원요건 ②'총정원'을 위반하여 기본보육료를 지 원받은 경우(총정원을 초과하여 미등록한 아동을 보육) – 지원요건이 충족되지 않은 달부터 이미 지원된 기본보육료 중 **위반한 해당반** • (총정원을 초과하여 미등록한 아동을 실제로 보육 중인 반)의 기본보육료를 환수 – 위반한 반이'유아반'일 경우 해당 월의 기본보육료 지급액이 가장 많은 영아반 1개 반의 기본보육료를 환수 • 지원요건 ②'교사대 아동비율'을 위반하여 기본보육료를 지원받은 경우 – 지원요건이 충족되지 않은 달부터 이미 지원된 기본보육료 중 위반한 해당반	2011년도 보육사업안내 314면

해당연도	환수내용	비 고
	• ('교사대 아동비율'이 위반된 반의 기본보육료를 환수 – 위반한 반이 '유아반'일 경우 해당 월의 기본보육료 지급액이 가장 많은 영아반 1개 반의 기본보육료를 환수 • 지원요건 ④에 해당함에도 기본보육료를 지원받은 경우 – 운영정지 기간이 시작된 날부터 이미 지원된 전체반 기본보육료를 일할 계산하여 환수	

6. 기관보육료 (기본보육료) 지원방식 변경

해당연도	기관보육료 지원금 산정방식 내용	비 고
2014년도 이전	• 출석일수 구간별 지원하고 입 · 퇴소 월은 일할계산으로 지원 – 출석일수가 11일 이상 : 기본보육료 지원단가의 100% 지원 – 출석일수가 6~10일 : 기본보육료 지원단가의 50% 지원 – 출석일수가 1~5일 : 기본보육료 지원단가의 25% – 출석일수가 0일인 경우 기본보육료 미지원 – 시 · 군 · 구청은 아동이 질병이나 부상으로 어린이집에 나오지 못할 경우 또는 부모의 입원으로 아동이 어린이집에 나오지 못할 경우에는 결석 시작일 부터 치료기간 또는 퇴원일(부모의 입원에 따른 경우는 퇴원 일만 해당)까지 최대 1개월간 출석한 것으로 간주하여 보육료 지원. 이 경우 어린이집은 의사소견서, 진단서 또는 입원확인 서를 부모로부터 제출받아 시 · 군 · 구청에 제출하여야 함	2014년도 보육사업 안내 369면
2015년도 이후	• (입 · 퇴소아동) 입소 또는 퇴소한 달의 보육료는 '일할계산' – (입소아동) 입소일로부터 입소 월 말일까지 모두 출석으로으로 인정하여 기본보육료생성 – (퇴소아동) 퇴소월 1일부터 퇴소 일까지 모두출석으로 인정하여 기본보육료 생성 • (계속 재원 중인 아동) 월1일 이상 출석할 경우 기본보육료 생성(출석일수가 월0일인 경우 미지원) – 단, 아동의 질병 · 부상 또는 부모의 입원으로 아동이 어린이집에 나오지 못할 경우, 결석 시작일로부터 치료기간 또는 퇴원일(부모의 입원에 따른 경우 퇴원일 까지만 해당)까지 최대 1개월간 출석한 것으로 간주하여 보육료 지원 ※ 이 경우 어린이집은 의사소견서, 진단서 또는 입원확인서를 부모로부터 제출받아 시 · 군 · 구청에 제출하여야 함	2015년도 보육사업안내 321면

해당연도	기관보육료 지원금 산정방식 내용	비 고
2020년도	• (입·퇴소아동) 입소 또는 퇴소한 달의 보육료는 '일할계산'(출석일수가 0일인 경우 미지원) –(입소 아동) 입소일로부터 입소월 말일까지 모두 출석으로 인정하여 기관보육료 생성 –(퇴소 아동) 퇴소월 1일부터 퇴소일까지 모두 출석으로 인정하여 기관보육료 생성 ※ 단, 신학기(3월) 신규 입소의 경우, 공휴일로 인하여 신규 입소 가능일(2일)이 토요일인 경우, 4일(월요일) 입소한 아동(3.2까지 보육료 자격 신청 완료한 아동에 한함)의 입소일은 2일로 지정 가능 • (계속 재원 중인 아동) 월 1일 이상 출석할 경우 전액 지원(출석일수가 0일인 경우 미지원) • (출석 인정 특례) 정부지원보육료 지원을 위한 출석인정 특례기준(IX. 보육예산지원 ②보육료 지원개요) 준용	2020 보육사업안내 412면

12절 보육비용 지원액의 환수

제40조의2(보육비용 지원액의 환수) ① 국가 또는 지방자치단체는 보호자가 거짓이나 그 밖의 부정한 방법으로 제34조 및 제34조의2에 따른 비용을 지원받은 경우에는 그 비용의 전부 또는 일부를 환수할 수 있다. 〈개정 2013. 1. 23.〉

② 제1항에 따라 환수하는 경우에 비용을 반환할 자가 기한 내에 반환하지 아니한 때에는 국세 또는 지방세 체납처분의 예에 따라 징수한다.

1. 국세징수법 (법률 제16842호, 2019. 12. 31. 일부개정)

○ 제24조 압류 내지 제88조까지 준용하여 체납처분

2. 지방세징수법(법률 제16652호, 2019. 11. 26. 타법개정)

○ 제33조 압류 내지 제107조까지 준용하여 체납처분

제7장 지도감독(제41조~제49조의3)

1절 지도와 명령

제41조(지도와 명령) 보건복지부장관, 시 · 도지사 및 시장 · 군수 · 구청장은 보육사업의 원활한 수행을 위하여 어린이집 설치 · 운영자 및 보육교직원에 대하여 필요한 지도와 명령을 할 수 있다.

2절 보고와 검사

제42조(보고와 검사) ① 보건복지부장관, 시 · 도지사 또는 시장 · 군수 · 구청장은 어린이집을 설치 · 운영하는 자로 하여금 그 어린이집에 관하여 필요한 보고를 하게 하거나 관계 공무원으로 하여금 그 어린이집의 운영 상황을 조사하게 하거나 장부와 그 밖의 서류를 검사하게 할 수 있다.

② 제1항에 따라 관계 공무원이 그 직무를 수행할 때에는 그 권한을 표시하는 증표를 지니고 이를 관계인에게 내보여야 한다.

3절 위법행위의 신고 및 신고자 보호

제42조의2(위법행위의 신고 및 신고자 보호) ① 누구든지 다음 각 호의 어느 하나에 해당하는 자를 관계 행정기관이나 수사기관에 신고 또는 고발할 수 있다.

1. 거짓이나 그 밖의 부정한 방법으로 보조금을 교부받거나 유용한 자
2. 제24조제1항에 따른 어린이집 운영기준을 지키지 아니한 자
3. 제33조에 따른 급식관리기준을 지키지 아니한 자

4. 제33조의2에 따른 어린이집 차량안전관리 기준을 지키지 아니한 자
5. 「아동복지법」 제3조제7호에 따른 **아동학대 행위를 한 자**
6. 그 밖에 보건복지부령으로 정하는 자

② 어린이집을 설치 · 운영하는 자는 보육교직원이 제1항에 따른 신고 또는 고발을 하였다는 이유로 「공익신고자 보호법」 제2조제6호에 따른 불이익조치를 하여서는 아니 된다.

③ 보건복지부장관, 시 · 도지사 및 시장 · 군수 · 구청장은 제1항제1호 및 제3호부터 제5호까지에 해당하는 사항에 대하여 신고 또는 고발한 사람에게 예산의 범위에서 포상금을 지급할 수 있다. 〈개정 2018. 12. 11.〉

④ 제1항에 따른 신고 절차 · 방법 및 제3항에 따른 포상금 지급의 기준 · 방법 및 절차 등에 필요한 사항은 대통령령으로 정한다. 〈신설 2018. 12. 11.〉

4절 어린이집의 폐지 · 휴지 및 재개 등의 신고

제43조(어린이집의 폐지 · 휴지 및 재개 등의 신고) ① 제13조제1항에 따라 인가된 어린이집을 폐지하거나 일정기간 운영을 중단하거나 운영을 재개하려는 자는 보건복지부령으로 정하는 바에 따라 미리 특별자치도지사 · 시장 · 군수 · 구청장에게 신고하여야 한다.
〈개정 2008. 2. 29., 2010. 1. 18., 2011. 6. 7., 2011. 8. 4.〉

② 어린이집의 원장은 어린이집이 폐지되거나 일정기간 운영이 중단되는 경우에는 보건복지부령으로 정하는 바에 따라 그 어린이집에서 보육 중인 영유아가 다른 어린이집으로 옮길 수 있도록 하는 등 영유아의 권익을 보호하기 위한 조치를 취하여야 한다.
〈개정 2008. 2. 29., 2010. 1. 18., 2011. 6. 7.〉

5절 어린이집에 대한 휴원명령

제43조의2(어린이집에 대한 휴원명령) ① 보건복지부장관, 시 · 도지사 또는 시장 · 군수 · 구청장은 천재지변이나 **감염병 발생** 등 긴급한 사유로 정상적인 보육이 어렵다고 인정하는 경우 어린이집의 원장에게 휴원을 명할 수 있다.

② 제1항에 따른 명령을 받은 어린이집의 원장은 지체 없이 어린이집을 휴원하여야 하며, 휴원 시 보호자가 영유아를 가정에서 양육할 수 없는 경우 등 긴급보육수요에 대비하여 긴급보육 계획을 가정통신문 등을 통하여 보호자에게 미리 안내하는 등 어린이집 운영에 필요한 조치를 하여야 한다.

③ 제1항에 따른 휴원명령의 기준 및 제2항에 따른 조치 등에 관하여 필요한 사항은 보건복지부령으로 정한다.

○ 감염병의 예방 및 관리에 관한법률 제50조 규정 등에 의하여 휴원명령 가능

▸ 새로운 질병의 감염병 발생 등 사유로 어린이집의 휴원명령 할 수 있음 (사스, 신종플루, 메르스, 코로나19 등)

6절 시정 또는 변경 명령

제44조(시정 또는 변경 명령) 보건복지부장관, 시 · 도지사 또는 시장 · 군수 · 구청장은 어린이집이 다음 각 호의 어느 하나에 해당하면 어린이집의 원장 또는 그 설치 · 운영자에게 기간을 정하여 그 시정 또는 변경을 명할 수 있다. 〈 2018. 12. 24., 2019. 4. 30.〉

1. 제13조제1항에 따른 변경인가를 받지 아니하고 어린이집을 운영하는 경우
2. 제15조, 제15조의2 및 제15조의3에 따른 어린이집의 설치기준을 위반한 경우

2의2. 제15조의4에 따른 폐쇄회로 텔레비전의 설치 · 관리 및 영상정보의 보관기준을 위반한 경우

3. 제17조제5항에 따른 보육교직원의 배치기준을 위반한 경우

3의2. 제19조제2항에 따른 보육교직원의 임면에 관한 사항을 보고하지 아니하거나 거짓으로 보고한 경우

4. 제24조제1항에 따른 어린이집의 운영기준을 위반한 경우

4의2. 제25조제1항 단서를 위반하여 어린이집운영위원회를 설치 · 운영하지 아니한 경우

4의3. 제29조제4항 전단을 위반하여 영유아에게 특별활동을 제공한 경우

4의4. 제29조제4항 후단을 위반하여 특별활동에 참여하지 아니하는 영유아에게 특별활동을 대체할 수 있는 프로그램을 제공하지 아니한 경우

4의5. 제29조의2에 따른 생활기록부를 작성 · 관리하지 아니한 경우

4의6. 정당한 이유 없이 제30조제1항에 따른 평가 또는 같은 조 제5항에 따른 확인점검을 거부 · 방해 또는 기피하거나 거짓이나 그 밖의 부정한 방법으로 평가 또는 확인점검을 받은 경우

4의7. 제32조제1항에 따른 질병의 치료와 예방조치를 하지 아니한 경우

4의8. 제33조에 따른 균형 있고 위생적이며 안전한 급식을 하지 아니한 경우

5. 제38조에 따른 보육료 등을 한도액을 초과하여 받은 경우
6. 제42조에 따른 보고를 하지 아니하거나 거짓으로 보고한 경우 또는 조사 · 검사를 거부하거나 기피한 경우
7. 제43조제1항에 따른 신고를 하지 아니하고 어린이집을 폐지하거나 일정기간 운영을 중단하거나 운영을 재개한 경우

7의2. 제43조의2제2항을 위반하여 휴원하지 아니하거나 긴급보육수요에 대비한 조치를 하지 아니한 경우

8. 제49조의2에 따른 정보의 공시에 관한 사항을 위반한 경우

1. 시정명령 여부 (필요경비 등 반환명령)-가능 (○)

영유아보육법 제44조의 '시정 또는 변경'에 부모부담금 환불명령이 포함되는 것으로 해석하는 한 헌법에 위반되는지 여부-합헌 (○)

○ '시정'과 '변경'의 사전적인 의미, 심판대상조항은 영유아보육법 제38조 위반에 대한 제재규정이라는 점, 영유아보육법 제38조 위반 행위의 대표적인 모습은 어린이집이 보호자로부터 관할 시 · 도지사가 정한 한도액을 초과하여 보호자로부터 필요경비를 수납하는 것이라는 점을 종합적으로 고려하면, 심판대상조항이 규정하고 있는 '시정 또는 변경' 명령은 '영유아보육법 제38조 위반행위에 대하여 그 위법사실을 시정하도록 함으로써 정상적인 법질서를 회복하는 것을 목적으로 행해지는 행정작용'으로, 여기에는 과거의 위반행위로 인하여 취득한 필요경비 한도 초과액에 대한 환불명령도 포함됨을 어렵지 않게 예측할 수 있음. 따라서 심판대상조항은 명확성원칙에 위배되지 않음.

○ 상당수의 국민이 어린이집을 통하여 자녀를 보육하고 있는 실정, 어린이집 이용비용이 주는 경제적 부담이 적지 않은 점, 필요경비가 어린이집 이용비용 중 상당 부분을 차지한다는 점을 고려하면, 필요경비 액수에 대하여 규제할 필요성이 있음. 필요경비 액수를 적정한 수준으로 유지하는 것이 담보되지 않을 경우, 어린이집 이용에 대한 보호자의 부담은 늘어날 수 있고, 저소득계층의 영유아는 보육서비스에 접근할 기회를 봉쇄당해 보호자의 경제적 능력에 따라 영유아 사이의 보육의 질에 차이가 발생할 수 있음. 또한 초과 수납한 금전을 영유아의 보호자에게 반환하도록 하지 않으면 영유아의 보호자가 과다 지출한 부분을 회복할 방법이 없고, 심판대상조항에 따른 시정 또는 변경명령은 필요적이 아닌 임의적 행정제재를 예정하고 있을 뿐임. 이러한 점을 종합하면 심판대상조항이 과잉금지원칙에 위배된다고 볼 수 없음.
(헌법재판소 2017. 12. 28 자 2016헌바249 결정)

2. 시정명령 여부 (리베이트 특별활동비 반환명령 등)-안됨 (×)

보육료 등(특별활동비) 반환을 명하는 시정명령을 할 수 없는 판례

○ 구 영유아보육법 제38조, 제44조 제5호의 입법취지는 보육시설의 장이 보호자로부터 법정한 도액을 초과하는 과다한 보육료 등을 지급받는 것을 제한하기 위한 것으로 보이고, 보육시설의 장이 법정한도액의 범위 내에서 지급받은 보육료 등을 실제로 보육에 사용하지 않고 업체로부터 리베이트 형식으로 되돌려 받는 경우까지 예상하여 이를 규제하기 위한 것으로는 볼 수 없음.
○ 따라서 보육시설의 장이 특별활동비 중 일부를 리베이트로 돌려받는다는 사실을 숨긴 채 보호자들로부터 특별활동비를 지급받은 경우보호자들이 민사상 손해배상 등의 방법으로 보육료 등의 반환을 청구할 수 있음은 별론으로 하더라도, 행정관청이 보육료 등의 한도액 초과를 규제하는 구 영유아보육법규정에 근거하여 보육료 등의 반환을 명하는 시정명령을 할 수는 없다고 할 것임 (인천지방법원 2015. 10. 29.선고 2015구합51242 판결-2016.09.20.확정)

7절 직장어린이집 설치의무 미 이행 사업장에 대한 이행명령

제44조의2(직장어린이집 설치의무 미이행 사업장에 대한 이행명령) 시 · 도지사, 시장 · 군수 · 구청장은 제14조에 따른 사업장의 사업주가 직장어린이집의 설치 등 의무를 이행하지 아니하는 경우에는 상당한 기간을 정하여 그 의무를 이행할 것을 명할 수 있다.

8절 이행강제금

제44조의3(이행강제금) ① 시 · 도지사, 시장 · 군수 · 구청장은 제44조의2에 따른 명령을 이행하지 아니한 자에 대하여 그 명령의 이행에 필요한 상당한 기간을 정하여 그 기간 내에 이행할 것을 다시 명할 수 있으며, 이를 이행하지 아니한 경우에는 같은 조에 따른 명령이 있었던 날을 기준으로 하여 1년에 2회, 매회 1억원의 범위에서 이행강제금을 부과 · 징수할 수 있다.

② 시 · 도지사, 시장 · 군수 · 구청장은 직장어린이집 미설치 기간 · 사유 등을 고려하여 제1항에 따른 금액을 100분의 50의 범위에서 가중할 수 있다.

③ 시 · 도지사, 시장 · 군수 · 구청장은 제1항 및 제2항에 따른 이행강제금을 부과하기 전에 상당한 기간을 정하여 그 기간 내에 이행하지 아니할 때에는 이행강제금을 부과 · 징수한다는 뜻을 미리 문서로 계고(戒告)하여야 한다.

④ 시 · 도지사, 시장 · 군수 · 구청장은 제1항 및 제2항에 따른 이행강제금을 부과하는 때에는 이행강제금의 금액, 부과사유, 납부기한, 수납기관, 불복방법 등을 적은 문서로 통지하여야 한다. 〈개정 2019. 4. 30.〉

⑤ 시 · 도지사, 시장 · 군수 · 구청장은 제44조의2에 따른 명령을 받은 자가 그 명령을 이행하는 경우에는 새로운 이행강제금의 부과를 중지하되, 이미 부과된 이행강제금은 징수하여야 한다. 〈개정 2019. 4. 30.〉

⑥ 시 · 도지사, 시장 · 군수 · 구청장은 제1항 및 제2항에 따라 이행강제금 부과처분을 받은 자가 납부기한까지 이행강제금을 납부하지 아니하는 경우에는 「지방세외수입금의 징수 등에 관한 법률」에 따라 징수한다. 〈개정 2019. 4. 30.〉

⑦ 제1항 및 제2항에 따른 이행강제금의 부과기준, 부과 · 징수된 이행강제금의 반환절차 등 필요한 사항은 대통령령으로 정한다. 〈개정 2019. 4. 30.〉

1. 이행강제금

○ 2019. 10. 29. 영유아보육법시행령 제25조의3(이행강제금의 부과 및 반환) 제1항【별표 1의3】이 일부개정 됨에 따라 2019. 11. 1.부터 직장어린이집 설치의무를 이행하지 않은 사업장에 최대 3억 원까지 이행강제금이 부과됨.

○ 상시 여성근로자 300명 이상 또는 상시근로자 500명 이상을 고용하고 있는 사업장에는 직장어린이집을 의무적으로 설치해야 함.
사업주가 직장어린이집을 설치 · 운영하거나 지역의 어린이집과 위탁계약을 체결해 위탁보육을 실시해야 함.

2. 이행강제금 내용

○ 영유아보육법 제14조의2 제1항 규정에 따라 매년 실태조사를 통해 미이행사업장 및 조사불응사업장에 이행명령(2회) 및 이행강제금(1년에 2회, 매회 1억 원의 범위 내)을 부과해왔음

○ 개정된 시행령은 최근 3년간 이행강제금을 2회 이상 부과 받은 경우 최초 1년 이내(2회 부과)는 가중부과에서 제외하고, 2019. 11. 1. 이후 최초로 이행강제금을 부과하는 경우부터 횟수를 산정하게 됨.

○ 또한 거짓이나 그 밖의 부정한 방법으로 의무이행 실태조사에 응해 이행명령 및 이행강제금을 부과 받지 않은 경우에는 2회까지는 매회 1억 원 범위 내(연 최대 2억 원), 3회 부과 시부터 매회 1억 5000만 원 범위 내(연 최대 3억 원) 부과됨.

※ 이행강제금 – 상속인 기타사람에게 승계 안 됨 (×)

납부의무는 상속인 기타의 사람에게 승계될 수 없는 일신전속적인 성질의 것
(대법원 2006. 12. 8 자 2006마470 결정)

9절 어린이집의 폐쇄 등

제45조(어린이집의 폐쇄 등) ① 보건복지부장관, 시 · 도지사 및 시장 · 군수 · 구청장은 어린이집을 설치 · 운영하는 자(이하 이 조에서 "설치 · 운영자"라 한다)가 다음 각 호의 어느 하나에 해당하면 1년 이내의 어린이집 운영정지를 명하거나 어린이집의 폐쇄를 명할 수 있다. 이 경우 보육교직원 등 설치 · 운영자의 관리 · 감독 하에 있는 자가 **제4호**에 해당하는 행위를 한 경우에는 설치 · 운영자가 한 행위로 본다(설치 · 운영자가 그 행위를 방지하기 위하여 상당한 주의와 감독을 게을리하지 아니한 경우에는 그러하지 아니하다). 〈2014. 5. 28., 2015. 5. 18.〉

1. 거짓이나 그 밖의 부정한 방법으로 보조금을 교부받거나 보조금을 유용(流用)한 경우
2. 제40조에 따른 비용 또는 보조금의 반환명령을 받고 반환하지 아니한 경우
3. 제44조에 따른 시정 또는 변경 명령을 위반한 경우
4. 「아동복지법」 제3조제7호에 따른 아동학대 행위를 한 경우
5. 「도로교통법」 제53조제3항을 위반하여 어린이통학버스(제33조의2 및 「도로교통법」 제52조에 따른 신고를 하지 아니한 경우를 포함한다)에 보육교직원을 함께 태우지 아니한 채 어린이통학버스 운행 중 발생한 교통사고로 영유아가 사망하거나 신체에 보건복지부령으로 정하는 중상해를 입은 경우

② 삭제 〈2011. 6. 7.〉

③ 특별자치시장 · 특별자치도지사 · 시장 · 군수 · 구청장은 설치 · 운영자 또는 보육교직원이 제1항제4호에 따른 아동학대 행위를 한 것으로 의심되는 경우 즉시 제42조에 따른 보고를 받거나 조사 · 검사를 실시하여야 한다.

④ 특별자치시장 · 특별자치도지사 · 시장 · 군수 · 구청장은 제3항에 따른 보고나 조사 · 검사를 실시한 후 지체 없이 「아동복지법」 제10조의2에 따른 아동권리보장원 또는 같은 법 제45조에 따른 아동보호전문기관 등 관계 기관과 협의하여 제1항에 따른 행정처분 여부를 결정하여야 한다.

⑤ 특별자치도지사 · 시장 · 군수 · 구청장은 어린이집이 제1항에 따라 운영정지 또는 폐쇄되는 경우에는 어린이집에 보육 중인 영유아를 다른 어린이집으로 옮기도록 하는 등 영유아의 권익을 보호하기 위하여 필요한 조치를 하여야 한다. 〈신설 2011. 8. 4., 2015. 5. 18.〉

⑥ 제1항에 따른 행정처분의 세부기준은 보건복지부령으로 정한다.

1. 보조금 부정수급으로 인한 어린이집의 폐쇄명령 처분사례

어린이집 폐쇄명령이 정당하다는 법원의 판결

어린이집에 어린이가 없는데도 마치 어린이가 있는 양, 허위로 학급을 편성하고 행정 사무원을 보육교사로 등록시켜 정부 보조금을 수령한 어린이집에 ○○시가 폐쇄명령 처분은 정당하다는

판결임
◇◇◇ 어린이집은 실제로는 존재하지 않는 반을 실제 존재하는 양 갖춰 사무원을 보육교사로 등록 후 ○○시 '기본보육료' 등을 수령하였음.
아울러, 특별활동비, 급식비, 교구 · 교재비 등의 명목으로 □□□도 고시(告示)에 따른 수납제한액을 1억원 가량 초과해 받음
이후 ○○시는 어린이집에 시설폐쇄 명령 처분과 보조금반환명령 2,900만원과 특별활동비 등 약 1억원은 학부모에게 반환명령처분을 함
법원은 이에 대하여 영유아보육법 제45조 제6항 등은 거짓이나 그 밖의 부정한 방법으로 교부받은 보조금이 1,000만원 이상으로 ◇◇◇ 어린이집을 폐쇄하도록 규정하고 있음.
◇◇◇ 어린이집의 보조금 부당수령액은 2,900만원으로 기준금액의 약 3배에 달하고, 부당수령기간도 3년으로 길어 비난가능성이 큼.
◇◇◇ 어린이집은 지급받은 보조금을 모두 교육목적으로 사용했다고 주장하지만 국가와 지자체의 재정 건전성을 확보하고 부정한 방법으로 보조금을 수령하는 행위를 방지하기 위해서는 보조금 부당수령행위를 엄중히 처벌할 필요성이 인정됨으로 어린이집 폐쇄명령 처분취소는 이유없음.
(창원지방법원 2019. 1. 23. 선고 2018구합52189판결) – 2019. 2. 12. 확정

2. 아동학대 시 (상당한 주의와 감독의무 게을리 않은 경우) 운영정지처분 여부 (×)

어린이집 설치운영자가 보육교사의 학대행위를 방지하기 위하여 상당한 주의와 감독을 게을리 하지 않은 경우에는 운영정지 처분을 명할 수 없음

○ 구 「영유아보육법」 제45조 제1항 제1문, 제2문과 제4호는 어린이집 설치 · 운영자의 관리 · 감독 하에 있는 보육교직원이 「아동복지법」 제17조에 따른 금지 행위를 한 경우 이를 설치 · 운영자가 한 행위로 보아 구청장이 설치 · 운영자에게 1년 이내 범위에서 어린이집의 운영정지를 명할 수 있도록 하고 있음. 다만 같은 항 제2문 괄호에 기재된 부분에 따르면 설치 · 운영자가 위와 같은 금지 행위를 방지하기 위하여 상당한 주의와 감독을 게을리 하지 아니한 경우에는 구청장은 설치 · 운영자에게 위와 같은 운영정지를 명할 수 없음.

○ 따라서 어린이집 보육교사가 「아동복지법」 제17조에 따른 금지 행위를 하였을 때에는 그 어린이집의 설치 · 운영자가 위와 같은 금지 행위를 방지하기 위하여 상당한 주의와 감독을 다하였는지를 살펴보고 만약 그러한 주의와 감독을 다하였다면 그 설치 · 운영자에게 어린이집의 운영정지를 명하는 처분을 해서는 안 됨
(서울행정법원 2015. 11. 19. 선고 2015구합61443 판결)

10절 과징금 처분

제45조의2(과징금 처분) ① 보건복지부장관, 시 · 도지사 또는 시장 · 군수 · 구청장은 어린이집의 설치 · 운영자가 제45조제1항 각 호의 어느 하나에 해당하여 어린이집 운영정지를 명하여야 하는 경우로서 그 운영정지가 영유아 및 보호자에게 심한 불편을 주거나 그 밖에 공익을 해칠 우려가 있으면 어린이집 운영정지 처분을 갈음하여 3천만원 이하의 과징금을 부과할 수 있다.
② 제1항에 따른 과징금을 부과하는 위반행위의 종류와 위반 정도 등에 따른 과징금의 금액 등에 필요한 사항은 대통령령으로 정한다.
③ 보건복지부장관, 시 · 도지사 또는 시장 · 군수 · 구청장은 제1항에 따른 과징금을 내야 할 자가 납부기한까지 내지 아니한 경우에는 국세 체납처분의 예 또는 「지방세외수입금의 징수 등에 관한 법률」에 따라 징수한다. 〈개정 2013. 8. 6.〉

※ 과징금 – 그 상속인에게 포괄 승계됨 (○)

대체적 급부가 가능한 의무이므로 위 과징금을 부과받은 자가 사망한 경우 그 상속인에게 포괄 승계된다. (대법원 1999. 5. 14 선고 99두35 판결)

11절 행정제재처분효과의 승계

제45조의3(행정제재처분효과의 승계) ①어린이집을 설치 · 운영하는 자가 그 어린이집을 양도하거나 사망한 때 또는 법인의 합병이 있는 때에는 종전의 어린이집을 설치 · 운영한 자에게 제45조제1항 각 호의 사유로 행한 행정제재처분의 효과는 그 행정처분일부터 1년간 그 양수인 · 상속인 또는 합병 후 신설되거나 존속하는 법인에 승계되며, 행정제재처분의 절차가 진행 중인 경우에는 양수인 · 상속인 또는 합병 후 신설되거나 존속하는 법인에 대하여 행정제재처분의 절차를 속행할 수 있다. 다만, 양수인 · 상속인 또는 합병 후 신설되거나 존속하는 법인이 양수 또는 합병할 때 그 처분 또는 위반사실을 알지 못하였음을 증명하는 경우에는 그러하지 아니하다. 〈개정 2011. 6. 7., 2015. 5. 18.〉
② 제1항의 양수인 · 상속인 또는 합병 후 신설되거나 존속하는 법인이 어린이집을 양수 · 상속 또는 합병할 때에는 종전의 어린이집을 설치 · 운영한 자가 제45조제1항 각 호의 사유로 행정처분의 절차가 진행 중인지 및 행정제재 처분을 받은 이력이 있는지 여부를 확인하여야 하며, 보건복지부장관, 시 · 도지사 및 시장 · 군수 · 구청장은 양수인 · 상속인 또는 합병 후 신설되거나 존속하는 법인이 그 확인을 요청하는 경우 이를 보건복지부령으로 정하는 바에 따라 확인하는 서류를 발부할 수 있다. 〈신설 2015. 5. 18.〉

12절 어린이집의 원장의 자격정지

제46조(어린이집의 원장의 자격정지) 보건복지부장관은 어린이집의 원장이 다음 각 호의 어느 하나에 해당하면 **1년**(「아동복지법」 제3조제7호에 따른 아동학대 행위로 제1호가목에 해당하게 된 경우에는 2년) 이내의 범위에서 보건복지부령으로 정하는 바에 따라 그 자격을 정지시킬 수 있다. 〈개정 2008. 2. 29., 2010. 1. 18., 2011. 6. 7., 2013. 6. 4., 2015. 5. 18.〉

1. 어린이집의 원장이 업무 수행 중 고의나 중대한 과실로 영유아에게 손해를 입힌 경우로서 다음 각 목의 어느 하나에 해당하는 경우
   가. 영유아의 생명을 해치거나 신체 또는 정신에 중대한 손해를 입힌 경우
   나. 제24조에 따른 운영기준을 위반하여 손해를 입힌 경우
   다. 제33조에 따라 보건복지부령으로 정한 급식기준을 위반하여 손해를 입힌 경우
   라. 그 밖에 손해를 입힌 경우
2. 해당 업무 수행에 필요한 자격이 없는 자를 채용하여 보육교사 · 간호사 또는 영양사 등의 업무를 수행하게 한 경우
3. 제23조에 따른 보수교육을 연속하여 3회 이상 받지 아니한 경우
4. 거짓이나 그 밖의 부정한 방법으로 보조금을 교부받거나 보조금을 유용한 경우
5. 「공익신고자 보호법」 제2조제2호에 따른 공익신고를 한 보육교직원에게 같은 조 제6호에 따른 불이익조치를 한 경우

리베이트 받은 어린이집 원장 자격정지처분은 정당하다는 판례

○ 구 영유아보육법 제46조의 위임에 의한 영유아보육법 시행규칙 제39조 제2항,별표10은 어린이집의 원장이 업무수행 중 고의나 중대한 과실로 손해를 입힌 경우로서 '영유아에게 중대한 생명 · 신체 또는 정신적 손해를 입히거나, 운영일이나 운영시간 기준을 고의적으로 위반하거나, 비위생적인 급식을 제공하거나 영유아 안전보호를 태만히 한 경우'가 아닌 기타의 경우 1차 위반에 대하여 자격정지 3개월 처분을 하도록 정하고 있음

○ 원고가 특별활동 업체들로부터 특별활동비 중 일부를 리베이트로 돌려받는다는 사실을 숨긴 채 영유아들의 보호자들로부터 특별활동비를 지급받은 것은 고의로 영유아와 그 보호자에게 손해를 입혔다고 보기에 충분하므로 원고의 원장자격정지 2개월 취소는 이유 없음
(인천지방법원 2015. 10. 29.선고 2015구합51242 판결 – 2016.09.20.확정)

1. 집행정지결정과 종전 자격정지처분의 효력 여부 – 집행정지기간 자격효력 있음

행정소송법 제23조에 의한 집행정지결정의 효력은 결정주문에서 정한 시기까지 존속하며 그 시기의 도래와 동시에 효력이 당연히 소멸하는 것으로, 일정기간 동안 영업을 정지할

것을 명한 행정청의 자격정지처분에 대하여 법원이 집행정지결정을 하면서 주문에서 당해 법원에 계속 중인 본안소송의 판결선고 시까지 처분의 효력을 정지한다고 선언하였을 경우에는 처분에서 정한 자격정지 기간의 진행은 그때까지 정지되는 것이고 본안소송의 판결선고에 의하여 당해 정지결정의 효력은 소멸하고 이와 동시에 당초의 자격정지처분의 효력이 당연히 부활되어 처분에서 정하였던 정지기간(정지결정 당시 이미 일부 집행되었다면 나머지 기간)은 이때부터 다시 진행한다고 할 것인바, 이러한 법리는 자격정지처분을 할 때 그 정지기간의 시기와 종기를 특정하여 행한 경우에도 특별한 사유가 없는 한 마찬가지이다. (대법원 1999. 2. 23. 선고 98두14471 판결)

결국, 집행정지 종결 시 별도 기간을 정하여 자격정지 처분은 불필요함

2. 집행정지기간

행정청이 2019. 2. 1. 위반행위자에게 2개월(2019. 4. 1. ~ 2019. 5. 31.)의 자격정지를 명하는 행정처분을 하고, 법원이 2019. 4. 25. 제1심 판결선고 시까지 위 행정처분의 효력을 정지하는 집행정지결정을 하였다가, 위 법원이 2019. 10. 23. 원고의 청구를 기각하는 판결을 선고한 경우

판결선고 다음 날인 2019. 4. 26.부터 이미 집행한 25일을 제외한 나머지 기간에 대하여 별도의 처분이 없더라도 나머지 기간에 대하여 별도의 기간을 정하지 아니하더라도 특별한 사정이 없는 한 집행정지가 부활되는 것임

13절 보육교사의 자격정지

제47조(보육교사의 자격정지) 보건복지부장관은 보육교사가 다음 각 호의 어느 하나에 해당하면 1년(「아동복지법」 제3조제7호에 따른 아동학대 행위로 제1호에 해당하게 된 경우에는 2년) 이내의 범위에서 보건복지부령으로 정하는 바에 따라 그 자격을 정지시킬 수 있다. 〈개정 2008. 2. 29., 2010. 1. 18., 2011. 12. 31., 2015. 5. 18.〉

1. 보육교사가 업무 수행 중 그 자격과 관련하여 고의나 중대한 과실로 손해를 입힌 경우
2. 제23조의2에 따른 보수교육을 연속하여 3회 이상 받지 아니한 경우

14절 어린이집의 원장 또는 보육교사의 자격취소

제48조(어린이집의 원장 또는 보육교사의 자격취소) ①보건복지부장관은 어린이집의 원장 또는 보육교사가 다음 각 호의 어느 하나에 해당하면 그 자격을 취소할 수 있다.
1. 거짓이나 그 밖의 부정한 방법으로 자격증을 취득한 경우
2. 자격 취득자가 업무 수행 중 그 자격과 관련하여 고의나 중대한 과실로 손해를 입히고 금고 이상의 형을 선고받은 경우
3. 「아동복지법」 제3조제7호의2에 따른 아동학대관련범죄로 처벌을 받은 경우
4. 제22조의2에 따른 명의대여 금지 등의 의무를 위반한 경우
5. 자격정지처분기간 종료 후 3년 이내에 자격정지처분에 해당하는 행위를 한 경우
6. 자격정지처분을 받고도 자격정지처분기간 이내에 자격증을 사용하여 자격 관련 업무를 수행한 경우
7. 자격정지처분을 3회 이상 받은 경우
8. 제46조제4호에 해당하여 금고 이상의 형을 선고받은 경우

② 보건복지부장관은 제1항에 따라 자격이 취소된 사람에게는 그 취소된 날부터 다음 각 호의 구분에 따라 자격을 재교부하지 못한다.
1. 제1항 각 호의 사항 중 제3호 이외의 어느 하나에 해당하는 경우: 2년
2. 제1항제3호에 해당하는 경우: 10년(다만, 「아동복지법」 제3조제7호의2에 따른 아동학대관련범죄로 금고 이상의 실형을 선고받고 그 집행이 종료되거나 집행이 면제된 날부터 20년이 지나지 아니한 사람 또는 「아동복지법」 제3조제7호의2에 따른 아동학대관련범죄로 금고 이상의 형의 집행유예가 확정된 날부터 20년이 지나지 아니한 사람에게는 자격을 재교부할 수 없다)

1. 보육교사자격취소

검사의 **약식명령 청구** 또는 **선고유예의 확정판결**이 있었다는 사정이 구 영유아보육법 제48조 제1항 제3호에서 정한 '아동복지법 제71조 제1항에 따른 **처벌**'에 해당하는지 여부 (소극) – **처벌에 해당되지 아니함**
(대법원 2018. 4. 26 선고 2016두64371 판결)

○ 판결요지

구 영유아보육법 제48조 제1항 제3호는 자격취소처분의 요건으로 어린이집 보육교사가 아동학대행위를 저지른 사실 자체만이 아니라, 아동학대행위를 저질러 아동복지법 제71

조 제1항에 따른 '**처벌**'을 받은 경우를 규정하고 있다. 게다가 같은 법 제48조 제2항 단서는 보육교사가 제48조 제1항 제3호에 따라 자격취소처분을 받은 경우에는 그 취소 일부터 10년간 보육교사 자격을 다시 교부받지 못하도록 함으로써 매우 엄격한 제재 효과를 규정하고 있다. 이처럼 기본권 제한의 정도가 강력한 제재적 처분의 근거 규정을 해석할 때는 엄격해석 원칙을 적용하여야 한다. 여기에 형사피고인은 유죄판결이 확정될 때까지는 무죄로 추정되는 것이 헌법의 대원칙이므로(헌법 제27조 제4항), 기소된 사실만으로 제재적 처분의 근거로 삼는 것은 쉽사리 받아들일 수 없다. 그렇다면 유죄의 확정판결도 없이 단순히 검사의 약식명령 청구가 있었다는 사정만으로 영유아보육법 제48조 제1항 제3호에서 정한 '아동복지법 제71조 제1항에 따른 처벌'에 해당한다고 볼 수 없음은 분명하고, 나아가 여기서 '처벌'은 과벌(科罰)에 해당하는 형의 선고가 있음을 당연한 전제로 한다고 새길 수 있으므로, 선고유예의 확정판결이 있었다는 사정만으로는 이러한 '처벌'에 해당한다고 볼 수도 없다.

2. 약식명령 청구 또는 선고유예를 이유로 자격취소－위법 !

보육교사에게 아동학대행위를 저질렀음을 이유로 검사의 **약식명령 청구** 또는 **법원 선고유예 판결**을 이유로 아동복지법 제3조제7호의2에 따른 아동학대관련범죄로 **처벌**을 받은 경우로 보아 보육교사 자격취소 하였으나 법원은 약식명령 또는 선고유예는 처벌이라고 볼 수 없다고 보아 보육교사 자격을 취소를 취소한 사례임

아동복지법의 '신체에 손상을 준다'의 의미에 대한 판례

구 아동복지법 제17조 제3호에서 금지행위의 하나로 규정한 '아동의 신체에 손상을 주는 학대행위'에서 '**신체에 손상을 준다**'의 의미는 구 아동복지법(2014.1.28.법률 제12361호로 개정되기 전의 것)제17조 제3호는 "아동의 신체에 손상을 주는 학대행위"를 금지행위의 하나로 규정하고 있는데, 여기에서 '신체에 손상을 준다'란 아동의 신체에 대한 유형력의 행사로 신체의 완전성을 훼손하거나 생리적 기능에 장애를 초래하는 '상해'의 정도에까지는 이르지 않더라도 그에 준하는 정도로 **신체에 부정적인 변화를 가져오는 것**을 의미한다.
(대법원 2016. 5. 12 선고 2015도6781 판결)

15절 청 문

제49조(청문) 보건복지부장관, 시·도지사 및 시장·군수·구청장은 제45조부터 제48조까지의 행정처분을 하려면 청문을 하여야 한다.〈개정 2008. 2. 29., 2010. 1. 18.〉

1. 행정절차법과 영유아보육법의 우선 적용여부

○ 행정절차법은 행정절차에 관한 일반법으로 다른 법률에 행정절차에 관한 특별규정이 있으면 특별법우선의 원칙에 따라 그 법률이 적용됨

○ 따라서 영유아보육법 제45조부터 48조까지의 어린이집의 운영정지, 폐쇄, 자격정지 또는 취소 등은 영유아보육법에 따라 반드시 청문을 하여야 함

행정절차법 우선 적용여부－영유아보육법 우선 적용

행정절차법 제3조 제1항은 “행정절차에 관하여 다른 법률에 특별한 규정이 있는 경우를 제외하고는 이 법이 정하는 바에 의한다.”고 규정하고 있는바, 이는 행정절차법이 행정절차에 관한 일반법임을 밝힘과 아울러, 매우 다양한 형식으로 행하여지는 행정작용에 대하여 일률적으로 행정절차법을 적용하는 것이 적절하지 아니함을 고려하여, 다른 법률이 행정절차에 관한 특별한 규정을 적극적으로 두고 있는 경우이거나 다른 법률이 명시적으로 행정절차법의 규정을 적용하지 아니한다고 소극적으로 규정하고 있는 경우에는 행정절차법의 적용을 배제하고 다른 법률의 규정을 적용한다. (대법원 2002. 2. 5 선고 2001두7138 판결)

2. 청문의 통지기일 및 사항

○ 행정청은 청문을 실시하고자 하는 경우에 청문이 시작되는 날부터 10일 전까지 당사자 등에게 다음사항을 통지하여야 함

- 예정된 처분의 제목
- 당사자의 성명(명칭)과 주소
- 처분하고자 하는 원인이 되는 사실과 처분의 내용
- 법적근거 및 조문내용
- 청문주재자의 소속·직위 및 성명
- 청문의 일시 및 장소
- 청문에 응하지 아니하는 경우의 처리방법
- 그 밖에 필요한 사항

3. 청문기일의 산정

○ 청문일은 행정청이 위법사실을 단속·적발하여 처분사유가 발생한 날부터 적어도 10일 이후에 실시하여야 함. 행정청은 청문을 진행하는데 있어서 필요한 청문주재자 선정, 청문장소 확보 및 청문에 필요한 자료준비 등을 위해 소요되는 시간을 고려하여 당사자에게 청문에 필요한 여유시간을 주어야 함

○ 이 경우 청문일 10일 전까지 사전통지를 하는 경우 송달에 있어서의 도달주의가 적용되므로 청문일 부터 기산해서 10일 전까지 청문통지서가 상대방에게 도달되도록 미리 우편발송 또는 교부하여야함

○ 만일, 청문일이 1. 20.로 하는 경우 최소한 1. 9. 24시 이전까지는 당사자인 상대방에게 청문통지서가 도달되도록 우편발송 또는 교부되어야함.

청문을 실시하지 아니하고 한 행정처분은 위법하다는 판결

의견청취가 현저히 곤란하거나 명백히 불필요하다고 인정될 만한 상당한 이유가 있는지 여부는 당해 행정처분의 성질에 비추어 판단하여야 하는 것이지, 청문통지서의 반송 여부, 청문통지의 방법 등에 의하여 판단할 것은 아니며, 또한 행정처분의 상대방이 통지된 청문일시에 불출석하였다는 이유만으로 행정청이 관계 법령상 그 실시가 요구되는 청문을 실시하지 아니한 채 침해적 행정처분을 할 수는 없을 것이므로, 행정처분의 상대방에 대한 청문통지서가 반송되었다거나, 행정처분의 상대방이 청문일시에 불출석하였다는 이유로 청문을 실시하지 아니하고 한 침해적 행정처분은 위법하다. (대법원 2001. 4. 13 선고 2000두3337 판결)

16절 어린이집 정보의 공시 등

제49조의2(어린이집 정보의 공시 등) ① 어린이집의 원장은 어린이집이 보유·관리하는 다음 각 호의 정보를 매년 1회 이상 공시하여야 한다. 이 경우 어린이집의 원장은 공시한 정보(이하 이 조에서 "공시정보"라 한다)를 특별자치시장·특별자치도지사·시장·군수·구청장에게 제출하여야 하고 보건복지부장관은 공시정보와 관련된 자료의 제출을 요구할 수 있다.

1. 어린이집의 시설, 설치·운영자, 보육교직원 등 기본현황
2. 제29조에 따른 어린이집 보육과정에 관한 사항
3. 제38조에 따라 수납하는 보육료와 그 밖의 필요경비에 관한 사항
4. 어린이집 예산·결산 등 회계에 관한 사항
5. 영유아의 건강·영양 및 안전관리에 관한 사항
6. 그 밖에 보육여건 및 어린이집 운영에 관한 사항으로서 대통령령으로 정하는 사항

② 공시정보의 구체적인 범위와 공시의 횟수 · 시기 및 방법 등에 필요한 사항은 대통령령으로 정한다.
③ 보건복지부장관은 제1항에 따른 공시에 필요한 양식을 마련 · 보급하고 공시정보를 수집 및 관리할 수 있다. 이 경우 보건복지부장관은 보육정책 수립, 학술연구 진흥, 통계 작성 등에 활용하기 위하여 공시정보를 연계 · 가공할 수 있다.
④ 보건복지부장관, 시 · 도지사 또는 시장 · 군수 · 구청장은 어린이집의 원장이 해당 정보를 공시하지 아니하거나 게을리할 경우 이에 대한 시정을 권고하여야 한다.
⑤ 어린이집의 원장은 어린이집을 홍보하거나 「표시 · 광고의 공정화에 관한 법률」에 따른 표시 또는 광고를 할 때에는 제1항에 따라 공시된 정보와 다르게 알려서는 아니 된다.
⑥ 보건복지부장관, 시 · 도지사 또는 시장 · 군수 · 구청장은 제5항의 위반 여부를 확인할 필요가 있는 경우에는 해당 어린이집의 원장에게 관련 자료의 제출을 요청할 수 있다. 이 경우 요청을 받은 어린이집의 원장은 정당한 사유가 없는 한 관련 자료를 보건복지부장관, 시 · 도지사 또는 시장 · 군수 · 구청장에게 제출하여야 한다.

17절 위반사실의 공표

제49조의3(위반사실의 공표) ① 보건복지부장관, 시 · 도지사 또는 시장 · 군수 · 구청장은 제45조 또는 제45조의2에 따른 행정처분을 받은 어린이집으로서 다음 각 호의 어느 하나의 경우에 해당하는 어린이집에 대하여 그 위반행위, 처분내용, 해당 어린이집의 명칭, 대표자의 성명, 어린이집 원장의 성명(대표자와 동일인이 아닌 경우만 해당한다) 및 그 밖에 다른 어린이집과의 구별에 필요한 사항으로서 대통령령으로 정하는 사항을 공표하여야 한다. 다만, 제1호의 경우에는 보건복지부령으로 정하는 금액 이상인 경우에 한하여 공표하여야 한다. 〈개정 2015. 5. 18.〉

1. 거짓이나 그 밖의 부정한 방법으로 보조금을 교부받거나 보조금을 유용한 경우
2. 제24조에 따른 운영기준 및 제33조에 따라 보건복지부령으로 정한 급식기준을 위반하여 영유아의 생명을 해치거나 신체 또는 정신에 중대한 피해가 발생한 경우

② 보건복지부장관, 시 · 도지사 또는 시장 · 군수 · 구청장은 제46조부터 제48조까지의 행정처분을 받은 사람으로서 「아동복지법」 제3조제7호에 따른 아동학대 행위를 하여 영유아의 생명을 해치거나 신체 또는 정신에 중대한 피해를 입힌 어린이집의 원장 및 보육교사에 대하여 법 위반 이력과 명단, 그 밖에 대통령령으로 정하는 사항을 공표하여야 한다. 〈개정 2015. 5. 18.〉
③ 보건복지부장관, 시 · 도지사 또는 시장 · 군수 · 구청장은 제1항 및 제2항에 따른 공표를 실시하기 전에 공표대상자에게 그 사실을 통지하여 소명자료를 제출하거나 출석하여 의견진술을 할 수 있는 기회를 부여하여야 한다.
④ 제1항 및 제2항에 따른 공표의 절차 · 방법, 그 밖에 필요한 사항은 대통령령으로 정한다.

○ 영유아보육법 시행령 제25조의9(공표의 절차 및 방법)

① 보건복지부장관, 시 · 도지사 또는 시장 · 군수 · 구청장은 어린이집의 대표자 또는 원장 · 보육교사)에게 공표대상자라는 사실을 서면으로 통지하고, 의견제출의 기회를 주어야 함

② 보건복지부장관, 시 · 도지사 또는 시장 · 군수 · 구청장은 공표대상자로부터 의견제출을 받은 경우에는 해당 공표대상자가 위반사실의 공표 대상에 해당하는지를 확인한 후 공표 여부를 결정함.

③ 보건복지부장관, 시 · 도지사 또는 시장 · 군수 · 구청장은 해당 기관 인터넷 홈페이지를 통하여 공표하여야 하며, 정보공개시스템이나 육아종합지원센터 등 보육 관련 기관 홈페이지에도 공표할 수 있음

- 어린이집의 폐쇄나 법 제48조에 따른 **원장 또는 보육교사의 자격취소**에 해당하는 위반사실 : **3년**
- 법 제45조에 따른 어린이집 운영정지(법 제45조의2에 따른 과징금으로 갈음하는 경우를 포함한다)나 법 제46조 또는 제47조에 따른 **원장 또는 보육교사의 자격정지**에 해당하는 위반사실: 해당 **운영정지 기간**(법 제45조의2에 따라 과징금으로 갈음한 경우에는 과징금으로 갈음한 운영정지 기간을 말한다) 또는 **자격정지 기간의 2배**에 **해당하는 기간** (2배에 해당하는 기간이 6개월 미만인 경우에는 6개월로 한다)

④ 보건복지부장관, 시 · 도지사 또는 시장 · 군수 · 구청장은 공표 대상 위반행위가 중대하거나 공표 대상 위반행위를 반복한 경우 등 추가 공표가 필요하다고 인정하는 경우에는 공표 외에 「신문 등의 진흥에 관한 법률」에 따른 신문 또는「방송법」에 따른 방송에 추가로 공표할 수 있음.

⑤ 시 · 도지사 또는 시장 · 군수 · 구청장은 제4항 및 제5항에 따라 공표를 한 경우에는 그 사실을 지체 없이 시 · 도지사는 보건복지부장관에게, 시장 · 군수 · 구청장은 시 · 도지사를 통하여 보건복지부장관에게 통보하여야 함.

제8장 보칙(제50조~제53조)

II

1절 경력의 인정

제50조(경력의 인정) ① 어린이집에 근무하는 자 중 「유아교육법」에 따른 유치원교원의 자격을 가진 자에 대하여는 어린이집에서의 근무경력을 「유아교육법」에 따른 교육경력으로 인정한다. 〈개정 2011. 6. 7.〉

② 유치원(「유아교육법」 제2조제6호에 따른 방과후 과정 수업과정을 운영하고 있는 유치원을 말한다)에 근무하는 자 중 이 법에 따른 보육교사의 자격을 가진 자에 대하여는 유치원에서의 근무경력을 이 법에 따른 보육경력으로 인정한다.

1. 교육경력인정 여부

「영유아보육법」 제50조에 따라 인정되는 「유아교육법」에 따른 교육경력의 인정범위(「교육공무원 승진규정」 별표 1 등 관련)
(법제처 안건번호 11-0632. 2011.11.17.-법령해석 사례)

가. 질의요지

「영유아보육법」 제50조에 따라 「유아교육법」에 따른 교육경력으로 인정되는 보육시설에서의 근무경력이 「교육공무원 승진규정」 별표 1 교사가 경력의 제1호에 따른 "각급학교 교장·교감 또는 교사의 경력"에 해당하는지?

나. 회답

「영유아보육법」 제50조에 따라 「유아교육법」에 따른 교육경력으로 인정되는 보육시설에서의 근무경력은 「교육공무원 승진규정」 별표 1 교사 가 경력의 제1호에 따른 **"각급학교 교장·교감 또는 교사의 경력"에 해당하지 않는다고 할 것입니다.**

다. 이유

영유아보육법」 제2조제1호 · 제3호 및 제50조제1항에 따르면, 보호자의 위탁을 받아 6세 미만의 취학 전 아동을 보육하는 시설에 근무하는 자 중 「유아교육법」에 따른 유치원교원의 자격을 가진 자에 대해서는 보육시설에서의 근무경력을 「유아교육법」에 따른 교육경력으로 인정하도록 하고 있습니다.

그런데, 「교육공무원 승진규정」 제9조 및 별표 1은 「교육공무원법」 제13조에 따른 교육공무원의 승진임용과 관련하여 필요한 경력평정에 관한 구체적인 사항을 정한 것인데, 법령의 문언 자체가 비교적 명확한 개념으로 구성되어 있다면 원칙적으로 더 이상 다른 해석방법은 활용할 필요가 없거나 제한될 수밖에 없다고 할 것(대법원 2009. 4. 23. 선고 2006다81035 판결례 참조)인바, 「교육공무원 승진규정」 별표 1 교사 가 경력의 제1호에서는 평정대상자의 직위가 교사인 경우로서 경력의 등급이 가 경력으로 인정되는 경력으로 "각급학교 교장 · 교감 또는 교사(전임강사 이상의 대학교원 및 중학교 또는 고등학교 졸업학력이 인정되는 사회교육시설에서 동등급 교원자격증을 가지고 학생을 지도한 경력을 포함한다)의 경력"을 정하고 있고, 「영유아보육법」에 따른 보육시설이 각급학교에 포함되지 아니함은 명확하다고 할 것이므로, 같은 법 제50조제1항에 따른 보육시설에서의 근무경력이 「교육공무원 승진규정」 별표 1 교사 가 경력의 제1호에 포함되지는 않습니다.

한편, 「영유아보육법」 제50조제1항에서는 보육시설에서의 근무경력을 「유아교육법」에 따른 교육경력으로 인정하도록 하고 있는데, 이에 따라 「유아교육법」에 따른 유치원 교원의 자격을 가진 자는 보육시설에서의 근무경력을 교육경력으로 인정받는다고 하더라도, 이는 교육공무원과 관련된 법령에서 정하고 있는 모든 교육경력에 대하여 인정받는 것이 아니라 「유아교육법」에 따른 교육경력에 한정하여 인정받는 것이라고 할 것이고, 교육경력과 관련된 「유아교육법」상 해당 조문은 같은 법 제22조에 따른 교원의 자격에 한정되어 있는바, 이에 따른 같은 법 별표 1, 별표 2 및 유치원 교원의 자격검정에 관한 사항을 정하고 있는 「교원자격검정령」 제8조제1항제2호에 따라 유치원 원장 · 원감, 정교사(1급) · 정교사(2급)교원의 자격기준과 관련된 교육경력에 「유아교육법」에 따른 유치원 교원의 자격을 가진 자로서 보육시설에서의 시설장 또는 보육교사로서 전임으로 근무한 경력을 포함시켜 인정하는 것으로 볼 수 있을 뿐입니다.

따라서, 「영유아보육법」 제50조에 따라 「유아교육법」에 따른 교육경력으로 인정되는 보육시설에서의 근무경력은 「교육공무원 승진규정」 별표1 교사 가 경력의 제1호에 따른 "각급학교 교장 · 교감 또는 교사의 경력"에 해당하지 않는다고 할 것입니다.

2. 어린이집 원장 및 보육교사의 정년에 관한 조례 적법여부-무효판결

영유아보육법이 보육시설 종사자의 정년에 관한 규정을 두거나 이를 지방자치단체의 조례에 위임한다는 규정을 두고 있지 않음에도 보육시설 종사자의 정년을 규정한 서울특별시 중구 영유아보육조례 일부개정조례안 제17조 제3항은 법률에 위임 없이 헌법이 보장하는 직업을 선택하여 수행한 권리의 제한에 관한 사항을 정한 것이어서 그 효력을 인정할 수 없으므로 위 조례안에 대한 재의결은 무효라고 한 사례

※ 제17조 제3항은 보육시설 종사자 중 시설장은 62세, 보육교사는 57세로 정년을 설정하였음 (대법원 2009. 5. 28. 선고 2007추134 판결)

3. 공립 어린이집 원장의 정년에 관한 판례-조례로 정할 수 없음

어린이집 원장의 정년을 만 60세로 정한 ◇◇◇시 ○○구의 조례의 조항이 법률의 위임 없어 효력이 없다고 판단한 판결로 주민의 권리제한 또는 의무부과에 관한 사항을 정할 때에는 법률의 위임이 있어야 하므로 법률의 위임 없이 주민의 권리제한 또는 의무부과에 관한 사항을 정한 조례는 그 효력이 없는바(대법원 2007. 12. 13.선고 2006추52판결, 대법원 2009. 5. 28. 선고 2007추 134 판결 등) 어린이집 원장이 60세를 초과해서 근무할 수 없도록 함으로써 조례의 적용을 받는 어린이집 원장에 대하여 헌법 제15조가 보장하는 직업의 자유를 제한하는, 즉 직업을 선택하여 수행할 권리의 제한에 관한 사항을 정하고 있음. 따라서 이에 대해서는 법률의 위임이 있어야 효력 있음. 이사건 조례의 정년조항은 법률의 위임 없이 권리 제한에 관한 사항을 규정하였다고 할 것이어서 그 효력을 인정할 수 없음.(부산지방법원 2016. 3. 24. 선고 2015구합 24605 판결, 서울고등법원 2016. 8. 12. 선고 2016누20715 판결)

4. 각 전문직 등에 대한 가동연한 판결

- ○ 일반육체노동자-65세 (대법원 2019. 2. 21. 선고 2018다248909 전원합의체판결
- ○ 변호사-70세 (대법원 1993. 2. 1. 선고 92다37642 판결)
- ○ 약 사-65세 (대법원 1986. 1. 21 선고 83다카585 판결, 서울중앙지방법원 2019. 9월 선고 2018가단5202586 판결)
- ○ 공인회계사-65세 (제주지방법원 2019. 12월 선고 2019가단3584 판결)
- ○ 의 사-65세~70세 (대법원 1997. 2. 28 선고 96다54560 판결, 서울중앙지방법원 2019. 8월 선고 2018가합505171 판결, 부산지방법원 2019. 5월 선고 2018나56336 판결 등)
- ○ 목 사-70세 (대법원 1997. 6. 27. 선고 96다426 판결)

2절 권한의 위임

제51조(권한의 위임) 이 법에 따른 보건복지부장관 또는 시 · 도지사의 권한은 대통령령으로 정하는 바에 따라 그 일부를 시 · 도지사 또는 시장 · 군수 · 구청장에게 위임할 수 있다.

○ 영유아보육법 시행령

제26조(권한의 위임) ① 보건복지부장관은 법 제51조에 따라 다음 각 호의 권한을 시 · 도지사에게 위임한다.

1. 법 제23조제1항 및 제23조의2제1항에 따른 보수교육의 실시에 관한 권한
2. 법 제23조의3에 따른 교육명령에 관한 권한

② 보건복지부장관은 법 제51조에 따라 다음 각 호의 권한을 특별자치시장 · 특별자치도지사 · 시장 · 군수 · 구청장에게 위임한다.

1. 법 제46조에 따른 어린이집의 원장의 자격정지에 관한 권한
2. 법 제47조에 따른 보육교사의 자격정지에 관한 권한
3. 법 제48조에 따른 어린이집의 원장 또는 보육교사의 자격취소에 관한 권한

3절 업무의 위탁

제51조의2(업무의 위탁) ① 보건복지부장관, 시 · 도지사 또는 시장 · 군수 · 구청장은 대통령령으로 정하는 바에 따라 다음 각 호에 해당하는 업무를 공공기관 또는 민간기관 · 단체 등에 위탁할 수 있다. 이 경우 제2호 및 제4호의 업무는 진흥원에 위탁할 수 있다. 〈개정 2011. 12. 31., 2013. 6. 4., 2018. 12. 11.〉

1. 제7조제1항에 따른 육아종합지원센터의 운영업무
2. 제22조제1항에 따른 어린이집의 원장 또는 보육교사의 자격 검정 및 보육자격증 교부 등에 관한 업무
3. 제23조제1항 및 제23조의2제1항에 따른 보수교육의 실시 업무
4. 제30조제1항에 따른 평가 및 같은 조 제5항에 따른 확인점검에 관한 업무

5. 제34조의3제1항에 따른 이용권에 관한 업무

② 보건복지부장관, 시 · 도지사 또는 시장 · 군수 · 구청장은 제1항에 따라 업무를 위탁한 경우에는 예산의 범위에서 그에 필요한 비용을 보조할 수 있다.

③ 보건복지부장관, 시 · 도지사 또는 시장 · 군수 · 구청장은 다음 각 호의 어느 하나에 해당하는 경우에는 제1항에 따른 위탁을 취소할 수 있다.

1. 수탁기관이 제2항에 따라 지급받은 보조금을 목적 외의 용도에 사용하였을 경우
2. 수탁기관이 거짓이나 그 밖의 부정한 방법으로 제2항에 따른 보조금을 지급받았을 경우
3. 그 밖에 대통령령으로 정하는 사유가 있는 경우

○ 영유아보육법 시행령

제26조의2(업무의 위탁) ① 법 제51조의2제1항에 따라 보건복지부장관, 시 · 도지사 또는 시장 · 군수 · 구청장은 같은 항 제1호부터 제4호까지의 업무를 다음 각 호의 어느 하나에 해당하는 기관 또는 단체 등에 위탁할 수 있다. 다만, 제3호 및 제4호의 기관 또는 단체 등에는 법 제51조의2제1항제3호의 업무만 위탁할 수 있다.

1. 「정부출연연구기관 등의 설립 · 운영 및 육성에 관한 법률」에 따라 설립된 정부출연연구기관
2. 보육 또는 아동복지 관련 학과가 개설된 「고등교육법」 제2조에 따른 대학 또는 전문대학
3. 법 제7조에 따른 육아종합지원센터
4. 법 제21조제2항제2호에 따른 교육훈련시설
5. 그 밖에 보육 관련 비영리법인 또는 비영리단체

② 법 제51조의2제1항에 따라 보건복지부장관은 같은 항 제5호의 업무 중 다음 각 호에 해당하는 업무를 「사회복지사업법」 제2조제6호에 따른 사회복지서비스 관련 업무를 하는 공공단체 또는 기관에 위탁할 수 있다.

1. 보육서비스 이용권의 지급 및 관리
2. 보육서비스 이용권 사용금액에 대한 비용 처리 및 정산
3. 보육서비스 이용권 업무 수행을 위한 전산시스템의 구축 · 운영
4. 그 밖에 보육서비스 이용권에 부수되는 업무로서 보건복지부장관이 정하는 업무

4절 관계기관 간 업무협조

제51조의3(관계 기관 간 업무협조) ① 특별자치시장 · 특별자치도지사 · 시장 · 군수 · 구청장은 제16조 또는 제20조에 따른 결격사유의 확인을 위하여 관계 기관의 장에게 범죄경력자료 등에 대한 조회요청을 할 수 있다.

② 보건복지부장관(보건복지부장관의 권한을 위탁받은 자를 포함한다)은 제22조제1항 및 제30조제1항에 따른 업무를 수행하기 위하여 국가기관, 지방자치단체, 「공공기관의 운영에 관한 법률」 제4조에 따른 공공기관 등 관계 기관의 장에게 필요한 정보 및 자료를 요청할 수 있다. 〈신설 2018. 12. 11.〉

③ 제1항 또는 제2항에 따른 요청을 받은 관계 기관의 장은 정당한 사유 없이 이를 거부하여서는 아니 된다. 〈개정 2018. 12. 11.〉

5절 도서 · 벽지 · 농어촌지역 등의 어린이집

제52조(도서 · 벽지 · 농어촌지역 등의 어린이집) ① 특별자치도지사 · 시장 · 군수 · 구청장은 도서 · 벽지 · 농어촌지역 등에 있는 어린이집으로서 제15조에 따른 어린이집의 설치기준 및 제17조제5항에 따른 보육교직원의 배치기준을 적용하기 어렵다고 인정하는 경우에는 제6조에 따른 지방보육정책위원회의 심의를 거쳐 관할 시 · 도지사의 승인을 받아 이를 달리 적용할 수 있다. 〈개정 2011. 6. 7., 2011. 8. 4., 2018. 12. 24., 2019. 4. 30.〉

② 제1항에 따른 도서 · 벽지 · 농어촌지역 등의 구체적인 범위, 어린이집의 설치기준 및 보육교직원의 배치기준은 보건복지부령으로 정한다. 〈개정 2008. 2. 29., 2010. 1. 18., 2011. 6. 7.〉

○ 영유아보육법 제6조(보육정책위원회) 및 제11조(보육계획의 수립 및 시행) 에 따라 도서 · 벽지 · 농어촌지역 등의 어린이집에 대하여 보육교직원의 배치기준을 달리 정할 수 있음 – 【사례 4】

6절 어린이집연합회

제53조(어린이집연합회) ① 보육사업의 원활한 추진과 어린이집의 균형적인 발전, 어린이집 간의 정보 교류 및 상호 협조 증진을 위하여 어린이집연합회를 설립할 수 있다. 〈개정 2011. 6. 7.〉
② 어린이집연합회의 조직과 운영, 기능 등에 필요한 사항은 보건복지부령으로 정한다. 〈개정 2008. 2. 29., 2010. 1. 18., 2011. 6. 7.〉

II

1. 어린이집 연합회 조직–영유아보육법시행규칙 제41조

○ 어린이집연합회의 회원자격은 어린이집의 원장, 어린이집의 대표자와 그 밖에 정관이 정하는 사람으로 함

○ 연합회에 어린이집의 종류별로 다음 각 호의 분과위원회를 둘 수 있음

▸ 국공립어린이집 분과위원회

▸ 사회복지법인어린이집 분과위원회

▸ 법인·단체 등 어린이집 분과위원회

▸ 직장어린이집 분과위원회

▸ 가정어린이집 분과위원회

▸ 협동어린이집 분과위원회

▸ 민간어린이집 분과위원회

2. 연합회 기능

○ 보육에 관한 자료 수집 및 홍보

○ 영유아의 권익보호

○ 보육교직원의 복리 증진

○ 그 밖에 어린이집 간의 국제교류 등 연합회의 목적 달성에 필요한 사항

※ 어린이집 연합회 참고

한국어린이집총연합회–www.koreaeducare.or.kr/

한국가정어린이집연합회–www.kfca–2013.or.kr/

전국국공립어린이집연합회–www.ncare.or.kr/

제9장 벌칙(제54조~제56조)

1절 벌칙 등

제54조(벌칙) ① 삭제 〈2018. 12. 24.〉

② 다음 각 호의 어느 하나에 해당하는 자는 3년 이하의 징역 또는 3천만원 이하의 벌금에 처한다. 〈개정 2015. 5. 18.〉

1. 거짓이나 그 밖의 부정한 방법으로 보조금을 교부받거나 보조금을 유용한 자
2. 제15조의5제2항제1호를 위반하여 폐쇄회로 텔레비전의 설치 목적과 다른 목적으로 폐쇄회로 텔레비전을 임의로 조작하거나 다른 곳을 비추는 행위를 한 자
3. 제15조의5제2항제2호를 위반하여 녹음기능을 사용하거나 보건복지부령으로 정하는 저장장치 이외의 장치 또는 기기에 영상정보를 저장한 자

③ 제15조의5제3항에 따른 안전성 확보에 필요한 조치를 하지 아니하여 영상정보를 분실·도난·유출·변조 또는 훼손당한 자는 2년 이하의 징역 또는 2천만원 이하의 벌금에 처한다. 〈신설 2015. 5. 18.〉

④ 다음 각 호의 어느 하나에 해당하는 자는 1년 이하의 징역 또는 1천만원 이하의 벌금에 처한다.

1. 제13조제1항에 따른 설치인가를 받지 아니하고 어린이집의 명칭을 사용하거나 사실상 어린이집의 형태로 운영한 자
2. 거짓이나 그 밖의 부정한 방법으로 제13조제1항에 따른 어린이집의 설치인가 또는 변경인가를 받은 자
3. 제22조의2제1항을 위반하여 자기의 성명이나 어린이집의 명칭을 사용하여 어린이집의 원장 또는 보육교사의 업무를 수행하게 한 자 및 그 상대방

3의2. 제22조의2제2항을 위반하여 다른 사람에게 자격증을 빌려주거나 빌린 자

3의3. 제22조의2제3항을 위반하여 자격증을 빌려주거나 빌리는 것을 알선한 자

4. 거짓이나 그 밖의 부정한 방법으로 제34조 및 제34조의2에 따른 비용을 지원받거나 타인으로 하여금 지원을 받게 한 자
5. 제34조의3에 따른 보육서비스 이용권을 부정사용한 자
6. 거짓이나 그 밖의 부정한 방법으로 제38조에 따른 보육료 등을 수납한 어린이집의 설치·운영자
7. 제45조제1항에 따른 어린이집 운영정지명령 또는 어린이집의 폐쇄명령을 위반하여 사업을 계속한 자
8. 삭제 〈2011. 6. 7.〉

[시행일 : 2020. 7. 8.] 제54조

제54조의2 삭제 〈2015. 5. 18.〉

2절 양벌규정

제55조(양벌규정) 법인의 대표자나 법인 또는 개인의 대리인, 사용인, 그 밖의 종업원이 그 법인 또는 개인의 업무에 관하여 **제54조의 위반행위**를 하면 그 행위자를 벌하는 외에 그 법인 또는 개인에게도 해당 조문의 벌금형을 과(科)한다. 다만, 법인 또는 개인이 그 위반행위를 방지하기 위하여 해당 업무에 관하여 상당한 주의와 감독을 게을리하지 아니한 경우에는 그러하지 아니하다.

1. 양벌규정에 대한 위헌결정

○ 종전 양벌규정인 『법인이나 단체의 대표자 또는 법인이나 단체 · 개인의 대리인 · 사용인 기타의 종사자가 그 법인이나 단체 또는 개인의 업무에 관하여 제31조의 위반행위를 한 때에는 그 행위자를 처벌하는 외에 그 법인이나 단체 또는 개인에 대하여도 각 본조의 벌금형을 과한다.』 라는 규정은'**책임 없는 자에게 형벌을 부과할 수 없다.**'며 단순히 법인 등이 고용한 종업원 등이 업무에 관하여 범죄행위를 하였다는 이유만으로 법인 등에 대하여 형사처벌을 과하고 있는바,

○ 이는 다른 사람의 범죄에 대하여 그 책임 유무를 묻지 않고 형벌을 부과함으로써 법치국가의 원리 및 죄형법정주의로부터 도출되는 **책임주의원칙에 반하여 헌법에 위반된다**는 취지로 헌법재판소가 **위헌결정** 함 (헌법재판소 2007. 11. 29. 선고 2005헌가10결정, 헌법재판소 2009. 7. 30.선고 2008헌가14 결정, 헌법재판소 2010. 9. 30.선고 2010헌가19 결정 등)

2. 양벌규정에 대한 위헌결정이후 개정입법

○ 종전의 양벌규정에 관한 위헌결정 이후 행정형벌로 규정한 사실상 모든 행정법의 양벌규정이 헌법재판소 위헌결정에 따라 단서 규정을 추가하여 위헌소지가 없는 입법으로 개정됨

양벌규정 개정 전 (예시)
법인의 대표자나 법인 또는 개인의 대리인, 사용인, 그 밖의 종업원이 그 법인 또는 개인의 업무에 관하여 제31조의 위반행위를 하면 그 행위자를 벌하는 외에 그 법인 또는 개인에게도 해당 조문의 벌금형을 과(科)한다.

양벌규정 개정 후 (예시)

법인의 대표자나 법인 또는 개인의 대리인, 사용인, 그 밖의 종업원이 그 법인 또는 개인의 업무에 관하여 제31조의 위반행위를 하면 그 행위자를 벌하는 외에 그 법인 또는 개인에게도 해당 조문의 벌금형을 과(科)한다. 다만, 법인 또는 개인이 그 위반행위를 방지하기 위하여 해당 업무에 관하여 상당한 주의와 감독을 게을리하지 아니한 경우에는 그러하지 아니하다.

3, 아동복지법 제74조 양벌규정에 따른 상당한 주의와 감독의무 이행여부

아동복지법 위반으로 기소된 어린이집 원장 무죄 판결요지

어린이집 원생을 체벌한 보육교사는 벌금 500만원에 처했으나 원장은 무죄를 판결하였음. 어린이집 원장은 교사들에게 ① 아동학대 예방 온라인 교육을 받게 하고 ② 매주회의를 통하여 아동에 대한 교육을 지도 · 감독하였으며 ③ 평소에도 원생의 교육상황을 관찰하고 ④ 학부모들과도 정기적으로 소통하며 업무일지를 작성하는 등 관리 · 감독을 성실히 이행하였고 ⑤ 소속교사의 원생 체벌행위를 알지 못한 경우 어린이집 원장에 대해 소속교사의 아동학대 행위를 이유로 한 아동복지법상의 양벌 규정으로 처벌 할 수 없음 (춘천지방법원 2017.01.19. 선고 2015노945 판결, 대법원 2016. 5. 12. 선고 2015도6781 판결)

○ **아동복지법 제74조(양벌규정)** 법인의 대표자나 법인 또는 개인의 대리인, 사용인, 그 밖의 종업원이 그 법인 또는 개인의 업무에 관하여 **제71조의 위반행위**를 하면 그 행위자를 벌하는 외에 그 법인 또는 개인에게도 해당 조문의 벌금형을 과(科)한다. 다만, 법인 또는 개인이 그 위반행위를 방지하기 위하여 해당 업무에 관하여 상당한 주의와 감독을 게을리하지 아니한 경우에는 그러하지 아니하다

⇒ 아동학대 방지를 위한 정기적인 아동학대 예방교육을 실시하여야 함

<table>
<tr><th colspan="7">아동학대 예방 교육일지</th></tr>
<tr><td>어린이집 명</td><td colspan="3"></td><td>원 장 (대표자)</td><td colspan="2"></td></tr>
<tr><td>일 시</td><td colspan="3"></td><td>장 소</td><td colspan="2"></td></tr>
<tr><td>출 석 자</td><td colspan="6"></td></tr>
<tr><td>교 육 주 제
(교 육 강 사)</td><td colspan="6"></td></tr>
<tr><td>교 육 자 료</td><td colspan="6">예) 아동학대 예방 일반이론, 아동학대 발생 및 예방사례, 언론보도내용 등</td></tr>
<tr><td>교 육 내 용</td><td colspan="6"></td></tr>
<tr><td>내 용 평 가
(출 석 직 원)</td><td colspan="6"></td></tr>
<tr><td>교 육 사 진</td><td colspan="6"></td></tr>
<tr><td rowspan="6">출 석 서 명
(보육교직원)</td><td>직 위</td><td>성 명</td><td>서 명</td><td>직위</td><td>성 명</td><td>서 명</td></tr>
<tr><td>원 장</td><td></td><td></td><td>운전원</td><td></td><td></td></tr>
<tr><td>보육교사</td><td></td><td></td><td></td><td></td><td></td></tr>
<tr><td>조리원</td><td></td><td></td><td></td><td></td><td></td></tr>
<tr><td>영양사</td><td></td><td></td><td></td><td></td><td></td></tr>
<tr><td>간호사</td><td></td><td></td><td></td><td></td><td></td></tr>
</table>

※ 어린이집에서 매월 1회 이상 **『아동학대예방교육』**을 육하원칙에 따라 구체적으로 실시하고 그 결과 『아동학대예방교육일지』를(그외 온라인교육, 회의, 업무일지 등 아동학대예방 교육 등) 작성하는 경우 ① 아동학대 발생이 예방될 뿐만 아니라 ② 설령, 아동학대가 발생될 경우, 아동학대 발생을 방지하기 위하여 해당 업무에 관하여 상당한 주의와 감독을 게을리 하지 아니한 경우에 해당될 수 있어 어린이집 원장(대표자)에게 양벌 또는 행정처벌로 그 책임을 묻기 어렵고 행위자에 한하여 그 책임을 묻게 됨(자격정지 또는 취소, 형사처벌 등) (대법원 2016. 5. 12. 선고 2015도6781 판결)

4. 약식명령 불복 후 정식재판 청구 시 유의사항

○ 약식명령

'불이익 변경금지의 원칙'에서 '형종상향의 금지원칙'으로 변경

○ 형사소송법 (법률 제15257호, 2017. 12. 19. 일부개정)

개정 전 형사소송법－2017. 12. 19. 시행 전

제457조의2 (불이익변경의 금지) 피고인이 정식재판을 청구한 사건에 대하여는 **약식명령의 형보다 중한 형을 선고하지 못한다.**

개정 후 형사소송법－2017. 12. 19. 시행

제457조의2(형종 상향의 금지 등) ① 피고인이 정식재판을 청구한 사건에 대하여는 **약식명령의 형보다 중한 종류의 형을 선고하지 못한다.**

② 피고인이 정식재판을 청구한 사건에 대하여 약식명령의 형보다 중한 형을 선고하는 경우에는 판결서에 양형의 이유를 적어야 한다.

○ 정식재판 청구 시 유의사항－법률전문가의 자문 필요

① 종전에 '불이익변경 금지' 원칙 조항으로 '밑져야 본전'이라는 생각으로 법원의 약식명령에 불복해 정식재판 청구를 남용해 이를 막기 위해 도입됨

② 기존, 개정 전 형사소송법 아래에서는 약식명령에 불복해 정식재판을 청구하더라도 불이익변경 금지 원칙에 따라 더 높은 벌금형을 선고받을 일이 없었기 때문에 벌금을 깎을 목적으로 정식재판을 청구하는 사례가 많았음

③ 개정 형사소송법이 시행되면서 법원은 고정사건에서 벌금형보다 높은 형 벌 종류인 금고나 징역형을 선고하지는 못하지만, 약식명령 때보다 더 높은 벌금형을 선고할 수 있게 됐음

④ 그러므로 **약식명령 사건에서 정식재판 청구할 경우 법률전문가의 자문 또는 조언을 받는 등 주의가 필요함**

약식명령의 형보다 중한 종류의 형을 선고하지 못한다.

제1심판결 중 피고인만이 정식재판을 청구한 사건인데도 약식명령의 벌금형보다 중한 종류의 형인 징역형을 선택하여 형을 선고하였으므로, 여기에 형사소송법 제457조의2 제1항에서 정한 형종 상향 금지의 원칙을 위반한 잘못이 있다(대법원 2020. 1.9. 선고 2019도15700판결)

5. 상대방 동의 없는 녹음의 위법 여부

가. 통신비밀보호법 위반여부 – 형사 (×)

○ 대법원 2006. 10. 12 선고. 2006도4981 판결

3인 간의 대화에 있어서 그 중 한 사람이 그 대화를 녹음하는 경우에 통신비밀보호법 제3조 제1항에 위배되는지 여부(소극)

▸ 통신비밀보호법 제3조 제1항의 **'타인간의 대화'의 의미**

통신비밀보호법 제3조 제1항이 "공개되지 아니한 타인간의 대화를 녹음 또는 청취하지 못한다"라고 정한 것은, 대화에 원래부터 참여하지 않는 제3자가 그 대화를 하는 타인들 간의 발언을 녹음해서는 아니 된다는 취지이고, 3인 간의 대화에 있어서 그 중 한 사람이 그 대화를 녹음하는 경우에 다른 두 사람의 발언은 그 녹음자에 대한 관계에서 '타인간의 대화'라고 할 수 없으므로, 이와 같은 녹음행위가 통신비밀보호법 제3조 제1항에 위배된다고 볼 수는 없다.

나. 상대방 동의 없는 녹음은 원칙적 불법 – 민사 (○)

○ **서울중앙지방법원 2018. 10. 17 선고 2018가소1358597 판결, 손해배상(기)**

상대방 동의 없이 대화를 녹음하는 것은 위법성이 조각되지 않는 한 음성권 침해에 해당할 수 있어

헌법 제10조의 인격권에서 파생하는 기본권 다만, 녹음자에게 비밀녹음을 통해 달성하고자 하려는 정당한 목적이나 이익이 있고 비밀녹음이 필요한 범위 내에서 이뤄져 사회윤리나 사회통념에 비춰 용인될 수 있다고 평가 받을 경우에는 위법성이 조각된다.

※ 헌법 제10조 – 모든 국민은 인간으로서의 존엄과 가치를 가지며 행복을 추구할 권리를 가진다

※ 위법성 조각사유 – 정당행위, 정당방위, 긴급피난, 자구행위 등

3절 과태료

제56조(과태료) ① 제43조제1항에 따른 신고를 하지 아니하고 어린이집을 폐지하거나 일정기간 운영을 중단하거나 운영을 재개한 자에게는 500만원 이하의 과태료를 부과한다.
〈개정 2011. 6. 7.〉
② 다음 각 호의 어느 하나에 해당하는 자에게는 300만원 이하의 과태료를 부과한다.
〈개정 2015. 5. 18.〉
1. 제26조제1항에 따른 취약보육을 우선적으로 실시하지 아니한 자
2. 제28조제1항 각 호에 해당하는 자를 우선적으로 보육하지 아니한 자
3. 제31조에 따른 건강진단 또는 응급조치 등을 이행하지 아니한 자
4. 제15조의4에 따른 폐쇄회로 텔레비전을 설치하지 아니하거나 설치 · 관리의무를 위반한 자
5. 제15조의5제1항에 따른 열람요청에 응하지 아니한 자

③ 제1항과 제2항에 따른 과태료는 대통령령으로 정하는 바에 따라 보건복지부장관, 시 · 도지사 또는 시장 · 군수 · 구청장이 부과 · 징수한다.
〈개정 2008. 2. 29., 2010. 1. 18., 2011. 6. 7.〉
④ 삭제 〈2011. 6. 7.〉
⑤ 삭제 〈2011. 6. 7.〉
⑥ 삭제 〈2011. 6. 7.〉

1. 질서위반행위 규제법 적용

○ **과태료 부과 사전통지 받은 경우**

- 질서위반행위 규제법 제16조(사전통지 및 의견 제출 등) **10일 이상**의 기간을 정하여 의견을 제출할 기회를 주게 됨.
- 이 경우 지정된 기일까지 의견 제출이 없는 경우에는 의견이 없는 것으로 봄.
- 의견 제출 기한 이내에 과태료를 자진하여 납부하고자 하는 경우에는 과태료의 100분의 20의 범위 이내**(20%)로 감경**됨(동법 제18조 제2항)
- 감경된 과태료를 납부한 경우에는 해당 질서위반행위에 대한 과태료 **부과 및 징수절차는 종료함**(동법 제18조 제2항)

○ 과태료 부과 처분

- 질서위반행위 규제법 제16조의 의견 제출을 마친 후 과태료를 부과함

2. 과태료 부과에 따른 불복방법 등

○ **과태료 부과 처분의 이의제기**

- 질서위반행위 규제법 제20조(이의제기)에 따라 과태료 부과 통지를 받은 날부터 60일 이내에 해당 행정청에 **서면(일정한 서식 없음)**으로 이의제기를 할 수 있음
- 이의제기가 있는 경우에는 행정청의 과태료 부과처분은 그 효력을 상실함

○ **과태료 부과 처분의 이의제기에 따른 법원통보**

- 이의제기를 받은 행정청은 이의제기를 받은 날부터 14일 이내에 이에 대한 의견 및 증빙서류를 첨부하여 관할 법원에 통보하고 당사자에게 통지
- 다만 이의제기를 철회하거나 이의제기에 이유가 있어 과태료를 부과할 필요가 없는 것으로 인정되는 경우 등은 법원에 통보하지 않음

○ **과태료 재판**(동법 제25조 내지 제50조)

- 법원은 과태료 이의신청이 있는 경우 검사에 통지
- 법원은 심문기일 열어 당사자의 진술 들음(사전에 심문기일 통지)
  다만, 법원이 상당하다가 인정하는 경우 심문없이 재판할 수 있음
- 행정청의 출석요구－행정청은 심문기일에 출석하여 의견진술 할 수 있음
- <u>재판은 이유를 붙인 **결정**으로 하여 당자사와 검사에게 고지함</u>
  이때 당사자는 항고할 수 있음(이 경우 집행정지효력 있음)
  <u>법원이 이의신청이 적법하다고 인정하는 경우 정식재판으로 이행됨</u>
- 재판은 이유를 붙인 결정으로 하여 당사자와 검사에게 고지함
- 검사는 과태료를 최초 부과한 행정청(시장 · 군수 · 구청장 등)에 대하여 과태료 재판의 집행을 위탁할 수 있고 국세 또는 지방세 체납처분의 예에 따라 집행함
- <u>과태료 체납하는 경우 관허사업제한 할 수 있음</u>
  해당 사업과 관련된 질서위반행위로 부과받은 과태료를 3회 이상 체납하고 있고, 체납 발생일부터 각 1년이 경과하였으며, **체납금액의 합계가 500만원 이상**인 체납자 등
- 그 외 **신용정보의 제공** 등 **신용정보회사** 또는 **신용정보집중기관**에게 제공할 수 있음

Ⅲ

어린이집의 지도점검

1절 지도점검 근거 및 개요[1)]

1. 지도점검의 근거

(1) 영유아보육법 제41조 (지도와 명령)

보건복지부장관, 시 · 도지사 및 시장 · 군수 · 구청장은 보육사업의 원활한 수행을 위하여 어린이집 설치 · 운영자 및 보육교직원에 대하여 필요한 지도와 명령을 할 수 있음

(2) 영유아보육법 제42조(보고와 검사)

보건복지부장관, 시 · 도지사 또는 시장 · 군수 · 구청장은 어린이집을 설치 · 운영하는 자로 하여금 그 어린이집에 관하여 필요한 보고를 하게 하거나 관계 공무원으로 하여금 그 어린이집의 운영 상황을 조사하게 하거나 검사 할 수 있음

(3) 지도점검의 원칙

관계공무원이 어린이집을 지도점검 할 경우에는 그 권한을 표시하는 증표(조사명령서, 공무원증 등)를 관계인(어린이집 원장 등)에게 내보이고 점검 취지(민원, 언론보도 등)를 설명하여 원활하게 지도 · 점검이 이루어지도록 협조를 당부하고 지도 점검을 실시하되 어린이 보육에 지장을 최소화하여야 함

※ 어린이집 협조사항

어린이집의 관계인(원장 등)은 지도점검 시 관계 공무원에게 적극 협조해야 하며, 위반사실에 대하여 어린이집 대표자 및 교직원에게 관련 사항에 대한 확인서를 징구할 수 있음 단, 조사 · 검사를 거부하거나 기피한 경우 영유아보육법 제44조에 따라 어린이집의 원장 또는 그 설치 · 운영자에게 기간을 정하여 그 시정 또는 변경을 명할 수 있음 (시정 또는 변경명령을 받았으나, 이를 위반한 경우 1차 위반 : 운영정지 1개월, 2차 위반 : 운영정지 6개월, 3차 위반 : 시설폐쇄)

1) 보건복지부 2020년도 보육사업안내 등 참조

2. 지도점검 개요 및 기본방향

(1) 개요

○ 영유아보육법령 및 보육사업 안내 지침 준수 지도 및 안내

○ 보육료 등(비용 및 보조금, 필요경비, 특별활동비 등) 부정수급, 횡령, 유용 등 근원적 방지

○ 아동학대 예방 및 방지를 위한 아동학대 예방교육 지도 및 안내

○ 통학차량, 급식, 건강관리, 비상재해대비시설 등 안전사고 예방을 위한 안전관리 중점 지도 및 안내

(2) 기본방향

○ 시 · 도지사 및 시장 · 군수 · 구청장은 어린이집 설치 · 운영자 및 교직원이 영유아보육법령 및 보육사업안내를 준수하도록 지도하고 어린이집 등의 고충상담과 해소를 위하여 노력하여야 함

▸ 시 · 도지사 및 시장 · 군수 · 구청장은 어린이집에 대하여 지도점검 전에 필요시 지도점검체크리스트를 통한 자체점검을 실시하게 하고 그 결과를 시 · 도지사 및 시장 · 군수 · 구청장에게 보고하게 할 수 있음

▸ 시 · 도지사 및 시장 · 군수 · 구청장은 어린이집에서 제출한 자율점검 결과를 검토 또는 참고하여 지도점검 대상에서 제외 할 수 있음

○ 보건복지부장관, 시 · 도지사 및 시장 · 군수 · 구청장은 보육현장의 여건에 따라 특정분야(보육부정수급, 급식, 위생, 안전 등)에 대한 지도점검을 계획을 수립하고 사전모니터링 등을 통하여 선정된 어린이집을 대상으로 지도점검 할 수 있으며 점검기간 등은 사전통지 또는 보도자료 배포를 통하여 안내할 수 있음

○ 보건복지부장관, 시 · 도지사 및 시장 · 군수 · 구청장은 민원제보 및 언론보도 등을 통하여 물의를 일으킨 어린이집에 대하여 지도점검을 실시하여야 함

○ 보조금 관리에 관한 법률 폐지신고 한 어린이집에 대하여 신고수리 전 지도점검을 실시하여야 함

▸ 지도점검 대상기간은 최근 실시한 재무회계점검일 이후로 하되 부정수급 등의 의심될 경우 5년까지 연장(소급)가능

▸ 지도점검결과 회계부정이 있을 경우 비용 및 보조금의 반환명령(영유아보육법 제40조), 반환하지 않을 경우 비용 및 보조금 교부 일시정지 또는 비용 보조금 상계(보조금관리에 관한 법률 제32조)

*** 보조금관리에 관한 법률 제32조(다른 보조금 교부의 일시 정지 등)**

중앙관서의 장은 보조사업자가 보조금 반환 명령을 받고 반환하지 아니하는 경우에 그 보조사업자에게 동종(同種)의 사무 또는 사업에 대하여 교부하여야 할 보조금이 있을 때에는 그 교부를 일시 정지하거나 그 보조금과 보조사업자가 반환하지 아니한 보조금 금액을 상계(相計)할 수 있다.

3. 지도점검의 종류와 방법 등

(1) 정기 지도점검

시 · 도지사 및 시장 · 군수 · 구청장은 법령 등 또는 지도점검 운영계획에 따라 관내 어린이집의 운영전반에 지도점검을 실시하되여 상 · 하반기 등 지도점검에 대하여 행정조사기본법에 따라 지도점검 7일전 까지 해당 어린이집에 서면으로 사전통보 후 정기적으로 실시하는 지도점검

(2) 수시 지도점검 (불시 지도점검, 특별 지도점검)

○ 민원 및 제보 등으로 보육교직원, 아동학대 행위 등 부정수급 의심 어린 이집은 사전 통보 없이 불시 점검

▸ 지도점검을 미리통지 한 경우 증거인멸 등으로 목적달성이 어렵다고 판단될 시는 행정조사 개시와 동시에 지도점검 목적을 대상자에게 구두통지

▸ 부정수급 및 아동학대 등 관련 신고 시 증거인멸이 우려되는 등 사전 통보 없이 불시 점검

○ 사회적 이슈(issue) 및 언론보도를 통하여 물의를 일으킨 어린이집으로 부정수급 및 아동학대 등과 관련된 점검 시 사전 통보 없이 적극 불시 점검함

> **행정조사기본법 제17조(조사의 사전통지)** ① 행정조사를 실시하고자 하는 행정기관의 장은 제9조에 따른 출석요구서, 제10조에 따른 보고요구서 · 자료제출요구서 및 제11조에 따른 현장출입조사서(이하 "출석요구서등"이라 한다)를 조사개시 7일 전까지 조사대상자에게 서면으로 통지하여야 한다. 다만, 다음 각 호의 어느 하나에 해당하는 경우에는 행정조사의 개시와 동시에 출석요구서등을 조사대상자에게 제시하거나 행정조사의 목적 등을 조사대상자에게 구두로 통지할 수 있다.
>
> 1. 행정조사를 실시하기 전에 관련 사항을 미리 통지하는 때에는 **증거인멸 등**으로 행정조사의 목적을 달성할 수 없다고 판단되는 경우
> 2. 「통계법」 제3조제2호에 따른 지정통계의 작성을 위하여 조사하는 경우
> 3. 제5조 단서에 따라 조사대상자의 자발적인 협조를 얻어 실시하는 행정조사의 경우

○ 수시점검(불시점검) 효과

어린이집에 대하여 사전 통보 없이 실시하므로 부정수급 등 위법사실 저발이 용이한

(3) 지도점검의 시기와 방법

1 지도점검의 시기

○ 시 · 도지사는 매년 지도점검 실시계획 및 결과를 (지도점검결과에 대한 자체평가포함)를 보건복지부장관에 보고하게 됨.

▸ 지도점검 실시 계획서는 당해연도 1월까지 결과보고서는 다음해 2월까지 제출하게 됨 (시 · 군 · 구별로 별도의 계획을 수립한 경우 해당내용 포함)

○ 어린이집 이용불편 · 부정신고센터, 국민권익위원회에 대한 민원 · 제보 등 시 · 도 또는 시 · 군 · 구는 현지점검 실시 및 점검기한 준수하여 처리하게 됨.

2 지도점검의 방법

○ 보육 등 관계 공무원의 지도점검을 원칙으로 하되 전문성과 객관성을 높이기 위해 **해당분야 관계인**으로 점검반을 편성하거나 **합동 또는 교차점검**을 실시 할 수 있음

○ 민간전문가 참여(한국보육진흥원 등) 및 관할 행정청 간 합동 · 교차점검

▸ 전문성과 객관성 도모를 위해 필요시 민간전문가 참여(동행점검의 경우 자문에 한정, 증거수집 등 조사는 공무원이 직접 수행)

▸ 시 · 도 단위 주관으로 점검 시 시 · 군 · 구 합동 및 교차점검

○ 시·도지사 및 시장·군수·구청장은 보건소 등 관련부서(기관, 단체) 전문가, 부모, 어린이집운영위원회 위원 등과 합동점검을 실시할 있음

○ 시·도지사 및 시장·군수·구청장은 타시·도 및 타 시·군·구와 교차하여 지도점검을 실시할 수 있음

○ 지도점검 시에는 전년도 지적사항의 이행여부를 반드시 확인하고 미흡시 필요한 조치를 취하여야 함.

○ 어린이집 대표자, 원장 및 보육교직원 등은 지도점검 시 관계공무원에 적극 협조하여야 하며 위반사실에 대하여 어린이집 대표자, 원장 및 보육교직원 등에게 위반사항에 확인서를 징구 할 수 있음

○ 보조금 사전·사후 심사관리 매뉴얼(보육통합정보시스템-사회보장정보원)에 따라 부정의심 모니터링 보조금 심사관리

(4) 지도점검의 합리화

○ 보육정보통합시스템 모니터링을 통하여 법령위반 의심시설 위주로 점검대상을 선정하고 보건복지부와 지방자치단체의 지도점검결과를 상호 공유하여 동일 어린이집에 대한 중복점검 최소화함

○ 전년도 지도·점검시 지적사항이 없고 우수 프로그램 운영, 급식·간식·위생·안전관리 등 우수한 어린이집은 지도점검 대상에서 1년간 제외할 수 있음

* 다만, 민원제보, 언로보도 물의야기, 모니터링 등 문제발생 우려 어린이집 적용 제외

(5) 행정청 지도점검 시 어린이집의 확인사항

○ 지도점검 전 신분증 및 조사명령서【별지1】[2] 제시 또는 요구

▸ 지도점검 공무원 등과 어린이집 점검 전 원장 및 대표자 등과 상견례실시

▸ 점검취지 설명과 공무원증, 조사명령서 제시 또는 열람요구

* 행정청 : 행정에 관한 의사를 결정하여 표시하는 국가 또는 지방자치단체의 기관, 그 밖의 법령 또는 자치법규에 따라 행정권한을 가지고 있거나 위탁받은 공공단체나 그 기관 또는 사인을 말한다(보건복지부장관, 시·도지사 및 시장·군수·구청장 등)

2) 보건복지부 「2019년 하반기 어린이집 지도점검 담당 공무원 역량강화교육」 56면 참조

○ 강압적 분위기 조성 시 이의제기

법령 등 위반내용보다 지도점검 공무원의 위압적, 강압적 자세 시 이의제기

* 언어는 차분하게 시선은 미간, 상대방 이야기 경청에 따른 이해표시 등
* 어린이집 점검 시 성실하게 임하면서 충분히 적극적인 소명이 필요함

○ CCTV 열람 및 자료의 제공은 원칙적 금지

▸ 영유아보육법 제15조의5(영상정보의 열람금지 등)
영유아보육법시행규칙 제9조의4(보호자의 영상정보의 열람시기 · 절차 및 방법 등)

▸ 아동학대 의심, 안전사고, 시설안전관리, 차량안전 등 주로 안전업무 등에 한정하여 열람가능

▸ 보호자의 열람요청 –【별지2】 별지6호[3] 서식으로 직접 영상정보의 열람 요청

▸ 원장은【별지3】 별지7호[4] 서식으로 열람일시와 장소 등 필요한 사항을 정하여 10일 이내 통지(열람일시는 회신일 부터 최장 7일 초과 않도록 하여야 함)

▸ 아동학대 또는 안전사고로 신체적, 정신적 피해를 입었다고 의심되는 경우
다만, 피해사실이 적시되어 있는 의사소견서를 제출하거나 관계공무원, 어린이집 운영위원장, 지역육아종합지원센터장이 동행하여 즉시 열람을 요청하는 경우는 즉시 열람조치(정당한 요구권자인지 가족관계증명서, 주민등록증, 공문서, 신분증 등을 확인 후 열람)

○ 관계공무원 등의 열람

▸ 안전업무 수행을 위한 열람의 요청 시 신분증, 공문서, 조사계획서 등 정당한 권한이 있는 증표로 열람요청서를 갈음(보육담당 관계공무원 안전업무 수행이외의 열람요청은 제한됨)

▸ 수사기관 등에 종사하는 자의 열람요청은 경찰관직무집행법 제8조, 형사소송법 제199조등 수사관련 법령에 의한 영장이나 공문서 등 정당한 권한이 있는 증표로서 열람요청서를 갈음할 수 있음

▸ 안전업무 수행기관인 아동보호전문기관(아동학대의 조사 및 처리), 어린이집안전공제회(안전사고의 조사 및 처리)의 열람요청 공문서와 신분증 등 확인 후 즉시 열람조치

3) 보건복지부 「2020 보육사업안내」 부록 205면
4) 보건복지부 「2020 보육사업안내」 부록 206면

▸ 열람요청 내용이 해당기관업무 범위를 벗어나는 경우는 제한 됨

▸ 그 외 열람요구는 제한 됨

* **어린이집 영상정보처리기기 설치 · 운영 가이드라인** 준수 (2020 보육사업 안내 부록 173면)

○ 민원제보 등 신고인의 신분보호는 개인정보보호법 등에 따라 행정청이 철저하게 관리함 다만, 어린이집 설치 · 운영자 등이 우연한 사정으로 알게 되었어도 신고인의 신상정보(인적사항) 등을 인터넷, SNS 등 언론매체 유출 또는 유포, 불이익 조치를 하는 경우 공익신고자 보호법 제30조 등에 따라 형사처벌 될 수 있음에 각별한 유의필요

사례) ○○시 맘카페 회원 등이 특정인의 신상정보 유포 등으로 형사기소 (인천지방검찰청)

○ 공익신고자 : 공익신고를 한 사람을 말한다.

○ 공익신고 : 공익신고자 보호법 제6조 각 호의 어느 하나에 해당하는 자에게 공익침해행위가 발생하였거나 발생할 우려가 있다는 사실을 신고 · 진정 · 제보 · 고소 · 고발하거나 공익침해행위에 대한 수사의 단서를 제공하는 것을 말한다. 다만, 다음 각 목의 어느 하나에 해당하는 경우는 공익신고로 보지 아니한다.

가. 공익신고 내용이 거짓이라는 사실을 알았거나 알 수 있었음에도 불구하고 공익신고를 한 경우

나. 공익신고와 관련하여 금품이나 근로관계상의 특혜를 요구하거나 그 밖에 부정한 목적으로 공익신고를 한 경우

【별지 1】

어린이집 조사명령서

영유아보육법 제42조에 따라 귀 어린이집에 대해 아래와 같이 현지조사를 실시하고자 하오니 조사자의 관계서류 검사, 질문, 자료제출요구에 성실히 응해주시기 바랍니다.

1. 조사목적
   - ㅇ 어린이집 운영상황 지도점검

2. 조사대상 어린이집
   - ㅇ ○○○ 어린이집 (대표자 : □□□)
     △△ 시 ◇◇ 구 ◎◎ 로 (▷▷동, 000)

3. 조사기간 : 20 년 월 일(필요시 기간연장)
   ※ 조사과정 중 고의적 또는 지속적 거짓·부당한 사안 등이 확인되어 해당 건 그 이전 기간도 조사가 필요하다고 판단되는 경우 조사대상 기간 확대

4. 조사장소 : ○○○ 어린이집

5. 조사자 직명
   - ㅇ 보건복지부 □□□
     또는 ◇◇◇ 시·도 시·군·구 □□□
     민간전문가 □□□

영유아보육법 제42조 제1항 규정에 따라 위 어린이집의 운영상황을 조사하도록 명령합니다.

20 . . .

보 건 복 지 부 장 관

또는 ○○○ 시·도지사 또는 시장·군수·구청장

【별지 2】 별지6호 서식

<table>
<tr><td colspan="4" rowspan="2">폐쇄회로 텔레비전 (CCTV) 영상물(□열람□존재확인) 요청서</td><td>처리기한</td></tr>
<tr><td>10일 이내</td></tr>
<tr><td rowspan="3">청 구 인</td><td>성 명</td><td></td><td>전화번호</td><td></td></tr>
<tr><td>생년월일</td><td></td><td>정보주체와의 관계</td><td></td></tr>
<tr><td>주 소</td><td colspan="3"></td></tr>
<tr><td rowspan="3">정보주체 인적사항</td><td>성 명</td><td></td><td>전화번호</td><td></td></tr>
<tr><td>생년월일</td><td colspan="3"></td></tr>
<tr><td>주 소</td><td colspan="3"></td></tr>
<tr><td rowspan="3">청구내용</td><td>청구영상 기록기간</td><td colspan="3">(예 : 연도, 월, 일, 시간 정확히 기록)</td></tr>
<tr><td>청구영상 설치장소</td><td colspan="3">(예 : 원내장소 기입)</td></tr>
<tr><td>청구영상 목적 및 사유</td><td colspan="3">(구체적으로 기입하지 않으면 처리가 곤란할 수 있음)</td></tr>
<tr><td colspan="5">영유아보육법 제15조의5 및 개인정보보호법 제17조에 따라 위와 같이 CCTV 영상정보(□열람 □존재확인)를 청구합니다.

년 월 일

청구인 : (서명 또는 인)

○ ○ ○ 어린이집 원장 귀하</td></tr>
</table>

【별지 3】 별지7호 서식

<table>
<tr><td colspan="5">폐쇄회로 텔레비전 (CCTV) 영상물 등 요청에 대한 결정 통지서
(□열람 □일부열람 □열람연기 □열람제한 □제공 등 기타)
수신자 :
주 소 :</td></tr>
<tr><td>요구내용</td><td colspan="4"></td></tr>
<tr><td>열람일시</td><td>성 명</td><td>20 년 월 일(오후 ~ 오후</td><td>열람 장소</td><td>교사실</td></tr>
<tr><td>통지내용</td><td colspan="4"></td></tr>
<tr><td rowspan="2">열람형태 및 방법</td><td>열람형태</td><td colspan="3">( )열람 · 시청 ( )사본 · 출력물 ( )전자파일 ( )복제물 · 인화물 ( )기타</td></tr>
<tr><td>열람방법</td><td colspan="3">( )직접방문 ( )우편 ( )팩스 ( )전자우편 ( )기타</td></tr>
<tr><td>사 유</td><td colspan="4"></td></tr>
<tr><td>이의제기 방 법</td><td colspan="4">공공기관의 정보공개에 관한법률 제18조(이의신청)에 따라 문서로 이의신청을 할 수 있습니다.</td></tr>
<tr><td colspan="5">영유아보육법 제15조의5제1항 및 같은법 시행규칙 제9조의4, 개인정보보호법 제35조제3항 · 제4항 또는 제5항 같은법 시행령 제41조제4항 또는 제42조제2항에 따라 귀하의 개인정보 열람 요구에 대하여 위와 같이 통지 합니다.

년 월 일

○ ○ ○ 어린이집 원장</td></tr>
</table>

4. 지도점검 중점 주요사항

(1) 재무회계처리의 적정성

○ 시 · 도지사가 고시한 보육료, 특별활동비, 필요경비 등 상한선 준수 및 수납 방법의 적정성 여부

○ 국 · 도비 보조금 지원기준 준수 여부

○ 보육교직원 자격 · 급여 · 4대 보험, 재무회계규칙 적정성(회계규칙 준수, 수입지출 근거확인 시 구매물품 · 일시를 확인할 수 있는 영수증 첨부)여부

(2) 보육정원 및 반 편성 기준 준수 여부(교사대 아동비율, 혼합반 등)

(3) 어린이집 운영시간 (07:30 ~ 19:30) 및 입소 우선순위 준수 여부

(4) 급 · 간식관리 운영 및 건강 · 위생관리 실태

(5) 어린이집 안전관리 (차량, 비상재해대비시설 등), CCTV 관리운영실태

○ 안전교육, 놀이시설, 비상대비준비, 보상가입적정여부, 비상재해대비시설 및 대피훈련실시여부

○ 보육교직원 및 차량기사 성범죄 경력조회, 통학차량 신고여부

(6) 아동학대예방교육 및 보육교사 자기점검 등

(7) 지난연도 어린이집 지도점검 결과 이행여부

(8) 온라인 입소대기관리시스템, 특별활동 및 특성화프로그램 운영현황확인 등

(9) 어린이집 운영실태 확인 (기본보육, 연장보육, 시간제보육 등)

5. 지도점검 체크리스트

(1) **어린이집 점검 체크리스트**[5)]

○ 어린이집 자체점검 체크리스트 【별지 4】

○ 어린이집 필요경비 자체점검 체크리스트 【별지 5】

(2) **행정청의 어린이집 지도점검 체크리스트**

○ 어린이집 지도점검 체크리스트 【별지 6】－보건복지부 등 참조

○ 어린이집 통학차량 안전점검표 【별지 7】

○ 어린이집 동절기 안전점검표 【별지 8】[6)]

○ 감염병 예방을 위한 어린이 점검표 【별지 9】[7)]

(3) **어린이집 지도점검 중 위반사항 적발시**－확인서 【별지 10－1,2】[8)], 증빙서징구

---

5) 경기도 보육정책과 『어린이집 지도점검 담당자 교육』 2014년, 119면 ~ 120면

6) 보건복지부 사회서비스자원과 「2019년 동절기사회복지시설 안전점검계획(안)」 관련 「2019년 사회복지시설 동절기안전점검표」 참조

7) 경기도 복지사업과－5357(2020.3.16.) 코로나예방관련 자체 점검표 참조

8) 경기도 「2020년 경기도형 보육컨설팅 추진계획」 보육정책과－1402, 2020.1.22.

【별지 4】

어린이집 자체 체크리스트 [지도점검 병용]

어 린 이 집 명 :

자 체 점 검 기 간 :

점　　검　　자 :　　　　　　(서명)

<table>
<tr><th rowspan="2">구 분</th><th rowspan="2">점 검 사 항</th><th colspan="2">점검결과</th><th rowspan="2">비고</th></tr>
<tr><th>적</th><th>부</th></tr>
<tr><td>1. 필요경비 결정 및 안내</td><td>• 운영위원회 : 필요경비 항목별 수납액 결정
• 시 · 군 필요경비 수납한도액 및 해당 어린이집 필요경비 수납액 학부모 사전 안내
• 시 · 군 필요경비 수납한도액 및 해당 어린이집 필요경비 수납액 어린이집 게시
• 아이사랑보육포털 집행내역 정보공시</td><td></td><td></td><td></td></tr>
<tr><td>2. 필요경비 (특별활동) 운영</td><td>• 필요경비 수납 주기 및 한도액 준수 납부
• 특별활동 학부모 동의 확인
• 특별활동 동의서 영유아보육법 [별지 제17호의 3] 서식 준수
• 특별활동 계약서 체결
• 특별활동 강사 성범죄경력조회 실시
• 특별활동 강사 건강검진 실시
• 특별활동 미참여 아동 대체프로그램 제공</td><td></td><td></td><td></td></tr>
<tr><td>3. 필요경비 회계 처리</td><td>• 필요경비 수납액 항목별 목적 한도내 집행
• 반기별 보고(운영위원회 혹은 학부모)
–항목별, 보호자별 수납액 · 실사용액 · 남은금액

※ 필요경비 집행잔액 계산방법
항목별로 집행잔액 별도계산하여 합산, 항목별 집행 잔액이 (–)인 항목은 0원으로 합산</td><td></td><td></td><td></td></tr>
<tr><td>4. 기타</td><td>• 필요경비 총 수납액의 일정비율(14%이내)을 관리운영비로 지출시, 특별활동비 관련 관리운영비는 특별활동 운영을 위해 소요되는 경비에 한정 지출
–CIS　: 세입　　원, 세출　　원, 집행율　　%
–확인　: 세입　　원, 세출　　원, 집행율　　%</td><td></td><td></td><td></td></tr>
</table>

【별지 5】

필요경비 지도점검 착안사항

구 분	점 검 사 항	점검결과		비고
		적	부	
1. 필요경비 안내 적정성	• 시·군 필요경비 수납한도액 및 해당 어린이집 필요경비 수납액 어린이집 게시 • 시·군 필요경비 수납한도액 및 해당 어린이집 필요경비 수납액 학부모 사전 안내 • 특별활동 학부모 동의/대상 연령/운영 시간 준수 – 특별활동 동의서 영유아보육법 [별지 제17호의 3] 서식 준수 ※ 학부모 동의는 구했으나, 서식 미준수시 행정지도 • 개인용 소모품 이외의 공동물품 (예: 휴지, A4용지, 비누 등) 수납 여부 – 학기초 가정통신문, 입학안내자료 등 구체적 확인			시정명령
2. 필요경비 (특별활동) 운영 적정성	• 특별활동 계약서 체결 • 특별활동 강사 성범죄경력조회 실시 • 특별활동 강사 건강검진 실시 • 특별활동 미참여 아동 대체프로그램 제공 • 18~24개월 아동에 대한 특별활동 운영 적정성 – 24개월 이상 영유아와 함께 보육/학부모의 요청			과태료 과태료 시정명령
3. 필요경비 회계처리 적정성	• 필요경비 주기 수납한도액 준수 수납 • 필요경비 지출 내역의 적정성 • 반기별 집행 잔액* 중 필요경비 총 수납액의 일정비율 (14%) 초과 금액 학부모 환불 ※ 집행잔액 계산방법 – 항목별로 집행잔액 별도계산하여 합산, 항목별 집행 잔액이 (–)인 항목은 0원으로 합산 • 필요경비 총 수납액의 일정비율(14%이내)을 관리운영비로 지출시, 특별활동비 관련 관리운영비는 특별활동 운영을 위해 소요되는 경비에 한정지출			시정명령 행정지도 ☞미이행 시 시정명령
4. 운영위원회 운영 적정성	• 운영위원회 구성의 적절성 • 필요경비 항목별 수납액 결정 • 28~24개월 미만 아동 특별활동 실시 심의 • 필요경비 정산액 반기별 보고 – 항목별, 보호자별(수납액·실사용금액·남은금액)			
5. 필요경비 수납–지출 내역 확인	• 아이사랑보육포털 집행내역 정보공시 및 실질내역 일치 –모니터링 결과 (세입 원, 세출 원, 집행율 %) –현장 확인결과 (세입 원, 세출 원, 집행율 %)			
6. 기타	• 기타 필요경비 관련 규정 위반 사항			

【별지 6】

어린이집 지도점검 체크리스트

어린이집명 :

점 검 일 시 : 년 월 일

점 검 자 : (서명)

점 검 자 : (서명)

III

▣ 운영일반

점 검 사 항		점 검 결 과			
		양호	미흡	불량	비고
어린이집 인가증 등 게시 확인					
	어린이집 현장점검 시 어린이집 인가증(평가인증 시설의 경우 평가인증 현판과 함께)이 게시되어 있는지 확인한다.				
보육교사/보육아동 확인					
	각 보육실 문 옆에 보육교사와 보육아동 사진이 게시되어 있는지 확인한다.				
반편성 현황 및 정원초과 여부 확인					
	각 보육실 문 옆 사진과 실제 보육아동이 등록된 아동명단과 일치하는지 확인한다.				
출석부 확인					
	출석부를 반 별로 잘 기록하고 있는지, 실제 보육아동명단과 동일한지 등을 확인한다.				
보육통합정보시스템 보육교직원 확인					
	등록된 보육교직원이 실제 근무하고 있는지 여부를 확인한다.				

<table>
<tr><th colspan="2" rowspan="2">점 검 사 항</th><th colspan="4">점 검 결 과</th></tr>
<tr><th>양호</th><th>미흡</th><th>불량</th><th>비고</th></tr>
<tr><td colspan="2">보육통합정보시스템 등록아동 확인</td><td rowspan="2"></td><td rowspan="2"></td><td rowspan="2"></td><td rowspan="2"></td></tr>
<tr><td></td><td>등록된 아동을 실제 보육하고 있는지 여부를 확인한다.</td></tr>
<tr><td colspan="2">어린이집 운영 시간 확인</td><td rowspan="2"></td><td rowspan="2"></td><td rowspan="2"></td><td rowspan="2"></td></tr>
<tr><td></td><td>주6일, 월~금 12시간(07:30~19:30), 토요일 8시간(07:30~15:30)을 준수하는지, 연중 계속 운영하는지 확인한다.
* 토요일 보육운영 여부 및 임시휴원(일명'방학') 실시여부를 반드시 확인한다.</td></tr>
<tr><td colspan="2">취약보육 운영 현황 확인</td><td rowspan="2"></td><td rowspan="2"></td><td rowspan="2"></td><td rowspan="2"></td></tr>
<tr><td></td><td>시간연장, 24시간 보육 등을 지정받은 어린이집이 각각의 운영기준에 준수하는지 여부를 확인한다.</td></tr>
<tr><td colspan="2">특별활동 프로그램 운영 현황 확인</td><td rowspan="2"></td><td rowspan="2"></td><td rowspan="2"></td><td rowspan="2"></td></tr>
<tr><td></td><td>보육계획안, 운영일지 등을 통하여 특별활동을 실시하는지 확인하고, 특별활동비 등 추가 비용수납 현황을 확인한다.</td></tr>
<tr><td colspan="2">장부비치여부 확인</td><td rowspan="2"></td><td rowspan="2"></td><td rowspan="2"></td><td rowspan="2"></td></tr>
<tr><td></td><td>어린이집 운영에 필요한 서류들이 실제로 있고, 충실히 기록되어 있는지 확인한다.</td></tr>
<tr><td colspan="2">어린이집 운영위원회 운영여부 확인</td><td rowspan="2"></td><td rowspan="2"></td><td rowspan="2"></td><td rowspan="2"></td></tr>
<tr><td></td><td>어린이집 운영위원회가 구성되어 있고 회의가 정기적으로 이루어지고 있는지 확인한다.</td></tr>
<tr><td colspan="2">어린이집 정보공시 적정성 여부 관련</td><td rowspan="2"></td><td rowspan="2"></td><td rowspan="2"></td><td rowspan="2"></td></tr>
<tr><td></td><td>정보공시 법위, 횟수, 시기 준수 여부</td></tr>
</table>

▣ 재무회계

점 검 사 항		점 검 결 과			
		양호	미흡	불량	비고
총계정원장					
	총계정원장이 충실하게 기록되어있는지 확인한다.				
세입 · 세출 예산서 및 결산서					
	예 · 결산서가 해당시설 운영현황 및 재무회계 규칙에 맞게 작성되었는지 확인한다.				
현금출납부					
	수입 · 지출 결의내역이 적정하게 기록되어 있는지 확인한다.				
수입지출 결의서					
	수입 · 지출 서류 중 일부를 무작위로 선정하여 그 날짜에 해당되는 증빙자료(카드 전표, 구내역서, 영수증 등)와 대조하여 확인한다.				
비품대장					
	비품대장이 정확하게 작성되어 있는지 확인한다.				
보육교직원 인건비 적정 지급 여부 확인					
	보육교직원의 보수를 적정하게 지급하는지 확인한다.				
어린이집 명의 계좌를 통한 입출금 확인					
	등록된 운영비 계좌를 통하여 모든 수입과 지출이 이루어 지는지 확인한다.				
아이행복카드 결제 상황 점검					
	아이행복카드 결제가 적정하게 이루어지고 있는지 확인한다. (원장 또는 대표자 계좌 이체여부)				
보조금 적절 사용 확인					
	보조금을 적절한 용도로 사용하였는지 확인한다. (사적용도 지출 여부)				
보육아동 및 보육교직원 급 · 간식비 적정 집행 여부 확인					
	보육아동 및 보육교직원 급 · 간식비가 적정하게 집행되었는지 여부를 확인한다.				

Ⅲ

▣ 아동 · 보육교직원 관리

점 검 사 항	점 검 결 과			
	양호	미흡	불량	비고
보육아동 명단 확인				
보육통합정보시스템에 등록된 아동현황과 실제 보육아동 현황이 일치하는지 확인한다.				
보육교직원 명단 및 실제근무 여부 확인				
보육통합정보시스템에 등록된 교직원(누리과정 보조교사 등) 명단과 실제 근무 중인 교직원 현황을 비교 확인한다.				
보육교직원 건강검진 여부를 확인한다.				
근로계약서 체결 여부 확인				
보육교직원 채용 시 임금, 근로시간 및 그 밖의 근로조건 등을 명시한 근로계약 체결 여부를 확인한다.				
보육교직원 퇴직금 적정 지급 및 적립 여부 확인				
퇴직한 보육교직원에 대한 퇴직금 적정 지급 및 적립 현황을 확인한다.				
어린이집원장 상근 및 겸직 면담확인				
원장과의 면담을 통해 겸직여부를 확인한다.				
보육교직원 임면보고 시기 준수 및 관련 구비서류 비치				
보육교직원 임면사항을 적정하게 처리하고 있는지 여부를 확인한다. 휴직, 산전후 휴가 등의 임면사항 보고 여부를 확인한다.				
보수교육 이수 여부				
보수교육 관련 서류(수료증 등)를 확인한다.				
이용신청자 서류 확인				
법 제28조에서 정한(보육의 우선제공) 어린이집이 보육의 우선제공 규정을 준수하는지 확인한다.				

▣ 건강 · 영양 · 안전

점 검 사 항		점 검 결 과			
		양호	미흡	불량	비고
비상재해 대피시설 확인 및 적정성 확인					
	비상재해 대피시설을 실제로 확인하고 안전하게 관리되고 있는지 확인한다.				
비상대피로 확인					
	비상대피로 확인 및 비상대피로 도면 게시여부 등을 확인하여 비상구가 유사 시 사용가능한지 확인한다.				
놀이터 및 놀이시설 안전점검 및 서류 확인					
	놀이터 및 놀이시설을 정기적으로 안전점검하고 있는지 점검 서류를 확인한다.				
안전교육 실시여부 확인					
	정기적으로 안전교육을 실시하고 있는지 확인한다.				
소화용 기구 적정 비치 여부					
	소화용 기구가 적정하게 비치되어 있는지 확인한다.				
비상연락체계 구축 여부					
	인근소방서, 경찰서 등 유관기관과 비상연락체계를 구축하고 있는지 확인한다.				
자체 안전점검 실시 여부와 서류 확인					
	보육시설 안전점검표 양식에 따라 일정기간 별로 어린이집의 안전점검을 실시하였는지 확인한다.				
정기소독 실시여부					
	조리실, 화장실, 침구, 놀잇감 등을 정기적으로 소독하고 있고 기록하는지 여부를 확인한다.				
실내 공기질 관리 여부(해당시설)					
	관련 법령에 의해 실내공기질 관리 대상인 어린이집에서 준수사항을 잘 지키고 있는지 확인한다.				

점 검 사 항	점 검 결 과			
	양호	미흡	불량	비고
영유아 건강검진 실시 여부 확인				
매년 1회 이상 건강진단을 실시하여야 하며, 최초로 보육을 실시한 날로부터 30일 이내에 영유아의 예방접종 사실을 확인한다.				
집단급식소 신고 서류 확인				
상시 1회 50인 이상 급식을 제공하는 어린이집이 집단급식소로 신고 되어있는지 확인한다.				
급식 재료 관리 상태 및 원산지 표시 여부				
급식재료에 대한 원산지 표기 및 유통기한 등을 확인한다.				
조리사, 영양사 자격증 확인				
관계 법령에 의해 조리사와 영양사를 배치하여야 하는 어린이집에서 유자격자가 근무하고 있는지 여부를 확인한다.				
식단표 확인				
게시된 식단표와 실제 제공되는 급간식이 일치하는지 확인한다.				
어린이 통학버스 신고 여부 확인				
9인승 이상 차량을 운행 할 경우 도로교통법 규정에 따라 어린이통학버스로 관할 경찰서장에게 신고하였는지 확인한다.				
(임대 차량의 경우) 계약서류 확인				
전세버스 운영사업자와 계약을 맺을 경우 어린이통학버스 신고 여부를 확인한다.				
영유아 생명 · 신체 피해보상 관련 공제가입				
어린이집 안전공제회 회원 및 영유아 생명 · 신체 피해 공제에 가입				
안전용 장구 장착 및 작동 여부				
어린이 보호장구가 장착되어있고 제대로 작동되는지 여부를 확인한다.				
운전자 자격증 확인 및 건강진단서 확인				
운전자가 해당 차량을 운행할 수 있는 자격증을 가졌는지 확인한다. 운전자의 건강진단서가 구비되어 있는지 확인한다.				
차량 안전관리 확인				
차량 정기점검 서류 및 안전수칙 준수 여부를 확인한다.				

▣ CCTV 설치 · 운영[9]

점 검 사 항		점 검 결 과			
		양호	미흡	불량	비고
CCTV 설치관련					
	HD 급 이상의 화질을 갖춘 폐쇄회로 텔레비전을 설치하였는가?				
	저장기간은 60일 이상의 용량을 갖추었는가?				
	의무설치 장소에 1대 이상 설치되었는가?				
	안내판은 적절히 설치되었는가?				
	카메라는 일정한 장소에 일정한 방향을 지속적으로 촬영할 수 있도록 설치되었는가?				
	녹음기능은 삭제되어 있는가?				
	저장 시 초당 10프레임 이상 저장되도록 설정되어 있는가?				
CCTV 운영관리					
	내부관리계획을 수립하여 비치하고 있는가?				
	내부관리계획에 필수 규정사항은 모두 규정하고 있는가?				
	영상정보 관리대장을 작성 비치하고 있는가?				
	열람 관련 규정을 준수하여 열람조치 하고 있는가?				
	필수 녹화시간(보육시간)은 반드시 녹화 되도록 설정되어있는가?				
CCTV 안전성확보조치관련					
	영상정보를 관리하는 컴퓨터에 대한 로그인 기록이 남도록 설정되었는가?				
	영상정보를 관리하는 컴퓨터에 부팅암호 및 로그인 암호가 설정되었는가?				
	저장장치는 접근이 제한된 구획된 장소에 설치 되었는가?				
	잠금장치는 설치되었는가?				

9) 세부 점검방법은 "어린이집 영상정보처리기기 설치 · 운영 가이드라인"(보건복지부 보육기반과-13862 ('15. 9.21)호, 경기도 보육정책과-14013(2015. 9.22)호)참조

【별지 7】

어린이집 통학차량 안전 점검표

점검일자 :   .   .   .

(□자차 / □지입)   점검시설 : ○ ○ ○ 어린이집

차량번호	※ 차량 2대 이상인 경우 각 기재	비 고	
운 전 자			

<table>
<tr><th rowspan="2">구 분</th><th rowspan="2">점 검 사 항</th><th colspan="2">점검결과</th><th rowspan="2">비고</th></tr>
<tr><th>적</th><th>부</th></tr>
<tr><td rowspan="6">(1)
통학차량안전
관리</td><td>① 어린이 통학버스 신고 및 신고필증 차량 비치 여부</td><td></td><td></td><td></td></tr>
<tr><td>② 운전기사 건강진단, 성범죄 등 경력조회 여부</td><td></td><td></td><td></td></tr>
<tr><td>③ 차량 내 안전수칙 부착, 차량용 소화기 및 구급상자 구비, 차량 안전점검표에 의한 안전점검 실시여부</td><td></td><td></td><td></td></tr>
<tr><td>④ 차량 운행 시 보육교사 등 교직원 동승 여부</td><td></td><td></td><td></td></tr>
<tr><td>⑤ 차량 운행 시 안전벨트 착용 및 36개월 미만 아동승차 시 보호 장구 착용 여부</td><td></td><td></td><td></td></tr>
<tr><td>⑥ 어린이집 운영자 및 운전기사 안전 교육 이수 여부</td><td></td><td></td><td></td></tr>
<tr><td rowspan="3">(2)
통학차량
하차확인장치</td><td>① 어린이집 통학버스 하차확인 장치 설치 여부</td><td></td><td></td><td></td></tr>
<tr><td>② 어린이집 통학차량 불법 개조 여부
* 불법개조 : 예)운전석에 별도의 장치 추가설치 및 작동</td><td></td><td></td><td></td></tr>
<tr><td>③ 어린이집 통학차량 ‘하차 확인장치’ 적법 작동여부
* 불법작동 : 예)어린이 하차 후 장치 미 작동, 운전석에서 리모컨으로 작동하는 행위, 하차확인 장치 이음선 등을 절단하는 등 행위, 뒷좌석 어린이에게 장치를 대신 작동하게 하는 행위 등</td><td></td><td></td><td></td></tr>
<tr><td>미설치시
사유 및
설치계획</td><td colspan="4">※ 하차확인장치 작동하지 않은 경우 벌점 : 30점 – 2019. 4. 17.시행
도로교통법 제38조제2항, 같은법 시행규칙 제91조제1항 【별표28】</td></tr>
</table>

점 검 자 (자체점검) :   (서명)

점 검 자 (방문점검) :   (서명)

【별지 8】

어린이집 안전점검표 (동절기)

<table>
<tr><th colspan="2">시·군·구</th><th>어린이집유형</th><th>어린이집 (운영법인)</th><th>담당자</th><th>연락처</th></tr>
<tr><td colspan="2"></td><td></td><td></td><td></td><td></td></tr>
<tr><td>운영
주체</td><td colspan="2">□국공립 □법인 □법인·단체등 □민간
□가정 □직장 □협동</td><td>원장</td><td colspan="2"></td></tr>
<tr><td>소재지</td><td colspan="2"></td><td>연락처</td><td colspan="2"></td></tr>
<tr><td>점검
유형</td><td colspan="5">□시설 자체점검 □지자체 현장점검 □합동점검</td></tr>
</table>

<table>
<tr><th colspan="4">분 야 별 안 전 점 검</th></tr>
<tr><th>분야</th><th>점 검 항 목</th><th colspan="2">점 검 결 과</th></tr>
<tr><td rowspan="12">(1)
안전
관리
계획
수립

안전
관리자
교육
훈련</td><td rowspan="3">(1) 어린이집 안전관리계획서를 작성하여 매년 수정보완하고 있는가?</td><td>결 과</td><td>□양호 □미흡 □해당 없음</td></tr>
<tr><td>사 유</td><td></td></tr>
<tr><td>조치사항</td><td>□조치완료 □추후조치</td></tr>
<tr><td rowspan="3">(2) 안전관리책임관(원장) 및 정·부 안전관리자가 지정되어 있는가?</td><td>결 과</td><td>□양호 □미흡 □해당 없음</td></tr>
<tr><td>사 유</td><td></td></tr>
<tr><td>조치사항</td><td>□조치완료 □추후조치</td></tr>
<tr><td rowspan="3">(3) 어린이집 영유아와 보육교직원 등에게 안전 교육·훈련을 실시하고 있는가? (생활시설 연2회, 이용시설 연1회 이상)</td><td>결 과</td><td>□양호 □미흡 □해당 없음</td></tr>
<tr><td>사 유</td><td></td></tr>
<tr><td>조치사항</td><td>□조치완료 □추후조치</td></tr>
<tr><td rowspan="3">(4) 사회복지시설 안전관리 매뉴얼을 비치하고, 활용하고 있는가?</td><td>결 과</td><td>□양호 □미흡 □해당 없음</td></tr>
<tr><td>사 유</td><td></td></tr>
<tr><td>조치사항</td><td>□조치완료 □추후조치</td></tr>
<tr><td rowspan="5">(2)
책임
보험
가입
여부</td><td rowspan="3">(1) 「사회복지사업법」에 따른 손해배상 책임보험 또는 책임공제에 가입하였는가? 또는 어린이집안전공제회에 가입하였는가?</td><td rowspan="2">결 과</td><td>□가입 □미가입</td></tr>
<tr><td>■ 가입사
□사회복지공제회, 민간보험
□어린이집 안전공제회</td></tr>
<tr><td>조치사항</td><td>□조치완료 □추후조치</td></tr>
<tr><td rowspan="2">(2) 가입된 배상책임보험의 사망 시 1인당 보장 한도액은 얼마인가?</td><td>결 과</td><td>□8천만원 미만
□8천만원 이상
□1억5천만원 이상</td></tr>
<tr><td>조치사항</td><td>□조치완료 □추후조치</td></tr>
</table>

<table>
<tr><td colspan="2" rowspan="2"></td><td rowspan="2">(3) 가입된 배상책임보험의 사고 당 보장 한도액은 얼마인가?</td><td>결 과</td><td>□1억 미만 □1억 □2억 □3억 □4억 □5억 이상</td></tr>
<tr><td>조치사항</td><td>□조치완료 □추후조치</td></tr>
<tr><td rowspan="28">(3) 소방 안전 관리</td><td rowspan="6">소화기</td><td rowspan="3">(1) 복도나 각 실마다 소화기가 비치되어 있는가?</td><td>결 과</td><td>□양호 □미흡 □해당 없음</td></tr>
<tr><td>사 유</td><td></td></tr>
<tr><td>조치사항</td><td>□조치완료 □추후조치</td></tr>
<tr><td rowspan="3">(2) 소화기의 압력계 지침 위치가 녹색이며 내부 분말은 굳어있지 않은가?</td><td>결 과</td><td>□양호 □미흡 □해당 없음</td></tr>
<tr><td>사 유</td><td></td></tr>
<tr><td>조치사항</td><td>□조치완료 □추후조치</td></tr>
<tr><td rowspan="18">소화 설비</td><td rowspan="3">(3) 소방 관련법에 따른 자동화재 탐지설비 · 자동화재 속보설비 · 간이스프링클러설비 등 강화된 소방시설이 설치되어 있고 정기 점검을 받고 있는가?</td><td>결 과</td><td>□양호 □미흡 □해당 없음</td></tr>
<tr><td>사 유</td><td></td></tr>
<tr><td>조치사항</td><td>□조치완료 □추후조치</td></tr>
<tr><td rowspan="3">(4) 옥내소화전함 내에 호스와 관창의 상태가 양호하며, 개폐밸브가 잘 열려 물이 방수되는가?</td><td>결 과</td><td>□양호 □미흡 □해당 없음</td></tr>
<tr><td>사 유</td><td></td></tr>
<tr><td>조치사항</td><td>□조치완료 □추후조치</td></tr>
<tr><td rowspan="3">(5) 소화전 주변 장애물로 인해 사용상 불편함이 없으며, 설비 표지를 제대로 부착하고 있는가?</td><td>결 과</td><td>□양호 □미흡 □해당 없음</td></tr>
<tr><td>사 유</td><td></td></tr>
<tr><td>조치사항</td><td>□조치완료 □추후조치</td></tr>
<tr><td rowspan="3">(6) 스프링클러 헤드가 미설치된 부분이 있거나 살수반경 내에 장애물은 없는가?</td><td>결 과</td><td>□양호 □미흡 □해당 없음</td></tr>
<tr><td>사 유</td><td></td></tr>
<tr><td>조치사항</td><td>□조치완료 □추후조치</td></tr>
<tr><td rowspan="3">(7) 화재 시 사용할 수 있는 소방용수는 적정량을 확보하고 있는가?</td><td>결 과</td><td>□양호 □미흡 □해당 없음</td></tr>
<tr><td>사 유</td><td></td></tr>
<tr><td>조치사항</td><td>□조치완료 □추후조치</td></tr>
<tr><td rowspan="3">(8) 소방차 진입로와 소화 작업공간이 확보되어 있는가?</td><td>결 과</td><td>□양호 □미흡 □해당 없음</td></tr>
<tr><td>사 유</td><td></td></tr>
<tr><td>조치사항</td><td>□조치완료 □추후조치</td></tr>
<tr><td rowspan="5">자동 화재 탐지 설비</td><td rowspan="3">(9) 수신기의 모든 스위치가 정상위치에 있으며, 표시등이 항상 켜져 있는가?</td><td>결 과</td><td>□양호 □미흡 □해당 없음</td></tr>
<tr><td>사 유</td><td></td></tr>
<tr><td>조치사항</td><td>□조치완료 □추후조치</td></tr>
<tr><td rowspan="2">(10) 자동화재속보설비는 수신기와 연동되어 소방서로 정상 연결되고 있는가?</td><td>결 과</td><td>□양호 □미흡 □해당 없음</td></tr>
<tr><td>사 유</td><td></td></tr>
</table>

구분	점검 항목	구분	내용
		조치사항	□조치완료 □추후조치
피난설비 등 적정관리	(11) 복도나 실내에 피난계획에 따른 피난 지도와 피난방법이 부착되어 있는가?	결 과	□양호 □미흡 □해당 없음
		사 유	
		조치사항	□조치완료 □추후조치
	(12) 피난유도등은 항상 켜져 있으며, 식별에 방해가 되는 장애물은 없는가?	결 과	□양호 □미흡 □해당 없음
		사 유	
		조치사항	□조치완료 □추후조치
	(13) 비상조명등이 지정위치에 설치되어 있으며, 정상 작동하고 있는가?	결 과	□양호 □미흡 □해당 없음
		사 유	
		조치사항	□조치완료 □추후조치
	(14) 시설별 이용자특성에 맞는 피난기구가 설치되어 있는가?	결 과	□양호 □미흡 □해당 없음
		사 유	
		조치사항	□조치완료 □추후조치
	(15) 설치된 피난기구는 견고하며 설치위치 표시 및 사용방법 표시가 부착되어 있는가?	결 과	□양호 □미흡 □해당 없음
		사 유	
		조치사항	□조치완료 □추후조치
	(16) 피난 로가 확보되어 있으며, 비상구 폐쇄 및 장애물 적치 등으로 피난에 어려움이 없도록 지속적으로 관리하고 있는가?	결 과	□양호 □미흡 □해당 없음
		사 유	
		조치사항	□조치완료 □추후조치
	(17) 방화문(방화셔터)가 설치되어 있으며, 정상적으로 작동되고 있는가?	결 과	□양호 □미흡 □해당 없음
		사 유	
		조치사항	□조치완료 □추후조치
	(18) 제연설비가 규정에 맞게 설치되어 있는가?	결 과	□양호 □미흡 □해당 없음
		사 유	
		조치사항	□조치완료 □추후조치
	(19) 배연설비가 규정에 맞게 설치되어 있는가?	결 과	□양호 □미흡 □해당 없음
		사 유	
		조치사항	□조치완료 □추후조치
	(20) 방염대상물품을 방염성능기준 이상의 것으로 규정에 맞게 갖추고 있는가?	결 과	□양호 □미흡 □해당 없음
		사 유	
		조치사항	□조치완료 □추후조치
출입	(21) 기계실 등 접근 제한 장소에 출입통제	결 과	□양호 □미흡 □해당 없음

	통제 구역 관리	조치가 되어 있는가?	사 유	
			조치사항	□조치완료 □추후조치
(4) 전기 안전 관리		(1) 분전반의 배선용차단기 및 누전차단기가 적절하게 설치되어 있고, 정상적으로 작동하는가?	결 과	□양호 □미흡 □해당 없음
			사 유	
			조치사항	□조치완료 □추후조치
		(2) 규격에 맞는 전선과 콘센트를 사용하며, 노출된 전선에 피복이 벗겨진 부분은 없는가?	결 과	□양호 □미흡 □해당 없음
			사 유	
			조치사항	□조치완료 □추후조치
		(3) 연1회 이상 전기안전점검을 받고 있는가?	결 과	□양호 □미흡 □해당 없음
			사 유	
			조치사항	□조치완료 □추후조치
(5) 가스 안전 관리		(1) 가스누출경보차단장치 및 가스누출자동차단기가 설치되어 있는가?	결 과	□양호 □미흡 □해당 없음
			사 유	
			조치사항	□조치완료 □추후조치
		(2) LPG 저장용기 주변에 가연물이나 화기가 없으며, 보관상태가 적절한가?	결 과	□양호 □미흡 □해당 없음
			사 유	
			조치사항	□조치완료 □추후조치
		(3) 연탄 · 도시가스 · LPG 등 각종 가스사고 예방을 위해 정기 · 수시 점검을 받고 있는가?	결 과	□양호 □미흡 □해당 없음
			사 유	
			조치사항	□조치완료 □추후조치
(6) 동절기 재난 대응 대책	폭설 제설	(1) 건축물, 위험물저장시설, 비닐하우스, 임시건물 등 폭설에 대비한 시설물 상태를 정기적으로 점검하고 있는가?	결 과	□양호 □미흡 □해당 없음
			사 유	
			조치사항	□조치완료 □추후조치
		(2) 폭설 발령 시 긴급 피난할 수 있는 피난장소가 지정되어 있고, 피난 시 피난도우미 등을 활용한 피난계획이 수립되어 있는가?	결 과	□양호 □미흡 □해당 없음
			사 유	
			조치사항	□조치완료 □추후조치
		(3) 폭설로 시설이 고립되었을 때 식량 · 식수 · 의약품 등 시설생활자에 대한 구호대책이 준비되어 있는가?	결 과	□양호 □미흡 □해당 없음
			사 유	
			조치사항	□조치완료 □추후조치
		(4) 제설장비와 제설계획을 갖추고 있는가?	결 과	□양호 □미흡 □해당 없음
			사 유	

			조치사항	□조치완료 □추후조치
	동파	(5) 급수 · 난방시설에 대한 동파방지 대책이 마련되어 있는가?	결 과	□양호 □미흡 □해당 없음
			사 유	
			조치사항	□조치완료 □추후조치
	난방 관리	(6) 겨울철 전열기 사용에 대한 안전교육을 실시하고 있는가?	결 과	□양호 □미흡 □해당 없음
			사 유	
			조치사항	□조치완료 □추후조치
		(7) 가스공급 중단에 대비한 난방연료 확보대책이 마련되어 있는가?	결 과	□양호 □미흡 □해당 없음
			사 유	
			조치사항	□조치완료 □추후조치
	대응 체계	(8) 재난발생 시 정보수집 및 경보 전파방법을 숙지하고 있는가?	결 과	□양호 □미흡 □해당 없음
			사 유	
			조치사항	□조치완료 □추후조치
		(9) 재난대응 협력기관(소방서, 지자체 등)과 비상연락망이 준비되어 있는가?	결 과	□양호 □미흡 □해당 없음
			사 유	
			조치사항	□조치완료 □추후조치
(7) 시설물 안전 관리		(1) 건축물 지반침하, 구조체(벽, 지붕, 옥상 등)에 변형 및 누수의 흔적이 있는가?	결 과	□양호 □미흡 □해당 없음
			사 유	
			조치사항	□조치완료 □추후조치
		(2) 철근의 노출 · 부식, 콘크리트의 벗겨짐 또는 떨어짐, 창호 개폐 불량 등 건축물에 이상 현상이 발생한 부분은 없는가?	결 과	□양호 □미흡 □해당 없음
			사 유	
			조치사항	□조치완료 □추후조치
		(3) 지붕 · 옥상배수관 · 홈통 또는 주변의 하수구, 배수구에 막힘 부분은 없는가?	결 과	□양호 □미흡 □해당 없음
			사 유	
			조치사항	□조치완료 □추후조치
		(4) 시설 주변의 담장이나 옹벽에 손상된 부분이 있는가?	결 과	□양호 □미흡 □해당 없음
			사 유	
			조치사항	□조치완료 □추후조치
(8) 위생 차량 관리 대책		(1) 미세먼지 대응매뉴얼 이행 여부	결 과	□양호 □미흡 □해당 없음
			사 유	
			조치사항	□조치완료 □추후조치
		(2) 공기청정기 설치 및 필터 관리 상태	결 과	□양호 □미흡 □해당 없음

<table>
<tr><td rowspan="8"></td><td rowspan="2"></td><td>사 유</td><td></td></tr>
<tr><td>조치사항</td><td>□조치완료 □추후조치</td></tr>
<tr><td rowspan="3">(3) 통학차량 하차확인장치 설치 및 정상작동 여부</td><td>결 과</td><td>□양호 □미흡 □해당 없음</td></tr>
<tr><td>사 유</td><td></td></tr>
<tr><td>조치사항</td><td>□조치완료 □추후조치</td></tr>
<tr><td rowspan="3">(4) 어린이 통학버스 신고 및 신고필증 차량 비치 여부</td><td>결 과</td><td>□양호 □미흡 □해당 없음</td></tr>
<tr><td>사 유</td><td></td></tr>
<tr><td>조치사항</td><td>□조치완료 □추후조치</td></tr>
<tr><td rowspan="12">(9) 건강 관리 대책</td><td rowspan="3">(1) 감염병에 의한 환자발생 시 별도의 관리를 위한 대책(신고체계, 수습체계, 전담직원 지정 등)이 마련되어 있는가?</td><td>결 과</td><td>□양호 □미흡 □해당 없음</td></tr>
<tr><td>사 유</td><td></td></tr>
<tr><td>조치사항</td><td>□조치완료 □추후조치</td></tr>
<tr><td rowspan="3">(2) 먹는 물은 정기적으로 수질검사를 하고 있으며, 쓰레기장의 청결관리가 이루어지고 있는가?</td><td>결 과</td><td>□양호 □미흡 □해당 없음</td></tr>
<tr><td>사 유</td><td></td></tr>
<tr><td>조치사항</td><td>□조치완료 □추후조치</td></tr>
<tr><td rowspan="3">(8－3) 보관·조리되는 제품의 유통기한이 지켜지고 있는가?</td><td>결 과</td><td>□양호 □미흡 □해당 없음</td></tr>
<tr><td>사 유</td><td></td></tr>
<tr><td>조치사항</td><td>□조치완료 □추후조치</td></tr>
<tr><td rowspan="3">(8－4) 조리된 음식의 보관 및 위생상태가 적정한가?</td><td>결 과</td><td>□양호 □미흡 □해당 없음</td></tr>
<tr><td>사 유</td><td></td></tr>
<tr><td>조치사항</td><td>□조치완료 □추후조치</td></tr>
<tr><td>(9) 종합 의견 및 건의 사항</td><td colspan="3"></td></tr>
</table>

상기와 같이 대상 시설을 조사함. 20 . . .

조사자 : 소속 직급 성명

조사자 : 소속 직급 성명

조사자 : 소속 직급 성명

확인자 : 소속 직급 : 원장 성명

【별지 9】

감염병 예방을 위한 어린이집 자체 점검표

□ 시설개요

어린이집 명		소재 시·군	
교직원 등 수		정원/ 현원	/
점검 담당자		연 락 처	

□ 자체 점검표

점 검 항 목	예	아니오
1. 방역소독 관리 여부 (방역소독 주기 :) – 중점 관리 시설 : 세면대, 문손잡이, 난간, 개수대 등 다수 이용 시설	□	□
2. 신고접수 담당자 지정 및 감염증상 상시 모니터링 실시 여부 – 감염증상 : 37.5℃ 이상 발열, 기침, 인후통 등	□	□
3. 위생관련 물품 구비 및 비치 여부 – 마스크, 비누, 손세정제, 소독용 세제, 체온계 등을 여건에 맞게 구비·비치	□	□
4. 감염병 예방관리 수칙, 행동요령 등 교육 실시 여부 – 교육대상 : 보육교직원 등, 영유아, 방문자 등	□	□
5. 어린이집 내 감염병 예방관리 수칙 등 안내 여부 – 홍보 안내문, 포스터 등 부착	□	□
6. 발열, 기침 등의 증상이 나타날 경우 대응 조치사항 숙지 여부 – 종사자 ⇨ 업무배제 / 이용자 ⇨ 이용중단 / 입소자 ⇨ 격리공간 격리 등	□	□

※ "아니오" 항목의 경우 신속히 시행해 주실 것을 요청함

점검일 : . . . / 점검자 :

【별지 10-1】

확 인 서

□ 어 린 이 집 명 : ○○○ 어린이 집

□ 대 표 자 : (생년월일 :)

□ 인 가 일 :

□ 어린이집 소재지 :

(연 락 처 ☎)

위 어린이집은 20 . . . 일부터 20 . . . 일까지 지도점검을 받은 결과 보육서비스를 제공함에 있어 다음과 같은 사실이 있음을 확인합니다.

1. 제 목 : 보육교직원 배치기준 위반 등

2. 내용(점검결과) :

○ (법령, 보육사업안내 등 지침에 근거하여 위반사실 확인내용을 기술함)

○ (보육교직원 배치기준 위반, 어린이집 운영기준 위반 등)

위 사실을 확인합니다.

20 . . .

위 확인자

소속 : 직책 : 성명 : (서명 또는 인)

(생년월일 :)

○○○장관 귀하

○○(특별 · 광역)시장 · (도 · 특별자치도)지사 · 시장 · 군수 · 구청장 귀하

【별지 10-2】

확 인 서

□ 명 칭 : ○○○ 어린이집

□ 성 명 : ○○○ (생년월일 :)

□ 직 위 : 원장 (또는 대표자)

□ 제 목 : 아동 허위등록

□ 내 용

○ 20 년 00월부터 20 년 00월까지 기본보육료를 지원받은 ◉◉◉('17. 6. 15생)은 보육통합정보시스템에 등록만 되어 있고, 실제 보육을 하지 않은 아동으로 ○개월간 총 ○○○천원의 기본보육료를 수령한 사실이 있음.

본인은 위와 같은 사실을 확인하며 이에 서명합니다.

20 . . .

위 확인자 성명 : (인)

○○(특별 · 광역)시장 · (도 · 특별자치도)지사 · 시장 · 군수 · 구청장 귀하

□ 확인서 작성 또는 교부여부 등 ⇒ 어린이집-작성, 교부의무 없음

○ 어린이집 대표자 및 원장 등은 위반 사항에 관하여 행정청 공무원 등으로부터 확인서 작성을 요구받았을 경우 작성하여 교부할 수 있으나, 아울러 사실관계 등 다툼의 여지가 있거나 수긍할 수 없는 경우 확인서 작성을 거부 할 수 있음

※ 영유아보육법상 확인서 작성의무가 규정되어 있지 않음으로 작성의무가 있다고 볼 수 없으며 교부의무도 없음

(보육사업안내에 확인서를 징구할 수 있음에도 불구하고 작성 교부의무 없음)

○ 이 경우 행정청 공무원 등이 어린이집 관계자로부터 확인서를 반드시 징구하여야 만 행정처분이 가능한 것이 아니므로 영유아보육법령 및 보육사업안내 지침(법령보충적 행정규칙)을 위반사항에 관하여 관련 자료입증 만으로 충분하다 할 것임.

○ 만일, 행정청 공무원 등이 어린이집 관계자에게 **확인서 작성 및 교부를 수차에 걸쳐 요구하는** 등 (해당 어린이집에 대한 보육행정과 보육비용의 보조금 신청, 교부에 있어서 불이익이 있다는 취지의 언동 등)의 경우 **형법상 강요죄가 성립될 수 도 있음**에 유의하여야 함 (대법원 2017. 10. 26 선고 2015도16696 판결)

○ 형법상 강요

'강요'라 함은 '피강요자의 자연스런 의사결정을 하지 못하게 하면서 특정한 행위를 하게 하는 것을 말하는 것'(대법원 1997. 7. 10. 선고 98도1309판결, 대법원 2004. 12. 10. 선고 2003도5124 판결 등 참조)

※ 확인서의 작성 강제는 개인의 자유권 등을 침해할 수 있음

형법 제324조(강요) ①폭행 또는 협박으로 사람의 권리행사를 방해하거나 의무없는 일을 하게 한 자는 5년 이하의 징역 또는 3천만원 이하의 벌금에 처한다.

② 단체 또는 다중의 위력을 보이거나 위험한 물건을 휴대하여 제1항의 죄를 범한 자는 10년 이하의 징역 또는 5천 만원 이하의 벌금에 처한다.

※ **강요죄**라 함은 폭행 또는 협박으로 사람의 권리행사를 방해하거나 의무 없는 일을 하게 하는 것을 말하고, 여기에서의 협박은 객관적으로 사람의 의사결정의 자유를 제한하거나 의사실행의 자유를 방해할 정도로 겁을 먹게 할 만한 해악을 고지하는 것을 말한다.

(대법원 2003. 9. 26 선고 2003도763 판결, 대법원 2017. 10. 26 선고 2015도16696 판결)

○ **확인서의 증거능력 또는 증거가치**

▸ 확인서를 작성하여 교부하는 경우 즉, 행정청이 행정조사를 하는 과정에서 당사자로부터 위법사실을 인정하는 내용의 확인서를 작성 받았다면, 그 확인서가 작성자에 반하여 강제로 작성되었다거나 그 내용의 미비 등으로 구체적인 사실에 대한 증명자료로 삼기 어렵다는 등의 특별한 사정이 없는 한 그 확인서의 증거가치는 쉽게 부인할 수 없다는 취지로 판시하고 있음.(대법원 2002. 12. 6. 선고 2001두2560 판결, 대법원 2017. 7. 11. 선고 2015두2864판결, 대법원 2017. 7. 11. 선고 2015두2864 판결 등)
⇒ 확인서를 작성하면 특별한 사정이 없는 한 이를 부인하기 어려움

▸ 그러므로 확인서 작성 및 교부에 있어서 그 **사실관계** 등 **신중을 기하여야** 할 것임. 사안이 복잡하여 당일 확인서 작성이 불가능한 경우 신중을 기하여 다음날 등 작성·교부하여도 무방할 것으로 보이나 다만, 어린이집 관계자는 **법령상 확인서를 작성하여 행정청 공무원 등에게 교부하여야 할 의무가 없음에 유의**

6. 어린이집 이용불편·부정신고센터 운영 등[10)]

(1) 개요

○ 어린이집 보조금, 부정수급, 안전사고 및 급식사고, 운영기준 위반, 아동학대(아동보호전문기관연계), 아동 및 보육교사 허위등록 등 어린이집 관련한 신고사항에 대한 상담 및 신고접수

○ 조사결과 통보 및 사후조치

(2) 신고센터 설치 및 운영시기

○ 한국보육진흥원－공공사업단

○ 운영시기 : 2019. 7. 1. 월

○ 대표번호 : **신규개설 1670－2082 (이용빨리)**

종전－온라인신고 아이사랑보육포털 내
"어린이집 이용불편신고센터" 02－6323－0123 ⇒ 폐지

○ 상담원 근무

10) 보건복지부「2019년 하반기 어린이집 지도점검 담당 공무원 역량강화교육」 11~12면 참조
경기도「2020년 경기도형 보육컨설팅 추진계획」보육정책과－1402, 2020.1.22.

(3) 운영내용

○ 상담센터 온라인 등 접수되고 민원 및 신고 건에 대한 상세처리

○ 업무처리지침 및 상담매뉴얼 통해 복합적인 민원에 대한 심층상담

○ 신고에 따른 보건복지부의 현지조사 지원【별지11】[11)]

▸현지조사 시 별도의 체크리스트로 조사 및 필요시 물건을 영치 할 수 있음

▸필요시 지방자치단체와 합동점검 병행

▸보건복지부는 지방자치단체에 처분요구서(부정수급 등 환수조치) 송부

▸지방자치단체는 처분결과 보건복지부 회신

○ 사회적 물의, 상담민원제보, 특별기획조사, 어린이집에 대한 현지조사지원

○ **예방 · 홍보 및 공익신고자 포상금 지급안내**

▸이용불편, 안전 및 급식, 아동학대, 부정신고 발생 건에 대한 자료수집 및 분석

▸자료발간 및 어린이집 이용불편 예방을 위한 홍보

▸공익신고자 보호법에 따른 포상금 지급안내 및 지원

(4) 어린이집 이용불편 · 부정신고센터 운영

구 분	내 용
신고상담	• 전화상담 및 신고절차 안내, 상담센터 운용 • 운영시간 : 평일 (월 ~ 금) 09:00~18:00 • 운영시간 : 평일 (월 ~ 금) 09:00~18:00 ※ 점심시간 : 12:00~ 13:00 **• 전화번호 : 1670-2082 (이용빨리)**
신고접수 및 접수결과안내	• 온라인 및 모바일 통한 신고접수, 신고접수결과 안내
담당연계	• 접수건 내용분류 후 -지방자치단체 및 한국보육진흥원 현지조사팀 연계
처리결과통보	• 접수일 부터 60일 이내 신고자에게 처분결과 통보 (시스템 입력, 문자 및 이메일 등 통해 안내 홍보)

어린이 집 이용불편 · 부정신고센터
1670 ~ 2082

11) 행정조사기본법시행령 제8조 영치조서【별지 제12호서식】

【별지 11】 영치조서

<table>
<tr><td colspan="6">영 치 조 서</td></tr>
<tr><td>영치일자</td><td colspan="2"></td><td>영치장소</td><td colspan="2"></td></tr>
<tr><td rowspan="2">소유자</td><td>성 명</td><td></td><td colspan="2">생년월일(여권 · 외국인 등록번호) 또는 사업자 (법인 · 단체) 등록번호</td><td></td></tr>
<tr><td>주 소</td><td colspan="4"></td></tr>
<tr><td>영치목적</td><td colspan="5"></td></tr>
<tr><td>영치물건
(품명 · 수량)</td><td colspan="5"></td></tr>
<tr><td>근거법령</td><td colspan="5"></td></tr>
<tr><td>영치물
반환시기</td><td colspan="5"></td></tr>
<tr><td>그 밖의
안내 사항</td><td colspan="5"></td></tr>
<tr><td colspan="6">행정조사기본법 제13조제1항 · 제3항 및 같은법 시행령 제8조, 영유아보육법 제42조제1항에 따라 위와 같이 영치하고 그 사실을 확인합니다.

년 월 일

조사자(인수자) (서명 또는 인)

소유자 또는 대리인(인계자) (서명 또는 인)</td></tr>
</table>

2절 지도점검 후 조치사항 및 행정처분

1. 시정명령 및 변경명령 등

(1) 어린이집에 대한 지도점검 결과 시정 또는 변경 등

○ 조치가 필요한 때에는 반드시 행정절차법을 준수하여 문서로 시정명령 또는 변경명령을 하거나 행정지도(위반사항은 존재하나 사안이 경미한 경우 행정지도로 끝남)하고 그 이행여부 또는 결과를 반드시 확인함

○ 위반사항에 대하여는 영유아보육법령에서 규정한 내용에 따라 신속하게 (위반사항이 존재하고 그에 따른 행정처분이 필요한 경우) 행정처분 하게 됨

○ 영유아보육법령, 보육사업안내를 통하여 행정처분을 지체 없이 실시하게 됨.

▸ 어린이집 운영정지, 어린이집의 시설폐쇄, 어린이집의 원장 · 보육교사 자격정지 및 자격취소 처분을 하는 경우에는 반드시 청문을 거쳐야 함(영유아보육법 제49조)

▸ 보조금환수 및 시정명령 시 행정절차법 제21조, 같은법 제22조 제3항, 같은법 제23조 및 같은법 제27조의2 등을 준수하여 처분

* 상당한 기간(10일 정도)을 정하여 당사자에게 의견제출 기회를 주어야 함. 다만, 당사자가 의견진술의 기회를 포기한다는 뜻을 명백히 한 경우에는 의견청취 없이 진행할 수 있음

(2) 어린이집에 대한 지도점검 계획, 점검결과, 행정처분 등

○ 보육통합정보시스템(지도점검)에 행정처분 완료일 기준 7일 이내 등록, 즉 지도점검 조사일시, 결과확정, 행정처분, 공표 등 각 단계별로 지도점검 관리시스템에 등록함.

(3) 시정 또는 변경명령 등의 근거 및 사유

영유아보육법 제44조(시정 또는 변경 명령) 보건복지부장관, 시 · 도지사 또는 시장 · 군수 · 구청장은 어린이집이 다음 각 호의 어느 하나에 해당하면 어린이집의 원장 또는 그 설치 · 운영자에게 기간을 정하여 **그 시정** 또는 **변경**을 명할 수 있다.

1. 제13조제1항에 따른 **변경인가**를 받지 아니하고 어린이집을 운영하는 경우
2. 제15조, 제15조의2 및 제15조의3에 따른 어린이집의 설치기준을 위반한 경우

2의2. 제15조의4에 따른 **폐쇄회로 텔레비전의 설치 · 관리** 및 **영상정보의 보관기준**을 위반한 경우

3. 제17조제5항에 따른 **보육교직원의 배치기준**을 위반한 경우

3의2. 제19조제2항에 따른 **보육교직원의 임면**에 관한 사항을 보고하지 아니하거나 거짓으로 보고한 경우

4. 제24조제1항에 따른 **어린이집의 운영기준**을 위반한 경우

4의2. 제25조제1항 단서를 위반하여 **어린이집운영위원회**를 설치 · 운영하지 아니한 경우

4의3. 제29조제4항 전단을 위반하여 영유아에게 **특별활동**을 제공한 경우

4의4. 제29조제4항 후단을 위반하여 특별활동에 참여하지 아니하는 영유아에게 **특별활동을 대체할 수 있는 프로그램**을 제공하지 아니한 경우

4의5. 제29조의2에 따른 **생활기록부**를 작성 · 관리하지 아니한 경우

4의6. 정당한 이유 없이 제30조제1항에 따른 **평가** 또는 같은 조 제5항에 따른 **확인점검**을 거부 · 방해 또는 기피하거나 거짓이나 그 밖의 부정한 방법으로 평가 또는 확인점검을 받은 경우

4의7. 제32조제1항에 따른 **질병의 치료**와 **예방조치**를 하지 아니한 경우

4의8. 제33조에 따른 균형 있고 위생적이며 **안전한 급식**을 하지 아니한 경우

5. 제38조에 따른 **보육료 등**을 한도액을 **초과**하여 받은 경우
6. 제42조에 따른 보고를 하지 아니하거나 **거짓으로 보고**한 경우 또는 **조사 · 검사**를 **거부**하거나 **기피**한 경우
7. 제43조제1항에 따른 신고를 하지 아니하고 **어린이집**을 **폐지**하거나 일정기간 운영을 **중단**하거나 **운영**을 **재개**한 경우

7의2. 제43조의2제2항을 위반하여 **휴원**하지 아니하거나 **긴급보육수요**에 대비한 조치를 하지 아니한 경우

8. 제49조의2에 따른 **정보의 공시**에 관한 사항을 위반한 경우

○ 지도점검 시 종전, 위반사항이 있어 시정명령 하였으나 그 후 재차 위반한 경우 **1차 위반**으로 보아 **운영정지 처분**하여야 함

(예시 : 영유아보육법 시행규칙 제38조제1항【별표9】)

○ 양도에 따른 대표자 변경인가를 받지 않고 운영한 경우

▸1차 위반 : 운영정지 3개월, 2차 위반 : 운영정지 6개월 처분함

○ 유통기한이 지난 원료 또는 완제품을 음식물 조리에 사용하거나 보관한 경우
▸1차 위반 : 운영정지 1개월, 2차 위반 : 운영정지 3개월 등

2. 행정처분 기준[12)]

1 어린이집 대표자 및 원장 등 보육교직원이 위반사항에 대하여 확인서 작성을 거부할 시 ⇒ 강제할 수 없음

○ 확인서를 반드시 징구해야 행정처분을 할 수 있는 것이 아님
위반사항에 대하여 증빙자료로 처분 등이 가능함

2 고발이나 수사의뢰하는 경우

○ 사전통지나 청문절차 등 절차 없이 형사소송법 절차로 진행함

3 어린이집에 대한 운영정지처분 6개월 기간은 나누어서 처분할 수 있는지

○ 행정제재처분의 통상연속적인 기간을 정지시키는 처분임에도 분할하여 처분하는 경우 제재처분의 효과 및 그 취지훼손 등 여지 있어 재량권일탈 및 남용 소지 있음-나누어 처분 불가

4 어린이집 폐쇄명령 당시 2개시설의 대표자인 경우 명령대상 어린이집은

○ 영유아보육법 제26조 각호 해당하는 사유가 발생하면 결격사유로 삼고 있어 당초 명령대상 아닌 어린이집도 결격사유에 해당됨

5 어린이집 건물융자금에 대한 원금 지출을 하였을 경우-여입

○ 재무회계규칙에 의하면 운영비 지출허용 범위는 건물임대료, 융자금 이자, 차량 할부금으로 한정하고 있어 원금상환은 사회복지사업[13)]에 의한 개선명령 사유에 해당하므로 여입조치 하여야 함

---

12) 보건복지부 2019년 하반기 어린이집 지도점검 담당 공무원 역량강화교육 41면~55면참조
13) 사회복지사업법 제40조(시설의 개선, 사업의 정지, 시설의 폐쇄 등) 제1항 제4호

⑥ 어린이집이 법 개정 전과 법 개정 후의 위반행위가 중첩되어 있을 경우 법적용 여부-신법 또는 구법

○ 법 개정 전의 위반 행위를 판단함에 있어 위반행위 종료일을 기준으로 판단 하여야 할 것으로 개정 전 법 위반행위가 개정 후까지 지속되었다면 신법이 적용되어야 할 것임

⑦ 어린이집 종전 대표자의 부정수급 사실이 적발된 경우 - 승계가능

○ 양도이전의 양도인(전 대표자)의 위법행위를 이유로 양도이후 양수자에 대한 행정처분 승계조항 적용이 가능함

다만, 양수인이 양도인(전 대표자)의 위법행위를 알지 못하였음을 입증한 경우 면책이 가능함

아울러, 양도인(전 대표자) 고발조치 및 전 원장에 대하여 행정처분이 가능

⑧ 영유아보육법 제22조의2(명의대여 등의 금지)를 위반한자는 같은 법 제47조에 의하여 자격취소 할 수 있으나, 이는'자격증을 대여한 자'에게만 해당하고 '자격증을 대여 받은' 원장이나 보육교사의 자격취소 여부-불가

○ '자격증을 대여 받은'원장이나 보육교사의 자격취소는 불가

다만, 원장이나 보육교사가 자격정지 처분을 받고도 그 자격정지 처분기간 이내에 타인의 자격증을 대여 받아 이를 사용하여 자격관련 업무를 수행한 경우라면 영유아보육법 제48조 제1항 제6호 규정에 따라 자격취소가 가능할 것으로 보임

⑨ 시정명령 처분 시에도 운영정지 등의 행정처분과 같이 사전에 의견제출 기회를 부여하여야 하는지 여부-부여해야 함

○ 사전 의견 제출기회를 부여하여야 함

다만, 다음과 같은 경우에는 사전 의견제출 기회를 주지 않을 수 있음

㉮ 공공의 안전 또는 복리를 위하여 긴급히 처분을 할 필요가 있는 경우,

㉯ 법령 등에서 요구된 자격이 없거나 없어지게 되면 반드시 일정한 처분을 하여야 하는 경우에 그 자격이 없거나 없어지게 된 사실이 법원의 재판 등에 의하여 객관적으로 증명된 경우

㉰ 당해 처분의 성질상 의견청취가 현저히 곤란하거나 명백히 불필요하다고 인정될 만한 상당한 이유가 있는 경우

㉱ 당사자가 의견진술의 기회를 포기한다 뜻을 명백히 표시한 경우

10 대표자가 어린이집 사기 및 보조금부정수급으로 법원 형사판결을 받아 현재 구속 중 일 때(어린이집은 폐쇄) 그 대표자에게 행정처분을 하고 보조금을 환수하여야 하는데 구속 중인 대표자에게 통지서를 보내고 등 행정처분을 진행 할 수 있는지 여부-가능함

○ 대표자가 수사과정 또는 재판 진행 중에 구속되었다고 하여 구속된 피고인의 법적지위 및 행위능력 등은 행정처분과 관련하여 제한되는 것이 아니며 사전통지 및 의견청취 등의 행정절차 및 행정처분의 진행이 가능함

설령, 징역형이 확정되어 형이 집행중인 수형자의 경우에도 그 법적지위 및 행위 능력 등은 행정처분 관련하여 제한되는 것이 아니므로 사전통지 및 의견청취 등의 행정절차 및 행정처분의 진행이 가능함 (별개의 차원임)

11 영유아보육법 제45조2 과징금 처분시 과징금 산정기준의 연간 총수입금액 기준

○ 어린이집이 수령한 보조금, 보육료와 그 밖의 필요경비를 모두 합산한 연간 총 수입금액이 해당됨. 그러므로, 과년도 이월금, 차입금, 전입금 등 연간 총 수입금액에서 제외하는 것이 상당함

12 대표자가 2개의 어린이집을 운영하는 경우 하나의 통학버스로 2개 어린이집을 운행하는 경우 행정처분 여부

○ 영유아보육법과 도로교통법에 어린이 통학버스는 반드시 하나의 어린이집 당 1대의 통학버스로 제한하는 명문 규정이 존재하지 않고 있어 단순히 2개의 어린이집에서 1대의 어린이통학버스를 운영하는 것만을 사유로 행정처분할 수는 없다고 보임

다만, 어린이 통학버스에 대하여 그 운영비, 인건비 등을 2개의 어린이집에서 각 지출함으로 부당하게 그 비용을 부풀려 지급받았다면 이는 보조금의 부정수급 내지 유용으로 볼 수 있을 것으로 보임

13 어린이집 보육교사에 의한 아동학대가 발생하여 원장이 양벌규정에 따라 법적처벌을 받았을 경우 직접적으로 아동복지법 제17조에 규정된 금지행위를 하지 않는 원장에게도 영유아보육법 제48조 제1항 제3호에 따라 원장자격취소 처분을 할 수 있는지 여부－처분할 수 없음

○ 어린이집 보육교사에 의한 아동학대가 발생한 어린이집 원장이 아동복지법 제74조(양벌규정)에 따른 벌금형의 형사처벌을 받은 경우에는 직접 아동학대행위로 인한 처벌받은 것이 아니고 그 위반행위를 방지하기 위하여 해당 업무에 관하여 상당한 주의와 감독을 게을리 하지 아니한 경우에 해당되어 처벌받은 것으로 본질적으로 달라 영유아보육법 제48조 제1항 제3호에 따라 원장자격취소 처분을 할 수 없다고 보임

※ 종전 양벌규정 위헌결정

종전 행위자외 양벌규정 위헌결정

○ 종전 양벌규정인 『법인이나 단체의 대표자 또는 법인이나 단체 · 개인의 대리인 · 사용인 기타의 종사자가 그 법인이나 단체 또는 개인의 업무에 관하여 제31조의 위반행위를 한 때에는 그 행위자를 처벌하는 외에 그 법인이나 단체 또는 개인에 대하여도 각 본조의 벌금형을 과한다.』 라는 규정은 **'책임 없는 자에게 형벌을 부과할 수 없다.'**며 단순히 법인 등이 고용한 종업원 등이 업무에 관하여 범죄행위를 하였다는 이유만으로 법인 등에 대하여 형사처벌을 과하고 있는바, 이는 다른 사람의 범죄에 대하여 그 책임 유무를 묻지 않고 형벌을 부과함으로써 법치국가의 원리 및 죄형법정주의로부터 도출되는 **책임주의원칙에 반하여 헌법에 위반된다**는 취지로 헌법재판소가 **위헌결정** 함 (헌법재판소 2009. 7. 30 자 2008헌가14 결정, 헌법재판소 2010. 9. 30 자 2010헌가19 결정 등)

○ 이후 『법인의 대표자나 법인 또는 개인의 대리인, 사용인, 그 밖의 종업원이 그 법인 또는 개인의 업무에 관하여 제54조의 위반행위를 하면 그 행위자를 벌하는 외에 그 법인 또는 개인에게도 해당 조문의 벌금형을 과(科)한다. 다만, 법인 또는 개인이 그 위반행위를 방지하기 위하여 해당 업무에 관하여 상당한 주의와 감독을 게을리하지 아니한 경우에는 그러하지 아니하다』 라고 개정하여 위헌법률 소지를 벗어났음

○ 이에 따라 보육교사가 아동학대 행위로 인하여 처벌받았으나 양벌규정에 따라 그 위반행위를 방지하기 위하여 해당 업무에 관하여 상당한 주의와 감독을 게을리 하였음을 위반하여 처벌받은 원장에게 영유아보육법 제48조 제1항 제3호 '「아동복지법」 제3조제7호의2에 따른 아동학대관련범죄로 처벌을 받은 경우'에 해당되지 아니하여 이를 근거로 자격취소는 불가한 것임

※ 아동학대 '정서적 학대', '신체학대'와 같은 처벌－합헌결정

아동복지법 제17조와 제71조 제1항 제2호 위헌여부－합헌
○ 어린이집 교사가 아동을 때리고 징역4월, 벌금 500만원 선고받자 **위헌제청** ▸ **아동복지법 제17조와 제71조 제1항 제2호** 5년 이하의 징역 또는 벌금 3000만 원 이하 벌금 ▸ 위헌주장 : 신체적 학대와 정서적 학대 행위를 동일한 법정형으로 처벌하는 것은 아동복지법 등이 규정하고 있는 정서학대가 불명확, 피해자의 신체에 유형력이 가해진 경우－신체적 학대인지? 정서적 학대에도 포함되는지? 그 기준이 없어 명확성의 원칙에 반한다고 주장 ○ 어떤 행위가 정서적 학대행위에 해당하는지는 아동에게 가해진 유형력의 정도, 피해 아동의 상태, 가해자의 평소 성향 등에 비춰 법관의 해석과 조리에 의해 구체화 될 수 있기 때문에 죄형법정주의의 **명확성 원칙**에 반하지 않음 (헌법재판소 2016. 04. 11.결정 2015헌바264 합헌결정)

⑭ 어린이집 이용 중인 아동의 보호자가 보육료나 필요경비를 장기간 미납시, 이동의 강제퇴소 가능여부 등 절차－불가

○ 영유아보육법에 어린이집 강제퇴소에 관한 규정이나 규칙(지침)은 없음. 다만, 영유아의 질병 또는 어린이집 폐지 등 정당한 사유가 있고 지방자치단체의 장 승인을 받은 경우에는 강제퇴소가 가능함.

⑮ 가정어린이집 대표자가 보육교사로 등록하고 회계, 임면보고, 원아상담만 하고 보육교사 역할을 하지 않으며 나머지 2개 반을 함께 보육하게 한 경우 행정처분－명이대여

1) 보조금반환명령－나머지 2개만 초과보육확인 시 기본보육료에 대한 보조금 반환명령
2) 시정명령－보육교직원 임면에 관한 허위보고, 운영기준 위반 (반 운영)
3) 어린이집운영정지－보조금 부정수급 (1개월 이상)
4) 원장자격이 있는 경우－원장 자격정지 (보조금 부정수급)

16 어린이집 기타경비의 상한선(특별활동비 등)을 미 준수 했을 때 행정처분은 시정명령인바 시정명령 시 이미 운영비로 사용한 특별활동비를 상환금액이상에 대해 부모에게 반환하라고 할 수 있는지 여부-반환가능

○ 특별활동비 한도액 초과금은 운영비에 사용되었다하여도 사용처와 무관하게 전액 부모에게 반환하라는 시정명령이 가능함(영유아보육법 제44조제5호)

* **영유아보육법 제38조(보육료 등의 수납)** 제12조부터 제14조까지의 규정에 따라 어린이집을 설치·운영하는 자는 그 어린이집의 소재지를 관할하는 **시·도지사가 정하는 범위**에서 그 어린이집을 이용하는 자로부터 **보육료와 그 밖의 필요경비 등**을 받을 수 있다. 다만, 시·도지사는 필요시 어린이집 유형과 지역적 여건을 고려하여 그 기준을 다르게 정할 수 있다.

III

17 어린이집 사정으로 9개월 동안 휴원 한 어린이집에 대하여 운영정지 처분으로 과징금을 납부 받으려면 전년도 1년 총수입 산정에 대한 기간을 어떻게 정해야 하는지 -전년도 기준(처분일이 속하는 연도의)

○ 영유아보육법 시행령 별표1의4 과징금의 산정기준과 '바'에 따라 연간 총수입금액은 해당 어린이집에 대한 처분일이 속한 연도의 전년도 1년 총수입급액을 기준으로 함. 다만, 전년도 1년간 총수입금액을 산정 할 수 없거나 전년도 1년간 총수입금액를 기준으로 하는 것이 불합리하다고 인정되는 경우에는 분기별, 월별 또는 일별 금액을 기준으로 산정하거나 조정해야 함

18 보육교사 처우에 관한 보조금 부정수급이 적발되어 보조금 반환명령을 할 경우 처분 대상-대표자

○ 어린이집 대표자 (어린이집 설치·운영자)

19 아동학대 행정처분 시기여부

1) 아동보호전문기관에서 아동학대 의심사례로 판정통보 즉시 행정처분
2) 수사기관에 고발 후 검찰청으로부터 벌금 등 처분결정통지를 받은 후 행정처분
3) 형사소송 판결까지 확인 후 행정처분

○ 형사처벌과 행정처분은 별개(입법취지와 법익이 각 다름)이므로 위 1)~3) 모두 처분 가능함

한편, 경찰의 사건송치 시 검찰로 제출되는 수사의견서를 받은 후 이를 근거로 행정처분을 진행하는 것이 행정청 가장 용이한 행정처분 방법으로 보임

* 장기간 행정처분 하지 않을 경우 민원제기, 행정처분 누락, 신뢰원칙 위반여지 있음으로 주의

⑳ 어린이집 보조금을 이외의 금액을 사적사용 등으로 사용하여 적발했다면 보육료 유용(횡령)으로 적용가능여부 – 개선명령 대상

○ 어린이집 보조금 이외의 금액을 사적사용 등으로 적발한 사항에 대해 보육료 유용(횡령)으로 판단하기 어려우므로(보조금, 필요경비 등 금전혼화로 특정 곤란) 사회복지법인 및 사회복지시설 재무회계규칙 제15조에 따라 예산의 목적외 사용을 금지하므로 개선명령 처분 대상임

* 사회복지사업법 제40조(시설의 개선, 사업의 정지, 시설의 폐쇄 등) 제1항 제4호, 개선명령
* 사회복지사업법 시행규칙 제26의2(행정처분의 기준) 【별표4 】 2. 개별기준 4호 가목

㉑ 어린이집 원장이 대학교 비 전임교원(겸임조교수, 특임교수)으로 학기별 3~4과목(주 6시간에서 12시간 강의)을 주 · 야간으로 강의하여 월급여를 지원받은 경우 행정처분 여부 – 시정명령

○ 영유아보육법 제44조의 제3호 규정에 따라 같은법 제17조제5항 보육교직원의 배치기준에 따라 어린이집 원장은 전임이어야 하므로 다른 어린이집, 사회복지시설, 유치원 및 종교시설 등의 업무를 겸임할 수 없도록 시정명령 대상임(영유아보육법 제44조 제3호). 다만, 행정청에서 원장에게 보조금을 지급하는 경우에는 보조금 반환명령을 할 수 있을 것으로 보이나 그러하지 아니한 경우 시정명령 대상임

보육교사의 전임의무

보육교사 인건비에 대한 보조금은 해당 보육교사가 기준 운영시간 범위에 따른 당해 보육시설의 통상적인 운영시간 중에 **담당 업무에 전임하고**, 그 전임 근무시간이 8시간 이상임을 전제로 지급되는 것임
(대법원 2013. 6. 13. 선고 2012두2436판결)

원장(보육시설의 장)의 전임의무

보육시설의 장이 보육업무 외의 다른 일을 별도의 업으로 삼아야 하는 것은 특별한 사정이 없는 한 시행규칙 조항에 따라 허용되지 않는다고 보아야 하며, 다른 업무의 수행이 영리를 주된 목적으로 한 것이 아니라거나 보육시설의 운영시간과 물리적으로 겹치지 않는다 하여 이와 달리 볼 것은 아니다.(대법원 2014. 2. 27. 선고 2012두14484판결)

* 영유아보육법 제18조(보육교직원의 직무) ① 어린이집의 원장은 어린이집을 총괄하고 보육교사와 그 밖의 직원을 지도 · 감독하며 영유아를 보육한다.

② 보육교사는 영유아를 보육하고 어린이집의 원장이 불가피한 사유로 직무를 수행할 수 없을 때에는 그 직무를 대행한다.

* 영유아보육법시행규칙 제10조(보육교직원의 배치기준) 【별표2】 2. 가. 어린이집의 **원장은 전임**이어야 하며, 다른 어린이집, 사회복지시설, 유치원 및 종교시설 등의 업무를 겸임할 수 없다.

22 2017년도 적립형 보험가입은 불가한 것으로 보이는데 어린이 집 원장이 2015년도에 적립금(목)으로 중도해지가 불가한 보험에 가입하여 지속적으로 보험료 납부 중인 것으로 확인되었을 경우 행정처분 여부-명의변경

○ 적립형 보험은 2017년 3월이후 가입이 불가한 실정임
다만, 이미 가입한 적립형 보험의 경우 계약자와 피보험자는 어린이집 명의로 관리되어야 하므로 계약자 피보험자 모두 어린이집 명의로 되어 있는지 확인 후 그러하지 아니한 경우 변경이 필요하다고 보임

㉓ 어린이집 원장(대표자)이 보육교직원 급여 등 어린이집 운영이 어려워 장기차입을 하고자 함. 그러나 개인채무로 인하여 금융기관에서 대출이 어려워 개인보험에서 약관대출을 하고자 하는 경우－가능

○ 장기차입 하는 경우 금융기관에서의 차입원칙임. 이 경우 장기차입은 불가하나 일시적인 차입은 가능 단기차입을 검토함이 상당함
단기차입의 경우에도 금융기관으로부터 차입이 원칙임, 다만 금융기관으로부터 차입이 어려운 경우 금융기관이 아닌 개인(단, 해당 어린이집 대표자, 원장 제외)으로부터 차입은 가능함
아울러, 개인 간의 차입으로 인한 이자 지출시 제1금융권 대출금리를 준용하여 책정해야함

㉔ 어린이집에 임면된 조리원이 인근 별도건물의 유치원에서 근무하고 있으나, 유치원과 어린이집 급식을 유치원에서 함께 조리한 후 어린이집으로 가져와 급식으로 배부했을 경우 행정처분－사안검토 처분

○ 영유아에게 제공되어야 하는 급식은 어린이집에서 직접 조리하여 제공함이 원칙임(영유아보육법시행규칙 제23조【별표8】 3.나.3))
조리원 관련 보조금 부정수급 여부를 판단하기 위해서는 실제 해당 조리원이 어린이집 관련 조리업무를 수행하였는지, 유치원내 조리원은 별도 채용되었는지, 근로계약체결 내용 등 실제 업무 수행내용 및 범위에 대한 사항이 검토되어야 할 것으로 보임

㉕ 어린이집 원장 네트워크 카메라를 동의 없이 운영하였으며 소리녹음도 하였을 경우 이에 따른 행정처분－시정명령과 벌칙적용

○ 네트워크 카메라를 설치·운영하고자 할 경우 보호자 및 보육교직원 전원으로부터 어린이집 영상정보처리기기 설치·운영 가이드라인 별지 제5호 서식(어린이집 네트워크 카메라 설리(운영) 동의서)으로 서면동의를 받아야 함. 이를 위반하는 경우에는 폐쇄회로 텔레비전의 설치 위반사항으로 영유아보육법 제44조 제2호의2 시정·변경명령, 영유아보육법 제54조제2항제3호 벌칙적용 대상으로 보임

26 어린이집 원장이 학부모의 CCTV 열람요청으로 인해 영상자료가 60일 이상 보관되지 않음을 확인하여 CCTV 설치 및 수리업체에 의뢰하였으나 내부보조 배터리 방전 등으로 특정시간 녹화 영상을 볼 수 없는 문제가 있다고 확인서를 받았을 경우에 과태료 처분 여부–사안검토 처분

○ 어린이집 원장은 어린이집 내 영상정보처리기기 설치 · 운영 등과 관련하여 주기적으로 점검하여야 하며 이상이 발견되는 경우 즉시 필요조치를 강구해야 함
만일 CCTV 영상정보가 고장 등으로 60일 이상 저장되지 않은 경우 관련 책임자가 그 관리의무를 충분히 하였는지 여부를 검토하여 행정처분 여부를 결정하여야 함

27–1 어린이집 CCTV 상 · 하반기 점검시 관리업체에서 CCTV 기계적 결함 사유로 영상정보 저장이 되지 않았음을 확인 받았다고 할 경우, 면책 여부–불가

27–2 또한, 월 1회 주기적으로 CCTV를 관리하던 도중 업체에 고장으로 인한 수리를 의뢰하였을 경우 수리가 완료될 때까지 저장이 되지 않은 부분의 면책가능여부

○ 어린이집 CCTV 관리업체에서 기계적 결함 사유로 영상정보 저장이 되지 않았음을 확인 받았다고 할 경우, 월 1회 주기적으로 CCTV를 관리 · 점검 하지 않아 기계적 결함을 발견하지 못한 경우 면책이 불가능함
다만, 월1회 주기적으로 CCTV를 관리 · 점검 중 고장을 발견하여 업체 수리를 진행하고 그 수리가 완료될 때까지 영상을 저장하지 못한 사항은 행정청의 판단에 따라 **면책이 가능함**

3. 행정처분과 공표

어린이집 지도점검결과 다음사유에 해당하는 경우에는 영유아보육법령 제45조 내지 제48조에 따라 행정처분 또는 법 제49조의3에 따라 공표를 하여야 함

행정처분 내용	위 반 사 유	비 고
운영정지 · 폐쇄	영유아보육법 제45조제1항 각호에 해당하는 경우	
과징금	영유아보육법 제45조의2에 해당하는 경우	
보육교직원 자격정지	영유아보육법 제46조 또는 제47조 각호에 해당하는 경우	
보육교직원 자격취소	영유아보육법 제45조제1항 각호	
이행강제금	영유아보육법 제48조제1항 각호에 해당하는 경우 직장어린이집 미설치	보건복지부장관이 직접처분
위반사실 공표	영유아보육법 제49조의3에 해당하는 경우	행정처분이 종료되고 집행된 처분. 다만, 소송종결 되지 않은 경우제외

4. 비용 · 보조금 지원기준 위반 시 조치사항14)

(1) 비용 및 보조금의 반환명령(영유아보육법 제40조)

○ 국가 또는 지방자치단체는 어린이집의 설치 · 운영자, 육아종합지원센터의장, 보수교육 위탁실시자 등이 다음 각 호의 어느 하나에 해당하는 경우에는 이미 교부한 비용 및 보조금의 전부 일부의 반환을 명할 수 있음

▸ 어린이집의 운영이 정지 · 폐쇄 또는 취소된 경우

▸ 사업 목적 외에 보조금을 사용한 경우

▸ 거짓이나 그 밖의 부정한 방법으로 보조금을 교부받은 경우

▸ 착오 또는 경미한 과실로 보조금을 교부받은 경우로서 보건복지부령이 정하는 사유에 해당하는 경우

* 보조금의 관리에 관한법률 제33조에 따라 보조금 지급요건을 갖추지 못한 경우 보조금 반환

* 영유아보육법 제40조 제5호, 영유아보육법시행규칙 제35조의9에서 규정한 **착오나 경미한 과실**로 보조금을 받은 경우에 한하여 어린이집 계좌에서 반환 가능함

14) 보건복지부 「2019 보육사업안내」 126면 "비용 및 보조금 지원 기준 위반사항 조치사항" 참조

* 착오 또는 경미한 과실로 보조금을 교부받은 경우

영유아보육법시행규칙 제35조의9법 제40조제5호에서 "보건복지부령이 정하는 사유에 해당하는 경우"란 다음 각 호의 어느 하나에 해당하는 경우를 말한다.

1. **최근 3년간** 법 제40조제5호에 따른 보조금 반환명령을 받지 아니한 어린이집으로서 **영유아 1명**(같은 가구의 여러 명의 영유아는 1명으로 본다)에 대한 **출석일수를 한 차례만** 사실과 다르게 보고하여 보조금을 교부받은 경우
2. 최근 3년간 법 제40조제5호에 따른 보조금 반환명령을 받지 아니한 어린이집으로서 영유아에 대한 출석일수를 사실과 다르게 보고하여 교부받은 보조금이 **소액**이고, 그 보조금을 **교부받은 날부터 14일 이내**에 해당 사실을 특별자치도지사 · 시장 · 군수 · 구청장에게 알린 경우

○ 반환명령 후 기한 내 반환하지 않는 경우

▸ 운영정지 처분(영유아보육법 제45조)

▸ 국세 및 지방세 징수의 예에 따른 강제징수 처분(보조금의 관리에 관한법률 제33조)

▸ 보조금교부 일시정지 또는 보조금 상계처리(보조금의 관리에 관한법률 제32조)

(2) 어린이집 운영정지 · 폐쇄 등(영유아보육법 제45조)

○ 국가 또는 지방자치단체는 어린이집의 설치 · 운영자가 보조금을 유용하거나 허위 그 밖의 부정한 방법으로 보조금을 교부받은 경우

▸ 행정처분세부기준에 따라 처분 : 영유아보육법 시행규칙 제38조제1항【별표9】

○ 시장 · 군수 · 구청장은 어린이집이 운영정지 또는 폐쇄되는 경우

▸ 보육중인 영유아를 다른 어린이집으로 전원하는 등 영유아의 권익보호 조치

▸ 전원계획 시 의견수렴 등을 위해 부모, 전문가 등으로 구성된 협의체를 구성할 수 있음

○ **운영정지에 갈음하는 과징금 부과제도**

▸ 운영정지가 영유아, 학부모에게 심한불편을 주는 경우, 운영정지에 갈음한 과징금 부과

* 2011. 12. 8일 이후 최초로 운영정지를 명하여야 하는 경우(확정처분일)부터 적용

▸ 모든 위반행위를 과징금으로 갈음하는 것이 아니며 운영정지가 영유아, 부모에게 심한 불편을 주거나 공익을 해칠 우려가 있는 경우에 한하여 적용

행정청이 어린이집 운영정지 처분을 할 것인지 또는 이에 갈음하여 과징금을 부과할 것인지를 선택할 수 있는 재량이 인정된다.

구 영유아보육법(2013. 6. 4. 법률 제11858호로 개정되기 전의 것, 이하 같다) 제45조 제1항 제1호, 제4항, 제45조의2 제1항, 구 영유아보육법 시행규칙(2013. 8. 5. 보건복지부령 제202호로 개정되기 전의 것) 제38조 [별표 9]의 문언 · 취지 · 체계 등에 비추어, 구 영유아보육법 제45조 제1항 각 호의 사유가 인정되는 경우, 행정청에는 운영정지 처분이 영유아 및 보호자에게 초래할 불편의 정도 또는 그 밖에 공익을 해칠 우려가 있는지 등을 고려하여 어린이집 운영정지 처분을 할 것인지 또는 이에 갈음하여 과징금을 부과할 것인지를 선택할 수 있는 재량이 인정된다.(대법원 2015. 6. 24. 선고 2015두39378판결)

※ 운영정지가 영유아 · 부모에게 심한 불편을 주는 경우

운영정지가 영유아, 부모에게 심한 불편을 주는 경우

① 인근에 이용가능 어린이집 자체가 없거나 정원충족으로 실질적으로 이용이 어려운 경우
(도시) 해당 어린이집이 위치한 동 및 해당 동과 경계를 인접하고 있는 인접 내에 이용 가능한 어린이집이 없는 경우
(농어촌 등) 읍 또는 면내에 이용 가능한 어린이집이 없는 경우, 섬지역인 경우
장애아와 만0세아(만12개월 미만의 영아) 현원이 전체 현원의 30%이상인 어린이집

② 운영정지가 공익에 해칠 우려가 있다고 보기 어려운 경우
이러한 경우 ①에 해당한다 하더라도 과징금 대체처분 불가

- 사회적으로 용인될 수 없는 고의 · 중대한 위반
- 보조금의 반환명령을 받고도 반환하지 아니한 경우
- 아동학대 또는 안전관리 소홀 등으로 영유아의 중대한 생명 · 신체 · 정신적 피해가 발생한 경우
- 비위생적인 식자재를 재가공하여 급식으로 제공하거나 부적절한 급식관리가 상습적으로 발생한 경우

(3) 어린이집 원장의 자격정지

○ 해당업무 수행에 필요한 자격증이 없는 자를 채용하여 보육교사 · 간호사 또는 영양사 등의 업무를 수행하게 한 경우

○ 거짓이나 그 밖의 부정한 방법으로 보조금을 교부받거나 보조금을 유용한 경우에는 1년 이내의 범위에서 그 자격을 정지시킬 수 있음.

(4) 보조금 등 위반 형사처벌 (영유아보육법 제54조)

○ 거짓이나 그 밖의 부정한 방법으로 보조금을 교부받거나 보조금을 유용한 자는 3년 이하의 징역 또는 3천만원 이하의 벌금에 처함

5. 시정명령 등 행정처분 사례

(1) 시정(변경)명령

○ 폐쇄회로 텔레비전 영상정보 보관기준을 위반 사례 【별지 14】
급식관리 기준을 위반 (유통기간 경과, 미준수)

○ 어린이집 운영기준 위반 (보관식품 유통기한 경과, 미 준수) 사례 【별지 15】
영유아보육법 제44조에 따른 시정명령을 하였으나 재차위반 (1차 위반)
운영정지처분을 과징금부과 처분으로 갈음하여 처분

(2) 행정처분

○ 원장자격 명의대여 위반 사례 【별지 16】

○ 부정한 방법에 의한 보조금 부정수령 및 어린이집 폐쇄 사례 【별지 17】
보조금반환명령, 어린이집 폐쇄

○ 부정한 방법에 의한 보조금 부정수령 및 원장자격정지 사례 【별지 18】

○ 아동학대로 인한 원장 자격정지 사례 【별지 19】

※ 고지서의 구분

명 칭	내 용
납입고지서	사전징수결정에 의하여 징수하는 수입으로 국 · 공유재산 수입, 분담금. 부담금, 사용료, 수수료, **과태료, 과징금, 이행강제금**, 기타법령에 의한 수입 또는 쌍무계약에 의한 수입을 위한 것은 납입고지서를 발부 징수함.(지방회계법 제21조)
납부서	수입과 동시에 징수결정 하는 수입으로 수입과 동시에 징수결정 하는 수입으로 기부금, 보조금, 이자수입, 전입금, 기타 사전에 징수결정하기 곤란한 수입
납입서	수입금 출납원이 영수한 현금을 시와 도 금고에 납입하는 수입
납세고지서	지방세징수법, 지방자치단체의 조례에 의하여 지방세를 부과 · 징수하고자 할 경우에 미리 납세고지서를 발부하여 지방세를 징수

【별지 12】

□□ 시 · 군 · 구청

수신 ○○○ 어린이집 대표자 및 원장 귀하

(경유)

제목 어린이집 행정처분 통보(○○○ 어린이집)

---

1. 귀 어린이집의 건강과 행복이 가득하시길 기원합니다.
2. 영유아보육법 제44조(시정 또는 변경 명령)의 규정에 의거 붙임과 같이 행정처분 (시정명령) 통보하오니 조치 이행하시기 바라며,
3. **시정명령 후 미 이행이나 재차위반 (가까운 장래에 동일한 위반행위 반복 금지)시에는 운영정지 처분**됨을 알려드리오니 향후, 관련 규정을 준수 하여 어린이집을 운영하여 주시기 바랍니다.

붙임 1. 행정처분 통지서 1부.

2. 행정처분에 대한 구제절차 안내 1부.

3. 행정심판 국선대리인 선임신청 안내 1부. 끝.

□□ 시장 · 군수 · 구청장

주무관 팀장 과장 전결

협조자

시행 접수

우 /

전화번호 팩스번호 / / 비공개

행정처분 통지서

<table>
<tr><td>어린이집
소 재 지</td><td colspan="3">○○시 · 도 ○○시 ○○로(길) ○○동 ○○호</td></tr>
<tr><td>어린이집명
대 표 자
(원 장)</td><td>○○○ 어린이집
□□□(△△△)</td><td>주민등록번호</td><td>****** – *******
(****** – *******)</td></tr>
<tr><td>위반내용</td><td colspan="3">○ 급식관리 미 준수
– 유통기한 경과한 원료를 보관함
▶ 두부 유통기한 : 0000. 01. 22
○ 폐쇄회로 텔레비전(CCTV) 영상정보 보관 기준 미 준수
– CCTV 영상 영상정보 60일 이상 보관하지 않음.
· 영상 저장 정보 확인 0000/1/1 ~ 0000/2/25까지 저장 확인(55일)</td></tr>
<tr><td>행정처분
내 용</td><td colspan="3">○ 시정명령
– 유통기한이 지난 원료 또는 완제품 사용 및 보관 금지
– CCTV영상 영상정보 60일 이상 보관할 것
○ 과태료 처분
– 폐쇄회로 텔레비전 영상정보 60일 이상 저장 의무 미 이행
과태료 50만원</td></tr>
<tr><td>처분근거</td><td colspan="3">□ 영유아보육법 제24조(어린이집 운영기준 등)
□ 영유아보육법 제33조(급식관리)
□ 영유아보육법 제44조(시정 또는 변경 명령) 제4호
□ 영유아보육법 제15조의4(폐쇄회로 텔레비전의 설치 등)3항
□ 영유아보육법 제44조(시정 또는 명령)2의2호
□ 영유아보호법 제56조 및 법 시행령 제27조 [별표 2] 과태료의 부과기준</td></tr>
<tr><td colspan="4">○ 위 시정명령을 미 이행, 장래 동일 위반 행위 시 영유아보육법 제45조제1항 규정에 따라 어린이집 운영정지 또는 어린이집 폐쇄 될 수 있습니다.</td></tr>
<tr><td>불복절차</td><td colspan="3">○ 행정처분에 대한 구제절차 참조(붙임)</td></tr>
<tr><td colspan="4">. . .
○○ 시장 · 군수 · 구청장</td></tr>
</table>

행정심판 국선대리인 신청 안내

1. 행정심판 청구인이 다음 요건 중 어느 하나를 충족하는 경우에는 당해 사건의 국선대리인 선임을 신청할 수 있습니다.

   ① 「국민기초생활보장법」 제2조제2호에 따른 수급자
   ② 「한부모가족지원법」 제5조 및 제5조의2에 따른 지원대상자
   ③ 「기초연금법」 제2조제3호에 따른 수급자
   ④ 「장애인연금법」 제2조제4호에 따른 수급자
   ⑤ 「북한이탈주민의 보호 및 정착지원에 관한 법률」 제2조제2호에 따른 보호대상자
   ⑥ 그 밖에 위원장이 경제적 능력으로 인해 대리인을 선임할 수 없다고 인정하는 자

2. 행정심판 청구인이 국선대리인 선정을 원하시는 경우 붙임 「국선대리인 선임 신청서」를 작성하여 위원회 심리기일 전까지, 위 1.의 요건 중 어느 하나에 해당하는 자임을 소명하는 서류와 함께 소관 행정심판위원회에 제출하여 주시기 바랍니다.

※ 제출기한까지 미제출 시 국선대리인을 지원받을 수 없으므로 가급적 행정심판청구 시 국선대리인 선임신청도 함께 해 주시기 바람

3. 위 1.의 요건 중 어느 하나에 해당하는 자임을 소명하는 서류는 아래 표와 같으며, 신속한 처리를 위해 최신의 서류로 제출하여 주시기 바랍니다.

【별지 13】

□□ 시 · 군 · 구청

수신 ○○○ 어린이집 대표자 및 원장 귀하

(경유)

제목 어린이집 행정처분 통보(과징금 부과처분, ○○○ 어린이집)

1. 귀 어린이집의 건강과 행복이 가득하시길 기원합니다.
2. 귀하는 영유아보육법 제24조 및 같은법 33조에 따른 급식관리기준을 위반하였기에 같은법 제45조(어린이집의 폐쇄 등) 및 같은법 제45조의2(과징금 처분) 규정에 따라
3. 붙임과 같이 운영정지 처분을 갈음하여 과징금을 부과하오니 0000.11.30. (금)까지 납부하시기 바랍니다.
4. 납부기한이 경과하여도 납부하지 않을 경우에는 국세 또는 지방세 체납처분의 예에 따라 재산의 압류 등 체납처분 절차가 진행됨을 알려드립니다.

붙임 1. 행정처분 통지서 1부.

2. 행정처분에 대한 구제절차 안내 1부.

3. 납입고지서 1부. (별첨) 끝.

□□ 시장 · 군수 · 구청장

주무관	팀장	과장	전결	
협조자				
시행		접수		
우			/	
전화번호	팩스번호	/		/ 비공개

행정처분 통지서

소 재 지	○○시 · 도 ○○시 ○○로(길) ○○동 ○○호		
어린이집명 대표자/원장	○○○ 어린이집 □□□(△△△)	주민등록번호	****** – ******* (****** – *******)
위반내용	○ **어린이집 운영기준 위반 (보관식품 유통기한 미준수)** – 유통기한이 지난 식재료 보관 **– 영유아보육법 제44조에 따른 시정명령을 받았으나 재 위반(1차 위반)**		
행정처분 내 용	○ **어린이집 운영정지 15일** **– 과징금으로 갈음 1,050,000원 (계산식 : 70,000원×15일)**		
처분근거	○ 영유아보육법 제24조(어린이집의 운영기준 등) 제1항 ○ 영유아보육법 제45조(어린이집의 폐쇄 등) 제1항 제3호 ○ 영유아보육법 제45조의2(과징금 처분)		
○ 위 과징금 납부명령을 이행하지 않을 경우 국세 체납처분의 예 또는 「**지방행정제재 · 부과금의 징수 등에 관한 법률**」에 따라 징수됩니다.			
과징금납부	○ 납입고지서 참조 (붙임)		
. . . ○○ 시장 · 군수 · 구청장			

【별지 14】

□□ 시 · 군 · 구청

수신 ○○○ 어린이집 ▷▷▷원장 귀하

(경유)

제목 어린이집 행정처분 통보(○○○ 어린이집 / □□□원장)

1. 귀 어린이집의 건강과 행복이 가득하시길 기원합니다.
2. 귀하는 영유아보육법 위반사항이 확인되었기에 영유아보육법 제22조의2, 같은법 제48조 제1항 제4호에 따라 붙임과 같이 행정처분 사항을 결정 통보하오니 이행에 철저를 기하여 주시기 바랍니다.
2. 또한, 이 행정처분에 대하여 이의가 있거나 불복하는 경우에는 행정심판법 제23조 내지 제27조에 의거 **행정처분이 있음을 안 날로부터 90일 이내, 행정처분 등이 있은 날부터 180일 이내**에 행정심판을 청구할 수 있음을 알려드립니다.
3. 아울러, **행정소송은 행정소송법 제20조 규정에 의거 행정처분 등이 있음을 안 날부터 90일 이내에 제기**하여야 하며, 처분 등이 있은 날부터 1년을 경과하면 이를 제기할 수 없음을 알려드리며 그 외 행정처분 구제절차에 대한 자세한 내용은 붙임 문서를 참고하시기 바랍니다.

붙임 1. 행정처분 통지서 1부.
　　 2. 행정처분에 대한 구제절차 안내 1부.

□□ 시장 · 군수 · 구청장

주무관	팀장	과장	전결	
협조자				
시행		접수		
우			/	
전화번호	팩스번호	/		/ 비공개

<table>
<tr><th colspan="4">행정처분 통지서</th></tr>
<tr><td>소 재 지</td><td colspan="3">○○시 · 도 ○○시 ○○로(길) ○○동 ○○호</td></tr>
<tr><td>어린이집명
원장</td><td>○○○ 어린이집
□□□</td><td>주민등록번호</td><td>******* – *******</td></tr>
<tr><td>위반내용</td><td colspan="3">○ 원장자격 명의대여</td></tr>
<tr><td>행정처분
내 용</td><td colspan="3">○ 원장 자격 취소【취소일 : 0000. 1. 20】</td></tr>
<tr><td>처분근거</td><td colspan="3">○ 영유아보육법 제22조의2(명의대여 등의 금지)
○ 영유아보육법 제48조(어린이집의 원장 또는 보육교사의 자격취소) 제1항 제4호</td></tr>
<tr><td colspan="4">○ 위 행정처분에 따라 영유아보육법 제20조(결격사유)에 의거 자격재교부 기한까지 어린이집에 근무할 수 없음을 알려드립니다.</td></tr>
<tr><td>불복절차</td><td colspan="3">○ 행정처분에 대한 구제절차 참조 (붙임)</td></tr>
<tr><td colspan="4">. . .
○○ 시장 · 군수 · 구청장</td></tr>
</table>

【별지 15】

□□ 시 · 군 · 구청

수신 ○○○ 어린이집 ▷▷▷대표 귀하

(경유)

제목 어린이집 행정처분 통보(○○○ 어린이집 / ▷▷▷대표)

1. 귀 어린이집의 건강과 행복이 가득하시길 기원합니다.
2. 귀 어린이집은 부정한 방법으로 보조금 수령한 사실이 확인되었기에 영유아보육법 제40조 제3호, 같은법 제45조 제1항 제1호, 같은법 시행규칙 제38조 제1항에 따라 붙임과 같이 행정처분 사항을 결정 통보하오니 이행에 철저를 기하여 주시기 바랍니다.
3. 또한, 이 행정처분에 대하여 이의가 있거나 불복하는 경우에는 행정심판법 제23조 내지 제27조에 의거 **행정처분이 있음을 안 날로부터 90일 이내, 행정처분 등이 있은 날부터 180일 이내**에 행정심판을 청구할 수 있음을 알려드립니다.
4. 아울러, **행정소송은 행정소송법 제20조 규정에 의거 행정처분 등이 있음을 안 날부터 90일 이내에 제기**하여야 하며, 처분 등이 있은 날부터 1년을 경과하면 이를 제기할 수 없으며 그 외 행정처분 구제절차에 대한 자세한 내용은 붙임 문서를 참고하시기 바랍니다.

붙임 1. 행정처분 통지서 1부.
2. 행정처분에 대한 구제절차 안내 1부.
3. 납입고지서 1부. 끝.

□□ 시장 · 군수 · 구청장

주무관　　　팀장　　　과장　　　전결

협조자

시행　　　　　　　접수

우　　　　　　　/

전화번호　　　팩스번호　　　/　　　　/ 비공개

<table>
<tr><td colspan="5">행정처분 통지서</td></tr>
<tr><td>소 재 지</td><td colspan="4">○○시 · 도 ○○시 ○○로(길) ○○동 ○○호</td></tr>
<tr><td>어린이집명
대표자</td><td colspan="2">○○○ 어린이집
▷▷▷</td><td>주민등록번호</td><td>******* – *******</td></tr>
<tr><td>위반내용</td><td colspan="4">○ 부정한 방법(보육교사 전임규정 위반)에 의한 보조금 부정수령
– 보조금 금액 : 11,796,000원
(운영비 8,295,000원 + 인건비 3,501,000원)</td></tr>
<tr><td>행정처분
내 용</td><td colspan="4">○ 보조금 반환명령 11,796,000원 (0000. 01. 30일까지)
○ 어린이집 시설폐쇄 [폐쇄일 : 0000. 02. 20]
※ 어린이집 재원아동 전원조치 계획제출
(제출기한: 0000. 02.09)</td></tr>
<tr><td>처분근거</td><td colspan="4">○ 영유아보육법 제40조(비용 및 보조금의 반환명령) 제3호
○ 영유아보육법 제45조(어린이집의 폐쇄 등) 제1항 제1호
○ 영유아보육법 시행규칙 제38조(어린이집에 대한 행정처분 등) 제1항</td></tr>
<tr><td colspan="5">○ 위 보조금 및 보육료 납부명령을 이행하지 않을 경우 국세체납처분의 예 예 또는 「지방행정제재 · 부과금의 징수 등에 관한 법률」에 따라 징수됩니다.
○ 위 어린이집 운영정지 또는 폐쇄처분을 받고도 이를 위반하여 사업(운영)을 계속할 경우 영유아보육법 제54조 제4항 제7호에 의거 형사고발 조치됩니다.</td></tr>
<tr><td>불복절차</td><td colspan="4">○ 행정처분에 대한 구제절차 참조 (붙임)</td></tr>
<tr><td colspan="5">. . .
○○ 시장 · 군수 · 구청장</td></tr>
</table>

【별지 16】

□□ 시 · 군 · 구청

수신 ○○○ 어린이집 대표자 및 원장 귀하

(경유)

제목 어린이집 행정처분 통보(○○○ 어린이집)

1. 귀 어린이집의 건강과 행복이 가득하시길 기원합니다.
2. 귀 어린이집은 부정한 방법으로 보조금 수령한 사실이 확인되었기에 영유아보육법 제40조 제3호, 같은법 제45조 제1항 제1호, 같은법 제45조의2, 같은법 제46조 제4호에 따라 붙임과 같이 행정처분 사항을 결정 통보하오니 이행에 철저를 기하여 주시기 바랍니다.
3. 아울러, 같은법 제45조의2규정에 따라 과징금은 납입기일 내에 붙임고지서에 따라 납부하여 주시기 바랍니다.
3. 또한, 이 행정처분에 대하여 이의가 있거나 불복하는 경우에는 행정심판법 제23조 내지 제27조에 의거 **행정처분이 있음을 안 날로부터 90일 이내, 행정처분 등이 있은 날부터 180일 이내**에 행정심판을 청구할 수 있음을 알려드립니다.
4. 아울러, **행정소송은 행정소송법 제20조 규정에 의거 행정처분 등이 있음을 안 날부터 90일 이내에 제기**하여야 하며, 처분 등이 있은 날부터 1년을 경과하면 이를 제기할 수 없으며 그 외 행정처분 구제절차에 대한 자세한 내용은 붙임 문서를 참고하시기 바랍니다.

붙임 1. 행정처분 통지서 및 행정처분에 대한 구제절차 안내 1부.
  2. 보조금 납부서 및 과징금 납입고지서 1부. 끝.

□□ 시장 · 군수 · 구청장

주무관	팀장	과장	전결	
협조자				
시행		접수		
우			/	
전화번호	팩스번호	/		/ 비공개

<table>
<tr><td colspan="4">행정처분 통지서</td></tr>
<tr><td>소 재 지</td><td colspan="3">○○시 · 도 ○○시 ○○로(길) ○○동 ○○호</td></tr>
<tr><td>어린이집명
대표자/원장</td><td>○○○ 어린이집
□□□ (▷▷▷)</td><td>주민등록번호</td><td>******* – *******
(******* – *******)</td></tr>
<tr><td>위반내용</td><td colspan="3">○ 부정한 방법(교사허위등록)에 의한 보조금 부정수령
– 교사 대 아동비율 위반 (만 2세 1:7기준 초과보육)
– 기본보육료 : 1,288,000원 (기본보육료 161,000원*8명)</td></tr>
<tr><td>행정처분
내 용</td><td colspan="3">○ 보조금 반환명령 1,288,000원(납부기한 : 0000. 02. 15.까지)
○ 어린이집 운영정지 45일 →
※ 과징금 갈음 3,150,000원(납부기한 : 0000. 02. 15.까지)
(계산식 : 70,000원*45일)
○ 원장 ▷▷▷ 자격정지 45일
– 45일(0000. 02. 14. ~ 0000. 03. 31.)</td></tr>
<tr><td>처분근거</td><td colspan="3">○ 영유아보육법 제40조 (비용 및 보조금의 반환명령) 제3호
○ 영유아보육법 제45조 (어린이집의 폐쇄 등) 제1항 제1호
○ 영유아보육법 제45조의2 (과징금 처분)
○ 영유아보육법 제46조 (어린이집의 원장의 자격정지) 제4호</td></tr>
<tr><td colspan="4">○ 원장 자격정지처분을 받고도 자격정지처분 기간 이내에 관련 업무를 수행한 경우 영유아보육법 제48조 제1항 제6호에 의거 원장 자격이 취소됩니다.
○ 위 보조금, 보육료 및 과징금 납부명령을 이행하지 않을 경우 국세체납처분의 예 또는 「지방행정제재 · 부과금의 징수 등에 관한 법률」에 따라 징수됩니다.</td></tr>
<tr><td>불복절차
및 과징금</td><td colspan="3">○ 행정처분에 대한 구제절차 참조(붙임)
○ 납입고지서 참조 (붙임)</td></tr>
<tr><td colspan="4">. . .

○○ 시장 · 군수 · 구청장</td></tr>
</table>

【별지 17】

□□ 시 · 군 · 구청

수신 ○○○ 어린이집 ▷▷▷ 원장 귀하

(경유)

제목 어린이집 행정처분 통보(○○○ 어린이집 / □□□원장)

1. 귀 어린이집의 건강과 행복이 가득하시길 기원합니다.
2. 귀하는 아동학대 사실이 확인되었기에 영유아보육법 제46조 제1호에 의거 붙임과 같이 행정처분 사항을 결정 통보합니다.
3. 또한, 이 행정처분에 대하여 이의가 있거나 불복하는 경우에는 행정심판법 제23조 내지 제27조에 의거 **행정처분이 있음을 안 날로부터 90일 이내, 행정처분 등이 있은 날부터 180일 이내**에 행정심판을 청구할 수 있음을 알려드립니다.
4. 아울러, **행정소송은 행정소송법 제20조 규정에 의거 행정처분 등이 있음을 안 날부터 90일 이내에 제기**하여야 하며, 처분 등이 있은 날부터 1년을 경과하면 이를 제기할 수 없음을 알려드리며 그 외 행정처분 구제절차에 대한 자세한 내용은 붙임 문서를 참고하시기 바랍니다.

붙임 1. 행정처분 통지서 1부.

2. 행정처분에 대한 구제절차 안내 1부.

3. 행정심판 국선대리인 선임 신청 안내 1부. 끝.

□□ 시장 · 군수 · 구청장

주무관	팀장	과장	전결	
협조자				
시행		접수		
우			/	
전화번호	팩스번호	/		/ 비공개

<table>
<tr><th colspan="4">행정처분 통지서</th></tr>
<tr><td>어린이집
소 재 지</td><td colspan="3">○○시·도 ○○시 ○○로(길) ○○동 ○○호</td></tr>
<tr><td>어린이집명
원장</td><td>○○○ 어린이집
□□□</td><td>주민등록번호</td><td>******* – *******</td></tr>
<tr><td>위반내용</td><td colspan="3">○ 아동학대
– 자신의 보호·감독을 받는 아동의 의식주를 포함한 기본적 보호·양육·치료 및 교육을 소홀히 함</td></tr>
<tr><td>행정처분
내 용</td><td colspan="3">○ 원장 자격정지 3개월 (0000. 01. 01. ~ 0000. 03. 31.)</td></tr>
<tr><td>처분근거</td><td colspan="3">○ 아동복지법 제17조(금지행위) 제6호
○ 영유아보육법 제46조(어린이집의 원장의 자격정지) 제1호 라목</td></tr>
<tr><td colspan="4">○ 처분기간 종료 후 3년 이내 자격정지 처분에 해당하는 행위 시
○ 영유아보육법 제46조 및 동법 제48조 규정에 의하여 원장 자격이 취소될 수 있습니다.</td></tr>
<tr><td>불복절차</td><td colspan="3">○ 행정처분에 대한 구제절차 참조(붙임)</td></tr>
<tr><td colspan="4">. . .
○○ 시장·군수·구청장</td></tr>
</table>

※ 어린이집의 원장은 어린이집을 총괄하고 보육교사와 그 밖의 직원을 지도·감독하며 영유아를 보육하여야 함에도 자신의 보호·감독을 받는 아동을 의식주를 포함한 기본적 보호·양육·치료 및 교육을 소홀히 하는 방임행위를 하여 아동복지법 제17조(금지행위) 제6호를 위반한 사례임

6. 위반사실의 명단공표

(1) 행정처분 후 공표대상 결정[15)]

행정처분 완료 후 공표대상 선정기준에 따라 선정

【공표대상 기준】

위 반 행 위	공표대상	선 정 기 준
보조금 부정수급 · 유용	어린이집	• 부정수급 · 유용으로 행정처분이 확정된 자 – 3백만원 이상인 경우 – 최근 3년간 누적금액 2백만원 이상인 경우
운영기준, 급식기준 위반으로 영유아의 생명 · 신체 · 정신에 중대한 손해를 입힌 경우	어린이집	• 행정처분이 확정된 자
아동학대로 영유아의 생명 · 신체 · 정신에 중대한 손해를 입힌 경우	원장 보육교사	• 행정처분이 확정된 자

○ 서면통지 – 행정절차법 제21조 규정을 준용함

공표대상자에게 공표 대상자임을 서면 통지하여 일정기간 내 소명자료를 제출 하거나 의견을 진술하도록 7일에서 10일정도의 준비기간을 정하여 기회를 부여

- ▸ 행정처분이 종료되고 집행이 된 행위에 대하여 대상자로 선정함
- ▸ 다만, 행정처분 집행정지 소송이 제기되거나, 소송이 확정되지 않은 경우는 제외함

* 행정청은 당사자에게 의무를 과하거나 권익을 제한하는 처분을 하는 경우에는 당사자에게 사전통지 하여야 함

○ 재검토 · 결정 – 의견제출 등 검토

소명자료를 제출 또는 의견을 개진한 경우에는 제출한 자료(의견)을 토대로 공표대상 기준에 해당하는지 여부를 다시 검토 후 최종결정

- ▸ 공표 대상자가 통지를 받은 후 기간 내 소명자료를 제출하지 않을 경우 공표대상으로 최종결정

15) 보건복지부 「2019 보육사업안내」 129~130면 "명단공표" 참조

(2) 명단 공표

○ (공표) 처분청에서는 명단 공표 대상자 확정 후, 처분청 홈페이지와 어린이집정보공개 포털(info.childcare.go.kr), 육아종합지원센터 등에 공표

※ 보육통합정보시스템(지도점검≫위반사실의 공표관리)에 등록하여 어린이집 정보공개 포털과 연동

(3) 공표 내용

○ 어린이집에 대한 공표(영유아보육법 제49조의3 제1항)

▸ 공표 대상: 보조금 부정수급 및 유용, 운영기준 및 급식기준 위반으로 영유아에게 중대한 피해가 발생한 경우

▸ 공표 내용: 위반행위, 처분내용, 해당 어린이집 명칭, 대표자 성명, 원장 성명(대표자와 동일인이 아닌 경우 해당), 어린이집 종류, 어린이집 주소

○ 보육교직원에 대한 공표(영유아보육법 제49조의3 제2항)

▸ 공표 대상

아동학대로 영유아에게 중대한 피해가 발생한 경우

▸ 공표 내용

법 위반 이력과 명단, 위반행위 당시 소속 어린이집 명칭 및 주소, 위반행위의 내용, 행정처분의 내용

(4) 공표현황 통보

○ 통보

공표 후 시 · 군 · 구청장은 시 · 도지사에게, 시 · 도지사는 복지부장관에게 공표현황을 즉시 통보하여야 함

▸ 보건복지부장관은 제출된 명단을 취합하여 보건복지부 홈페이지에 공표

※ 신문 · 방송 공표

위반행위가 중대하거나, 상습적인 사항에 대해서 추가 공표가 필요하다고 인정하는 경우 공표 가능

(5) 공표기간

○ 어린이집 폐쇄, 자격취소 시－3년간 공표

○ 운영정지, 자격정지 시－정지기간의 2배에 해당하는 기간

III

3절 행정처분 등에 행정절차법

1. 지도점검 후 행정처분관련규정

(1) 시정명령 또는 변경명령

○ 영유아보육법 제41조 (지도와 명령)

보건복지부장관, 시 · 도지사 및 시장 · 군수 · 구청장은 보육사업의 원활한 수 행을 위하여 어린이집 설치 · 운영자 및 보육교직원에 대하여 필요한 지도와 명령을 할 수 있음

○ 영유아보육법 제42조(보고와 검사)

보건복지부장관, 시 · 도지사 또는 시장 · 군수 · 구청장은 어린이집을 설치 · 운영하는 자로 하여금 그 어린이집에 관하여 필요한 보고를 하게 하거나 관계공무원으로 하여금 그 어린이집의 운영 상황을 조사하게 하거나 장부와 그 밖의 서류를 검사하게 할 수 있음

○ 영유아보육법 제44조(시정 또는 변경명령)

영유아보육법 제44조에 따른 시정 또는 변경 명령을 위반한 경우에는 영유아보육법 제45조 규정에 따라 어린이집의 운영정지 또는 폐쇄처분 할 수 있음

※ 시정 또는 변경 명령에 따른 의견청취(의견제출) 여부 – 의견청취

○ **원칙적**으로 시정명령과 변경명령도 행정처분이므로 사전 당사자 등에게 처분의 **사전통지를 하여 의견을 청취**하여야 함. (행정절차법 제21조)
즉, 불이익 처분 전에 그 원인이 되는 사실과 처분의 구체적 내용 및 법적근거를 미리 알려주어 유리한 의견이나 증거자료 등을 준비할 수 있도록 하여야 함.

○ 다만, 시정명령과 변경명령은 당사자 등으로부터 확인서를 징구 받는 등 사실관계가 명백하여 다툼이 없어 의견청취가 명백히 불필요하다고 인정할 만한 상당한 이유가 있는 경우에 한하여 처분의 사전통지 없이 시정명령 또는 변경명령처분을 할 수 있음. (행정절차법 시행령 제13조)

(2) 비용 및 보조금 반환명령

○ 영유아보육법 제40조(비용 및 보조금의 반환명령)
국가나 지방자치단체는 어린이집의 설치 · 운영자, 육아종합지원센터의 장, 보수교육 위탁실시자 등이 다음 각 호의 어느 하나에 해당하는 경우에는 이미 교부한 비용과 보조금의 전부 또는 일부의 반환을 명할 수 있음

○ 영유아보육법 제40조의2(보육비용 지원액의 환수)
국가 또는 지방자치단체는 보호자가 거짓이나 그 밖의 부정한 방법으로 제34조 및 제34조의2에 따른 비용을 지원받은 경우에는 그 비용의 전부 또는 일부를 환수할 수 있음

(3) 어린이집에 대한 휴원명령

○ 영유아보육법 제43조의2(어린이집에 대한 휴원명령)
보건복지부장관, 시 · 도지사 또는 시장 · 군수 · 구청장은 천재지변이나 **감염병 발생 등** 긴급한 사유로 정상적인 보육이 어렵다고 인정하는 경우 어린이집의 원장에게 휴원을 명할 수 있음

(4) 직장어린이집 설치의무 미이행 사업장에 대한 이행명령 및 이행강제금

○ 영유아보육법 제43조의2(어린이집에 대한 휴원명령)
시 · 도지사, 시장 · 군수 · 구청장은 제14조에 따른 사업장의 사업주가 직장어린이집의

설치 등 의무를 이행하지 아니하는 경우에는 상당한 기간을 정하여 그 의무를 이행할 것을 명할 수 있음

○ 영유아보육법 제44조의3(이행강제금)
시 · 도지사, 시장 · 군수 · 구청장은 제44조의2에 따른 명령을 이행하지 아니한 자에 대하여 그 명령의 이행에 필요한 상당한 기간을 정하여 그 기간 내에 이행할 것을 다시 명할 수 있으며, 이를 이행하지 아니한 경우에는 같은 조에 따른 명령이 있었던 날을 기준으로 하여 1년에 2회, 매회 1억원의 범위에서 이행강제금을 부과 · 징수할 수 있음
아울러, 시 · 도지사, 시장 · 군수 · 구청장은 직장어린이집 미설치 기간 · 사유 등을 고려하여 해당 금액에 따른 금액을 **100분의 50의 범위**에서 **가중**할 수 있음

(5) 어린이집의 폐쇄 등 과징금

○ **영유아보육법 제45조(어린이집의 폐쇄 등)**
보건복지부장관, 시 · 도지사 및 시장 · 군수 · 구청장은 어린이집을 설치 · 운영하는 자(이하 이 조에서 "설치 · 운영자"라 한다)가 다음 각 호의 어느 하나에 해당하면 1년 이내의 어린이집 운영정지를 명하거나 어린이집의 폐쇄를 명할 수 있음.

○ 영유아보육법 제45조의2(과징금 처분)
보건복지부장관, 시 · 도지사 또는 시장 · 군수 · 구청장은 어린이집의 설치 · 운영자가 제45조제1항 각 호의 어느 하나에 해당하여 어린이집 운영정지를 명하여야 하는 경우로서 그 운영정지가 영유아 및 보호자에게 심한 불편을 주거나 그 밖에 공익을 해칠 우려가 있으면 어린이집 운영정지 처분을 갈음하여 3천만원 이하의 과징금을 부과할 수 있음

(6) 어린이집의 행정제재처분효과의 승계

○ 영유아보육법 제45조의3(행정제재처분효과의 승계)
어린이집을 설치 · 운영하는 자가 그 어린이집을 양도하거나 사망한 때 또는 법인의 합병이 있는 때에는 종전의 어린이집을 설치 · 운영한 자에게 제45조제1항 각 호의 사유로 행한 행정제재처분의 효과는 그 행정처분일부터 1년간 그 양수인 · 상속인 또는 합병 후 신설되거나 존속하는 법인에 승계되며, 행정제재처분의 절차가 진행 중인 경

우에는 양수인 · 상속인 또는 합병 후 신설되거나 존속하는 법인에 대하여 행정제재처분의 절차를 속행할 수 있음.

다만, 양수인 · 상속인 또는 합병 후 신설되거나 존속하는 법인이 양수 또는 합병할 때 그 처분 또는 위반사실을 알지 못하였음을 증명하는 경우에는 그러하지 아니함

(7) 어린이집 원장 및 보육교사의 자격정지 또는 자격취소 등

○ **영유아보육법 46조(어린이집의 원장의 자격정지)**

보건복지부장관은 어린이집의 원장이 다음 각 호의 어느 하나에 해당하면 **1년(「아동복지법」**제3조제7호에 따른 아동학대 행위로 제1호 가목에 해당하게 된 경우에는 **2년)** 이내의 범위에서 보건복지부령으로 정하는 바에 따라 그 자격을 정지시킬 수 있음

1. **어린이집의 원장이 업무 수행 중 고의나 중대한 과실로 영유아에게 손해를 입힌 경우로서 다음 각 목의 어느 하나에 해당하는 경우**

가. 영유아의 생명을 해치거나 신체 또는 정신에 중대한 손해를 입힌 경우

나. 제24조에 따른 운영기준을 위반하여 손해를 입힌 경우

다. 제33조에 따라 보건복지부령으로 정한 급식기준을 위반하여 손해를 입힌 경우

라. 그 밖에 손해를 입힌 경우

2. 해당 업무 수행에 필요한 자격이 없는 자를 채용하여 보육교사 · 간호사 또는 영양사 등의 업무를 수행하게 한 경우
3. 제23조에 따른 보수교육을 연속하여 3회 이상 받지 아니한 경우
4. 거짓이나 그 밖의 부정한 방법으로 보조금을 교부받거나 보조금을 유용한 경우
5. 「공익신고자 보호법」 제2조제2호에 따른 공익신고를 한 보육교직원에게 같은 조 제6호에 따른 불이익조치를 한 경우

○ **영유아보육법 제47조(보육교사의 자격정지)**

보건복지부장관은 보육교사가 다음 각 호의 어느 하나에 해당하면 1년(「아동복지법」 제3조제7호에 따른 아동학대 행위로 제1호에 해당하게 된 경우에는 2년) 이내의 범위에서 보건복지부령으로 정하는 바에 따라 그 자격을 정지시킬 수 있음

1. 보육교사가 업무 수행 중 그 자격과 관련하여 고의나 중대한 과실로 손해를 입힌 경우

2. 제23조의2에 따른 보수교육을 연속하여 3회 이상 받지 아니한 경우

○ 영유아보육법 제48조(어린이집의 원장 또는 보육교사의 자격취소)
보건복지부장관은 어린이집의 원장 또는 보육교사가 다음 각 호의 어느 하나에 해당하면 그 자격을 취소할 수 있음

1. 거짓이나 그 밖의 부정한 방법으로 자격증을 취득한 경우
2. 자격 취득자가 업무 수행 중 그 자격과 관련하여 고의나 중대한 과실로 손해를 입히고 금고 이상의 형을 선고받은 경우
3. 「아동복지법」 제3조제7호의2에 따른 아동학대관련범죄로 처벌을 받은 경우
4. 제22조의2에 따른 명의대여 금지 등의 의무를 위반한 경우
5. 자격정지처분기간 종료 후 3년 이내에 자격정지처분에 해당하는 행위를 한 경우
6. 자격정지처분을 받고도 자격정지처분기간 이내에 자격증을 사용하여 자격 관련 업무를 수행한 경우
7. 자격정지처분을 3회 이상 받은 경우
8. 제46조제4호에 해당하여 금고 이상의 형을 선고받은 경우

(8) 어린이집의 정보공시

○ 영유아보육법 제49조의2(**어린이집 정보의 공시 등**)
어린이집의 원장은 어린이집이 보유·관리하는 다음 각 호의 정보를 매년 1회 이상 공시하여야 한다. 이 경우 어린이집의 원장은 공시한 정보(이하 이 조에서 "공시정보"라 한다)를 특별자치시장·특별자치도지사·시장·군수·구청장에게 제출하여야 하고 보건복지부장관은 공시정보와 관련된 자료의 제출을 요구할 수 있음

1. 어린이집의 시설, 설치·운영자, 보육교직원 등 기본현황
2. 제29조에 따른 어린이집 보육과정에 관한 사항
3. 제38조에 따라 수납하는 보육료와 그 밖의 필요경비에 관한 사항
4. 어린이집 예산·결산 등 회계에 관한 사항
5. 영유아의 건강·영양 및 안전관리에 관한 사항
6. 그 밖에 보육여건 및 어린이집 운영에 관한 사항으로서 대통령령으로 정하는 사항

(9) 위반사실의 공표

○ 영유아보육법 제49조의3(위반사실의 공표)
보건복지부장관, 시 · 도지사 또는 시장 · 군수 · 구청장은 제45조 또는 제45조의2에 따른 행정처분을 받은 어린이집으로서 다음 각 호의 어느 하나의 경우에 해당하는 어린이집에 대하여 그 위반행위, 처분내용, 해당 어린이집의 명칭, 대표자의 성명, 어린이집 원장의 성명(대표자와 동일인이 아닌 경우만 해당한다) 및 그 밖에 다른 어린이집과의 구별에 필요한 사항으로서 대통령령으로 정하는 사항을 공표하여야 한다. 다만, 제1호의 경우에는 보건복지부령으로 정하는 금액 이상인 경우에 한하여 공표하여야 함
1. 거짓이나 그 밖의 부정한 방법으로 보조금을 교부받거나 보조금을 유용한 경우
2. 제24조에 따른 운영기준 및 제33조에 따라 보건복지부령으로 정한 급식기준을 위반하여 영유아의 생명을 해치거나 신체 또는 정신에 중대한 피해가 발생한 경우

※ 어린이집 원장 및 보육교사의 자격정지 또는 자격취소 권한 위임

영유아보육법 시행령 제26조(권한의 위임) ① 보건복지부장관은 법 제51조에 따라 다음 각 호의 권한을 **시 · 도지사에게 위임**한다.
1. 법 제23조제1항 및 제23조의2제1항에 따른 보수교육에 관한 권한
2. 법 제23조의3에 따른 교육명령에 관한 권한
② 보건복지부장관은 법 제51조에 따라 다음 각 호의 권한을 특별자치시장 · 특별자치도지사 · **시장 · 군수 · 구청장에게 위임**한다.
1. 법 제46조에 따른 어린이집의 **원장의 자격정지**에 관한 권한
2. 법 제47조에 따른 **보육교사의 자격정지**에 관한 권한
3. 법 제48조에 따른 **어린이집의 원장 또는 보육교사의 자격취소**에 관한 권한

2. 행정처분에 따른 사전통지 (의견제출) 및 청문

(1) 의견제출의 경우 처분의 사전통지사항

○ 행정청은 당사자에게 의무를 과하거나 권익을 제한하는 처분을 하는 경우에는 당사자 등에게 다음사항을 통지하여야 함. – 행정절차법 제21조

- 예정된 처분의 제목, 당사자의 성명 또는 명칭과 주소
- 처분하려는 원인이 되는 사실과 처분의 내용 및 법적 근거
- 이에 대하여 의견을 제출할 수 있다는 뜻과 의견을 제출하지 아니하는 경우의 처리방법
- 의견제출 기관의 명칭과 주소
- 의견제출 기한
- 그 밖의 필요한 사항

○ 처분의 원인이 되는 사실은 통지사항 중 가장 중요한 것으로 당사자등이 사안의 내용을 알고 이에 대한 충분한 방어준비를 할 수 있도록 명확하게 통지할 필요가 있어 육하원칙에 의하여 명확하게 기록

○ **의견제출 기한**은 당사자등이 의견제출을 준비하는데 필요한 상당기간을 고려하여 법령 등의 취지와 해당 처분의 성질 등을 고려하여 판단해야 할 것인바, 종래의 예에 비추어 **7일에서 10일 정도**의 준비기간 부여됨이 상당함

* **"당사자등"**이란? – 행정절차법 제2조 제4호
행정청의 처분에 대하여 직접 그 상대가 되는 당사자
행정청이 직권으로 또는 신청에 따라 행정절차에 참여하게 한 이해관계인

(2) 청문의 경우 통지사항

○ 행정청은 청문을 실시하고자 하는 경우에 청문이 시작되는 날부터 **10일 전**까지 다음사항을 당사자등에게 통지하여야 함. – 행정절차법 제21조 제2항

- 예정된 처분의 제목
- 당사자의 성명 또는 명칭과 주소
- 처분하려는 원인이 되는 사실과 처분의 내용
- 법적 근거와 조문내용
- 청문주재자의 소속 · 직위 및 성명
- 청문의 일시 및 장소
- 청문에 응하지 아니하는 경우의 처리방법
- 그 밖의 필요한 사항

○ 처분의 원인이 되는 사실은 통지사항 중 가장 중요한 것으로 당사자등이 사안의 내용을 알고 이에 대한 충분한 방어준비를 할 수 있도록 명확하게 통지할 필요가 있어 육하원칙에 의하여 명확하게 기록

○ **의견제출 기한**은 당사자등이 의견제출을 준비하는데 필요한 상당기간을 고려하여 법령 등의 취지와 해당 처분의 성질 등을 고려하여 판단해야 할 것인바, 종래의 예에 비추어 **7일에서 10일 정도**의 준비기간 부여됨이 상당함

(3) 사전통지의 예외(생략)–행정절차법 제21조 제4항, 같은 법 시행령 제13조

○ 공공의 안전 또는 복리를 위하여 긴급히 처분을 할 필요가 있는 경우, 법령 등에서 요구된 자격이 없거나 없어지게 되면 반드시 일정한 처분을 하여야 하는 경우에 그 자격이 없거나 없어지게 된 사실이 법원의 재판 등에 의하여 객관적으로 증명된 경우

○ 당해 처분의 성질상 의견청취가 현저히 곤란하거나 명백히 불필요하다고 인정될 만한 상당한 이유가 있는 경우에는 사전통지를 하지 아니할 수 있음.

▸ 급박한 위해의 방지 및 제거 등 공공의 안전 또는 복리를 위하여 긴급한 처분이 필요한 경우

▸ 법원의 재판 또는 준사법적 절차를 거치는 행정기관의 결정 등에 따라 처분의 전제가 되는 사실이 객관적으로 증명되어 처분에 따른 의견청취가 불필요하다고 인정되는 경우

▸ 의견청취의 기회를 줌으로써 처분의 내용이 미리 알려져 현저히 공익을 해치는 행위를 유발할 우려가 예상되는 등 해당 처분의 성질상 의견청취가 현저하게 곤란한 경우

▸ 법령 또는 자치법규(이하 "법령 등"이라 한다)에서 준수하여야 할 기술적 기준이 명확하게 규정되고, 그 기준에 현저히 미치지 못하는 사실을 이유로 처분을 하려는 경우로서 그 사실이 실험, 계측, 그 밖에 객관적인 방법에 의하여 명확히 입증된 경우

▸ 법령 등에서 일정한 요건에 해당하는 자에 대하여 점용료 · 사용료 등 금전급부를 명하

는 경우 법령등에서 규정하는 요건에 해당함이 명백하고, 행정청의 금액산정에 재량의 여지가 없거나 요율이 명확하게 정하여져 있는 경우 등 해당 처분의 성질상 의견청취가 명백히 불필요하다고 인정될 만한 상당한 이유가 있는 경우

(4) 시정명령 – 의견제출 (확인서를 미 징구한 경우)

○ 어린이집의 운영기준 위반 사례【별지 18】
급식관리 기준을 위반(유통기간 경과)

(5) 개선명령 – 의견제출

○ 어린이집의 재무회계규칙 등 위반 사례【별지 19】
직책급, 단기 차입금, 기타회계 처리 부적정 등

(6) 행정처분 – 의견청취 (청문)

○ 원장자격 명의대여 위반 사례【별지 20】

○ 청문 사전 답변서【별지 21】[16]
참조하여 임의제출 후 청문당일 구체적으로 답변하여 의견을 진술하고 증거(참고인)제시 또는 제출(법률전문가 대리인 선임 가능)

(7) 청문진행 순서【별지 22】

※ 행정절차법에 의한 대리인 선임

행정절차법 제12조(대리인) ① 당사자등은 다음 각 호의 어느 하나에 해당하는 자를 대리인으로 선임할 수 있다.
1. 당사자등의 배우자, 직계 존속 · 비속 또는 형제자매
2. 당사자등이 법인등인 경우 그 임원 또는 직원
3. 변호사
4. 행정청 또는 청문 주재자(청문의 경우만 해당한다)의 허가를 받은 자
5. 법령 등에 따라 해당 사안에 대하여 대리인이 될 수 있는 자

16) 경기도 청문실시에 관한 조례 시행규칙【별지 제1호 서식】참조

【별지 18】

□□ 시 · 군 · 구청

수신　○○○ 어린이집 ▷▷▷ 원장 귀하

(경유)

제목　**처분의 사전통지서(의견제출통지)**

---

1. 귀 어린이집의 건강과 행복이 가득하시길 기원합니다.
2. 행정절차법」제21조제1항에 따라 ㅁㅁ시가 하고자 하는 처분의 내용을통지하오니 의견을 제출하여 주시기 바랍니다.

<table>
<tr><td>예정된 처분의 제목</td><td colspan="7">시정명령</td></tr>
<tr><td rowspan="2">당사자</td><td>성명(명칭)</td><td colspan="6">대표자 ○○○ (○○○어린이집)</td></tr>
<tr><td>주　소</td><td colspan="6">○○시 · 도 ○○시 ○○로(길) ○○동 ○○호</td></tr>
<tr><td>처분원인이 되는 사실</td><td colspan="7">(조사기간 : 0000. 12. 5. ~ 0000. 12. 5
○ 급식관리 기준위반
– 두부의 유통기간 미 준수
※ 처분 원인에 해당하는 처리(폐기 등)하여 그 결과를 제출할 것.
(0000 12. 12.까지)</td></tr>
<tr><td>처분하고자 하는 내용</td><td colspan="7">○ 시정명령
–처분 원인에 해당하는 두부의 유통기간 준수
(유통기한이 경과한 두부는 즉시 처리할 것)</td></tr>
<tr><td>법적근거 및 조문내용</td><td colspan="7">□ 영유아보육법 제24조(어린이집 운영기준 등)
□ 영유아보육법 제33조(급식관리), 같은법시행규칙 제34조 별표 8 제3호나목
□ 영유아보육법 제44조(시정 또는 변경 명령) 제4호</td></tr>
<tr><td rowspan="4">의견제출</td><td rowspan="3">제출처</td><td>기관명</td><td></td><td>부서명</td><td></td><td>담당자</td><td></td></tr>
<tr><td>주소</td><td colspan="3"></td><td>전화번호</td><td></td></tr>
<tr><td>전자우편</td><td colspan="3"></td><td>팩스번호</td><td></td></tr>
<tr><td colspan="2">제출기한</td><td colspan="5">0000년　12월　20일까지</td></tr>
</table>

〈의견제출시 유의사항〉

1. 귀하는 앞쪽의 사항에 대하여 구술 · 정보통신망 또는 별지 제11호 서식에 의한 서면으로 의견제출을 할 수 있으며, 주장을 입증할 증거자료를 함께 제출할 수 있습니다. 다만, 정보통신망을 이용하여 의견을 제출하고자 하는 경우에는 미리 의견 제출기관으로 알려주시고, 의견을 제출한 후에 의견의 도달여부를 담당자에게 확인하여 주시기 바랍니다.
2. 의견제출 기한 내에 의견을 제출하지 아니하는 경우에는 의견이 없는 것으로 간주합니다.
3. 귀하께서 행정청에 출석하여 의견진술을 하고자 하는 경우에는 행정청에 미리 그 사실을 알려주십시오.
4. 그 밖에 궁금한 사항이 있으시면 의견제출 기관으로 문의하시기 바랍니다.

※ 「행정절차법」 제22조제1항 제3호에 따라 처분의 내용이 ① 인허가등의 취소 ② 신분 · 자격의 박탈 ③ 법인이나 조합 등의 설립허가의 취소 중 하나에 해당하는 경우에는 의견제출 기한 내 청문을 신청하실 수 있습니다.

붙임 1. 의견제출서 1부.

　　 2. 처분원인내역 1부(별도 송부). 끝

□□ 시장 · 군수 · 구청장

주무관	팀장	과장	전결	
협조자				
시행		접수		
우			/	
전화번호	팩스번호	/		/ 비공개

■ 행정절차법 시행규칙 [별지 제11호서식] 〈개정 2014.7.28.〉

의 견 제 출 서

※ 아래의 유의사항을 읽고 작성하시기 바랍니다.

<table>
<tr><td rowspan="2">의견제출인</td><td colspan="2">성명</td><td></td></tr>
<tr><td colspan="2">주소</td><td>전화번호</td></tr>
<tr><td rowspan="5">의견제출
내용</td><td colspan="3">① 예정된 처분의 제목</td></tr>
<tr><td rowspan="2">당사자</td><td colspan="2">성명(명칭)</td></tr>
<tr><td colspan="2">주소
(전화번호:　　　　　　)</td></tr>
<tr><td>의 견</td><td colspan="2"></td></tr>
<tr><td>기 타</td><td colspan="2"></td></tr>
</table>

「행정절차법」 제27조제1항(제31조제3항)에 따라 위와 같이 의견을 제출합니다.

년　　월　　일

의견제출인　　　　　　(서명 또는 인)

귀하

유 의 사 항
1. 기재란이 부족한 경우에는 별지를 사용하실 수 있습니다. 2. 증거자료 등을 첨부하실 수 있습니다. 3. 위 의견제출과 관련하여 문서를 받으신 경우에는 문서번호와 일자를 ①란에 함께 기재하여 주시기 바랍니다.

210mm×297mm[백상지 80g/㎡(재활용품)]

【별지 19】

□□ 시 · 군 · 구청

수신 ○○○ 어린이집 대표자 ○○○ 귀하
(경유)
제목 **처분의 사전통지서(의견제출통지)**

「행정절차법」제21조제1항에 따라 ○○시가 예정하는 처분의 내용을 통지하오니 의견을 제출하여 주시기 바랍니다.

<table>
<tr><td>예정된 처분의 제 목</td><td colspan="6">개선명령</td></tr>
<tr><td rowspan="2">당사자</td><td>성명(명칭)</td><td colspan="5">대표자 ○○○ (○○○어린이집)</td></tr>
<tr><td>주 소</td><td colspan="5">○○시 · 도 ○○시 ○○로(길) ○○동 ○○호</td></tr>
<tr><td>처분원인이 되는 사실</td><td colspan="6">(조사기간 : 0000. 08 ~ 0000. 08)
○ 직책급 부적정 지출
- 어린이집에 임면되어있지 않은 사람의 직책급 사용
직책급에 대해 어린이집에 임면되어있지 않은 대표 ○○○가 개인차량 주유비 지출 또는 대표 ○○○가 원장으로 재직 중인 ○○시 소재 어린이집의 교직원에게 금품을 지급하는 등의 방법으로 어린이집 원장의 직책급을 부적정 지출.
▶ 위 내용으로 부정 지출한 직책급 3,653,510원
○ 단기차입금 상환금 부적정 지출
- 단기차입금 상환금 어린이집 대표에게 직접상환
▶ 단기차입금 상환 3,580,000원 부적정 지출
○ 기타 회계 및 시설운영과 관련한 부당행위 발생
- 개인카드 및 현금 부적정 지출 후 어린이집 운영비에서 개인 계좌로 이체
▶ 급식비 등 명목으로 873,520원 부적정 지출
- 업무추진비, 복리후생비 중 업무 및 보육교직원 복리와 관계없는 지출
▶ 업무추진비 및 복리후생비 510,000원 부적정 지출
- 차량비, 인건비 등 항목에서 부적정 지출한 금액
▶ 차량비, 인건비 등 4,325,600원 부적정 지출
- 퇴직적립금 적립 관련 개인계좌로 송금한 금액 및 서류미비로 지출근거 확인할 수 없는 금액 지출
▶ 퇴직금 및 퇴직적립금 1,150,000원 부적정 지출
<u>※ 처분 원인에 해당하는 금액 중 (0000. 2. 28.까지)</u></td></tr>
<tr><td>처분하고자 하는 내용</td><td colspan="6">○ 개선명령
- 처분 원인에 해당하는 금액 합계 14,092,630원 어린이집 운영비 계좌에 여입 할 것.(0000. 2. 28.까지)</td></tr>
<tr><td>법적근거 및 조문내용</td><td colspan="6">□ 사회복지사업법 제40조(시설의 개선, 사업의 정지, 시설의 폐쇄 등) 제1항 제4호</td></tr>
<tr><td rowspan="4">의견제출</td><td rowspan="3">제출처</td><td>기관명</td><td></td><td>부서명</td><td>담당자</td><td></td></tr>
<tr><td>주소</td><td colspan="3"></td><td>전화번호</td></tr>
<tr><td>전자우편</td><td colspan="3"></td><td>팩스번호</td></tr>
<tr><td colspan="2">제출기한</td><td colspan="4">0000년 2월 28일까지</td></tr>
</table>

<의견제출시 유의사항>

1. 귀하는 앞쪽의 사항에 대하여 구술 · 정보통신망 또는 별지 제11호 서식에 의한 서면으로 의견제출 할 수 있으며, 주장을 입증할 증거자료를 함께 제출할 수 있습니다. 다만, 정보통신망을 이용하여 의견을 제출하고자 하는 경우에는 미리 의견 제출기관으로 알려주시고, 의견을 제출한 후에 의견의 도달여부를 담당자에게 확인하여 주시기 바랍니다.
2. 의견제출 기한 내에 의견을 제출하지 아니하는 경우에는 의견이 없는 것으로 간주합니다.
3. 귀하께서 행정청에 출석하여 의견진술을 하고자 하는 경우에는 행정청에 미리 그 사실을 알려주십시오.
4. 그 밖에 궁금한 사항이 있으시면 의견제출 기관으로 문의하시기 바랍니다.

※「행정절차법」 제22조제1항 제3호에 따라 처분의 내용이 ① 인허가등의 취소 ② 신분 · 자격의 박탈 ③ 법인이나 조합 등의 설립허가의 취소 중 하나에 해당하는 경우에는 의견제출 기한 내 청문을 신청하실 수 있습니다.

붙임 1. 의견제출서 1부.

2. 처분원인내역 1부(별도 송부). 끝

□□ 시장 · 군수 · 구청장

주무관	팀장	과장	전결	
협조자				
시행		접수		
우			/	
전화번호	팩스번호	/		/ 비공개

■ 행정절차법 시행규칙 [별지 제11호서식] 〈개정 2014.7.28.〉

의 견 제 출 서

※ 아래의 유의사항을 읽고 작성하시기 바랍니다.

<table>
<tr><td rowspan="2">의견제출인</td><td colspan="2">성명</td><td></td></tr>
<tr><td colspan="2">주소</td><td>전화번호</td></tr>
<tr><td rowspan="5">의견제출
내용</td><td colspan="3">① 예정된 처분의 제목</td></tr>
<tr><td rowspan="2">당사자</td><td colspan="2">성명(명칭)</td></tr>
<tr><td colspan="2">주소
(전화번호:　　　　　　)</td></tr>
<tr><td>의 견</td><td colspan="2"></td></tr>
<tr><td>기 타</td><td colspan="2"></td></tr>
</table>

「행정절차법」 제27조제1항(제31조제3항)에 따라 위와 같이 의견을 제출합니다.

년　　월　　일

의견제출인　　　　　　　　(서명 또는 인)

귀하

유 의 사 항

1. 기재란이 부족한 경우에는 별지를 사용하실 수 있습니다.
2. 증거자료 등을 첨부하실 수 있습니다.
3. 위 의견제출과 관련하여 문서를 받으신 경우에는 문서번호와 일자를 ①란에 함께 기재하여 주시기 바랍니다.

210mm×297mm[백상지 80g/㎡(재활용품)]

【별지 20】

□□ 시 · 군 · 구청

수신 ㅁㅁㅁ 어린이집 원장 ○○○

(경유)

제목 **처분의 사전통지서(청문실시통지 / □□□어린이집 원장)**

「행정절차법」제21조제2항에 따라 우리 기관이 하고자 하는 처분의 내용을 통지하오니 청문에 출석하여 주시기 바랍니다.

<table>
<tr><td>예정된 처분의 제목</td><td colspan="7">원장자격취소</td></tr>
<tr><td rowspan="2">당사자</td><td>성명(명칭)</td><td colspan="6">□□□어린이집 원장 ○○○</td></tr>
<tr><td>주 소</td><td colspan="6"></td></tr>
<tr><td>처분의 원인이 되는 사실</td><td colspan="7">○ 원장 자격 명의대여</td></tr>
<tr><td>처분하고자 하는 내용</td><td colspan="7">○ 원장 자격취소</td></tr>
<tr><td>법적근거 및 조문내용</td><td colspan="7">○ 영유아보육법 제22조의2(명의대여 등의 금지)
○ 영유아보육법 제48조(어린이집의 원장 또는 보육교사의 자격취소)제4호</td></tr>
<tr><td rowspan="5">청문실시</td><td>기관명</td><td colspan="2"></td><td>부서명</td><td></td><td>담당자</td><td></td></tr>
<tr><td>주소</td><td colspan="4"></td><td>전화번호</td><td></td></tr>
<tr><td>일시</td><td colspan="4"></td><td>장소</td><td></td></tr>
<tr><td rowspan="2">주재자</td><td>소속 및 직위</td><td colspan="5"></td></tr>
<tr><td>성명</td><td colspan="5"></td></tr>
</table>

<청문시 유의사항>

1. 귀하는 청문 일에 출석하여 의견을 진술하고 증거를 제출할 수 있으며, 참고인 · 감정인 등에 대하여 질문할 수 있습니다. 만일, 청문 일에 출석하지 아니 하는 경우에는 미리 별지 제11호 서식에 따른 의견서를 제출할 수 있습니다.
2. 귀하께서 정당한 사유 없이 청문 일에 출석하지 아니하거나 별지 제11호 서식에 의한 의견서를 제출하지 아니한 경우에는 청문을 마칠 수 있습니다. 다만, 정당한 사유로 출석하지 못하거나 의견서를 제출하지 못한 경우에는 행정청에 그 사유를 소명하여야 합니다.
3. 귀하는 청문이 끝날 때까지「행정절차법」 제37조에 따라 당해 처분의 조사결과에 관한 문서 그 밖에 당해 처분과 관련되는 문서의 열람 또는 복사를 요청할 수 있습니다.
4. 그 밖에 궁금한 사항이 있으시면 청문실시기관(☏000－000－0000)으로 문의하시기 바랍니다.

붙임 1. 의견제출서(서식) 1부.

2. 대리임선임 허가 신청서 1부. 끝.

□□ 시장 · 군수 · 구청장

주무관 팀장 과장 전결

협조자

시행 접수

우 /

전화번호 팩스번호 / / 비공개

■ 행정절차법 시행규칙 [별지 제11호서식] 〈개정 2014.7.28.〉

의 견 제 출 서

※ 아래의 유의사항을 읽고 작성하시기 바랍니다.

<table>
<tr><td rowspan="2">의견제출인</td><td colspan="2">성명</td></tr>
<tr><td>주소</td><td>전화번호</td></tr>
<tr><td rowspan="5">의견제출
내용</td><td colspan="2">① 예정된 처분의 제목</td></tr>
<tr><td rowspan="2">당사자</td><td>성명(명칭)</td></tr>
<tr><td>주소
(전화번호:　　　　　　　)</td></tr>
<tr><td>의 견</td><td></td></tr>
<tr><td>기 타</td><td></td></tr>
</table>

「행정절차법」 제27조제1항(제31조제3항)에 따라 위와 같이 의견을 제출합니다.

년　　월　　일

의견제출인　　　　　　　　(서명 또는 인)

귀하

유 의 사 항
1. 기재란이 부족한 경우에는 별지를 사용하실 수 있습니다. 2. 증거자료 등을 첨부하실 수 있습니다. 3. 위 의견제출과 관련하여 문서를 받으신 경우에는 문서번호와 일자를 ①란에 함께 기재하여 주시기 바랍니다.

210mm×297mm[백상지 80g/㎡(재활용품)]

■ 행정절차법 시행규칙 [별지 제3호서식] 〈개정 2014.7.28〉

대리인선임허가 신청서

※ 아래의 유의사항을 읽고 작성하시기 바랍니다.

접수번호	접수일자	처리기간 3일

<table>
<tr><td rowspan="2">신청인</td><td colspan="3">성명</td></tr>
<tr><td colspan="2">주소</td><td>전화번호</td></tr>
<tr><td rowspan="7">신청 내용</td><td colspan="3">① 대리하고자하는 행정절차의 내용</td></tr>
<tr><td rowspan="2">당사자등</td><td colspan="2">성명(명칭)</td></tr>
<tr><td colspan="2">주소
(전화번호:　　　　　　)</td></tr>
<tr><td rowspan="2">대리인이 될 자의 인적사항</td><td>성명(명칭)</td><td>생년월일</td></tr>
<tr><td colspan="2">주소
(전화번호:　　　　　　)</td></tr>
<tr><td>당사자등과의 관계</td><td colspan="2"></td></tr>
</table>

「행정절차법」 제12조제1항제4호 및 같은 법 시행령 제6조제1항에 따라 위와 같이 대리인 선임허가를 신청합니다.

년　　월　　일

신청인　　　　　　　　　　(서명 또는 인)

귀하

첨부서류	없 음	수수료 없 음

유 의 사 항

1. 기재란이 부족한 경우에는 별지를 사용하실 수 있습니다.
2. 위 신청의 대상이 된 행정절차와 관련하여 문서를 받으신 경우에는 문서번호와 일자를 ①란에 함께 기재하여 주시기 바랍니다.

처 리 절 차

신청서 작성	→	접 수	→	검 토	→	결 정	→	신청인에게 통지
신청인		처 리 기 관 (행정청)		처 리 기 관 (행정청, 청문주재자)		처 리 기 관 (행정청, 청문주재자)		

※ 청문주재자가 대리인의 선임을 허가한 경우에는 청문주재자가 그 사실을 행정청에 직접 통지합니다.

210mm×297mm[백상지 80g/㎡(재활용품)]

【별지 21】

청문 사전 답변서

사전 답변서는 당사자의 의견진술권 보장과 청문절차의 원활한 진행을 위하여 제출하도록 하는 것입니다.
당사자가 다음사항을 기재하여 청문기일 3일전 까지 행정청에 제출하여 주시면 청문 주재자는 당사자 사이에 다툼이 있는 부분에 집중하여 청문을 주재하게 됩니다.

1. 처분 예정사실 인정여부 (해당란에 "◯" 표 하시기 바랍니다)
   가. 처분사실을 인정함 (   )
   나. 처분사실은 대체로 맞지만 세부적으로 약간의 다른 부분이 있음 (   )
   다. 여러 개의 처분 사실 중 일부만 인정함 (   )
   라. 처분사실 전부를 인정할 수 없음 (   )

2. 처분 예정사실을 인정하지 않는 경우(1의 나, 다, 라 중 어느 하나를 선택한 경우)
   가. 이유
   나. 증명방법(문서, 물건, 사진, 참고인, 현장방문 등) :

※ 귀하에게 유리한 진술을 하여 줄 사람이 있으면 청문장에 함께 나올 수 있으나 미리 청문 주재자에게 신청하여 허락을 받아야 합니다.

3. 행정청이 제시한 근거 법률 및 법률조항 인정여부(해당란에 "◯" 표 하시기 바랍니다)
   가. 행정청이 근거 조문으로 제시한 법률 및 조항이 적법함 (   )
   나. 행정청이 근거 조문으로 제시한 법률 및 조항이 부적법함 (   )
   다. 법률 및 조항은 맞지만 처분이 너무 무겁다 (   )

4. 행정청이 제시한 근거 법률 및 조항이 잘못되었다고 생각되는 경우 3)의 나를 선택한 경우) 이유를 구체적으로 기재하여 주시기 바랍니다. (별지 작성가능)

0000.　　.　　.
제출인　성명 □ □ □　서명 또는 날인

청문주재자 귀하 (이메일 또는 우편제출)
- e - mail : ◯◯◯. ◇◇.
- 우편주소 : ◯◯◯시 · 도 △△△ 로 123 - 12

【별지 22】 청문진행 순서

청문진행순서

- 청문의 병합 · 분리여부 결정(행정청)
- 내용설명(불출석한 경우 제출된 의견서내용 설명) 청문주재자
- 의견진술 및 증거제출(당사자등)
- 증거조사(청문주재자)
- 청문의 속행여부 결정(청문주재자)
- 청문조서의 작성 및 청문(청문주재자)
- 청문의 재개여부(행정청)

1 청문준비

당사자등의 출석 확인

2 청문 당사자등 신분확인

당사자 등의 출석안내 및 신분증(주민등록증, 운전면허증, 여권 등) 확인

3 청문주재자 안내

청문주재자 □□시 · 군 · 구청 ○○○임을 안내

4 청문선언

○○○○○법 위반에 따른 △△△행정처분에 앞서 ◇◇◇당사자등의 의견청취를 위한 행정절차법 제22조(또는 개별법 제▽▽규정)에 따라 청문선언

5 청문 당사자 등 출석확인

당사자 등의 출석확인

※ 청문당사자등

"당사자등"이란 다음 각 목의 자를 말한다.

가. 행정청의 처분에 대하여 직접 그 상대가 되는 **당사자**

나. 행정청이 직권으로 또는 신청에 따라 행정절차에 참여하게 한 **이해관계인**

6 청문의 진행

행정절차법 제31조(청문의 진행)

① 청문 주재자가 청문을 시작할 때에는 먼저 **예정된 처분의 내용, 그 원인이 되는 사실 및 법적 근거 등을 설명**하여야 한다.

② **당사자등은 의견을 진술하고 증거를 제출**할 수 있으며, **참고인이나 감정인 등에게 질문**할 수 있다.

③ 당사자등이 의견서를 제출한 경우에는 그 내용을 출석하여 진술한 것으로 본다.

④ **청문 주재자**는 청문의 신속한 진행과 **질서유지**를 위하여 필요한 조치를 할 수 있다.

⑤ 청문을 계속할 경우에는 행정청은 당사자등에게 다음 청문의 일시 및 장소를 서면으로 통지하여야 하며, 당사자등이 동의하는 경우에는 전자문서로 통지할 수 있다. 다만, 청문에 출석한 당사자등에게는 그 청문일에 청문 주재자가 말로 통지할 수 있다.

7 청문의 병합 · 분리여부 결정(행정청)

○ 예정된 처분에 대한 본 청문과 관련된 다른 예정된 행정처분을 위하여 진행될 다른 청문과의 병합 또는 분리하여야 하는 지 여부 등(행정청의 직권 또는 당사자등의 신청에 따라 여러 개의 사안을 병합하거나 분리하여 청문할 수 있음)

○ 사실관계에 기초한 예정된 처분의 판단이 적법하게 되었는지에 대하여 당사자등(또는 대리인)의 의견진술을 듣고 증거를 제출받아 상당한 이유가 있다고 인정하는 경우에는 이를 반영하여 적법한 행정처분이 될 수 있도록 하기 위한 것임을 안내

○ 당사자등(또는 대리인)의 **예정된 처분의 내용, 그 원인이 되는 사실 및 법적 근거 등을 설명 및 증거 제출**

○ 참고인이나 감정인 등이 출석하여 진술 및 질문에 대한 문답가능

8 청문의 진행 내용설명 : 청문주재자

불출석한 경우 제출된 의견서내용 설명

○ **예정된 처분의 내용, 그 원인이 되는 사실 및 법적 근거 등을 설명함**
예정된 처분내용에 대한 충분한 설명

9 의견진술 및 증거제출(당사자등) – 적극적인 주장 입증 가능 (어린이집)

○ 당사자등(또는 당사자등 대리인)이 출석진술 및 각 증거 등을 제출

10 증거조사(청문주재자)

○ 청문 주재자에 의한 예정된 행정처분에 대한 순차적 질문

- 당사자등의 의견진술과 증거제출이 예정된 행정처분의 사실관계 부합여부
- 당사자등 및 대리인 의견진술 청취 또는 제출된 증거조사(청문 주재자는 직권으로 또는 당사자의 신청에 따라 필요한 조사를 할 수 있으며, 당사자등이 주장하지 아니한 사실에 대하여도 조사할 수 있음)
- 증거조사 방법
  1. 문서 · 장부 · 물건 등 증거자료의 수집
  2. 참고인 · 감정인 등에 대한 질문
  3. 검증 또는 감정 · 평가
  4. 그 밖에 필요한 조사

11 청문의 속행여부 결정(청문주재자)

추가 의견 진술이나 증거제출이 없는 경우 **추후, 특별한 사정이 없는 한** 청문의 속행 없이 청문을 종결

12 청문조서의 작성 및 청문(청문주재자)

○ 청문조서에 서명

※ 서명 등

"당사자등" 또는 **"당사자등의 대리인"**의 서명이나 날인을 말한다.

> **행정절차법 제34조(청문조서)** ① 청문 주재자는 다음 각 호의 사항이 적힌 청문조서(聽聞調書)를 작성하여야 한다.
>
> 1. 제목
> 2. 청문 주재자의 소속, 성명 등 인적사항
> 3. 당사자등의 주소, 성명 또는 명칭 및 출석 여부
> 4. 청문의 일시 및 장소
> 5. 당사자등의 진술의 요지 및 제출된 증거
> 6. 청문의 공개 여부 및 공개하거나 제30조 단서에 따라 공개하지 아니한 이유
> 7. 증거조사를 한 경우에는 그 요지 및 첨부된 증거
> 8. 그 밖에 필요한 사항
>
> ② 당사자등은 청문조서의 내용을 열람 · 확인할 수 있으며, 이의가 있을 때에는 그 정정을 요구할 수 있다.

13 청문의 재개여부(행정청)–추후 통지

14 청문종결 선언 (모두 서명 날인 종료된 후)

> **행정절차법 제34조의2(청문 주재자의 의견서)** 제34조의2(청문 주재자의 의견서) 청문 주재자는 다음 각 호의 사항이 적힌 청문 주재자의 의견서를 작성하여야 한다.
>
> 1. 청문의 제목
> 2. 처분의 내용, 주요 사실 또는 증거
> 3. 종합의견
> 4. 그 밖에 필요한 사항

3. 어린이집에 대한 행정처분 세부기준(영유아보육법 제38조제1항)

어린이집에 대한 행정처분의 세부기준 (제38조제1항 관련)

1. 일반기준

가. 위반행위의 횟수에 따른 행정처분의 기준은 그 위반행위가 있은 날 이전 최근 3년간 같은 위반행위로 행정처분을 받은 경우에 적용한다. 이 경우 기간의 계산은 위반행위에 대한 행정처분일과 그 행정처분일 이후에 같은 위반행위를 하여 다시 적발된 날을 기준으로 한다.

나. 가목에 따라 가중된 행정처분을 하는 경우 가중처분의 적용 차수는 그 위반행위 전 행정처분 차수(가목에 따른 기간 내에 행정처분이 둘 이상 있었던 경우에는 높은 차수를 말한다)의 다음 차수로 한다.

다. 위반행위가 둘 이상인 경우로서 그에 해당하는 각각의 처분기준이 다른 경우에는 그 중 무거운 처분기준에 따른다. 다만, 둘 이상의 처분기준이 동일한 운영정지인 경우에는 무거운 처분기준의 2분의 1까지 가중할 수 있되, 각 처분기준을 합산한 기간이나 1년을 초과할 수 없다.

라. 위반행위에 대하여 행정처분을 하기 위한 절차가 진행되는 기간 중에 반복하여 같은 사항을 위반하는 경우에는 그 위반횟수마다 행정처분 기준의 2분의 1씩 더하여 처분한다. 이 경우 합산한 기간은 1년을 초과할 수 없다.

2. 개별기준

위반행위	근거 법조문	처분기준		
		1차 위반	2차 위반	3차 위반
가. **거짓이나 그 밖의 부정한 방법으로 보조금을 교부받거나 보조금을 유용한 경우**	법제45조제1항 제1호			
1) **거짓이나 부정한** 방법으로 다음의 어느 하나의 금액에 해당하는 보조금을 받은 경우				
가) **1천만원 이상**		**시설폐쇄**		
나) 5백만원 이상 1천만원 미만		운영정지 1년	**시설폐쇄**	
다) 3백만원 이상 5백만원 미만		운영정지	운영정지	**시설폐쇄**

위반행위	근거 법조문	처분기준		
		1차 위반	2차 위반	3차 위반
		6개월	1년	
라) 1백만원 이상 3백만원 미만		운영정지 3개월	운영정지 6개월	시설폐쇄
마) 1백만원 미만		운영정지 1개월	운영정지 3개월	시설폐쇄
2) **다음의 어느 하나의 금액에 해당하는 보조금을 유용한 경우**				
가) **1천만원 이상**		**시설폐쇄**		
나) 5백만원 이상 1천만원 미만		운영정지 1년	**시설폐쇄**	
다) 3백만원 이상 5백만원 미만		운영정지 6개월	운영정지 1년	**시설폐쇄**
라) 1백만원 이상 3백만원 미만		운영정지 3개월	운영정지 6개월	**시설폐쇄**
마) 1백만원 미만인 경우		운영정지 1개월	운영정지 3개월	**시설폐쇄**
나. 법 제13조제1항에 따른 변경인가를 받지 않고 어린이집을 운영하여 법 제44조에 따른 시정 또는 변경 명령을 받았으나 이를 위반한 경우	법제45조 제1항제3호			
1) 양도에 따른 대표자 변경인가를 받지 않고 운영한 경우		운영정지 3개월	운영정지 6개월	운영정지 1년
2) 그 밖의 변경인가사항의 변경인가를 받지 않고 운영한 경우		운영정지 1개월	운영정지 3개월	운영정지 6개월
다. 법 제15조에 따른 어린이집의 설치기준을 위반하여 법 제44조에 따른 시정 또는 변경 명령을 받았으나 이를 위반한 경우	법제45조 제1항제3호			
1) 별표 1 제1호의2에 따른 재산요건을 위반한 경우		운영정지 2개월	운영정지 4개월	시설폐쇄
2) 별표 1 제3호가목2)아)에 따른 비상재해대비시설 설치기준을 위반한 경우		운영정지 6개월	시설폐쇄	
3) 어린이집 시설의 전부를 철거한 경우(휴지기간 중 어린이집 시설의 전부를 철거한 경우를 포함한다)		시설 폐쇄		

위반행위	근거 법조문	처분기준		
		1차 위반	2차 위반	3차 위반
4) 그 밖의 설치기준을 위반한 경우		운영정지 1개월	운영정지 3개월	시설폐쇄
라. 법 제17조제5항에 따른 보육교직원의 배치기준을 위반하여 그 위반의 정도가 다음의 어느 하나에 해당하는 경우로서 법 제44조에 따른 시정 또는 변경 명령을 받았으나 이를 위반한 경우	법제45조 제1항제3호			
1) **보육교사 배치기준을 위반한 경우**				
가) 해당 어린이집에 구성된 반의 100분의 30 이상 위반		운영정지 3개월	운영정지 6개월	운영정지 1년
나) 해당 어린이집에 구성된 반의 100분의 30 미만 위반		운영정지 1개월	운영정지 3개월	운영정지 6개월
2) 간호사, 영양사, 조리원 등 법 제17조에 따라 의무적으로 배치해야 하는 보육교직원(보육교사는 제외한다)을 배치하지 않은 경우		운영정지 1개월	운영정지 3개월	운영정지 6개월
마. 법 제19조제2항에 따른 보육교직원의 임면에 관한 사항을 보고하지 않거나 거짓으로 보고하여 법 제44조에 따른 시정 또는 변경 명령을 받았으나 이를 위반한 경우		운영정지 3개월	운영정지 6개월	운영정지 1년
바. 법 제24조제1항에 따른 어린이집의 운영기준(법 제33조에 따른 급식관리기준을 포함한다)을 위반하여 법 제44조에 따른 시정 또는 변경 명령을 받았으나 이를 위반한 경우	법제45조 제1항제3호			
1) 별표 8 제1호를 위반한 경우		운영정지 1개월	운영정지 3개월	운영정지 6개월
2) 별표 8 제2호를 위반한 경우				
가) 별표 8 제2호다목에 따른 운영일 및 운영시간을 위반한 경우		운영정지 1년	시설폐쇄	
나) 별표 8 제2호마목에 따른 보육료 수납 납부 통지를 하지 아니한 경우		운영정지 1개월	운영정지 3개월	운영정지 6개월
다) 별표 8 제2호바목에 따른 비용의 지출기준을 위반한 경우		운영정지 1개월	운영정지 3개월	운영정지 6개월
라) 별표 8 제2호사목에 따른 보험가입을 하지 아니한 경우		운영정지 1개월	운영정지 3개월	운영정지 6개월
마) 별표 8 제2호아목에 따른 장부 등을 갖추어 두지		운영정지	운영정지	운영정지

위반행위	근거 법조문	처분기준		
		1차 위반	2차 위반	3차 위반
않은 경우		1개월	3개월	6개월
바) 별표 8 제2호자목에 따른 어린이집 입소 및 퇴소 규정을 위반한 경우		운영정지 1개월	운영정지 3개월	운영정지 6개월
사) 가)부터 바)까지의 운영기준 외의 운영기준을 위반한 경우		운영정지 15일	운영정지 1개월	운영정지 3개월
3) 별표 8 제3호를 위반한 경우				
가) 별표 8 제3호가목에 따른 안전관리기준을 위반한 경우		운영정지 3개월	운영정지 6개월	시설폐쇄
나) 법 제33조 및 별표 8 제3호나목에 따른 급식관리기준을 위반한 경우로서 다음의 어느 하나에 해당하는 경우				
(1) **상한 원료 또는 완제품을 음식물의 조리에 사용하거나 보관한 경우**		**운영정지 3개월**	운영정지 6개월	시설폐쇄
(2) **유통기한이 지난 원료 또는 완제품을 음식물의 조리에 사용하거나 보관한 경우**		**운영정지 1개월**	운영정지 3개월	운영정지 6개월
(3) 이미 급식에 제공되었던 음식물을 재사용한 경우		운영정지 1개월	운영정지 3개월	운영정지 6개월
(4) (1)부터 (3)까지의 급식관리기준 외의 급식관리기준을 위반한 경우		운영정지 15일	운영정지 1개월	운영정지 3개월
다) 별표 8 제3호다목에 따른 위생관리기준을 위반한 경우		운영정지 1개월	운영정지 3개월	운영정지 6개월
라) 별표 8 제3호라목에 따른 **차량안전관리기준**을 위반한 경우로서 다음의 어느 하나에 해당하는 경우				
(1) 차량운행 시 보육교사 등 영유아를 보호할 수 있는 사람이 **동승하지 아니한 경우**		**운영정지 1개월**	운영정지 3개월	운영정지 6개월
(2) 그 밖의 차량안전관리기준을 위반한 경우		운영정지 15일	운영정지 1개월	운영정지 3개월
사. 법 제25조제1항 단서를 위반하여 어린이집운영위원회를 설치하지 아니하여 법 제44조에 따른 시정 또는 변경 명령을 받았으나 이를 위반한 경우		운영정지 15일	운영정지 1개월	운영정지 3개월
아. 법 제29조제4항 전단을 위반하여 **특별활동**을 실시하여 법 제44조에 따른 시정 또는 변경 명령을 받	법제45조 제1항제3호			

위반행위	근거 법조문	처분기준		
		1차 위반	2차 위반	3차 위반
았으나 이를 위반한 경우				
1) 보호자의 동의를 받지 않고 특별활동프로그램을 실시한 경우		운영정지 1개월	운영정지 2개월	운영정지 3개월
2) 24개월 미만의 영유아를 대상으로 특별활동프로그램을 실시한 경우. 다만, 제30조의2제2항 단서에 따라 실시한 경우는 제외한다.		운영정지 15일	운영정지 1개월	운영정지 2개월
3) 낮 12시부터 오후 6시까지의 시간 외에 특별활동프로그램을 실시한 경우		운영정지 15일	운영정지 1개월	운영정지 2개월
자. 법 제29조제4항 후단을 위반하여 특별활동프로그램에 참여하지 아니하는 영유아를 위하여 특별활동프로그램을 대체할 수 있는 프로그램을 마련하지 아니하여 법 제44조에 따른 시정 또는 변경 명령을 받았으나 이를 위반한 경우	법제45조 제1항제3호	운영정지 15일	운영정지 1개월	운영정지 2개월
차. 법 제29조의2에 따른 생활기록부를 작성·관리하지 아니하여 법 제44조에 따른 시정 또는 변경 명령을 받았으나 이를 위반한 경우		운영정지 15일	운영정지 1개월	운영정지 3개월
카. 정당한 이유 없이 법 제30조제1항에 따른 평가 또는 같은 조 제5항에 따른 확인점검을 거부·방해 또는 기피하거나 거짓이나 그 밖의 부정한 방법으로 평가 또는 확인점검을 받아 법 제44조에 따른 시정 또는 변경 명령을 받았으나 이를 위반한 경우	법제45조 제1항제3호	운영정지 3개월	운영정지 6개월	운영정지 1년
타. 법 제32조제1항에 따른 **질병의 치료와 예방조치**를 하지 아니하여 법 제44조에 따른 시정 또는 변경 명령을 받았으나 이를 위반한 경우		**운영정지 1개월**	운영정지 3개월	운영정지 6개월
파. 법 제38조에 따른 보육료 등의 수납 한도액을 다음의 어느 하나에 해당하는 비율만큼 초과하여 받아 법 제44조에 따른 시정 또는 변경 명령을 받았으나 이를 위반한 경우	법제45조 제1항제3호			
1) 초과하여 받은 금액이 전체 수납액의 100분의 20 이상		운영정지 3개월	운영정지 6개월	시설폐쇄
2) 초과하여 받은 금액이 전체 수납액의 100분의 20 미만		운영정지 1개월	운영정지 3개월	운영정지 6개월
하. 법 제40조에 따른 비용 또는 보조금의 반환명령을 받고 다음의 어느 하나에 해당하는 금액을 반환하	법제45조 제1항제2호			

위반행위	근거 법조문	처분기준		
		1차 위반	2차 위반	3차 위반
지 않은 경우				
1) 3백만원 이상		시설폐쇄		
2) 3백만원 미만		운영정지 1년	시설폐쇄	
거. 법 제42조에 따른 보고를 하지 아니하거나 거짓으로 보고한 경우 또는 조사·검사를 거부하거나 기피하여 법 제44조에 따른 시정 또는 변경 명령을 받았으나 이를 위반한 경우	법제45조 제1항제3호	운영정지 1개월	운영정지 6개월	시설폐쇄
너. 다음의 어느 하나에 해당하는 경우로서 법 제43조 제1항에 따른 신고를 하지 않고 어린이집을 폐지 또는 일정 기간 운영을 중단하거나 그 운영을 재개하여 법 제44조에 따른 시정 또는 변경 명령을 받았으나 이를 위반한 경우	법제45조 제1항제3호			
1) 어린이집의 폐지		시설폐쇄		
2) 어린이집의 운영 중단 및 재개		운영정지 1년	시설폐쇄	
더. 법 제43조의2제2항을 위반하여 휴원하지 않거나 긴급보육수요에 대비한 조치를 하지 않아 법 제44조제7호의2에 따라 시정 또는 변경 명령을 받았으나 이를 위반한 경우	법제45조 제1항제3호	운영정지 1개월	운영정지 3개월	운영정지 6개월
러. 법 제49조의2에 따른 정보의 공시에 관한 사항을 위반하여 시정 또는 변경 명령을 받았으나 이를 위반한 경우	법제45조 제1항제3호			
1) 정보를 공시하지 않거나 거짓으로 공시한 정보(영 별표 1의3의 공시정보 범위 중 같은 표 각 목에 해당하는 정보를 말한다)가 5개 이상인 경우(단순 착오로 잘못 공시한 경우는 제외한다)		운영정지 15일	운영정지 1개월	운영정지 2개월
2) 정보를 공시하지 않거나 거짓으로 공시한 정보가 5개 미만인 경우(단순 착오로 잘못 공시한 경우는 제외한다)		운영정지 7일	운영정지 15일	운영정지 1개월
머. **「아동복지법」 제3조제7호에 따른 아동학대 행위를 한 경우**	법제45조 제1항제4호			

위반행위	근거 법조문	처분기준		
		1차 위반	2차 위반	3차 위반
1) 아동을 매매하거나 아동에게 성적 폭력이나 성적 가혹행위를 한 경우		시설폐쇄		
2) 아동에게 신체적 · 정신적 폭력이나 가혹행위를 하거나 아동의 보호자가 아동을 유기한 경우				
가) **아동에게 중대한 신체 또는 정신적 손해를 입힌 경우**		**시설폐쇄**		
나) **가)에 해당하지 않는 경우**		**운영정지 6개월**	운영정지 1년	시설폐쇄
3) 아동의 보호자가 아동을 방임한 경우				
가) 아동에게 중대한 신체 또는 정신적 손해를 입힌 경우		시설폐쇄		
나) 기본적 보호 · 양육 · 치료를 소홀히 한 경우로서 가)에 해당하지 않는 경우		운영정지 1개월	운영정지 2개월	운영정지 3개월
다) **기본적 교육을 소홀히 한 경우**		**운영정지 7일**	운영정지 15일	운영정지 1개월
버. 「도로교통법」 제53조제3항을 위반하여 어린이통학버스(법 제33조의2 및 「도로교통법」 제52조에 따른 신고를 하지 않은 경우를 포함한다)에 보육교직원 등을 함께 태우지 않은 채 어린이통학버스 운행 중 발생한 교통사고로 영유아가 사망하거나 신체에 중상해를 입은 경우	법 제45조 제1항제5호	운영정지 6개월	운영정지 1년	시설폐쇄

어린이집의 원장 및 보육교사에 대한 행정처분의 세부기준 (제39조제2항 관련)

1. 일반기준

가. 위반행위의 횟수에 따른 자격정지기준은 그 위반행위가 있은 날 이전 최근 3년간 같은 위반행위로 자격정지처분을 받은 경우에 적용한다.

나. 위반행위가 둘 이상인 경우에는 그 중 무거운 처분기준의 2분의 1까지 늘릴 수 있다. 이 경우 각 처분기준을 합산한 기간이나 1년을 초과할 수 없다.

다. 특별자치도지사 · 시장 · 군수 · 구청장은 위반행위의 동기 · 내용 및 횟수 등을 고려하여 제2호 및 제3호에 따른 자격정지기간을 2분의 1의 범위에서 늘리거나 줄일 수 있다. 다만, 늘리는 경우에도 1년을 초과할 수 없다.

2. 어린이집 원장의 자격정지 개별기준

위반행위	근거 법조문	처분기준		
		1차 위반	2차 위반	3차 위반
가. 어린이집의 원장이 업무수행 중 고의나 중대한 과실로 손해를 입힌 경우로서 다음의 어느 하나에 해당하는 경우	법 제46조 제1호			
1) **영유아에게 중대한 생명 · 신체 또는 정신적 손해를 입힌 경우**		**자격정지 1년** (「아동복지법」 제3조제7호에 따른 아동학대행위인경우에는 2년)	자격정지 1년 (「아동복지법」 제3조제7호에 따른 아동학대행위인경우에는 2년)	자격정지 1년 (「아동복지법」 제3조제7호에 따른 아동학대행위인경우에는 2년)
2) 어린이집의 운영일 및 운영시간에 관한 기준을 고의적으로 위반하여 손해를 입힌 경우		자격정지 1년	자격정지 1년	자격정지 1년
3) **비위생적인 급식**을 제공하거나 영유아 안전 보호를 태만히 하여 영유아에게 생명 · 신체 또는 정신적 손해를 입힌 경우		자격정지 6개월	자격정지 1년	자격정지 1년
4) 그 밖의 경우		자격정지 3개월	자격정지 6개월	자격정지 1년

위반행위	근거 법조문	처분기준		
		1차 위반	2차 위반	3차 위반
나. 보육교사·간호사 또는 영양사 등 해당 업무 수행에 필요한 자격이 없는 사람을 채용하여 해당 업무를 수행하게 한 경우	법 제46조 제2호	자격정지 3개월	자격정지 6개월	자격정지 1년
다. 법 제23조에 따른 보수교육을 연속하여 3회 이상 받지 아니한 경우	법 제46조 제3호	자격정지 1개월	자격정지 3개월	자격정지 6개월
라. **거짓이나 그 밖의 부정한 방법으로 보조금을 받거나 보조금을 유용한 경우**	법 제46조 제4호			
1) 아동 또는 보육교직원을 허위로 등록하는 등 거짓이나 부정한 방법으로 다음의 어느 하나의 금액에 해당하는 보조금을 교부받은 경우				
가) 5백만원 이상		자격정지 1년	자격정지 1년	자격정지 1년
나) 3백만원 이상 5백만원 미만		자격정지 6개월	자격정지 1년	자격정지 1년
다) 1백만원 이상 3백만원 미만		자격정지 3개월	자격정지 6개월	자격정지 1년
라) 1백만원 미만		자격정지 1개월	자격정지 3개월	자격정지 1년
2) 보조금을 목적 외로 사용하는 등 거짓이나 부정한 방법으로 다음의 어느 하나의 금액에 해당하는 보조금을 유용한 경우				
가) 5백만원 이상		자격정지 1년	자격정지 1년	자격정지 1년
나) 3백만원 이상 5백만원 미만		자격정지 6개월	자격정지 1년	자격정지 1년
다) 1백만원 이상 3백만원 미만		자격정지 3개월	자격정지 6개월	자격정지 1년
라) 1백만원 미만		자격정지 1개월	자격정지 3개월	자격정지 1년

위반행위	근거 법조문	처분기준		
		1차 위반	2차 위반	3차 위반
마. 「공익신고자 보호법」 제2조제2호에 따른 공익신고를 한 보육교직원에게 같은 법 제2조제6호에 따른 불이익 조치를 한 경우	법 제46조 제5호	자격정지 1년	자격정지 1년	자격정지 1년

3. 보육교사의 자격정지 개별기준

위반행위	근거 법조문	처분기준		
		1차 위반	2차 위반	3차 위반
가. 보육교사가 업무 수행 중 그 자격과 관련하여 고의나 중대한 과실로 다음의 어느 하나의 손해를 입힌 경우	법 제47조 제1호			
1) **영유아에게 중대한 생명 · 신체 또는 정신적 손해를 입힌 경우**		**자격정지 1년** (「아동복지법」 제3조제7호에 따른 아동학대행위 인경우에는 2년)	자격정지 1년 (「아동복지법」 제3조제7호에 따른 아동학대행위 인경우에는 2년)	자격정지 1년 (「아동복지법」 제3조제7호에 따른 아동학대행위 인경우에는 2년)
2) **비위생적인 급식**을 제공하거나 영유아 안전 보호를 태만히 하여 영유아에게 생명 · 신체 또는 정신적 손해를 입힌 경우		자격정지 6개월	자격정지 1년	자격정지 1년
3) 그 밖의 경우		자격정지2개월	자격정지 4개월	자격정지 6개월
나. 법 제23조의2에 따른 **보수교육**을 연속하여 3회 이상 받지 아니한 경우	법 제47조 제2호	**자격정지 1개월**	자격정지 3개월	자격정지 6개월

4. 행정처분에 관한 관련법률

(1) 행정조사

○ 행정조사란 행정기관이 정책을 결정하거나 직무를 수행하는데 필요한 정보나 자료를 수집하기 위하여 현장조사 · 문서열람 · 시료채취 등을 하거나 조사대상자에게 보고요구 · 자료제출요구 및 출석 · 진술을 요구하는 활동을 말함(행정조사법 제2조 제1호)

▸ 행정조사는 법령 등 또는 행정조사운영계획으로 정하는 바에 따라 정기적으로 실시하나 법령 등의 위반에 대하여 혐의(또는 신고, 민원접수)가 있는 경우 수시로 실시할 수 있음(행정조사기본법 제7조 제2호)

▸ 조사대상자에 대하여 출석 · 진술 요구할 수 있으며 보고와 자료제출의 요구할 수 있음(행정조사기본법 제9조 및 제10조)

▸ 조사원이 가택, 사무실 또는 사업장 등에 출입하여 현장조사를 실시하는 경우에는 행정기관의 장은 조사목적, 조사기간과 장소, 조사원의 성명과 직위, 조사범위와 내용, 제출자료 등이 기재된 현장출입조사서를 조사대상자에게 미리 발송하여야 함(행정조사기법 제11조)

다만, 원칙적으로 행정조사의 사전통지를 하여함(행정조사기법 제17조)

▸ 천재지변, 화재나 그 밖의 재해, 질병이나 장기출장 등의 경우 조사의 연기신청 할 수 있음 (행정조사기본법 제11조)

▸ 조사대상자는 행정조사에 대한 사전통지 내용에 대하여 의견제출할 수 있으며 그 의견이 상당한 이유가 있다고 인정하는 경우에 행정조사에 반영하여야 함(행정조사기본법 제21조)

▸ 행정조사에 대하여 행정조사기본법에 다른 법률에 특별한 규정이 있는 경우 특별한 규정에 따라 조사하여야 하고 행정조사를 거부 또는 항거할 경우 행정청기관은 실효성 확보수단인 즉시강제 등을 통하여 행정조사를 할 수 있거나 조사 거부자에 대한 제재처분으로 행정벌이나 형사벌이 있는 경우도 있음

○ 행정조사에는 보고와 자료제출 뿐만 아니라 현장조사, 시료채취, 자료 등을 영치 할 수 있음.(행정조사기본법 제13조) 그러나 행정조사임에도 불구하고 실상 임의조사가 아니 형사소송법상 강제조사로서 수색과 같은 성격을 가지게 되므로 형사소송법에서 정한 절차에 따라 헌법상 기본권인 방어권 보장을 위해 진술거부권의 고지와 영장주의 및 변호사로부터 조력을 받을 권리가 보장되어야 할 것임

(2) 관련법률

○ **행정조사기본법**(시행 2016. 11. 30. 법률 제14184호 2016. 5. 29 타법개정)

제4조(행정조사의 기본원칙) ① 행정조사는 조사목적을 달성하는데 필요한 최소한의 범위 안에서 실시하여야 하며, 다른 목적 등을 위하여 조사권을 남용하여서는 아니 된다.

② 행정기관은 조사목적에 적합하도록 조사대상자를 선정하여 행정조사를 실시하여야 한다.

③ 행정기관은 유사하거나 동일한 사안에 대하여는 공동조사 등을 실시함으로써 행정조사가 중복되지 아니하도록 하여야 한다.

④ 행정조사는 법령등의 위반에 대한 처벌보다는 법령등을 준수하도록 유도하는 데 중점을 두어야 한다.

⑤ 다른 법률에 따르지 아니하고는 행정조사의 대상자 또는 행정조사의 내용을 공표하거나 직무상 알게 된 비밀을 누설하여서는 아니된다.

⑥ 행정기관은 행정조사를 통하여 알게 된 정보를 다른 법률에 따라 내부에서 이용하거나 다른 기관에 제공하는 경우를 제외하고는 원래의 조사목적 이외의 용도로 이용하거나 타인에게 제공하여서는 아니 된다.

제5조(행정조사의 근거) 행정기관은 법령등에서 행정조사를 규정하고 있는 경우에 한하여 행정조사를 실시할 수 있다. 다만, 조사대상자의 자발적인 협조를 얻어 실시하는 행정조사의 경우에는 그러하지 아니하다

제11조(현장조사) ① 조사원이 가택 · 사무실 또는 사업장 등에 출입하여 현장조사를 실시하는 경우에는 행정기관의 장은 다음 각 호의 사항이 기재된 현장출입조사서 또는 법령 등에서 현장조사시 제시하도록 규정하고 있는 문서를 조사대상자에게 발송하여야 한다.

1. 조사목적
2. 조사기간과 장소
3. 조사원의 성명과 직위
4. 조사범위와 내용
5. 제출자료
6. 조사거부에 대한 제재(근거 법령 및 조항 포함)
7. 그 밖에 당해 행정조사와 관련하여 필요한 사항

② 제1항에 따른 현장조사는 해가 뜨기 전이나 해가 진 뒤에는 할 수 없다. 다만, 다음 각 호의 어느 하나에 해당하는 경우에는 그러하지 아니하다.

1. 조사대상자(대리인 및 관리책임이 있는 자를 포함한다)가 동의한 경우
2. 사무실 또는 사업장 등의 업무시간에 행정조사를 실시하는 경우
3. 해가 뜬 후부터 해가 지기 전까지 행정조사를 실시하는 경우에는 조사목적의 달성이 불가능하거나 증거인멸로 인하여 조사대상자의 법령등의 위반 여부를 확인할 수 없는 경우

③ 제1항 및 제2항에 따라 현장조사를 하는 조사원은 그 권한을 나타내는 증표를 지니고 이를 조사대상자에게 내보여야 한다.

제13조(자료 등의 영치) ① 조사원이 현장조사 중에 자료·서류·물건 등(이하 이 조에서 "자료등"이라 한다)을 영치하는 때에는 조사대상자 또는 그 대리인을 입회시켜야 한다.

② 조사원이 제1항에 따라 자료등을 영치하는 경우에 조사대상자의 생활이나 영업이 사실상 불가능하게 될 우려가 있는 때에는 조사원은 자료등을 사진으로 촬영하거나 사본을 작성하는 등의 방법으로 영치에 갈음할 수 있다. 다만, 증거인멸의 우려가 있는 자료등을 영치하는 경우에는 그러하지 아니하다.

③ 조사원이 영치를 완료한 때에는 영치조서 2부를 작성하여 입회인과 함께 서명날인하고 그 중 1부를 입회인에게 교부하여야 한다.

④ 행정기관의 장은 영치한 자료등이 다음 각 호의 어느 하나에 해당하는 경우에는 이를 즉시 반환하여야 한다.

1. 영치한 자료등을 검토한 결과 당해 행정조사와 관련이 없다고 인정되는 경우
2. 당해 행정조사의 목적의 달성 등으로 자료등에 대한 영치의 필요성이 없게 된 경우

제17조(조사의 사전통지) ① 행정조사를 실시하고자 하는 행정기관의 장은 제9조에 따른 출석요구서, 제10조에 따른 보고요구서·자료제출요구서 및 제11조에 따른 현장출입조사서(이하 "출석요구서등"이라 한다)를 조사개시 7일 전까지 조사대상자에게 서면으로 통지하여야 한다. 다만, 다음 각 호의 어느 하나에 해당하는 경우에는 행정조사의 개시와 동시에 출석요구서등을 조사대상자에게 제시하거나 행정조사의 목적 등을 조사대상자에게 구두로 통지할 수 있다.

1. 행정조사를 실시하기 전에 관련 사항을 미리 통지하는 때에는 증거인멸 등으로 행정조사의 목적을 달성할 수 없다고 판단되는 경우

제21조(의견제출) ① 조사대상자는 제17조에 따른 사전통지의 내용에 대하여 행정기관의 장에게 의견을 제출할 수 있다.

② 행정기관의 장은 제1항에 따라 조사대상자가 제출한 의견이 상당한 이유가 있다고 인정하는 경우에는 이를 행정조사에 반영하여야 한다.

제22조(조사원 교체신청) ① 조사대상자는 조사원에게 공정한 행정조사를 기대하기 어려운 사정이 있다고 판단되는 경우에는 행정기관의 장에게 당해 조사원의 교체를 신청할 수 있다.

② 제1항에 따른 교체신청은 그 이유를 명시한 서면으로 행정기관의 장에게 하여야 한다.

③ 제1항에 따른 교체신청을 받은 행정기관의 장은 즉시 이를 심사하여야 한다.

④ 행정기관의 장은 제1항에 따른 교체신청이 타당하다고 인정되는 경우에는 다른 조사원으로 하여금 행정조사를 하게 하여야 한다.

⑤ 행정기관의 장은 제1항에 따른 교체신청이 조사를 지연할 목적으로 한 것이거나 그 밖에 교체신청에 타당한 이유가 없다고 인정되는 때에는 그 신청을 기각하고 그 취지를 신청인에게 통지하여야 한다

제23조(조사권 행사의 제한) ① 조사원은 제9조부터 제11조까지에 따라 사전에 발송된 사항에 한하여 조사대상자를 조사하되, 사전통지한 사항과 관련된 추가적인 행정조사가 필요할 경우에는 조사대상자에게 추가조사의 필요성과 조사내용 등에 관한 사항을 서면이나 구두로 통보한 후 추가조사를 실시할 수 있다.

② 조사대상자는 법률 · 회계 등에 대하여 전문지식이 있는 관계 전문가로 하여금 행정조사를 받는 과정에 입회하게 하거나 의견을 진술하게 할 수 있다.

③ 조사대상자와 조사원은 조사과정을 방해하지 아니하는 범위 안에서 행정조사의 과정을 녹음하거나 녹화할 수 있다. 이 경우 녹음 · 녹화의 범위 등은 상호 협의하여 정하여야 한다.

④ 조사대상자와 조사원이 제3항에 따라 녹음이나 녹화를 하는 경우에는 사전에 이를 당해 행정기관의 장에게 통지하여야 한다.

제24조(조사결과의 통지) 행정기관의 장은 법령등에 특별한 규정이 있는 경우를 제외하고는 행정조사의 결과를 확정한 날부터 7일 이내에 그 결과를 조사대상자에게 통지하여야 한다.

○ **행정절차법**(시행 2020. 6. 11. 법률 제16778호 2019. 12. 10,일부개정)

제21조(처분의 사전통지) ① 행정청은 당사자에게 의무를 부과하거나 권익을 제한하는 처분을 하는 경우에는 미리 다음 각 호의 사항을 당사자등에게 통지하여야 한다.

1. 처분의 제목
2. 당사자의 성명 또는 명칭과 주소
3. 처분하려는 원인이 되는 사실과 처분의 내용 및 법적 근거
4. 제3호에 대하여 의견을 제출할 수 있다는 뜻과 의견을 제출하지 아니하는 경우의 처리방법
5. 의견제출기관의 명칭과 주소
6. 의견제출기한
7. 그 밖에 필요한 사항

② 행정청은 청문을 하려면 청문이 시작되는 날부터 10일 전까지 제1항 각 호의 사항을 당사자등에게 통지하여야 한다. 이 경우 제1항제4호부터 제6호까지의 사항은 청문 주재자의 소속 · 직위 및 성명, 청문의 일시 및 장소, 청문에 응하지 아니하는 경우의 처리방법 등 청문에 필요한 사항으로 갈음한다.

③ 제1항제6호에 따른 기한은 의견제출에 필요한 상당한 기간을 고려하여 정하여야 한다.

④ 다음 각 호의 어느 하나에 해당하는 경우에는 제1항에 따른 통지를 하지 아니할 수 있다.

1. 공공의 안전 또는 복리를 위하여 긴급히 처분을 할 필요가 있는 경우
2. 법령등에서 요구된 자격이 없거나 없어지게 되면 반드시 일정한 처분을 하여야 하는 경우에 그 자격이 없거나 없어지게 된 사실이 법원의 재판 등에 의하여 객관적으로 증명된 경우
3. 해당 처분의 성질상 의견청취가 현저히 곤란하거나 명백히 불필요하다고 인정될 만한 상당한 이유가 있는 경우

⑤ 처분의 전제가 되는 사실이 법원의 재판 등에 의하여 객관적으로 증명된 경우 등 제4항에

따른 사전 통지를 하지 아니할 수 있는 구체적인 사항은 대통령령으로 정한다.

⑥ 제4항에 따라 사전 통지를 하지 아니하는 경우 행정청은 처분을 할 때 당사자등에게 통지를 하지 아니한 사유를 알려야 한다. 다만, 신속한 처분이 필요한 경우에는 처분 후 그 사유를 알릴 수 있다.

⑦ 제6항에 따라 당사자등에게 알리는 경우에는 제24조를 준용한다.

제22조(의견청취) ① 행정청이 처분을 할 때 다음 각 호의 어느 하나에 해당하는 경우에는 청문을 한다.

1. 다른 법령등에서 청문을 하도록 규정하고 있는 경우
2. 행정청이 필요하다고 인정하는 경우
3. 다음 각 목의 처분 시 제21조제1항제6호에 따른 의견제출기한 내에 당사자등의 신청이 있는 경우
   가. 인허가 등의 취소,
   나. 신분 · 자격의 박탈
   다. 법인이나 조합 등의 설립허가의 취소

② 행정청이 처분을 할 때 다음 각 호의 어느 하나에 해당하는 경우에는 공청회를 개최한다.

1. 다른 법령등에서 공청회를 개최하도록 규정하고 있는 경우
2. 해당 처분의 영향이 광범위하여 널리 의견을 수렴할 필요가 있다고 행정청이 인정하는 경우

③ 행정청이 당사자에게 의무를 부과하거나 권익을 제한하는 처분을 할 때 제1항 또는 제2항의 경우 외에는 당사자등에게 의견제출의 기회를 주어야 한다.

④ 제1항부터 제3항까지의 규정에도 불구하고 제21조제4항 각 호의 어느 하나에 해당하는 경우와 당사자가 의견진술의 기회를 포기한다는 뜻을 명백히 표시한 경우에는 의견청취를 하지 아니할 수 있다.

⑤ 행정청은 청문 · 공청회 또는 의견제출을 거쳤을 때에는 신속히 처분하여 해당 처분이 지연되지 아니하도록 하여야 한다.

⑥ 행정청은 처분 후 1년 이내에 당사자등이 요청하는 경우에는 청문 · 공청회 또는 의견제출을 위하여 제출받은 서류나 그 밖의 물건을 반환하여야 한다.

제23조(처분의 이유 제시) ① 행정청은 처분을 할 때에는 다음 각 호의 어느 하나에 해당하는 경우를 제외하고는 당사자에게 그 근거와 이유를 제시하여야 한다.

1. 신청 내용을 모두 그대로 인정하는 처분인 경우
2. 단순 · 반복적인 처분 또는 경미한 처분으로서 당사자가 그 이유를 명백히 알 수 있는 경우
3. 긴급히 처분을 할 필요가 있는 경우

② 행정청은 제1항 제2호 및 제3호의 경우에 처분 후 당사자가 요청하는 경우에는 그 근거와 이유를 제시하여야 한다.

제24조(처분의 방식) ① 행정청이 처분을 할 때에는 다른 법령등에 특별한 규정이 있는 경우를 제외하고는 문서로 하여야 하며, 전자문서로 하는 경우에는 당사자등의 동의가 있어야 한다. 다만, 신속히 처리할 필요가 있거나 사안이 경미한 경우에는 말 또는 그 밖의 방법으로 할 수

있다. 이 경우 당사자가 요청하면 지체 없이 처분에 관한 문서를 주어야 한다.
② 처분을 하는 문서에는 그 처분 행정청과 담당자의 소속 · 성명 및 연락처(전화번호, 팩스번호, 전자우편주소 등을 말한다)를 적어야 한다.

제27조의2(제출 의견의 반영) ① 행정청은 처분을 할 때에 당사자등이 제출한 의견이 상당한 이유가 있다고 인정하는 경우에는 이를 반영하여야 한다.
② 행정청은 당사자등이 제출한 의견을 반영하지 아니하고 처분을 한 경우 당사자등이 처분이 있음을 안 날부터 90일 이내에 그 이유의 설명을 요청하면 서면으로 그 이유를 알려야 한다. 다만, 당사자등이 동의하면 말, 정보통신망 또는 그 밖의 방법으로 알릴 수 있다(2020. 6.11. 시행)

4절 행정처분에 대한 행정심판과 행정소송

1. 행정심판

(1) 행정심판의 개념

○ 행정법관계에서 위법 또는 부당한 행정작용으로 인해 권리를 침해당한 자가 일정한 행정청에 이의제기하며 그 **위법** 또는 **부당한 행정작용을 시정**토록 요구하는 절차를 행정쟁송이라 함

○ 행정쟁송에는 행정청(시 · 도 행정심판위원회 등)이 판단 주체가 되는 **행정심판**과 법원이 판단의 주체가 되는 **행정소송**이 있음

* **행정심판위원회**

- 헌법 제107조제3항 및 행정심판법 제7조 근거에 따라 설치된 행정심판위원회는 행정청의 처분 또는 부작위에 대한 행정심판의 청구를 심리, 재결하는 합의제행정청임(행정심판법 제6조 제1항)
- 위원은 위원장 1명을 포함하여 50명 이내의 위원으로 구성되어 있음
  행정청인 처분청으로부터 완전히 독립되어 운영되고 위원 중 과반수 이상을 공무원이 아닌 변호사 · 교수 기타 전문가 등 민간위원이 참석하도록 하여 심리의 객관성을 유지하며 전문적이고 심도 있는 심리를 하고 있음.

(2) 행정심판의 청구－온라인 행정심판 가능

○ 온라인행정심판－www.simpan.go.kr

- 온라인 행정심판 청구, 절차, 관련 용어, 사건처리 현황 조회 안내
- 회원으로 먼저 등록하여야 함
- 온라인 행정심판에 웹 로그인
- 행정심판청구서제출 , 각종신청서 제출 **불가**
- 사건조회, 정보검색, 행정심판상담 등만 가능
- 온라인 행정심판에 **공인인증** 또는 **휴대폰인증, 아이핀인증**을 통한 로그인
- 행정심판청구서, 각종신청서 제출, 사건조회, 정보검색, 행정심판상담 등 가능

○ 각 광역 시 · 도 행정심판위원회

- 광역 시 · 도 행정심판위원의 소재지에 직접방문 또는 우편 접수 등

(3) 행정심판의 종류와 고지제도

○ 행정심판의 종류－행정심판법제5조(행정심판의 종류)

- **취소심판** : 행정청의 위법 또는 부당한 처분을 취소하거나 변경하는 행정심판
- **무효등확인심판** : 행정청의 처분의 효력 유무 또는 존재 여부를 확인하는 행정심판
- **의무이행심판** : 당사자의 신청에 대한 행정청의 위법 또는 부당한 거부처분이나 부작위에 대하여 일정한 처분을 하도록 하는 행정심판

○ 행정심판의 고지－행정심판법 제58조

행정청이 당사자등에게 처분에 관하여 행정심판을 제기할 수 있는지의 여부와 제기하는 경우의 재결 청 · 청구기간 등을 알리는 것을 말함

* 행정청은 행정처분시 반드시 당사자 등에게 행정처분을 적법 · 정당한 것으로 받아들일 수 없는 경우 어떻게 다툴 것인지 알려줌으로서 당사자 등의 권익을 보호하는 제도가 고지제도임

* 행정심판법 제58조(행정심판의 고지) ① 행정청이 처분을 할 때에는 처분의 상대방에게 다음 각 호의 사항을 알려야 한다.
  1. 해당 처분에 대하여 행정심판을 **청구할 수 있는지**
  2. 행정심판을 청구하는 경우의 **심판청구 절차 및 심판청구 기간**
  ② 행정청은 이해관계인이 요구하면 다음 각 호의 사항을 지체 없이 알려 주어야 한다. 이 경우 서면으로 알려 줄 것을 요구받으면 서면으로 알려 주어야 한다.
  1. 해당 처분이 행정심판의 대상이 되는 처분인지
  2. 행정심판의 대상이 되는 경우 **소관 위원회 및 심판청구 기간**

○ **행정심판의 청구 – 행정심판법 제23조 및 제28조(심판청구의 방식)**

▸ 심판청구는 **서면**으로 하여야 한다. (행정심판법 시행규칙 제5조 별지 제30호 서식)

▸ 처분에 대한 심판청구의 경우에는 심판청구서에 다음 각 호의 사항이 포함되어야 한다.

1. 청구인의 이름과 주소 또는 사무소(주소 또는 사무소 외의 장소에서 송달받기를 원하면 송달장소를 추가로 적어야 한다)
2. 피청구인과 위원회
3. 심판청구의 대상이 되는 처분의 내용
4. 처분이 있음을 알게 된 날
5. 심판청구의 취지와 이유
6. 피청구인의 행정심판 고지 유무와 그 내용

▸ 부작위에 대한 심판청구의 경우에는 제2항제1호 · 제2호 · 제5호의 사항과 그 부작위의 전제가 되는 신청의 내용과 날짜를 적어야 한다.

▸ 청구인이 법인이거나 제14조에 따른 청구인 능력이 있는 법인이 아닌 사단 또는 재단이거나 행정심판이 선정대표자나 대리인에 의하여 청구되는 것일 때에는 제2항 또는 제3항의 사항과 함께 그 대표자 · 관리인 · 선정대표자 또는 대리인의 이름과 주소를 적어야 한다.

▸ 심판청구서에는 청구인 · 대표자 · 관리인 · 선정대표자 또는 대리인이 서명하거나 날인하여야 한다.

○ 행정심판의 청구기간 등－**행정심판법** 제27조(심판청구의 기간)

① 행정심판은 **처분이 있음을 알게 된** 날부터 **90일 이내**에 청구하여야 한다.

② 청구인이 천재지변, 전쟁, 사변(事變), 그 밖의 불가항력으로 인하여 제1항에서 정한 기간에 심판청구를 할 수 없었을 때에는 그 사유가 소멸한 날부터 14일 이내에 행정심판을 청구할 수 있다. 다만, 국외에서 행정심판을 청구하는 경우에는 그 기간을 30일로 한다.

③ 행정심판은 처분이 있었던 날부터 **180일이 지나면 청구하지 못한다**. 다만, 정당한 사유가 있는 경우에는 그러하지 아니하다.

④ 제1항과 제2항의 기간은 **불변기간(不變期間)**으로 한다.

⑤ 행정청이 심판청구 기간을 제1항에 규정된 기간보다 긴 기간으로 잘못 알린 경우 그 잘못 알린 기간에 심판청구가 있으면 그 행정심판은 제1항에 규정된 기간에 청구된 것으로 본다.

⑥ 행정청이 심판청구 기간을 알리지 아니한 경우에는 제3항에 규정된 기간에 심판청구를 할 수 있다.

⑦ 제1항부터 제6항까지의 규정은 무효등확인심판청구와 부작위에 대한 의무이행심판 청구에는 적용하지 아니한다.

○ **행정심판**은 행정심판위원회에서 심판청구서를 받은 날부터 60일 이내에 하여야함. 다만, **부득이한 사정**이 있는 경우에는 위원장이 직권으로 30일을 연장할 수 있음

(4) 행정심판(집행정지)의 결과 및 사례

○ 행정심판의 결과－**재결서**【별지 23】

- 위원회는 심판청구가 적법하지 아니하면 그 심판청구를 **각하(却下)**
- 위원회는 심판청구가 이유가 없다고 인정하면 그 심판청구를 **기각(棄却)**
- 위원회는 취소심판의 청구가 이유가 있다고 인정하면 **처분을 취소** 또는 다른 처분으로 변경하거나 처분을 다른 처분으로 **변경**할 것을 피청구인에게 명함
- 위원회는 무효등확인심판의 청구가 이유가 있다고 인정하면 처분의 효력 유무 또는 처분의 존재 여부를 확인함

▸ 위원회는 의무이행심판의 청구가 이유가 있다고 인정하면 지체 없이 신청에 따른 처분을 하거나 처분을 할 것을 피청구인에게 명함

○ **행정심판의 집행정지신청**－<u>행정심판법 제30조(집행정지)【별지 24】</u>
행정심판법시행규칙 제5조 (별지 제33호서식)

▸ 심판청구는 처분의 효력이나 그 집행 또는 절차의 속행(續行)에 영향을 주지 아니함.

▸ 위원회는 처분, 처분의 집행 또는 절차의 속행 때문에 <u>중대한 손해가 생기는 것을 예방할 필요성이 긴급하다고 인정할 때에는 직권으로 또는 당사자의 신청에 의하여 처분의 효력, 처분의 집행 또는 절차의 속행의 전부 또는 일부의 정지</u>(이하 "집행정지"라 한다)를 결정할 수 있음

▸ 다만, 처분의 효력정지는 처분의 집행 또는 절차의 속행을 정지함으로써 그 목적을 달성할 수 있을 때에는 허용되지 아니함

▸ 어린이집의 당사자 등은 행정심판 청구 시 처분, 처분의 집행 또는 절차의 속행 때문에 어린이집의 대한 손해가 생기는 것을 예방할 필요성 등이 필요하다고 판단되는 경우 집행정지신청서를 제출 할 수 있음

○ **행정심판의 재결효력**－형성력과 기속력 발생, 행정심판법 제49조

▸ 재결청 스스로 취소하거나 변경하는 재결은 형성력을 가짐

▸ 기속력이란 피청구인인 행정청과 관계행정청이 재결의 취지에 따라야 함 행정청이 재결에 반하는 행위 할 수 없고 재결의 취지에 따라 재처분 의무를 가짐

■ 행정심판법 시행규칙 [별지 제30호서식] 〈개정 2012.9.20〉

행정심판 청구서

<table>
<tr><th>접수번호</th><th>접수일</th><th></th></tr>
<tr><td rowspan="4">청구인</td><td colspan="2">성명</td></tr>
<tr><td colspan="2">주소</td></tr>
<tr><td colspan="2">주민등록번호(외국인등록번호)</td></tr>
<tr><td colspan="2">전화번호</td></tr>
<tr><td rowspan="4">[ ] 대표자
[ ] 관리인
[ ] 선정대표자
[ ] 대리인</td><td colspan="2">성명</td></tr>
<tr><td colspan="2">주소</td></tr>
<tr><td colspan="2">주민등록번호(외국인등록번호)</td></tr>
<tr><td colspan="2">전화번호</td></tr>
<tr><td>피청구인</td><td colspan="2">□□시장 · 군수 · 구청장</td></tr>
<tr><td>소관 행정심판위원회</td><td colspan="2">[ ] 중앙행정심판위원회 [ ] ○○시 · 도행정심판위원회 [ ] 기타</td></tr>
<tr><td>처분 내용 또는 부작위 내용</td><td colspan="2"></td></tr>
<tr><td>처분이 있음을 안 날</td><td colspan="2"></td></tr>
<tr><td>청구 취지 및 청구 이유</td><td colspan="2">별지로 작성</td></tr>
<tr><td>처분청의 불복절차 고지 유무</td><td colspan="2"></td></tr>
<tr><td>처분청의 불복절차 고지 내용</td><td colspan="2"></td></tr>
<tr><td>증거 서류</td><td colspan="2"></td></tr>
</table>

행정심판법」 제28조 및 같은 법 시행령 제20조에 따라 위와 같이 행정심판을 청구합니다.

년 월 일

청구인 (서명 또는 인)

○○행정심판위원회 귀중

<table>
<tr><td>첨부서류</td><td>1. 대표자, 관리인, 선정대표자 또는 대리인의 자격을 소명하는 서류(대표자, 관리인,선정대표자 또는 대리인을 선임하는 경우에만 제출합니다.)
2. 주장을 뒷받침하는 증거서류나 증거물</td><td>수수료
없음</td></tr>
</table>

처리 절차

청구서 작성	→	접수	→	재결	→	송달
청구인		○행정심판위원회		○행정심판위원회		

210mm×297mm[백상지 80g/㎡]

행 정 심 판 청 구 서

청 구 인 ○○○
주 소 ◇◇시 □□구 ▷▷로 ▽▽
☎ *** - **** - ****

피청구인 □□시장 · 군수 · 구청장

어린이집 보조금 반환명령 등 처분취소

청 구 취 지

'피청구인이 0000. 12. 6. 청구인에게 한 어린이집 보조금 3,355,070원 반환명령 및 어린이집 운영정지 1년 처분을 취소한다.'
라는 재결을 구합니다.

청 구 원 인

1. 이 사건 행정심판 청구의 경위

가. 피청구인 0000. 12. 6.일 청구인에게 부정한 방법(교사허위등록)에 의한 보조금을 부정 수령하였다며 즉, 교사 대 아동비율 위반 (만 2세 1:7기준 초과보육)으로 기본보육료 3,355,070원의 보조금반환 명령처분과 어린이집 운영정지 1년 처분(이하'이사건 처분'이라 한다)을 0000. 12. 12일로 통보받았습니다.

-이하 중략-

2. 이 사건 처분의 위법성과 부당성

가. 청구인은 이사건 처분이 우선 사실관계를 객관적으로 명확하게 파악하지 아니한 상태에서 처분한 것으로 도저히 수긍할 수 없습니다.

-이하 중략-

3. 결 론

그렇다면, 앞서 살펴본 바와 같이 피청구인의 이사건 처분은 사실관계를 오인하여 이를 터 잡아 재량권을 일탈·남용하여 처분한 것으로 위법·부당하여 취소되어야 함이 마땅하므로 청구취지와 같이 재결하여 주시기 바랍니다.

입 증 방 법

갑제1호증 ·· 정보공개청구서
갑제2호증 ·· 사실확인서
갑제3호증 ·· 반편성 기준

-이하 중략-

. . .

청구인 ○○○ 서명 또는 날인

□□□ 행정심판위원회 귀중

【별지 23】

<table>
<tr><td colspan="5">□□□ 심판위원회

재 결 서</td></tr>
<tr><td>사 건</td><td colspan="4">2020○○행심1234 어린이집 운영정지처분 등 취소청구</td></tr>
<tr><td rowspan="2">청 구 인</td><td>이 름</td><td colspan="3">○○○</td></tr>
<tr><td>주 소</td><td colspan="3">○○도 ○○시 ○○길 ○○</td></tr>
<tr><td rowspan="2">대 리 인</td><td>이 름</td><td colspan="3">법무법인 ○○ (◇◇◇ 변호사)</td></tr>
<tr><td>주 소</td><td colspan="3">서울시 서초구 ○○로 ○○○</td></tr>
<tr><td>피 청 구 인</td><td colspan="2">○○시장 · 군수 · 구청장</td><td>참가인</td><td></td></tr>
<tr><td>주 문</td><td colspan="4">피청구인이 0000. 12. 6. 청구인에게 한 어린이집 보조금 3,355,070원 반환명령 및 어린이집 운영정지 1년 처분을 취소한다.</td></tr>
<tr><td>청 구 취 지</td><td colspan="4">주문과 같다.</td></tr>
<tr><td>이 유</td><td colspan="4">별지에 적은 내용과 같음.</td></tr>
<tr><td>근거 법조문</td><td colspan="4">「행정심판법」 제46조</td></tr>
<tr><td colspan="5">위 사건에 대하여 주문과 같이 재결합니다.

0000. 2. 26.

□□□ 행정심판위원회

정본입니다.</td></tr>
</table>

■ 행정심판법 시행규칙 [별지 제33호서식] 〈개정 2012.9.20〉

집행정지신청서

접수번호	접수일	

사건명		
신청인	성명	
	주소	
피신청인		
신청 취지		
신청 원인		
소명 방법		

「행정심판법」 제30조제5항 및 같은 법 시행령 제22조제1항에 따라 위와 같이 집행정지를 신청합니다.

년　　월　　일

신청인　　　　　　　(서명 또는 인)

○○행정심판위원회 귀중

첨부서류	1. 신청의 이유를 소명하는 서류 또는 자료 2. 행정심판청구와 동시에 집행정지 신청을 하는 경우에는 심판청구서 사본과 접수증명서	수수료 없음

처리 절차						
신청서 작성	➜	접수	➜	결정	➜	송달
신청인		○○행정심판위원회		○○행정심판위원회		

210mm×297mm[백상지 80g/㎡]

집 행 정 지 신 청 서

신 청 인 ○○○
주 소 ◇◇시 □□구 ▷▷로 ▽▽
☎ *** – **** – ****

피신청인 □□시장 · 군수 · 구청장

어린이집 운영정지처분 집행정지

신 청 취 지

피신청인이 0000. 12. 6. 신청인에 대하여 한 어린이집 운영정지 1년 처분의 집행은 이 사건 처분에 대한 행정심판 청구사건의 재결시까지 정지한다.
라는 결정을 구합니다.

신 청 원 인

1. 이 사건 집행정지신청의 경위

가. 피청구인 0000. 12. 6.일 청구인에게 부정한 방법(교사허위등록)에 의한 보조금을 부정 수령하였다며 즉, 교사 대 아동비율 위반 (만 2세 1:7기준 초과보육)으로 기본보육료 3,355,070원의 보조금반환 명령처분과 어린이집 운영정지 1년 처분(이하'이사건 처분'이라 한다)을 0000. 12. 12일로 통보받았습니다.

–이하 중략–

2. 이 사건 처분으로 인한 회복하기 어려운 손해발생

가. 청구인은 이사건 처분이 우선, 사실관계를 객관적으로 명확하게 파악하지 아니한 상태에서 처분한 것으로 도저히 수긍할 수 없습니다.
더욱이, 이사건 처분으로 인하여 인근에 어린이집 없는 사정뿐만 아니라 어린이집에 재원하고 있는 영유아와 보육교사와의 애착형성 등으로 인하여 운영정지가 되는 경우 결국, 영유아, 부모에게 심한 불편을 주는 경우에 해당되기 때문이라 하겠습니다.

－이하 중략－

3. 결 론

그렇다면, 앞서 살펴본 바와 같이 피신청인의 이사건 처분은 사실관계를 오인하여 이를 터 잡아 재량권을 일탈 · 남용하여 처분한 것으로 위법 · 부당하여 취소되어야 함이 마땅함에도 이 사건 처분이 집행되는 경우 어린이집의 회복하기 어려운 손해가 발생한다는 점에서 이를 예방하기 위하여 어린이집이 운영정지처분에 대하여 재결 시까지 그 집행을 정지하여 주시기 바랍니다.

입 증 방 법

소 갑제1호증 ································ 정보공개청구서
소 갑제2호증 ································ 사실확인서
소 갑제3호증 ································ 반편성 기준

－이하 중략－

0000.　　.　　.

신청인 ○○○ 서명 또는 날인

□□□ 행정심판위원회 귀중

【별지 24】

<table>
<tr><td colspan="2">□□□시 · 도행정심판위원회
결정서</td></tr>
<tr><td>사 건</td><td>0000신청123 어린이집 운영정지처분 집행정지신청</td></tr>
<tr><td>신 청 인</td><td>○○○
주 소 ◇◇시 □□구 ▷▷로 ▽▽ (우12345)</td></tr>
<tr><td>피신청인</td><td>○○시장 · 군수 · 구청장</td></tr>
<tr><td>주 문</td><td>피신청인이 0000. 12. 6. 신청인에 대하여 한 어린이집 운영정지 1년 처분의 집행은 이 사건 처분에 대한 행정심판 청구사건의 재결시까지 정지한다.</td></tr>
<tr><td>신청취지</td><td>주문과 같다</td></tr>
<tr><td>이 유</td><td>○ 피신청인은 신청인이 0000. 8월 ~ 0000. 10월 기간 중 보육교사를 허위 등록하여 보조금 3,355,070원을 부정수급 하였다는 사유로「영유아보육법」제45조에 따라 어린이집 운영정지 1년(0000. 12. 6.~0000. 12. 5) 처분하였다.

○「행정심판법」 제30조제2항, 제3항에 따르면 처분의 효력, 처분의 집행 또는 절차의 속행을 전부 또는 일부를 정지하기 위해서는 처분 등으로 인한'중대한 손해'가 생기는 것을 예방할 필요성이 긴급하여야 할 뿐만 아니라'공공복리'에 중대한 영향을 미칠 우려가 없어야 하는바, 신청인이 제출한 소명자료에 따르면 인근에 어린이집이 없어 영유아, 부모에게 심한 불편을 주는 경우에 해당되어 신청인에게 중대한 손해를 예방하기 위하여 이 사건 처분의 집행을 본안 재결 전에 미리 정지하여야 할 필요성이 있다고 볼 수 있어 주문과 같이 결정한다.</td></tr>
<tr><td>근거법조</td><td>「행정심판법」 제30조제2항 · 제3항 및 제6항</td></tr>
<tr><td colspan="2">위 사건에 대하여 주문과 같이 결정한다.

0000. 1. 22.

□□□ 시 · 도 행정심판위원회</td></tr>
</table>

2. 행정소송

(1) 행정소송의 개념

○ 행정소송이란 행정청의 위법한 처분 그 밖에 공권의 행사·불행사 등으로 인한 국민의 권리 또는 이익의 침해를 구제하고 공법상의 권리관계 또는 법적용에 관한 다툼을 적정하게 해결함을 목적으로 행정소송절차를 통하여 법원에 제기하는 행정쟁송을 의미함

○ 행정소송의 대부분은 항고소송이 차지하고 있으며 다툼의 대상이 되는 행정청의 행위는 '처분 등' 및 '부작위'임(행정소송법 제3조 제1호).
행정소송법은 처분과 재결을 통틀어 '처분 등'이라고 정의하고 있음(행정소송법 제2조 제1항 제1호).

▸ **처 분** : 행정청이 행하는 구체적 사실에 관한 법집행으로서의 공권력의 행사 또는 그 거부와 그 밖에 이에 준하는 행정작용을 말함

▸ **재 결** : 처분을 받은 자가 이를 다투며 행정심판을 청구하면 그 처분을 행한 행정청의 직근 상급 행정기관이 이를 심리하여 재결하는바, 그 재결 자체에 고유한 위법이 있음을 이유로 하는 경우에 한하여 그 재결의 취소를 구하는 소를 제기할 수 있음(원처분주의, 행정소송법 제19조). 예외적으로 원처분주의의 예외로 행정심판 재결만 소송의 대상이 되는 경우도 있음(중앙노동위원회의 재심판정－노동위원회법 제27조, 특허심판원의 심결－특허법 제186조 등)

▸ **부작위** : 일정한 행정행위의 발동을 요구하는 행위(예컨대 각종 허가신청 행위)에 대하여 행정청이 아무런 행위를 하지 아니하는 것을 말함. 행정청이 거부하는 경우는 부작위가 아니라 거부 그 자체가 처분에 해당함(행정소송법 제2조 제1항 제2호)

※ 행정소송은 행정소송법 제8조 규정에 따라 행정소송에 관하여 이법에 특별한 규정이 없는 사항에 대하여는 법원조직법과 민사소송법 및 민사집행법의 규정을 준용하게 됨

행정소송법 제8조(법적용예) ① 행정소송에 대하여는 다른 법률에 특별한 규정이 있는 경우를 제외하고는 이 법이 정하는 바에 의한다.
② 행정소송에 관하여 이 법에 특별한 규정이 없는 사항에 대하여는 법원조직법과 민사소송법 및 민사집행법의 규정을 준용한다.

(2) 행정소송의 종류

□ 항고소송

1 취소소송

○ 행정청의 위법한 처분 등의 취소를 구하는 소송임(행정소송법 제4조제1호)

○ 행정소송법은 처분 등의 '취소'뿐만 아니라 '변경'을 구하는 경우도 상정하고 있으나, 행정처분을 발령할 권한은 법원이 아닌 행정청에게 있으므로 권력분립의 원칙상 문제가 된 처분을 새로운 처분으로 변경하는 내용의 소송은 허용되지 않음
따라서 여기에서의 '변경'이라 함은 예컨대 800만원의 과세처분이 이루어져야 함에도 불구하고 1,000만원 과세처분이 발령된 경우에 200만원 부분만을 취소하는 경우와 같이, 가분적(可分的)인 행정처분 중 위법한 일부만을 취소하는 경우로 해석됨

○ 처분 등과 관련된 법률관계의 안정성을 위하여, 처분 등은 위법하더라도 소송에 의하여 취소되기 전까지는 일응, 유효한 처분으로 존속하는바, 이를 공정력(公定力)이라고 함
한편 취소소송은 제소기간의 제한이 있어, 처분 등이 있음을 안 날로부터 90일 이내 및 처분이 있은 날로부터 1년 이내에 제기하여야 하며(동법 제20조),이를 도과하면 설령 위법한 처분이라고 하더라도 소송으로 그 취소를 구할 수 없게 됨

※ **공정력** : 행정처분이 무효가 아닌 이상 권한을 가진 기관에 의하여 취소하지 아니하는 한 **'유효한 것처럼 통용되는 힘'**으로 행위의 상대방이나 제3자가 그 효력을 부인할 수 없는 구속력을 발생 시키는 바, 이러한 구속력을 **'공정력'**이라 함

2 무효 등 확인소송

○ 행정청의 처분 등의 효력 유무 또는 존재여부를 확인하는 소송 임(행정소송법 제4조제2호) 행정처분이 위법하다면 원칙적으로 취소의 대상이 되나, 그 하자가 중대하고 일견 명백하다면 단순히 위법함을 넘어 무효인 것이고, 무효 등 확인소송의 대상이 됨

○ 무효 사유가 존재하면 당연히 취소소송도 제기할 수 있고, 무효를 확인하는 판결이나 취소하는 판결은 그 효력에 있어서도 큰 차이가 없음. 원고가 처분의 무효 확인을 구하고 있더라도, 그 처분이 무효에 이르지는 않지만 위법하여 취소사유에 해당하는 경우 법원은 그 처분을 취소한다는 판결을 할 수 있음

○ 그러나 행정소송법 제38조 제1항은 제20조를 준용하지 않고 있으므로, 무효 등 확인소송은 취소소송과 달리 제소기간의 제한이 없음. 따라서 실무상 무효 등 확인소송은 원고가 제소기간을 도과한 후에 제기되는 경우가 대다수임

③ 부작위위법확인소송

○ 행정청이 당사자의 신청에 대하여 이를 인용하거나 기각하는 처분을 하여야 할 법률상 의무가 있음에도 이를 하지 않는 경우 위와 같이 아무런 응답을 하지 않는 행정청의 부작위가 위법하다는 확인을 구하는 소송임(행정소송법 제4조 제3호)

○ 부작위가 위법함을 확인하는 법원의 판결이 확정되면, 피고는 그 판결의 기속력(동법 제38조 제2항, 제30조)에 따라 원고의 신청에 대하여 그 내용이 인용인지 기각인지 여부를 불문하고 일단 응답을 하여야 할 의무가 생김. 이에 따라 기각하는 처분이 이루어진 경우 그 처분이 다시 취소소송 또는 무효 등 확인소송의 대상이 됨

□ 당사자소송

○ 행정청의 처분 등을 원인으로 하는 법률관계에 관한 소송 그 밖에 공법상의 법률관계에 관한 소송으로서 그 법률관계의 당사자가 원 · 피고가 되는 소송(행정소송법 제3조 제2호)임

○ 중앙토지수용위원회의 이의재결에서 정한 손실보상금에 대하여 사업시행자나 토지소유자를 상대로 한 보상금 청구소송이 대표적임(공익사업을 위한 토지 등의 취득 및 보상에 관한 법률 제85조 참조)

□ 민중소송

○ 국가 또는 공공단체의 기관이 법률에 위배되는 행위를 한 때에 사인이 직접 자기의 법률상 이익에 관계없이 그 시정을 구하기 위하여 제기하는 소송(행정소송법 제3조 제3호)임

○ 법률이 정한 경우에 법률이 정한 자에 한하여 제기할 수 있으며(동법 제45조), 현행법상 국민투표무효소송(국민투표법 제92조), 선거무효소송, 당선무효소송(공직선거법 제222조, 제223조)이 있음

□ 기관소송

○ 국가 또는 공공단체의 기관 상호간에 있어서의 그 권한의 존부 또는 그 행사에 관하여 다툼이 있는 때에 이에 대하여 제기하는 소송

○ 헌법재판소법에 의한 기관쟁송심판(機關爭訟審判) 이외의 소송에 대하여만 허용됨(행정소송법 제3조 제4호 단서)

○ 지방의회의 의결무효소송(지방자치법 제107조, 제172조), 지방자치단체의 장의 자치사무 또는 기관위임사무처리에 관한 감독처분에 대한 이의소송(지방자치법 제169조, 제170조) 등이 있음

(3) 행정심판과의 관계

○ <u>행정심판(行政審判)이란 행정기관이 행하는 행정법상의 분쟁에 대한 심리, 판정 절차를 말함</u>

법원이 행하는 재판절차인 행정소송과 달리, 행정심판은 행정기관이 행하는 것으로서, 행정권의 자율적 통제를 도모하고 행정청의 전문성을 활용하여 간이한 절차를 통해 권익을 구제하는 기능을 수행함. 두 절차 모두 행정법상의 법률관계에 대한 국민의 권익구제 수단이라는 면에서는 동일함

○ 행정소송법에 의하면 행정처분에 대한 취소소송은 법령의 규정에 의하여 당해 처분에 대한 행정심판을 제기할 수 있는 경우에도 이를 거치지 아니하고 제기할 수 있음(행정소송법 제18조 제1항 본문)

<u>즉, 처분 등을 다투고자 하는 자는 당사자의 자유로운 선택에 따라 행정심판을 먼저 제기할 수도 있고 또는 이를 거치지 아니하고 직접 행정소송을 제기할 수도 있음</u>

○ 다만, 다른 법률에서 행정심판의 재결을 거치지 아니하면 취소소송을 제기할 수 없다는 규정이 있는 때에는 그에 따라 행정심판을 거쳐야 함(행정소송법 제18조 제1항 단서)

즉, 조세부과처분과 같이 대량적으로 행하여지는 처분으로서 행정심판에 의하여 행정의 통일을 기할 필요가 있는 것(국세기본법 제56조 제2항), 공무원에 대한 징계 기타 불이익처분(국가공무원법 제16조, 지방공무원법 제20조의2) 등에 대해서는 <u>개별 법률이 필요적 전치주의를 규정</u>하고 있음

(4) 행정소송의 제소기간

1 원 칙

○ 취소소송은 처분 등이 있음을 안 날로부터 **90일 이내**에 제기하여야함(행정소송법 제20조 제1항 본문). 다만, 행정심판을 거친 경우에는 그 재결서의 정본을 송달받은 날로부터 기산함(동항 단서)

○ 취소소송은 원칙적으로 처분 등이 있은 날로부터 1년(행정심판을 거친 경우에는 재결이 있은 날로부터 1년)을 경과하면 이를 제기하지 못함(행정소송법 제20조 제2항 본문)

○ 위 두 기간 중 어느 하나의 기간이라도 경과하게 되면 부적법함.
기간의 계산은 행정소송법에 특별한 규정이 없으므로 민법의 규정에 의함(민법 제155조 이하 참조)

○ '처분 등이 있음을 안 날' 이란 통지 · 공고 기타의 방법에 의하여 당해 처분이 있은 것을 현실적 · 구체적으로 안 날을 말하고, 알 수 있었던 날을 말하는 것이 아님. 적법한 송달이 있게 되면 특별한 사정이 없는 한 그때 처분이 있음을 알았다고 사실상 추정됨

○ '처분이 있은 날' 이란 '처분이 효력을 발생한 날' 을 의미한다. 그리하여 처분이 단순히 행정기관 내부적으로 결정된 것만으로는 부족하고, 외부에 표시되어야 하며, 상대방 있는 처분의 경우에는 상대방에게 도달됨을 요함

○ '도달' 이란 상대방이 현실적으로 그 내용을 인식할 필요는 없고, '상대방이 알 수 있는 상태 또는 양지할 수 있는 상태' 에 놓여 짐으로써 충분하다. 처분서가 본인에게 직접 전달되지 않더라도, 우편함에 투입되거나 동거 친족, 가족, 고용원 등에게 교부되어, 본인의 생활지배권 범위 내에 들어 간 경우에는 도달되었다고 보아야 함
'도달' 은 우편법상의 배달과는 다른 개념으로 우편법 제31조에 따른 적법한 배달이 있었다 하여 '도달' 되었다고 추정할 수 없음

2 예 외

○ 전술한 행정심판과의 관계나 관할에 있어서와 마찬가지로, 제소기간에 대하여도 개별 법령에 예외가 규정되어 있는 경우들이 있음

○ 즉, 특허심판원의 심결에 대한 소는 결정의 등본을 송달받은 날로부터 30일(특허법 제186조 제3항) 이내에, 공익사업을 위한 토지 등의 취득 및 보상에 관한 법률에 의한 수용재결에 대하여 불복이 있으면 재결에 대하여 불복이 있는 때에는 재결서를 받은 날부터 60일 이내에, 이의신청을 거친 때에는 이의신청에 대한 재결서를 받은 날부터 30일 (공익사업을 위한 토지 등의 취득 및 보상에 관한법률 제85조)이내에 행정소송을 제기하여야 함

(5) 피고적격

○ 권리, 의무의 주체가 소송의 당사자가 되어야 한다는 일반 원칙에 따르면 행정소송의 피고는 국가나 지방자치단체와 같은 행정주체가 되어야 하나, 행정소송법은 당해 행정소송의 대상인 처분 등을 행한 행정청의 장을 피고로 하도록 특칙을 두고 있음(행정소송법 제13조)

○ 행정처분을 행할 적법한 권한 있는 상급 행정청으로부터 내부위임을 받은 데 불과한 하급 행정청에서 권한 없이 행정처분이 이루어진 경우에도, 실제로 그 처분을 행한 하급 행정청의 장이 피고가 되고, 상급 행정청의 장이 피고가 되는 것이 아님

○ 항고소송은 원칙적으로 소송의 대상인 처분 등을 외부적으로 발령한 행정청의 장을 피고로 하여야 하는 것으로서, 그 행정처분을 하게 된 연유가 상급 행정청이나 타 행정청의 지시나 통보에 의한 것이라 하여 다르지 않으며, 권한의 위임이나 위탁을 받아 수임 행정청이 그의 명의로 한 행정처분에 대하여는 말할 것도 없고, 처분 등을 할 권한이 없는 행정청이 권한 없이 한 처분에 대하여도 처분을 행한 행정청이 피고가 되어야 함

○ 만일, 피고적격의 요건을 충족하지 못한 행정소송에 대해서는 특별한 사정이 없는 한 소각하 판결이 선고됨

(6) 재판관할

1 원 칙

○ 항고소송의 제1심 관할 법원은 피고 행정청의 소재지를 관할하는 행정법원으로 함 다만 중앙행정기관 또는 그 장이 피고인 경우의 관할 법원은 대법원 소재지의 행정법

원이다(행정소송법 제9조 제1항). 그러므로 행정소송의 제1심은 행정법원, 제2심은 고등법원, 제3심은 대법원이 관할함

○ 제1심 관할에 관하여, 토지의 수용 기타 부동산 또는 특정의 장소에 관계되는 처분 등에 대한 취소소송의 경우에는 그 부동산 또는 장소의 소재지를 관할하는 행정법원도 관할권이 있음(동법 제9조 제2항)
즉, 서울에 주소지를 둔 사업시행자가 광주에 소재한 토지를 수용하는 경우 광주에도 관할이 있음

○ 행정법원이 설치되지 않은 지역에서는 설치될 때까지 해당 지방법원이 행정소송을 관할함

2 예 외

○ 특허청의 처분에 대하여 특허법에 의해 심판을 청구할 수 있는 사항은 그 심결을 거친 후 소를 제기하여야 하는바, 그 소송은 특허법원의 전속관할임. 3심을 거치는 여타 소송과는 달리, 특허법원의 판결에 대한 불복방법은 대법원에의 상고이므로 2심제라고 할 수 있음(법원조직법 제28조의4, 제14조 제1호)

○ 대통령선거 및 국회의원선거에 있어 선거 또는 당선의 효력을 다투는 소송은 대법원이 제1심으로 판단하며, 지방자치단체의 장 또는 지방의회의원 선거의 경우는 그 선거구를 관할하는 고등법원이 제1심으로 관할함(공직선거법 제223조)

(7) 직권심리주의

○ 행정소송사건은 공공복리에 미치는 영향이 적지 아니하므로 법원은 필요하다고 인정할 때에는 직권으로 증거조사를 할 수 있고, 당사자가 주장하지 아니한 사실에 대하여도 판단할 수 있는데(행정소송법제26조), 이를 직권주의(職權主義)라고 함. 민사소송에서는 법원이 당사자의 청구와 주장사실에 대해서만 판단하며 이를 당사자주의, 처분권주의 또는 변론주의라 함

○ 그렇다고 하여 행정소송에서 직권주의가 원칙인 것은 아님. 원칙적으로는 변론주의에 따르면서도, 행정소송이 당사자의 권리구제기능 이외에도 행정작용의 자율적 통제를 통한 적법성 확보의 기능을 갖고 있음에 비추어, 공익적인 측면에서 실체적 진실확보에 필요한 경우에 예외적 · 보충적으로 직권심리가 허용되는 것임

○ 그러므로 법원이 아무런 제한 없이 당사자가 주장하지 아니한 사실을 판단할 수 있는 것은 아니고, 기록에 나타나 있는 사항에 관하여서만 직권으로 증거조사를 하고 이를 기초로 하여 판단할 수 있을 따름임. 실제 실무상으로는 행정소송도 민사소송과 같이 처분권주의 · 변론주의에 의하여 진행되고 있어 충분한 증거제출 노력을 다하여야 함

(8) 집행부정지원칙 및 집행정지

○ 행정소송법 제23조 제1항은 취소송의 제기는 처분 등의 효력인 그 집행 또는 절차의 속행에 영향을 주지 아니한다고 규정하여 행정소송 등의 제기로 인하여 행정처분의 집행이 정지되지 아니함을 원칙으로 하고 있음

○ 그러나 처분 등이나 그 집행 또는 절차의 속행으로 인하여 '**회복하기 어려운 손해를 예방**'하기 위하여 '**긴급한 필요**'가 있다고 인정되고 '**공공복리에 중대한 영향을 미칠 우려가 없는 때**'에는 법원은 직권 또는 당사자의 신청에 의하여 집행정지결정을 할 수 있음(행정소송법 제23조)

○ **민사집행법상의 가처분으로 행정행위를 금지할 수 있는지 여부 – 없음**

> 민사집행법상의 보전처분은 민사판결절차에 의하여 보호 받을 수 있는 권리에 관한 것이므로 민사집행법상의 가처분으로 행정청의 어떠한 행정행위의 금지를 구하는 것은 허용될 수 없음 (대법원 2011. 4. 18. 선고 2010마1576판결, 대법원 1992. 7. 6. 선고 92다654 결정)

(9) 행정소송의 제기 전자소송으로 소송제기 가능

○ 행정소송 등의 전자소송 시행 – 2013. 1. 21.부터 시행

▸ **국가와 지방자치단체 등은 2011. 5. 2.**부터는「**전자소송시스템**」을 통해서만 민사본안소송을 제기 · 응소할 수 있도록 의무화되어 더 이상 종이서류를 제출하여 민사본안소송을 수행 할 수 없음

> ▸ 전자소송 홈페이지 : http://ecps.scourt.go.kr
> ▸ 대법원 홈페이지 : http://scourt.go.kr – 대국민서비스 – 양식 – 양식모음 – 행정

○ 같은법률 제11조(전자적 송달 또는 통지) 전산정보처리시스템에 등재사실을 통지한 날부터 **1주 이내에 확인하지 아니하는 때**에는 등재사실을 통지한 날부터 **1주가 지난날에 송달**된 것으로 봄

> ※ 전자소송시스템 이용해 소장, 항소장, 반소장, 청구변경신청서, 지급명령신청서 등을 제출하는 경우 **통상 인지액에서 10% 감경** 받음
>
> 「민사소송 등 인지법」 2011. 7. 18. 개정 (법률 제10860호)

Ⅲ

○ **행정소송의 제기 – 행정소송법 제1조 ~ 제24조**

▸ 행정소송 제기는 서면으로 하여야 함(또는 전자소송)–【별지 25】

▸ 처분에 대한 행정소송의 소장의 경우에는 소장에 다음 각 호의 사항이 포함되어야 함.

1. 원고의 이름과 주소 또는 사무소
   (주소 또는 사무소 외의 장소에서 송달받기를 원하면 송달장소를 추가로 적어야 함)
2. 피고
3. 소송대상이 되는 처분의 내용
4. 처분이 있음을 알게 된 날
5. 청구의 취지와 이유
6. 피고의 행정소송 등 고지 유무와 그 내용

○ 행정소송의 청구기간 등–**행정소송법** 제20조(제소기간)

> **행정소송법 제20조(제소기간)** ① 취소소송은 처분 등이 있음을 안 날부터 **90일 이내**에 제기하여야 한다. 다만, 제18조제1항 단서에 규정한 경우와 그 밖에 행정심판청구를 할 수 있는 경우 또는 행정청이 행정심판청구를 할 수 있다고 잘못 알린 경우에 행정심판청구가 있은 때의 기간은 재결서의 정본을 송달받은 날부터 기산한다.
>
> ② 취소소송은 처분등이 있은 날부터 1년(第1項 但書의 경우는 裁決이 있은 날부터 1年)을 경과하면 이를 제기하지 못한다. 다만, 정당한 사유가 있는 때에는 그러하지 아니하다.
>
> ③ 제1항의 규정에 의한 기간은 불변기간으로 한다.

(10) 행정소송(집행정지)의 결과 및 사례(예시)

○ 행정소송의 결과－판결서－【별지 26】

▸ 법원은 청구가 적법하지 아니하면 그 청구를 **각하(却下)**

▸ 법원은 청구가 이유가 없다고 인정하면 그 청구를 **기각(棄却)**

▸ 법원은 취소청구가 이유가 있다고 인정하면 **처분을 취소**

▸ 무효등 확인등의 청구가 이유가 있다고 인정하면 처분의 효력 유무 또는 처분의 존재 여부를 **확인** 인용

▸ 법원은 부작위법확인소송의 청구가 이유가 있다고 인정하면 그 청구를 **인용(認容)**

○ 행정심판의 집행정지신청－행정소송법 제23조(집행정지)－【별지 27】, 【별지 28】

▸ 취소소송의 제기는 처분 등의 효력이나 그 집행 또는 절차의 속행에 영향을 주지 아니함.

○ 행정소송 판결의 효력

행정소송법 제29조(취소판결 등의 효력) ① 처분등을 취소하는 확정판결은 제3자에 대하여도 효력이 있다.

② 제1항의 규정은 제23조의 규정에 의한 집행정지의 결정 또는 제24조의 규정에 의한 그 집행정지결정의 취소결정에 준용한다.

행정소송법 제30조(취소판결 등의 기속력) ① 처분 등을 취소하는 **확정판결은 그 사건에 관하여 당사자인 행정청과 그 밖의 관계행정청을 기속한다.**

② 판결에 의하여 취소되는 처분이 당사자의 신청을 거부하는 것을 내용으로 하는 경우에는 그 처분을 행한 **행정청은 판결의 취지에 따라 다시 이전의 신청에 대한 처분을 하여야 한다.**

③ 제2항의 규정은 신청에 따른 처분이 절차의 위법을 이유로 취소되는 경우에 준용한다.

【별지 25】

소　　장

원　고　　○○○

주 소 ◇◇시 □□구 ▷▷로 ▽▽

☎ *** - **** - ****

피　고　　□□ 시장 · 군수 · 구청장

운영정지처분 등 취소

청 구 취 지

1. 피고가 0000. 4. 17. 원고에게 한 운영정지 6개월 처분과 보조금 3,716,320원 환수 처분을 모두 취소한다.
2. 제1항에 기재된 각 처분의 효력을 이사건의 항소심 판결 선고 시까지 정지한다.
3. 소송비용은 피고가 부담한다.

라는 판결을 구합니다.

청 구 원 인

1. 이 사건 소송청구의 경위

가. 피고는 0000. 4. 17. 원고에게 부정한 방법(교사허위등록)에 의한 보조금을 부정 수령하였다며 즉, 교사 대 아동비율 위반 (만 2세 1:7기준 초과보육)으로 기본보육료 3,716,320원의 보조금반환 명령처분과 어린이집 운영정지 6개월 처분(이하'이사건 처분'이라한다)을 0000. 4. 23. 통보받았습니다.

-이하 중략-

2. 이 사건 처분의 위법성과 재량권 남용

가. 원고는 이사건 처분이 우선 사실관계를 객관적으로 명확하게 파악하지 아니한 상태에서 처분한 것으로 도저히 수긍할 수 없습니다.
왜냐하면, 이사건 처분은 우선 교사허위등록을 근거로 하고 있으나 이미 영유아보육법 제19조 및 같은법 시행규칙 제11조 제1항에 규정에 따라 보육교직원의 임면을 보고한 바 있기 때문이라 할 것입니다.

—이하 중략—

3. 결 론

그렇다면, 앞서 살펴본 바와 같이 피고의 이사건 처분은 사실관계를 오인하여 이를 터잡아 재량권을 일탈 · 남용하여 처분한 것으로 위법하여 취소되어야 함이 마땅하므로 청구취지와 같이 원고의 청구를 인용하여 주시기 바랍니다.

입 증 방 법

갑제1호증 ……………………………………………………………………… 정보공개청구서
갑제2호증 …………………………………………………………………………… 사실확인서
갑제3호증 ………………………………………………………………………… 반편성 기준

—이하 중략—

. . .

원고 ○○○ 서명 또는 날인

□□□ 행정법원 또는 지방법원 귀중

※ 인지액 계산방법

1. 소장에는 소송목적 가액에 따라 아래 금액 상당의 인지를 첨부

○ 소송목적의 값 청구 금액 인지액 계산법

소송목적의 값 청구 금액	인지액 계산방법
1,000만원 미만	소송목적의 값 × 10,000분의 50 = 인지액
1,000만원 이상~1억원 미만	소송목적의 값 × 10,000분의 45 + 5,000원 = 인지액
1억원 이상~10억원 미만	소송목적의 값 × 10,000분의 40 + 55,000원 = 인지액
10억원 이상	소송목적의 값 × 10,000분의 35 + 555,000원 = 인지액

2. 행정소송의 소송목적의 값 산정방법 (민사소송 등 인지규칙 제17조)[17]

(1) 조세 기타 **공법상의 금전** · 유가증권 또는 물건의 납부를 명한 처분의 무효확인 또는 **취소를 구하는 소송**에 있어서는 그 청구가 인용됨으로써 원고가 **납부의무를 면하게 되거나** 환급받게 될 금전, 유가증권 또는 물건의 **가액의 3분의** 1. 다만, 그 금전 · 유가증권 또는 물건의 가액이 30억원을 초과하는 경우에는 이를 30억원으로 본다.

(2) 체납처분취소의 소에 있어서는 체납처분의 근거가 된 세액을 한도로 한 목적물건의 가액의 3분의 1. 다만, 그 세액 또는 목적물건의 가액이 30억원을 초과하는 경우에는 이를 30억원으로 본다.

(3) 금전지급청구의 소에 있어서는 청구금액.

(4) 제1호 내지 제3호에 규정된 것 이외의 소송은 **비재산권을 목적**으로 하는 소송으로 본다.

▸ 재산권상의 소로서 그 소송목적의 값을 산출할 수 없는 것과 비재산권을 목적으로 하는 소송의 소송목적의 값은 **5,000만원**으로 함

▸ 다만, 민사소송 등 인지규칙제15조 제1항 내지 제3항(회사등 관계소송등), 제15조의2(단체소송), 제17조의2(특허소송), 제18조(무체재산권에 관한 소)에 정한 소송의 소송목적의 값은 1억원으로 함

17) 대법원 홈페이지 대국민서비스 절차안내(행정) 인지액, 송달료 등 참조

3. 산출된 인지액이 1,000원 미만인 때에는 이를 1,000원으로 하고, 1,000원 이상인 경우에 100원 미만의 단수가 있는 때에는 그 단수는 계산하지 않음

※ **항소장에는 위 규정액의 1.5배, 상고장에는 2배의 인지를 붙여야 함**

※ **항고장의 인지액**

민사소송 등 인지법 제9조 또는 제10조에 규정된 신청에 관한 재판에 대한 항고장은 해당 신청서에 붙인 **인지액의 2배**에 해당하는 인지를 붙여야 하며, 기타 **항고장**에는 **2,000원의 인지**를 붙여야 함

4. 송달료

○ 송달료 : 당사자수 × 송달료 10회분 (1심 및 항소심 기준)
송달료 : 당사자수 × 송달료 8회분 (상고심 기준)

○ 송달료 계산법 (송달료 1회분 = 4,800원, 2019.5.1.부터)

○ 송달료 납부방법 : 직접납부 및 신용카드 등 납부 방법(인지, 송달료)
납부방법 : 송달료 규칙 제3조 제1항에 규정된 송달료수납은행 또는 인지납부대행기관(금융결제원)의 인터넷 홈페이지(www.cardrotax.or.kr)

5. 소장제출법원

○ 보통재판적

피고의 소재지를 관할하는 행정법원. 다만, 중앙 행정기관 또는 그 장이 피고인 경우에는 대법원 소재지의 행정법원(서울행정법원)

○ 특별재판적

토지의 수용 기타 부동산 또는 특정의 장소에 관계되는 처분 등에 대한 취소소송은 그 부동산 또는 장소의 소재지를 관할하는 행정법원에도 이를 제기할 수 있음

※ 행정법원이 설치되지 아니한 지역에 있어서의 행정법원의 권한에 속하는 사건은 행정법원이 설치될 때까지 해당 **지방법원의 본원**이 관할하도록 되어 있으므로, 서울을 제외하고는 **피고의 소재지를 관할하는 지방법원 본원이 항고소송의 제1심 관할법원임**.

※ 전자소송 홈페이지 : http://ecps.scourt.go.kr) 에 접속 후 진행

【별지 28】

○ ○ 행 정 법 원

제 13 부

판 결

사 건	0000구합12345 운영정지처분 등 취소
원 고	○○○
	주소 ○○○시 ◇◇◇길 123
	소송대리인 변호사 ▲▲▲
피 고	○○ 시장 · 군수 · 구청장
	소송수행자 ○○○, △△△
	또는
	소송대리인 변호사 ◐◐◐
변 론 종 결	0000. 2. 3.
판 결 선 고	0000. 2. 17.

주 문

1. 피고가 0000. 4. 17. 원고에게 한 운영정지 6개월 처분과 보조금 3,716,320원 환수처분을 모두 취소한다.
2. 소송비용은 피고가 부담한다.
3. 제1항에 기재된 각 처분의 효력을 이사건의 항소심 판결 선고 시까지 정지한다.

청 구 취 지

주문 제1항과 같다.

이 유

1. 처분의 경위

가. 원고는 0000년경부터 ○○ ○○구 ○○로00길 00에서 '◉◉어린이집'이라는 이름으로 「영유아보육법」제2조 제3호에서 정한 어린이집(이하 '◉◉어린이집'이라 한다)을 운영하고 있다. ◉◉어린이집은 보건복지부장관으로부터 「영유아보육법」제30조에서 정한 어린이집'평가인증'을 받았다.

나. ◉◉어린이집에서는 0000. 4. 17. 원고에게 부정한 방법(교사허위등록)에 의한 보조금을 부정 수령하였다며 즉, 교사 대 아동비율 위반 (만 2세 1:7기준 초과보육)으로 기본보육료 3,716,320원의 보조금반환 명령처분과 어린이집 운영정지 6개월 처분(이하'이사건 처분'이라한다)을 하였다.

–이하 중략–

4. 결론

따라서 원고의 이 사건 청구는 이유 있으므로 이를 모두 인용하고, 이 사건 기록에 나타난 자료에 따르면 이 사건 각 처분으로 원고에게 발생할 회복하기 어려운 손해를 예방하기 위하여 위 각 처분의 효력을 정지할 긴급한 필요가 있다고 인정되며 달리 위각 처분의 효력 정지로 공공복리에 중대한 영향을 미칠 우려가 있다고 인정할 만한 자료가 없으므로 이 사건 각 처분의 효력을 이 사건의 항소심 판결 선고 시까지 직권으로 정지하기로 하여, 주문과 같이 판결한다.

재판장 판사 ○○○

판사 ○○○

판사 ○○○

관련 법령

▣ 『영유아보육법』

제2조(정의)

이 법에서 사용하는 용어의 뜻은 다음과 같다.

1. "영유아"란 6세 미만의 취학 전 아동을 말한다.
3. "어린이집"이란 보호자의 위탁을 받아 영유아를 보육하는 기관을 말한다.

제30조(어린이집 평가인증)

① 보건복지부장관은 보육서비스의 질적 수준을 향상시키기 위하여 어린이집 설치 · 운영자의 신청에 따라 어린이집의 보육환경, 보육과정 운영 및 보육인력의 전문성 등을 평가하여 해당 어린이집에 대한 평가인증을 실시할 수 있다.

제40조(비용 및 보조금의 반환명령)

국가나 지방자치단체는 어린이집의 설치 · 운영자, 육아종합지원센터의 장, 보수교육 위탁실시자등이 다음 각 호의 어느 하나에 해당하는 경우에는 이미 교부한 비용과 보조금의 전부 또는 일부의 반환을 명할 수 있다.

1. 어린이집 운영이 정지 · 폐쇄 또는 취소된 경우
2. 사업 목적 외의 용도에 보조금을 사용한 경우
3. 거짓이나 그 밖의 부정한 방법으로 보조금을 교부받은 경우
5. 착오 또는 경미한 과실로 보조금을 교부받은 경우로서 보건복지부령이 정하는 사유에 해당하는 경우

–이하 중략–

정본입니다.

0000. 2. 17.

○○ 행정법원

법원사무관 ○○○ (인)

판결에 불복이 있을 때에는 이 정본을 송달받은 날(발송송달의 경우에는 발송한 날)부터 2주 이내에 상소장을 민사소송법 등 관계법령에 따라 원심법원인 이 법원(○○○○법원)에 제출하여야 합니다(민사소송법 제71조의 보조참가인의 경우에는 피참가인을 기준으로 상소기간을 계산함에 유의). ※ 각 법원 민원실에 설치된 사건검색 컴퓨터에 발급조회 메뉴를 이용하거나, 담당 재판부에 대한 문의를 통하여 이 문서 하단에 표시된 발급번호를 문의하시면, 문서의 위, 변조 여부를 확인하실 수 있습니다.

【별지 27】

집 행 정 지 신 청 서

신 청 인　○○○

주 소 ◇◇시 □□구 ▷▷로 ▽▽

☎ *** - **** - ****

피신청인　□□시장 · 군수 · 구청장

어린이집 운영정지처분 집행정지 등

신 청 취 지

피신청인이 0000. 4. 17. 신청인 ○○○에 대하여 한 어린이집 운영정지 6개월 처분은 이 사건의 판결선고시 까지 정지한다.
라는 결정을 구합니다.

신 청 원 인

1. 이 사건 집행정지신청의 경위

가. 피청구인 0000. 4. 17.일 청구인에게 부정한 방법(교사허위등록)에 의한 보조금을 부정 수령하였다며 즉, 교사 대 아동비율 위반 (만 2세 1:7기준 초과보육)으로 기본보육료 3,716,320원의 보조금반환 명령처분과 어린이집 운영정지 6개월 처분(이하'이사건 처분'이라한다)을 0000. 4. 24. 통보받았습니다.

－이하 중략－

2. 이 사건 처분으로 인한 회복하기 어려운 손해발생

가. 청구인은 이사건 처분이 우선, 사실관계를 객관적으로 명확하게 파악하지 아니한 상태에서 처분한 것으로 도저히 수긍할 수 없습니다.

더욱이, 이사건 처분으로 인하여 인근에 어린이집 없는 사정뿐만 아니라 어린이집에 재원하고 있는 영유아와 보육교사와의 애착형성 등으로 인하여 운영정지가 되는 경우 결국, 영유아, 부모에게 심한 불편을 주는 경우에 해당되기 때문이라 하겠습니다.

—이하 중략—

3. 결 론

그렇다면, 앞서 살펴본 바와 같이 피신청인의 이사건 처분은 사실관계를 오인하여 이를 터 잡아 재량권을 일탈 · 남용하여 처분한 것으로 위법 · 부당하여 취소되어야 함이 마땅함에도 이 사건 처분이 집행되는 경우 어린이집의 회복하기 어려운 손해가 발생한다는 점에서 이를 예방하기 위하여 어린이집이 운영정지처분에 대하여 판결선고시까지 그 집행을 정지하여 주시기 바랍니다.

입 증 방 법

소 갑제1호증 ………………………………………… 정보공개청구서
소 갑제2호증 ………………………………………… 사실확인서
소 갑제3호증 ………………………………………… 반편성 기준

—이하 중략—

. . .

신청인 ○○○ 서명 또는 날인

□□□ 행정법원 또는 지방법원 귀중

※ 집행정지 신청서

- 수수료 : 신청서에는 **2,000원** (2011.10.19.시행)의 수입인지 첨부
- 송달료 (당사자 수 × 2회분)를 납부하여야 함.
  (송달료 1회분 = 4,800원, 2019.05.01.부터)
  (민사소송등인지법 제9조 제4항 제2호)

※ 민사소송 등 인지법 (시행 2015. 7. 1, 법률 제12892호)

제9조(그 밖의 신청서)

④ 다음 각 호의 신청을 위한 신청서에는 **2천원**의 인지를 붙여야 한다.
〈개정 2011. 4. 12., 2011. 7. 18.〉

1. 채권의 압류명령의 신청, 그 밖에 법원에 의한 강제집행의 신청
   (제2항에 따른 신청은 제외한다)
2. **「행정소송법」에 따른 집행정지의 신청**

【별지 28】

○ ○ 행 정 법 원

제 1 행 정 부

결 정

사 건	0000아12345 집행정지
신 청 인	○○○
	주소 ○○○시 ◇◇◇길 123
	소송대리인 법무법인 ◎◎
	담당 변호사 ◇◇◇
	또는
	소송대리인 변호사 ▲▲▲
피신청인	○○ 시장 · 군수 · 구청장
	소송수행자 ○○○, △△△

주 문

피신청인이 0000. 4. 17. 신청인 ○○○에 대하여 한 어린이집 운영정지 처분은 이 법원 0000구합12345 사건의 판결선고시 까지 그 집행을 정지한다.

이 유

신청인 제출의 소명자료에 의하면 위 처분의 집행으로 신청인에게 회복하기 어려운 손해를 예방하기 위하여 긴급한 필요가 있다고 인정되고 달리 집행정지로 인하여 공공복리 중대한 영향을 미칠 우려가 있는 때에 해당한다고 인정할 자료도 없으므로 주문과 같이 결정한다.

0000. 5. 3.

재판장 판사 ○○○

판사 ○○○

판사 ○○○

정본입니다.

0000. 5. 3.

○○ 행정법원

법원주사 ○○○ (인)

※ 각 법원 민원실에 설치된 사건검색 컴퓨터에 발급조회 메뉴를 이용하거나, 담당 재판부에 대한 문의를 통하여 이 문서 하단에 표시된 발급번호를 문의하시면, 문서의 위, 변조 여부를 확인하실 수 있습니다.

5절 어린이집 주요위반사례와 보육료(보조금)등 부정수급 근절[18]

1. 어린이집 주요위반사례 유형

(1) 재무회계 위반

○ 사례－2억5천7백만 원 무단 적립

> 사회복지법인 ◇◇◇ 어린이집에서는 0000. 6. 25 ~ 0000. 8. 26. 까지 적립금 사용계획 사전보고 없이 적립금으로 법인적립금 137,684, 126원 및 기타운영비 적립금 118,869,404원을 금융기관에 정기예금 적립함

▸ 사회복지법인 및 사회복지시설 재무회계규칙 제18조(특정목사업의 예산)적립금의 적립 및 사용계획은 시장·군수·구청장에게 사전 보고하여야 하며 시장·군수·구청장은 법인 및 시설의 재정상태 등을 고려하여 적립금의 적립여부, 규모 및 적립기간 등에 관하여 필요한 조치를 할 수 있다.

▸ 행정처분

개선명령－적립금의 적립 및 사용계획은 시장·군수·구청장에게 사전보고 조치
사회복지사업법 제40조(시설의 개선, 사업의 정지, 시설의 폐쇄 등) 제1항 제4호
사회복지사업법 시행규칙 제26조의2【별표4】4, 다. 그 밖에 회계 및 시설운영과 관련한 부당행위가 발생된 때

○ 사례－특별활동비 초과수납

> ◇◇ 어린이집에서 0000년부터 영어 특강활동비를 부모가 직접 어학원에 회당 8,000원 ~ 12,000원을 직접 지불하도록 안내하고 0000. 3월부터 0000 6월까지 교재교구비 76,500,000원을 지불함

▸ 사회복지법인 및 사회복지시설 재무회계규칙 시행세칙, 보육사업안내 부록
특별활동비는 시·도지사가 정한 월별 수납한도액을 준수하여 수납하여야 함

▸ 행정처분

시정명령 처분－영유아보육법 제44조 제5호 규정에 따라 초과수납 한 경우 초과 수납

18) 보건복지부 『2019년 하반기 어린이집 지도점검 담당 공무원 역량강화교육』 21면 ~ 26면 참조

한 금액에 대하여 전액 부모에게 반환하라는 시정명령 처분

○ 사례－퇴직 적립금 미 반환

> 인건비 지원 ◇◇ 어린이집의 경우 근속기간이 1년 미만인 자가 퇴직한 경우 근로자의 퇴직급여 또는 퇴직적립금 중 보조금은 회계연도 종료후 3월 이내에 반환해야 함에도 불구하고 ◑◑ 어린이집에서 총7명의 퇴직적립금 5,129,260원을 반환하지 아니함

▸ 2020년 보육사업 안내－보육교직원 보수기준

1년 미만 근속 근로자의 퇴직급여 · 퇴직적립금은 인건비 국고보조 대상여부에 따라

① 국고보조대상인 경우 회계연도 종료 후 3월 이내 반환함

② 국고보조대상 아닌 경우 퇴직 후 3월 이내 여입 후 재편성함

▸ **행정처분**

시정명령－영유아보육법 제44조 제4호

영유아보육법 시행규 제23조 [별표 8] 어린이집의 운영기준 2.바.4)

어린이집의 비용 지출에 관하여 이 규칙 및 보건복지부장관이 별도로 정한 바가 있는 경우를 제외하고는 「사회복지법인 및 사회복지시설 재무 · 회계 규칙」을 따른다.

(2) CCTV 관리위반

○ **사례－CCTV 영상자료 저장기간 등 위반**

> 어린이집에서 영상정보 처리기기 내부관리계획을 수립하지 않았으며 영상자료저장에 있어서도 점검일(8. 1.) 기준 8월, 9월 기간 중 총 15일 누락되었음(저장 60일 미만)

▸ 어린이집을 설치 운영하는 자는 폐쇄회로 텔레비전에 기록된 영상정보를 60일 이상 보관, 내부관리계획을 수립, 시행하여야 한다.

(영유아보육법 제15조의4(폐쇄회로 텔레비전의 설치 등) 및 제15조의5(영상정보의 열람금지 등), 같은법 시행령 제20조의8(영상정보의 안전성 확보 조치))

▸ **행정처분**

시정명령 처분－폐쇄회로 텔레비전의 설치 · 관리 및 영상정보의 보관기준을 위반한 경우(영유아보육법 제44조제2의2호)

○ **사례 – CCTV를 도난 또는 망실 당한 경우**

어린이집에서 아동학대 신고건 발생 후 CCTV 화재인지 후 녹화장치를 분리하여 건물밖에 두었으나 도난 또는 망실 당한 경우

▸ 어린이집을 설치 운영하는 자는 영상정보가 분실 · 도난 · 유출 · 변조 또는 훼손 되지 아니하도록 안전성확보를 하여야 하며 영상정보를 분실 · 도난 · 유출 · 변조 또는 훼손 당한 자는 2년 이하의 징역 또는 2천만 원 이하의 벌금에 처한다.
영유아보육법 제15조의5(영상정보의 열람금지 등) 및 제54조(벌칙)

▸ **행정처분**
형사고발 검토–이후, 형사처벌 결과에 따라 어린이 설치 · 운영자에 대한 결격사유인 영유아보육법 제16조(결격사유) 및 보육교직원 결격사유인 영유아보육법 제20조(결격사유) 추가 검토 필요

(3) 보육교직원 임면 위반

○ **사례 – 보육교직원 임면 부적정**

○ ◇◇ 어린이집에서 보육교사를 0000.11.19.일자로 임면보고하였으나 실제로 ◈◈ 유치원에서 조리원으로 근무
○ 사무원을 보육교사로 임면하였으나 미술특별활동 교사로 어린이집 및 유치원에 근무
○ 차량1대만 등록하고 운전기사 1명을 임면보고 하였으나 어린이집 아동을 유치원 차량 5대로 함께 이용하도록 하면서 유치원 차량 운전기사 임면 미보고

▸ 어린이집원장은 보육교직원 임면사항을 14일 이내 특별자치도 · 시장 · 군수 · 구청장에게 인사기록카드 사본을 첨부하여 보고하여야 함(영유아보육법 제19조 및 같은법 시행규칙 제11조)

▸ **행정처분**
영유아보육법 제44조 제3의2호 규정에 따라 보육교직원의 임면에 관한 사항을 보고하지 아니하거나 거짓으로 보고한 경우 시정명령 처분
그 외 1) 시정명령 2) 보조금반환명령 3) 어린이집 운영정지 4) 원장 자격이 있는 경우 –원장 자격정지 5) 형사고발 등 검토

(4) 어린이집 운영기준 위반

○ **사례－특별활동 프로그램 운영시간 위반**

◇◇ 어린이집에서 0000. 3월 ~ 5월까지 11시 45분부터 운영함

▸ 특별활동(운영시간) 낮 12시부터 오후 6시
영유아보육법 제29조 및 시행규칙 제30조의2

▸ **행정처분**
시정명령 처분– 특정한 시간대인 낮 12시부터 오후 6시를 위반하여 영유아에게 특별활동을 제공한 경우에 해당됨(영유아보육법 제44조제4의3)

○ **사례－필수 장부 비치 위반**

◇◇ 어린이집에서는 교사근무상황부, 아동출석부, 보육일지를 관리하지 않음

▸ 영유아보육법시행규칙 제23조【별표8】3. 아. 어린이집 운영기준 장부 등의 비치

▸ **행정처분**
시정명령 처분–장부 등의 비치, 운영기준 위반 (영유아보육법 제44조제4호)

○ **사례－ 통학버스 미신고 후 다른 어린이집 차량이용**

◇◇ 어린이집에서 통학버스 차량신고를 하지 않은 상태에서 타 어린이집 차량을 이용하고 학부모 7명에게 통학차량이용료 월 26,000원을 받아 차량운행

▸ 도로교통법 제52조 어린이통학버스 신고 등 위반
영유아보육법시행규칙 제23조【별표8】3. 라. 차량안전관리

▸ **행정처분**
시정명령 처분–차량안전관리 위반 (영유아보육법 제44조제4호)

(5) 보육료(비용, 보조금 등) 등 위반

○ **사례－불출석 아동 기본보육료 수령**

◇◇ 어린이집에서 0000. 1. 1. ~ 1. 31. 까지 출석하지 않은 아동에 대하여 11일 이상으로 이용현황을 확정하고 기본보육료 485,000원을 부당 수령함

▸ 월1일 이상 출석한 경우 전액지원, 단 기본보육료 지원요건 위반 및 아동허위등록 등 위반사항이 발생한 기간 및 해당 반에 지원된 기본보육료는 전액환수

▸ **행정처분**

그 외 1) 시정명령 2) 보조금반환명령 3) 어린이집 운영정지 4) 원장 자격이 있는 경우 –원장 자격정지 5) 형사고발 등 검토

○ **사례 – 인건비 보조금 부당청구**

◈◈ 어린이집에서 ◐ 교사는 0000. 3월 ~ 5월까지 시간연장 근무 없이 총 1,335,000원을 지원받았음
▣▣ 어린이집에서 육아휴직 보육교직원 ◑ 교사에 대하여 0000. 3월 ~ 0000. 4월까지 보조금 총2,460,000원을 과오신청, 지급받음

▸ **행정처분**

1) 보조금반환명령
2) 시정명령
3) 어린이집 운영정지
4) 원장 자격이 있는 경우–원장 자격정지
5) 형사고발–3년 이하의 징역 또는 3천만 원 이하의 벌금에 처함

○ **사례 – 페이백 (payback) – 환불 부정수급**

◇◇ 어린이집 원장은 대표자 부인이 원장으로 있는 ◎◎ 어린이집에서 0000. 5월부터 0000. 11월까지 보육교사로 근무하면서 인건비 중 매월 125,000원 씩 총3,875,000원을 현금으로 돌려주었음.
현재 원장으로 근무하는 ◇◇ 어린이집에서도 대표자의 부인에게 매월 270,000원, 총 1,620,000원을 현금으로 돌려주었고 0000. 12월 원장 직책급으로 받은 1,000,000원을 입금한 사례임

▸ **행정처분**

1) 보조금반환명령 - 거짓이나 그 밖의 부정한 방법으로 보조금을 교부받은 경우 (영유아보육법 제40조 제3호) - 원장(대표자)이 개인적으로 사용한 경우
2) 시정명령 - 보육교직원 보육교직원의 배치기준을 위반, 보육교직원의 임면에 관한 사항을 거짓으로 보고한 경우 (같은법 제44조 제3호 또는 제3호의2)
3) 어린이집운영정지 - 보조금 부정수급 (1개월 이상)
4) 원장자격이 있는 경우 - 원장 자격정지 (보조금 부정수급, 영유아보육법 제46조 제4호))
5) 형사고발 - 3년 이하의 징역 또는 3천만원 이하의 벌금에 처함 (영유아보육법 제54조 제2항 제1호)

※ 보육교직원의 페이백 (payback) - 형법과 근로기준법

▸ 어린이 원장(대표자)가 보육교직원으로부터 페이백(임금반환)을 하는 경우 영유아보육법에 의한 처벌 규정외에 형법 제350조(공갈) 규정에 의한 공갈죄에 해당 될 수 있음 (10년 이하의 징역 또는 2천만원 이하의 벌금)

▸ 물론, 추후 문제가 될 것을 우려해 보육교직원으로부터 교부받은 페이백을 되돌려(반환) 주었다하여도 형법상 공갈죄 성립에는 변함이 없다고 보임
다만, 보육교직원이 페이백을 반환받은 후 불 처벌 의사를 표시하는 경우 처벌하기 어려움

▸ 한편, 페이백의 경우 보육교직원의 자발적 의사에 따라 받은 임금을 원장(대표자)에게 교부한 것이 아닌 경우, 임금 지불 후 다시 되돌려 받음으로 사실상 임금체불로 볼 수도 있어 근로기준법 제109조 위반으로 볼 수도 있음
(3년 이하의 징역 또는 3천만원 이하의 벌금)
다만, 피해자(보육교직원)의 명시적인 의사와 다르게 공소를 제기할 수 없음.

2. 주요위반사례 문제점과 개선방안

<table>
<tr><th>구 분</th><th>문제점</th><th>개선(해결)방안</th></tr>
<tr><td>① 재무회계위반</td><td rowspan="4">• 사회복지법인 및 사회복지시설 재무회계규칙 미숙지
• 보육사업안내 미숙지
• 보육통합정보시스템 사용미숙</td><td rowspan="4">• 대표자 및 원장, 보육교직원 보육사업안내 교육
• 재무회계규칙 및 보육통합정보시스템 교육</td></tr>
<tr><td>② 보육료(비용, 보조)등 부정수령</td></tr>
<tr><td>③ 퇴직적립금 미 반환</td></tr>
<tr><td>④ 어린이집 운영기준 위반</td></tr>
<tr><td>⑤ 차량안전관리 위반</td><td rowspan="2">• 차량안전관리의 중요성 인식 부족
• CCTV 설치관리와 내부관리계획 수립 등 법령 미숙지</td><td rowspan="2">• 대표자 및 원장의 안전관리자 역할 교육강화
• 행정청의 CCTV 정기적 지도점검</td></tr>
<tr><td>⑥ CCTV 관리위반</td></tr>
<tr><td>⑦ 보육교직원 임면위반</td><td rowspan="3">• 허위등록 및 보고에 대한 죄 인식 부족
• 보육교직원 인건비 지원제도 허점이용</td><td rowspan="3">• 보육지도점검 공무원 역량강화
• 대표자 및 원장 등 교육강화 및 인식개선
• 비용 및 보조금의 부정수급은 잘못된 관행이 아닌 범죄로 인식 필요</td></tr>
<tr><td>⑧ 인건비, 보조금 등 부정청구</td></tr>
<tr><td>⑨ 페이백(pay back)</td></tr>
</table>

3. 영유아보육법 등 위반 형사처벌 사례

(1) 특별활동비－특별활동비 횡령해 유죄판결

□ 특별활동비 개인적 사용－횡령죄

> 어린이집 원장이 특별활동 운영업체와 공모해 어린이집 원생 특별활동비를 부풀려 결제한 다음 이 가운데 일부를 돌려받아 개인적으로 사용하였다면 **업무상 횡령죄 (벌금300만원 등)** 해당됨 (**대법원 2018. 10. 25. 선고 2017도934 판결**)

타인을 위해 금전 등을 보관·관리하는 자가 개인적 용도로 사용할 자금을 마련하기 위해 적정한 금액보다 과다하게 부풀린 금액으로 계약을 체결하기로 제3자와 사전에 약정하고 그에 따라 과다 지급된 대금 중의 일부를 제3자로부터 되돌려 받은 행위는 그 타인에 대한 관계에서 과다하게 부풀러 지급된 대금 상당액을 횡령한 행위에 해당한다.

□ 특별활동비 생활비로 사용－횡령죄

> 어린이집 5곳을 운영하면서 영유아의 학부모로부터 받은 특별활동비 1억9,450여만 원을 **횡령**해 자신의 생활비와 어린이집운영비로 사용한 혐의로 징역 10월을 선고함.
> **(서울동부지방법원 2014. 2. 26. 선고 2013고단2815 판결)**

검찰조사결과 특별활동 교재비와 강사비 명목으로 영유아 1인당 10만~15만원을 특별활동비를 받아 그 중 70%만 외부강사 등 외부업체에 지불하고 나머지 금액은 차명계좌로 이체에 횡령하였음

> **형법 제355조(횡령, 배임)** ① 타인의 재물을 보관하는 자가 그 재물을 횡령하거나 그 반환을 거부한 때에는 5년 이하의 징역 또는 1천500만 원 이하의 벌금에 처한다.
> ② 타인의 사무를 처리하는 자가 그 임무에 위배하는 행위로써 재산상의 이익을 취득하거나 제삼자로 하여금 이를 취득하게 하여 본인에게 손해를 가한 때에도 전항의 형과 같다.
>
> **형법 제356조(업무상의 횡령과 배임)** 업무상의 임무에 위배하여 제355조의 죄를 범한 자는 10년 이하의 징역 또는 3천만 원 이하의 벌금에 처한다.

(2) 차량운행 안전관리－차량 내 원생 방치해 사망하여 유죄판결

□ 차량운행 안전관리 위반－업무상 과실치사

> 피해자 갑(여, 3세)은 피고인 을이 운영하는 어린이집의 원아로서, 어린이집 통학차량 운전기사 피고인 병과 통학차량에 동승한 인솔교사 피고인 정이 갑의 집 앞에서 보호자로부터 갑을 인도받아 통학차량의 우측 맨 뒷좌석에 태운 다음 어린이집 주차장에 도착하였는데, 어린이집의 원장 피고인 을 및 운전기사 피고인 병, 인솔교사 피고인 정, 담임교사 피고인 무가 공동의 과실로 갑이 통학차량 내에 잠들어 남아 있는 사실을 발견하지 못하고 여름철에 7시간 14분 동안 고온에 방치되게 함으로써 갑을 열사병에 의한 질식으로 사망에 이르게 하였다고 하여 업무상과실치사로 기소된 사안에서, 피고인들 모두에게 유죄 (금고1년6월 실형 및 금고1년 집행유예 등)를 선고하였음
> (의정부지방법원 2018. 11. 21. 선고 2018고단3340 판결, 업무상과실치사)

○ 위 사고는 직접 행위자 3명의 과실, 즉 피고인 정은 통학차량 하차 시 맨 뒷좌석에 있던 갑의 안전벨트를 풀어 하차시키지 않은 채 나머지 원아만 하차한 상태에서 차량

문을 닫고 담임교사에게 갑의 승하차 상황에 대하여 통보하지 않았고, 피고인 병은 차량에 원아가 남아 있는지 확인하지 않은 채 차량 문을 잠그고 차량을 떠났으며,

○ 피고인 무는 갑이 사전에 아무런 연락도 없이 결석하였음에도 보호자에게 연락하는 등 갑의 소재를 확인하기 위한 조치를 취하지 않은 과실이 경합하여 발생하였는데, 사고 경위를 전체적으로 볼 때 어린이집의 허술한 안전 시스템과 보육교직원들의 안전의식 결여 및 의무 해태가 빚어낸 결과로서, 어린이집 총책임자인 피고인 을이 소속 보육교직원에 대한 관리 · 감독의무 등 주의의무를 다하였더라면 인솔교사 · 운전기사 · 담임교사 모두가 자신의 의무를 해태하는 일은 결코 일어나지 않았을 것으로 보이는 점,

○ 갑을 직접 대면하면서 영유아 보육업무를 수행하고 그 업무상 주의의무를 부담한 자는 피고인 병, 정, 무이고, 피고인 을은 피고인 병, 정, 무 등 보육교직원을 총괄하여 관리 · 감독하여야 할 주의의무를 부담하는 어린이집 원장인데, 피고인 을이 그 주의의무를 위반하여 피고인 병, 정, 무에 대한 주의 내지 관리 · 감독의무를 다하지 않은 결과 그들 모두가 자신의 주의의무를 현저히 해태하였고, 다시 그 결과 갑이 사망하는 결과가 야기되었다면, 피고인 을의 주의의무위반과 갑의 사망이라는 결과 사이에 상당인과 관계를 충분히 인정할 수 있는 점 등 여러 사정을 종합하면,

○ 피고인 을에게는 피고인 병, 정, 무의 통학차량 하차 확인 또는 출결상황 확인에 관한 업무를 항상 주의시키고 관리 · 감독하여야 할 업무상 주의의무가 있고, 피고인 을이 그 주의의무를 다하지 않아 위 사고가 발생하였다고 봄이 타당하다는 이유로, 피고인들 모두에게 유죄를 선고하였음.
(정 인솔교사 금고1년6월 / 병 운전기사, 무 담임교사 각 금고1년 /을 원장 금고1년 집행유예2년 사회봉사 400시간－이후 항소함)

도로교통법 제53조제5항, 제138조의2제2항 신설－어린이 하차확인장치(도로교통법이 2018.10. 16. 공포되어 2019. 4. 17.부터 시행)
어린이통학차량의 운전자가 영유아의 하차여부를 확인할 때 '어린이 하차확인장치'를 작동하도록 의무화하는 한편, '어린이 하차확인장치'의 설치 · 운영에 필요한 비용의 전부 또는 일부를 국가 또는 지방자치단체가 지원할 수 있도록 규정하였음

(3) 아동학대－공포심을 느끼게 해 정서학대－유죄판결

○ 어린이집 운영관리－공포심 느끼게 해 (정서적 아동학대)

> 어린이집 보육교사인 피고인이, 낮잠을 자기 위해 누워 있던 원아인 갑(3세)에게 휴대전화로 무서운 영상을 틀어 주어 이를 시청한 갑이 다리가 떨릴 정도로 극도의 공포심을 느껴 울게 함으로써 아동복지법상 정서적 학대행위를 하였다는 내용으로 기소된 사안에서, 피고인의 행위는 갑의 정신건강 및 발달에 해를 끼치는 정서적 학대행위가 된다고 한 사례
> (춘천지법 2016. 1. 22. 선고 2015고단651 판결)

○ 어린이집 보육교사인 피고인이, 낮잠을 자기 위해 누워 있던 원아인 갑(3세)에게 휴대전화로 무서운 영상을 틀어 주어 이를 시청한 갑이 다리가 떨릴 정도로 극도의 공포심을 느껴 울게 함으로써 아동복지법상 정서적 학대행위를 하였다는 내용으로 기소된 사안에서, 아동복지법상 아동학대죄에서 정서적 학대행위는 유기에 준할 정도로 아동을 보호 없는 상태에 둠으로써 생명 · 신체에 위험을 가져올 수 있는 반인륜적 침해행위에까지 이를 필요는 없을지라도

○ 최소한 아동의 신체에 손상을 주는 등의 행위나 보호 · 감독 아래에 있는 아동을 유기하거나 방임하는 행위에 준하여 정서적 폭력이나 가혹행위 등으로 아동의 정신건강 및 발달에 위험을 가져올 것이 명백히 인정되는 행위로 해석함이 타당한데, 당시 갑의 반응과 행동을 살펴볼 때 피고인은 그 전에도 최소한 한 차례 이상 갑이 두려워하는 영상을 보여 주어 위협하면서 자신의 의사를 관철하여 온 것으로 보이는 점

○ 갑이 쉽게 공포심을 느끼는 소양이 있었더라도 이를 이용하여 공포심을 야기하는 영상을 강제로 보게 하는 행위가 정당화될 수는 없는 점, 갑은 어머니에게 불안감과 두려움을 호소하였고 그로 인해 심리 치료를 받았던 점 등에 비추어, 피고인의 행위는 갑의 정신건강 및 발달에 해를 끼치는 정서적 학대행위가 된다고 한 사례

(4) 어린이집 운영관리－대기실 방치해 혼자 놀다 다쳐 사망－과실치사죄

○ 대법원 2016. 6. 28 선고 2015도18002 판결

어린이집 행사 중 어린이를 다른 보육교사에게 돌보도록 인계하지 않고 대기실에 방치해 아이가 대기실에 혼자 놀다 다쳐 결국 숨지게 한 혐의로 기소된 보육교사에게 업무상 과실치사죄로 벌금형 400만원에 처함
(대전지방법원 2015.10.29.선고 2015노979 판결)

○ 보육교사는 모 대학교에서 열린 어린이집 재롱잔치 행사에서 어린이(3세) 등 2명을 화장실에 데려갔음. 그 중 한 어린이가 소변을 보지 않겠다고 하였고 보육교사는 어린이를 대기실에 데려다 주고, 다른 어린이를 데리러 화장실로 되돌아갔음. 그 당시 대기실에는 미술품 전시를 위한 가로 120cm, 세로 218cm, 두께 15cm의 보드판이 20개 정도 세워져 있었음. 대기실에서 혼자 놀던 어린이가 느닷없이 쓰러진 보드판에 머리를 다쳐 병원에서 치료 받았으나 5일 뒤 사망하였음. 대기실에는 보육교사 5~6명이 있었지만, 어린이를 보호하지 못한 것으로 확인되었음
결국, 보육교사와 어린이집 원장 등은 업무상 과실치사죄로 기소된 사안임.

○ 법원은 보육교사가 어린이를 대기실로 보내면서 다른 보육교사들에게 인계하거나 입실 사실을 명확히 알렸다고 보이지 않았고 결과적으로 피해자 어린이를 방치해 사망하게 했음에도 과실을 부인하고 있고 피해자 어린이 유족들의 용서도 받지 못했음을 이유로 벌금 400만원의 유죄 판결 함

4. 보육료 등 부정수급 근절방안

(1) 부정수급 의심 유형을 지속 발굴, 모니터링 후 집중 점검 실시

□ 유형별 지도점검 중점사항

○ **어린이집 전반 점검**

- 어린이집 정원 · 현원 · 보육교직원수 확인 (배치기준 준수여부)
- 해외 체류아동의 보육신청 여부 (출입국 조회)
- 대표자가 2개 이상 어린이집 운영 소유 · 운영 (동일지출 영수증 복사 후 각 어린이집 회계에 부정사용, 교사 또는 아동 허위교차 등록 등)
- 대표자가 보육교직원으로 등록된 어린이집 (실제 해당업무 종사여부, 원장 자격 없는

대표자에게 명의대여 등)

- 고령 보육교직원 실제근무 여부 (허위등록) 및 다른 역할여부
- 보수교육이수 여부
- 야간 또는 심야시간대 (21시~24시, 0시~06시) 방문결재 발생 어린이집 (아이 행복카드 어린이집 맡겨놓았는지 여부)
- 생후 60일 이전 아동 어린이집 재원 또는 실제보육여부
- 어린이집 재원 아동 주민등록지역과 어린이집 지역 상이한 어린이집 실제 보육여부
- 사망 또는 사망의심 아동 어린이집 재원중 인 어린이집
- 카드 1개로 다수 아동 결재 어린이집
- 대량 결재취소 및 재결재 어린이집
- 보육아동 1명단 1일 급식비 지출현황
- 세입결산 과다계상 (회계보고) 어린이집
- 급여대비 퇴직금 및 퇴직적립금 현황 (과다 또는 과소, 불균형일 때)
- 세입 대비 세출계정 현황 (차액현황 확인 등)

□ 어린이집 운영비 유용

○ 물품실제 구매 사용여부

- 공공청정기, 대형TV, 노트북, PC, 청소기, 냉장고등 구입 후 사적사용 여부
- 회계장부, 물품관리대장 등 구매내역 및 물품번호 등 확인 후 실제비치여부

○ 급간식비 유용여부

- 식재료 지출일자 확인 (명절, 공휴일, 연휴에 지출 등)
- 식단표에 따른 식재료가 실제 구매되었는지 확인
- 보육아동 인원에 비해 과다 또는 과소 구매여부

※ 어린이집 텃밭 등 자경 농작물 사용 시 어린이집 운영위원회 확인 필요

○ 기타 후생경비 유용여부

- 보육교직원 인원에 비해 과대 또는 과소 지출 여부

▸ 식사장소 확인 (어린이집과 먼 거리 이용 등)
▸ 정기적으로 특정장소에서만 지출
▸ 지출일자 (명절, 연휴 등) 결재시간 파악

□ 어린이집 기타 운영실태

○ 어린이집 운영시간 준수여부

▸ 어린이집 운영일지, 보육일지, 긴급보육바우처 사용내역, 가정통신문파악
▸ 추가 확인 필요시 어린이 보호자 무작위 선정하여 전화통화 확인

○ 어린이집 내 원장, 대표자 등 가족거주

▸ 신발장내부, 옷장, 세탁기, 세면도구 등 파악, 자녀 등하원 시간에 점검착수 등
▸ 추가 확인 필요시 보육교직원 대상으로 사실 확인

○ 특별활동 실시에 따른 준수여부

▸ 외부강사 강의여부, 어린이집 운영위원회 심의 여부 등
▸ 미실시 아동에 대한 대체 프로그램 실시 여부 등

○ 개인준비 물품 과다요구 여부

▸ 표준보육프로그램에 포한되는 문구 및 팬시용품, 각 티슈 요구 등
▸ 가정통신문, 신학기 안내 자료 등 확인

(2) 불시점검 확대

○ 사회적 물의가 발생한 어린이집, 부정수급 및 아동학대 관련 점검은 사전 통보 없이 불시점검

사전 통보(점검 7일전)후 점검하였으나 행정조사기본법 제17조 제1항 제1호 규정에 따라 행정조사를 실시하기 전 관련사항을 미리 통지하는 때에는 증거인멸 등으로 행정조사 목적을 달성 없다고 판단되는 경우 사전 통보 없이 불시점검

(3) 대표자 및 원장과 보육교직원 교육 강화

○ 행정청 또는 보육관련기관, 단체(육아종합지원센터, 어린이집 연합회 등)에 주관하는 교육에 어린이집 운영 위반사례 등 부정수급에 대한 행정처분과 형사처벌을 등을 교육하여 인식개선

▸ 아동학대는 원칙적으로 행위자와 더불어 대표자(원장)도 함께 처벌받음
▸ 보육료 등 부정수급 공모시 대표자와 원장은 물론 학부모나 보육교사도 형사 처벌됨을 교육

○ 보육료 등 부정수급은 범죄행위란는 점을 대표자, 원장, 보육교사 등 인식개선 필요

(4) 어린이집 등급평가는 부정수급 적발 시 등급 하향 조정

○ 어린이집 평가인증이 2019. 9. 12.부터 등급평가로 전환 시행됨
▸ 모든 어린이집에 대한 등급평가 결과는 아이보육포털에 대국민공개

○ 보육료 등 부정수급 적발은 중대한 위법 이력(최근 3년간)이 있는 경우 실제등급에서 차 하위 등급으로 조정됨

(5) 사회보장정보시스템에 해외출국 아동·보육교직원 연계

○ 해외출국 아동정보(법무부 외국인정책본부, 출입국·외국인사무소)연계를 통해 해외체류아동보육료 모니터링 강화

출입국관리사무소 ⇒ 출입국·외국인사무소로 변경
정부조직법 개정에 따라 2018. 5. 10일부터 명칭 변경됨

▸ 출국일과 입국일을 비교하여 구간별 결재 및 일할계산 확인
▸ 학부모 전화통화 및 출입국관리기록 확인
▸ 각종 기록확인(보육일지, 반 또는 단체사진, 출석부, 알림장, 아동물품, 등하원시간 또는 아이모습 등 보육교사 진술)
▸ 보육료외 특별활동비, 기타필요경비 수납여부

○ 해외체류 보육교직원 또는 보육교직원 허위등록

▸ 출국일과 입국일을 비교하여 정상출근 여부
▸ 동료 보육교직원 확인면담 및 출입국관리기록 확인
▸ 보육교직원으로 임면보고 된 담임보육교사가 실제 해당 반 근무여부
▸ 보육실 전면 보육교사 사진과 아동사진 일치 여부
▸ 동료 보육교직원 특정 해당반 보육교사가 누구인지 확인
▸ 허위등록의심 보육교사-담당반 보육아동 이름을 아는지 여부
▸ 알림장 작성자 필체 등 확인
▸ 근무상황부, 보육교직원 급여대장, 해당보육교사의 급여계좌 내역사본(본인동의 필요)
▸ 보육료, 특별활동비 등 기타 필요경비 수납확인 등

(6) 어린이집 이용 불편 · 부정신고센터 운영

○ **부정수급 신고 활성화 (공익신고 및 포상금 지급)**

▸ 한국보육진흥원-2019. 7. 1.부터 운영

○ 어린이집 이용관련 민원 심층상담 등을 통한 종합관리

○ 공익신고 및 포상금 지급

▸ 신고주체 : 보육교직원, 학부모, 일반국민
▸ 신고방법 : 방문, 우편, 인터넷 등

> ▸ 신 고 처 : 어린이집 이용 불편 · 부정신고센터 **1670-2082**
> 국민권익위원회 (국번없이 110 또는 1398)

▸ 포상금 지급주체 : 보건복지부가 신고인에게 직접지급, 신고 받은 처분청인 지자체를 통해 신청 및 사실확인 절차 수행 및 행정처분 종료(보조금 환수 포함) 후 지급 (영유아보육법 시행령 제25조의2제4항 【별표1】)

영유아보육법 시행령 [별표 1의2] 〈신설 2019. 6. 4.〉

포상금 지급의 기준

<table>
<tr><td colspan="2">1. 거짓이나 그 밖의 부정한 방법으로 보조금을 교부받거나 유용한 자를 신고 또는 고발하여 보조금을 반환받은 경우</td></tr>
<tr><td>반환액</td><td>포상금</td></tr>
<tr><td>가. 1천만원 이하</td><td>반환액 × 30/100</td></tr>
<tr><td>나. 1천만원 초과 1억원 이하</td><td>300만원 + [(반환액 – 1천만원) × 20/100]</td></tr>
<tr><td>다. 1억원 초과</td><td>2,100만원 + [(반환액 – 1억원) × 10/100]
다만, 5천만원을 넘는 경우에는 5천만원으로 한다.</td></tr>
<tr><td colspan="2">2. 법 제33조에 따른 급식관리기준을 지키지 않은 자를 신고 또는 고발한 경우
가. 상한 원료 또는 완제품을 조리할 목적으로 보관하거나 이를 음식물의 조리에 사용한 경우에 해당하여 3개월 이상의 어린이집 운영정지를 명한 경우: 300만원
나. 유통기한이 지난 원료 또는 완제품을 조리할 목적으로 보관하거나 이를 음식물의 조리에 사용한 경우에 해당하여 1개월 이상의 어린이집 운영정지를 명한 경우: 100만원
다. 이미 급식에 제공되었던 음식물을 재사용한 경우에 해당하여 1개월 이상의 어린이집 운영정지를 명한 경우: 100만원</td></tr>
<tr><td colspan="2">3. 법 제33조의2에 따른 어린이집 차량안전관리 기준을 지키지 않은 자를 신고 고발한 경우
가. 운전자가 음주 운전을 한 경우에 해당하여 15일 이상의 어린이집 운영정지를 명한 경우: 200만원
나. 운전자가 운전 중 휴대전화를 사용한 경우에 해당하여 15일 이상의 어린이집 운영정지를 명한 경우: 100만원
다. 차량 운행 시 보육교사 등 영유아를 보호할 수 있는 사람이 동승하지 않은 경우에 해당하여 1개월 이상의 어린이집 운영정지를 명한 경우: 100만원</td></tr>
<tr><td colspan="2">4. 아동복지법 제3조제7호에 따른 아동학대(이하 "아동학대"라 한다) 행위를 한 자를 신고 또는 고발한 경우
가. 보육교직원 등이 아동학대 행위를 한 경우에 해당하여 어린이집 운영정지 또는 폐쇄를 명한 경우: 200만원
나. 어린이집 원장 또는 보육교사가 아동학대 행위로 업무 수행 중 고의나 중대한 과실로 영유아에게 손해를 입힌 경우에 해당하여 그 자격을 정지시킨 경우: 200만원
다. 아동학대 관련 범죄로 벌금형 이상의 형이 선고된 경우: 500만원</td></tr>
</table>

Ⅳ

어린이집의 노무관리

1절 보육교직원 등 근로계약 등

1. 보육교직원 등 근로계약-근로기준법 제17조

가. 보육교직원 등과의 근로계약서 작성 등

○ 근로계약 미작성시-500만원 이하 벌금형 (근로기준법 제114조)

○ 최저임금 적용됨-미준수 시, 3년 이하의 징역 또는 2천만원이하의 벌금

▸ 최저임금법 제28조, 징역형과 벌금형을 병과 할 수 있음

○ 근로조건 등의 명시-서면교부

▸ 임금, 소정근로시간, 근로기준법 제55조에 따른 유급휴일, 동법 제60조에 따른 연차 유급휴가 등 주요 근로조건을 근로자에게 서면 교부하도록 의무화 함

▸ 위반 시 500만 원 이하의 벌금 (근로기준법 제114조)

○ 근로계약서 정하지 않는 사항은 근로기준법에 따름

▸ 휴일을 포함한 구체적인 근로조건은 취업규칙 또는 단체협약 등에서 정하므로 모든 근로조건을 근로계약서에 반영하는 것은 아님

○ 근로계약은 민법상 계약자유의 원칙에 따라 체결, **구두계약**도 가능함

▸ 다만, 근로관계나 임금 등에 대한 분쟁발생시 입증 어려워 작성 필요함

▸ 근로계약은 가능한 계약기간을 명시하지 않는 계약을 체결함을 원칙 (2020 보육사업안내 180면)

최저임금법 적용하지 않음
○ 동거하는 **친족만**을 사용하는 사업과 **가사(家事) 사용인**
○ 선원법의 적용을 받는 **선원**과 선원을 사용하는 **선박의 소유자**에게는 적용하지 않음 (최저임금법 제3조 제1항 단서 및 제2항)

최저임금법 적용제외
○ 최저임금법에 따라 사용자가 ① '정신장애나 신체장애로 근로능력이 현저히 낮은 자', ② '그 밖에 최저임금을 적용하는 것이 적당하지 아니하다고 인정되는 자'는 **고용노동부장관의 인가**를 받은 경우(자는) 적용제외 됨
○ **최저임금법 제7조, 동시행령 제6조 및 동시행규칙 제3조 별지 제1호 및 별지 제2호)**

○ 근로기준법 위반–근로계약은 무효

- 당사자 간의 근로계약이라도 근로기준법에서 정하는 기준에 미치지 못하는 근로조건을 정한 근로계약은 그 부분에 한하여 무효로 함
- 무효로 된 부분은 근로기준법에서 정한 기준에 따름–근로기준법 제15조

○ 근로기준법 요지와 취업규칙[1] 게시–근로기준법 제93조 내지 제97조

- 취업규칙은 상시 10인 이상 사업장에 작성 및 신고(변경포함) 의무 있음
  (근로기준법 제93조)
  다만, 어린이집 운영규정은 어린이집에 정한 규정으로 어린이집 운영규정에 취업규칙이 모두 포함되어 있는 경우 별도의 취업규칙 작성 없이 어린이집 운영규정을 취업규칙으로 해당 노동청에 신고하여 인정될 수 있음, 이 경우 어린이집 운영규정(취업규칙 부분 등)은 반드시 근로자 과반수(근로자의 과반수로 조직된 노동조합이 있는 경우는 그 노동조합)의 의견을 청취(불이익 변경 시에는 동의)하여야 함
- 사용자인 대표자 원장(사용자 등) 근로기준법 등 요지와 취업규칙을 보육교직원 및 그 밖의 직원(근로자)이 자유롭게 열람할 수 있는 장소에 항상 계시하거나 갖추어 널리 알려야 함.

○ 취업규칙의 작성, 변경

- 취업규칙을 작성, 변경할 때에는 반드시 근로자 과반수(근로자의 과반수로 조직된 노동조합이 있는 경우는 그 노동조합)의 의견을 청취(불이익 변경 시에는 동의)하여야 함 (근로기준법 제94조)
- 단, 상시 4명 이하의 근로자를 사용하는 모든 사업 또는 사업장은 적용 제외

※ 근로기준법은 동거하는 친족만을 사용하는 사업 또는 사업장과 가사사용인에 대하여는 적용하지 않음–근로기준법 제11조 제1항 단서

○ 취업규칙의 기재사항–근로기준법 제93조

- 업무의 시작과 종료 시각, 휴게시간, 휴일, 휴가 및 교대 근로에 관한 사항
- 임금의 결정 · 계산 · 지급방법, 임금의 산정기간 · 지급시기 및 승급에 관한 사항
- 가족수당의 계산 · 지급방법에 관한 사항

1) 고용노동부www.moel.go.kr/ 대표번호 1350 근로기준정책과–『2019년 표준취업규칙 게시』 참조

▸ 퇴직에 관한 사항
▸ 근로자 퇴직급여 보장법 제4조에 따라 설정된 퇴직금, 상여 및 최저임금에 관한 사항
▸ 근로자의 식비, 작업용품 등의 부담에 관한 사항
▸ 근로자를 위한 교육시설에 관한 사항
▸ 출산전후 휴가 · 육아휴직 등 근로자의 모성보호 및 일 · 가정 양립지원에 관한 사항
▸ 안전과 보건에 관한 사항
▸ 근로자의 성별 · 연령 또는 신체적 조건 등의 특성에 따른 사업장 환경의 개선에 관한 사항
▸ 업무상 업무 외의 재해부조에 관한 사항
▸ 직장 내 괴롭힘의 예방 및 발생 시 조치 등에 관한 사항
▸ 표창과 제재에 관한 사항
▸ 그 밖에 해당사업 또는 사업장의 근로자 전체에 적용될 사항

○ 어린이집 취업규칙 예시[2)]

나. 보육교직원의 휴가 및 휴일 등 관리

○ 휴가의 원칙

▸ 보육교직원의 휴가는 보육공백을 취소화 할 수 있도록 순번제로 실시
▸ 출산휴가, 보수교육 등으로 원장, 보육교사, 그 밖의 교직원(조리원등)의 공백이 발생하는 경우 이를 대체할 수 있는 대체원장과 대체교사 또는 그 밖의 대체직원을 배치하여 함

○ 보육교직원의 휴가, 휴일, 휴게시간은 근로기준법 등 적용

○ 출산전후 휴가, 육아휴직 등은 **『남녀고용평등과 일 · 가정 양립 지원에 관한 법률』** 등 **적용**

○ 휴일은 **법정휴일**(주휴일, 근로자의 날), **약정휴일**(취업규칙이나 단체협약 등에서 정한 휴일)이 있음

▸ 주휴일은 통상적으로 일요일이나 취업규칙 등에서 특정일을 정하여 부여 가능함

2) 고용노동부 『2019년 표준취업규칙』 참조

○ 법정휴일은 유급휴일이나 약정휴일은 노사 당사자의 계약에 따라 유급 또는 무급 휴일 여부가 결정됨

▸ 어린이집에서는 법정휴일과 약정휴일을 취업규칙 등(내부규정)으로 휴일 일수 및 무급 여부를 결정하여 시행하여야 함

▸ 『관공서의 공휴일에 관한 규정』(2017.10.17.시행, 대통령령 제28394호)은 근로기준법상 원칙적으로 휴일로 적용되지 않음으로 근로계약으로 노사 당사자 사이에서 정하게 됨 이 경우, 관공서의 공휴일에 관한 규정에 따른 한글날, 개천절, 광복절 등이 약정에 따라 휴일이 아닌 경우 연차휴가에 포함될 수 있음

※ 어린이집에 근무하는 보육교직원 중『관공서의 공휴일에 관한 규정』의 공휴일이 근로기준법상 휴일로 적용되지 아니함에도 이를 착오하는 경우가 발생할 수 있어 어린이집 원장(대표자)은 근로계약 당시 취업규칙 등 충분한 설명이 필요함(공휴일 착오로 연차휴가 일수를 잘못 계산하는 경우 발생 등)

▸ 유급휴일 근무 시 250%의 임금을 지급하고 무급휴일 근무시 150%의 임금을 지급 함

○ 보육교직원의 연차휴가 계획과 허가

▸ 원장은 어린이집 운영에 지장이 없도록 연차휴가가 같은 기간에 편중되지 않도록 연가 계획을 수립하여야 함

▸ 원장은 연차휴가 일수가 7일을 초과하는 경우 연2회 이상 분할하여 연가를 실시하도록 함. 다만, 특별한 사정이 있는 경우는 예외로 할 수 있음

▸ 원장은 보육교직원으로부터 연차휴가원 제출이 있는 경우 어린이집 운영에 특별한 지장이 없는 경우 허가 하여야 함

▸ 조리원의 휴가는 어린이집 운영 특성상 현장학습 및 토요일로 대체 가능함

○ **휴일과 휴가**

구 분	법 정	약 정
휴 일	주휴일, 근로자의 날	관공서의 공휴일, 개원일 등
휴 가	연차휴가, 생리휴가, 산전후 휴가	하계 및 동계휴가, 경조휴가 등

○ 근로관계서류 보존기간－3년

▸ 사용자인 대표자 원장은 근로자명부와 근로계약에 관한 중요한 서류를 3년간 보존하여야 함－근로기준법 제42조 및 동시행령 제22조
(근로계약서, 임금대장, 임금의 결정 · 지급방법과 임금계산의 기초에 관한서류, 고용 · 해고 · 퇴직에 관한서류, 승급 · 감급에 관한 서류, 휴가에 관한서류, 그 외 근로시간, 휴게시간 등에 관한 서면합의 서류 등)

▸ 보존기간은 각 해고한 날, 퇴직한 날, 근로관계가 끝난 날부터 기산함

다. 근로계약의 근로조건 명시사항－근로기준법 제17조

① 임금
② 소정근로기산
③ 휴일(유급휴일 등)－법제55조
④ 연차유급휴가－법제60조
⑤ 근로기준법시행령 제8조
- 취업의 장소와 종사하여야 할 업무에 관한 사항
- 취업규칙의 작성 · 신고 등
- 기숙사에 근로자를 기숙사하게 하는 경우에는 기숙사 규칙에서 정하는 사항

○ 어린이집 운영시간을 고려하여 근로계약 체결－**【별지 29】, 【별지 30】, 【별지 31】**[3)]

○ **기본보육** 09:00 ~ 16:00 (7시간)

▸ 지역별, 어린이집별 사정에 따라 보호자와 협의하여 9시 16시 전후 30분 범위 내에서 보육시간 탄력 조정 가능

▸ 07:30 ~ 09:00 ±30분의 등원지도 시간과 16:00 ~ 17:00±30분의 하원지도 시간은 기본보육으로 간주

○ **연장보육** 16:00 ~ 19:30

○ **그 밖의 연장보육**

3) 고용노동부 홈페이지 근로기준정책과－『표준근로계약서』 2019.07.01

- 야간연장보육 : 19:30 ~ 24:00
  07:30 이전에 이용하는 경우도 야간연장보육으로 간주
- 24시간 보육 : 07:30 ~ 익일 07:30
- 휴일보육 : 일요일, 공휴일 09:00 ~ 16:00

○ 대체교사 등 단시간 근로자가 근로하는 경우

- 『기간제 및 단시간근로자 보호 등에 관한 법률』을 준수
- 단시간 근로자 : 1주 동안의 소정근로시간이 그 사업장에서 같은 종류의 업무에 종사하는 통상 근로자의 1주 동안의 소정근로시간에 비하여 짧은 근로자를 말함
- 단시간 근로자 표준계약서 활용【별지 33】

○ **각종수당의 지급 및 근로시간 등**-근로기준법 제50조 내지 제53조

- 근로계약은 실제 근무하는 보육교직원 및 그 밖의 직원(조리원 등)의 근무시간에 따라 이를 정하여 체결하고 이에 따른 시간외, 휴일, 연차 등 각종 수당은 근로기준법령에 따라 지급하면 됨
- **1주간의 근로시간**은 휴게시간을 제외하고 **40시간을 초과**할 수 없음
- 1일의 근로시간은 휴게시간을 제외하고 8시간을 초과할 수 없음
- 사용자는 근로시간이 4시간인 경우에는 30분 이상, 8시간인 경우에는 1시간 이상의 휴게시간을 근로시간 도중에 주어야 함.(근로기준법 제54조)
- 휴게시간은 근로자가 자유롭게 이용할 수 있음
- 탄력적 근로시간제(2주이내), 선택적 근로시간제(1개월 이내)-초과근로 가능
- 연장근로의 제한(당사자 합의-1주 12시간 연장, 30인 미만 사업장 8시간추가)

【별지 29】

표준근로계약서(기간의 정함이 없는 경우)

_______________(이하 "사업주"라 함)과(와) ___________(이하 "근로자"라 함)은 다음과 같이 근로계약을 체결한다.

1. 근로개시일 : 년 월 일부터
2. 근 무 장 소 :
3. 업무의 내용 :
4. 소정근로시간 : ___시___분부터 ___시___분까지 (휴게시간 : 시 분~ 시 분)
5. 근무일/휴일 : 매주 ____일(또는 매일단위)근무, 주휴일 매주 ____요일
6. 임 금
   - 월(일, 시간)급 : ____________________원
   - 상여금 : 있음 ( ) ______________________원, 없음 ( )
   - 기타급여(제수당 등) : 있음 ( ), 없음 ( )
     · ________________________원, _______________________원
     · ________________________원, _______________________원
   - 임금지급일 : 매월(매주 또는 매일) ______일(휴일의 경우는 전일 지급)
   - 지급방법 : 근로자에게 직접지급( ), 근로자 명의 예금통장에 입금( )
7. 연차유급휴가
   - 연차유급휴가는 근로기준법에서 정하는 바에 따라 부여함
8. 사회보험 적용여부(해당란에 체크)
   □ 고용보험 □ 산재보험 □ 국민연금 □ 건강보험
9. 근로계약서 교부
   - 사업주는 근로계약을 체결함과 동시에 본 계약서를 사본하여 근로자의 교부요구와 관계없이 근로자에게 교부함(근로기준법 제17조 이행)
10. 근로계약, 취업규칙 등의 성실한 이행의무
    - 사업주와 근로자는 각자가 근로계약, 취업규칙, 단체협약을 지키고 성실하게 이행하여야 함
11. 기 타
    - 이 계약에 정함이 없는 사항은 근로기준법령에 의함

년 월 일

(사업주) 사업체명 : (전화 :)
주 소 :
대 표 자 : (서명)

(근로자) 주 소 :
연 락 처 :
성 명 : (서명)

【별지 30】

표준근로계약서(기간의 정함이 있는 경우)

_______________(이하 "사업주"라 함)과(와) ___________(이하 "근로자"라 함)은 다음과 같이 근로계약을 체결한다.

1. 근로계약기간 : 년 월 일부터 년 월 일까지
2. 근 무 장 소 :
3. 업무의 내용 :
4. 소정근로시간 : ____시____분부터 ____시____분까지 (휴게시간 : 시 분~ 시 분)
5. 근무일/휴일 : 매주 ____일(또는 매일단위)근무, 주휴일 매주 ___요일
6. 임 금
   - 월(일, 시간)급 : ______________________원
   - 상여금 : 있음 ( ) _______________________원, 없음 ( )
   - 기타급여(제수당 등) : 있음 ( ), 없음 ( )
     - · _________________________원, ________________________원
     - · _________________________원, ________________________원
   - 임금지급일 : 매월(매주 또는 매일) _____일(휴일의 경우는 전일 지급)
   - 지급방법 : 근로자에게 직접지급( ), 근로자 명의 예금통장에 입금( )
7. 연차유급휴가
   - 연차유급휴가는 근로기준법에서 정하는 바에 따라 부여함
8. 사회보험 적용여부(해당란에 체크)
   - ☐ 고용보험 ☐ 산재보험 ☐ 국민연금 ☐ 건강보험
9. 근로계약서 교부
   - 사업주는 근로계약을 체결함과 동시에 본 계약서를 사본하여 근로자의 교부요구와 관계없이 근로자에게 교부함(근로기준법 제17조 이행)
10. 근로계약, 취업규칙 등의 성실한 이행의무
    - 사업주와 근로자는 각자가 근로계약, 취업규칙, 단체협약을 지키고 성실하게 이행하여야 함
11. 기 타
    - 이 계약에 정함이 없는 사항은 근로기준법령에 의함

년 월 일

(사업주) 사업체명 : (전화 :)
주 소 :
대 표 자 : (서명)

(근로자) 주 소 :
연 락 처 :
성 명 : (서명)

【별지 31】– 대체교사

단시간근로자 표준근로계약서

_______________(이하 "사업주"라 함)과(와) __________(이하 "근로자"라 함)은 다음과 같이 근로계약을 체결한다.

1. 근로개시일 :　　　년　　월　　일부터

※ 근로계약기간을 정하는 경우에는 "　　년　　월　　일부터　　년　　월　　일까지" 등으로 기재

2. 근 무 장 소 :

3. 업무의 내용 :

4. 근로일 및 근로일별 근로시간

	(　)요일	(　)요일	(　)요일	(　)요일	(　)요일	(　)요일
근로시간	시간	시간	시간	시간	시간	시간
시업	시　분	시　분	시　분	시　분	시　분	시　분
종업	시　분	시　분	시　분	시　분	시　분	시　분
휴게 시간	시　분 ~ 시　분	시　분 ~ 시　분	시　분 ~ 시　분	시　분 ~ 시　분	시　분 ~ 시　분	시　분 ~ 시　분

ㅇ 주휴일 : 매주　　요일

5. 임　금

- 시간(일, 월)급 : ________________원(해당사항에 ○표)
- 상여금 : 있음 (　　)　_____________________원,　없음 (　　)
- 기타급여(제수당 등) :　있음 : __________원(내역별 기재), 없음 (　　),
- 초과근로에 대한 가산임금률:______%

※ 단시간근로자와 사용자 사이에 근로하기로 정한 시간을 초과하여 근로하면 법정근로시간 내라도 통상임금의 100분의 50%이상의 가산임금 지급('14.9.19. 시행)

- 임금지급일 : 매월(매주 또는 매일) _____일(휴일의 경우는 전일 지급)
- 지급방법 : 근로자에게 직접지급(　　),　근로자 명의 예금통장에 입금(　　)

6. 연차유급휴가: 통상근로자의 근로시간에 비례하여 연차유급휴가 부여

7. 사회보험 적용여부(해당란에 체크)

☐ 고용보험　☐ 산재보험　☐ 국민연금　☐ 건강보험

8. 근로계약서 교부

- "사업주"는 근로계약을 체결함과 동시에 본 계약서를 사본하여 "근로자"의 교부요구와 관계없이 "근로자"에게 교부함(근로기준법 제17조 이행)

9. 근로계약, 취업규칙 등의 성실한 이행의무

- 사업주와 근로자는 각자가 근로계약, 취업규칙, 단체협약을 지키고 성실하게 이행하여야 함

10. 기　타

- 이 계약에 정함이 없는 사항은 근로기준법령에 의함

년　　　월　　　일

(사업주) 사업체명 : (전화 :)
주 소 :
대 표 자 : (서명)
(근로자) 주 소 :
연 락 처 :
성 명 : (서명)

◁◁ **단시간근로자의 경우 "근로일 및 근로일별 근로시간"을 반드시 기재하여야 합니다. 다양한 사례가 있을 수 있어, 몇 가지 유형을 예시하오니 참고하시기 바랍니다.** ▷▷

○ **(예시①)** 주5일, 일 6시간(근로일별 근로시간 같음)
- 근로일 : 주 5일, 근로시간 : 매일 6시간
- 시업 시각 : 09시 00분, 종업 시각: 16시 00분
- 휴게 시간 : 12시 00분부터 13시 00분까지
- 주휴일 : 일요일

○ **(예시②)** 주 2일, 일 4시간(근로일별 근로시간 같음)
- 근로일 : 주 2일(토, 일요일), 근로시간 : 매일 4시간
- 시업 시각 : 20시 00분, 종업 시각: 24시 30분
- 휴게 시간 : 22시 00분부터 22시 30분까지
- 주휴일 : 해당 없음

○ **(예시③)** 주 5일, 근로일별 근로시간이 다름

	월요일	화요일	수요일	목요일	금요일
근로시간	6시간	3시간	6시간	3시간	6시간
시업	09시 00분	09시 00분	09시 00분	09시 00분	09시 00분
종업	16시 00분	12시 00분	16시 00분	12시 00분	16시 00분
휴게 시간	12시 00분 ~ 13시 00분	–	12시 00분 ~ 13시 00분	–	12시 00분 ~ 13시 00분

- 주휴일 : 일요일

○ **(예시④)** 주 3일, 근로일별 근로시간이 다름

	월요일	화요일	수요일	목요일	금요일
근로시간	4시간	–	6시간	–	5시간
시업	14시 00분	–	10시 00분	–	14시 00분
종업	18시 30분	–	17시 00분	–	20시 00분
휴게 시간	16:00~16:30	–	13시 00분 ~ 14시 00분	–	18시 00분 ~ 19시 00분

- 주휴일 : 일요일

※ 기간제·단시간근로자 주요 근로조건 서면 명시 의무 위반 적발 시 과태료 (인당 500만원 이하) 즉시 부과에 유의('14.8.1.부터)

2. 어린이집 (사업장) 규모에 따른 노무관리

가. 상시 5명 이상의 근로자를 사용하는 모든 사업 또는 사업장(어린이집)

○ 근로기준법 제11조 제1항 규정 – 근로기준법 모두 적용

① 부당해고 시 지방노동위원회에 부당해고구제신청 할 수 있음

② 연차휴가 부여 및 연차수당 지급

③ 연장근로수당, 야간근로수당, 휴일근무수당(주휴일, 근로자의 날)은 물론 통상임금의 100분의 50 이상을 가산하여 지급하여야 함 ④ 휴업수당지급

⑤ 대표자 원장(사용자)의 퇴직금 지급의무

▸ 근로자에게 입사일 기준 무관하게 퇴직금 지급의무 있음
퇴직금은 계속 근로기간이 1년 이상인 자에게만 적용
(주15시간미만 초단시간근로자의 경우도 퇴직금 규정 적용제외)

○ 근로자에 대하여 4대 보험가입 – 보험료 징수는 국민건강보험공단

▸ 4대보험(건강보험, 국민연금, 고용보험, 산업재해보상보험)에 가입

○ 사용자인 대표자 원장은 근로자에 대하여 공민권행사 보장

▸ 선거권, 그 밖의 공민권 행사, 공의 직무를 집행 등)를 보장해야함
(근로기준법 제10조)

나. 상시 4명 이하의 근로자를 사용하는 모든 사업 또는 사업장(어린이집)

○ 근로기준법 제11조 제2항 및 동법시행령 제7조 【별표 1】– 일부 적용

① 부당해고 시 지방노동위원회에 부당해고구제신청 할 수 없음

② 연차휴가 미부여

③ 연장근로수당, 야간근로수당, 휴일근무수당 지급의무 없음

④ 휴업수당은 지급하지 않음 (고용노동부 고용유지지원금 – 어린이집은 불가)

⑤ 사용자 대표자 원장 – 근로자 퇴직금

▸ 입사일 2010. 12. 1.기준, 기준 전 입사자는 퇴직금 지급의무 없음

▸ 입사일 2010. 12. 1. ~ 2012. 12. 31 까지는 퇴직금 50% 지급의무 있음

▸ 입사일 2013. 1. 1. 이후 입사자는 퇴직금 100% 지급의무 있음

○ 사용자인 대표자 원장은 근로자에 대하여 공민권행사 보장

○ 해고요건 완화 / 4대 보험가입

▸ 긴박한 경영상 필요에 따라 해고하는 경우 엄격한 요건을 갖출 필요 없음, 즉 근로자 해고 시 그 사유와 시기를 서면으로 통지 않아도 무방함

▸ 경영상 해고뿐만 아니라 근로기준법 제23조제1항에 의한 일반해고의 경우도 적용 제외됨

근로자퇴직급여 보장법 (약칭: 퇴직급여법) 부칙 제8조
(시행 2012. 7. 26. 법률 제10967호, 2011. 7. 25. 전부개정)

제8조(상시 4명 이하의 근로자를 사용하는 사업의 시행시기, 급여 및 부담금 등에 관한 특례) ① 상시 4명 이하의 근로자를 사용하는 사업에 대하여는 법률 제7379호 근로자퇴직급여보장법 부칙 제1조 단서에 따라 2010년 12월 1일부터 퇴직급여제도가 시행된 것으로 본다.

② 상시 4명 이하의 근로자를 사용하는 사업에 적용되는 퇴직금, 확정급여형퇴직연금제도의 급여액, 확정기여형퇴직연금제도 및 제25조의 개정규정에 따른 개인형퇴직연금제도의 사용자 부담금의 수준은 제8조제1항, 제15조, 제20조제1항 및 제25조제2항제2호의 개정규정에도 불구하고 다음 각 호와 같이 정한다.

1. 2010년 12월 1일부터 2012년 12월 31일까지의 기간에 대한 퇴직금, 확정급여형퇴직연금제도의 급여액, 확정기여형퇴직연금제도 및 제25조의 개정규정에 따른 개인형퇴직연금제도의 사용자 부담금 수준: 제8조제1항, 제15조, 제20조제1항 및 제25조제2항제2호의 개정규정에서 정하는 수준의 100분의 50 이상
2. 2013년 1월 1일 이후의 기간에 대한 퇴직금, 확정급여형퇴직연금제도의 급여액, 확정기여형퇴직연금제도 및 제25조의 개정규정에 따른 개인형퇴직연금제도의 사용자 부담금 수준: 제8조제1항, 제15조, 제20조제1항 및 제25조제2항제2호의 개정규정에서 정하는 수준

③ 근로관계 당사자는 제1항 및 제2항을 이유로 기존의 근로조건을 낮출 수 없다.

○ 연차휴가 미부여 등

▸ 연차휴가 미부여 및 연차수당 지급하지 않을 수 있고 연장근로수당, 야간근로수당, 휴일근무수당은 물론 통상임금의 100분의 50이상을 가산하여 지급하지 않을 수 있음.

▸ 다만, 해당 근로자의 근로시간만큼 임금은 지급해야 함

○ 근로자에 대하여 4대 보험가입－보험료 징수는 국민건강보험공단
4대보험(건강보험, 국민연금, 고용보험, 산업재해보상보험)에 가입

○ 사용자인 대표자 원장은 근로자에 대하여 공민권행사 보장

▸ 선거권, 그 밖의 공민권 행사, 공의 직무를 집행 등)를 보장해야함 (근로기준법 제10조)

상시 5인 이상 또는 상시 4인 이하의 근로자를 사용하는 모든 사업 또는 사업장 구분
○ 상시근로자에는 **대표자 등 원장(사업주 등)은 제외** 됨. 다만 법인 또는 단체 등이 대표자인 경우 원장은 포함할 수 있음 (보조교사가 상시 근무하는 경우 당연 근로자에 포함됨) ○ 상시 5인 이상 또는 상시 4인 이하의 근로자를 사용하는 모든 사업 또는 사업장은 최저임금법에 따른 최저임금 준수 **※ 상시 사용하는 근로자 수의 산정방법 – 근로기준법시행령 제7조의2**

다. 어린이집(사업장) 규모

○ 대부분 어린이집은 상시 5인 이상의 근로자를 사용하는 사업장

▸ 일부 가정어린이집 등 특수한 경우를 제외하고는 모두 해당됨

▸ 가정 어린이집에 보조교사 등이 근무할 경우–대부분 상시 5인 이상의 근로자를 사용하는 사업장에 해당됨

2절 임금 등 각 수당

1. 임금 등

가. 근로기준법의 용어 등–근로기준법 제2조

○ **임금**

사용자가 근로의 대가로 근로자에게 임금, 봉급, 그 밖에 어떠한 명칭으로든지 지급하는 **일체의 금품**을 말함

○ **평균임금**

▸ 평균임금을 산정하여야 할 **사유가 발생한 날 이전 3개월 동안**에 그 근로자에게 지급된 임금의 총액을 **그 기간의 총일수로 나눈 금액**을 말함. 근로자가 취업한 후 3개월 미만

인 경우도 이에 준함

▸ 평균임금의 적용 - 퇴직금. 근로기준법 및 산업재해보상법의 각종 재해보상금

$$\text{평균임금} = \frac{\text{산정사유가 발생한 날 이전 3개월간의 임금총액}}{\text{산정사유가 발생한 날 이전 3개월간의 총일수}}$$

예) 최종 퇴직일 이전 3개월의 임금총액 / 그 기간의 날수(일수)

역산해서 3개월 기간임

미사용 연차수당도 최종 퇴직일 이전 3개월의 임금총액에 합산 함

다만, 퇴직일 이전에 발생한 연차수당만 산입되며 퇴직으로 인하여 발생된 미사용 연차수당은 산입되지 않음

미사용 연차수당 = (미사용 연가개수 0개×통상임금) × 12 / 3

미사용한 전년도 연차휴가 = 미사용 연차수당

○ **통상임금**

▸ **고정적, 정기적, 일률적**으로 지급받은 금액 (기본급 + 식대 + 직책급 등)

다만, 연장근로수당, 휴일근무수당, 야간근무수당은 제외 됨

그러나 가족수당·주택수당, 교통수당과 같은 급여가 모든 근로자에게 적용될 때에는 통상임금에 포함됨

예) 한 달 급여 중 통상임금 / **209시간** × 8시간 = **1일 통상임금**

▸ **월 통상임금 산정 기준시간 ⇒ 1일 8시간 주40시간 근무 / 토요일 성격 여부**

- **토요일 무급 : (주40시간 + 주휴일 8시간) × 52주 /12개월 = 209시간**
- **토요일 유급 : (주40시간 + 주휴일 8시간 + 유급 4시간) × 52주 /12개월 = 226시간**
- **토요일 유급 : (주40시간 + 주휴일 8시간 + 유급 8시간) × 52주 /12개월 = 243시간**

예) 한 달 급여 중 통상임금 / **209시간(또는 226시간 또는 243시간) = 통상시급**

▸ **통산임금이 적용되는 수당**

해고예고수당, 연장근로수당, 야간근로수당, 휴일근로수당, 연월차근로수당 등

※ 환경미화원이 출근율 50%이상 이상인 경우에만 지급하는 수당(**기말수당, 정근수당, 체력단련비**)과 명절휴가비 등은 통상임금에 해당하지 않음 – 조건성취 여부를 확정

할 수 없는 불확실한 조건으로 **고정성**을 갖춘 것으로 볼 수 없음
(대법원 2020. 1. 16. 선고 2019다223129판결 참조)

○ 법정수당과 법정외 수당(임의수당)

▸ 법정수당이란 일정한 요건을 갖추면 근로계약서나 취업규칙 등에 어떻게 규정되어 있던 상관없이 법률적으로 반드시 지급해야 하는 수당
예) 연장근로수당, 야간근로수당, 휴일근로수당, 연월차근로수당 등

▸ 법정외수당이란 지급대상이나 그 지급액, 지급조건을 근로계약이나 취업규칙에서 노사가 자율적으로 정할 수 있는 수당
예) 기말수당, 정근수당 등 법정수당을 제외한 모든 수당

○ 근로자
직업의 종류와 관계없이 임금을 목적으로 사업이나 사업장에 근로를 제공하는 자를 말함

○ 사용자
사업주 또는 사업 경영 담당자, 그 밖에 근로자에 관한 사항에 대하여 사업주를 위하여 행위하는 자를 말함

○ 근로계약
근로자가 사용자에게 근로를 제공하고 사용자는 이에 대하여 임금을 지급하는 것을 목적으로 체결된 계약을 말함

○ 근로－정신노동과 육체노동을 말함

○ 소정(所定) 근로시간
법 제50조(근로시간), 제69조(근로시간) 본문 또는 「산업안전보건법」 제139조제1항에 따른 근로시간의 범위에서 **근로자와 사용자 사이에 정한 근로시간**을 말함

○ 1주－휴일을 포함한 7일을 말함

○ 임금의 시효－3년 (근로기준법 제49조)

○ 휴업수당 (근로기준법 제46조)
사용자는 휴업기간 동안 그 근로자에게 평균임금의 100분의 70 이상의 수당을 지급하

여야 함. 다만, 평균임금의 100분의 70에 해당하는 금액이 통상임금을 초과하는 경우에는 통상임금을 휴업수당으로 지급할 수 있음

○ 임금지급

▸ **통화(通貨)**로 직접 근로자에게 그 전액을 지급하여야 함.
다만, **법령** 또는 **단체협약에 특별한 규정이 있는 경우**에는 임금의 일부를 공제하거나 **통화 이외의 것**으로 지급할 수 있음

▸ 임금은 매월 1회 이상 일정한 날짜를 정하여 지급하여야 함. 다만, 임시로 지급하는 임금, 수당, 그 밖에 이에 준하는 것 또는 대통령령으로 정하는 임금에 대하여는 그러하지 아니함

※ 월급
임금이 월 단위로 결정되어 월의 근로일수나 근로시간의 많고 적음에 관계없이 일정한 임금이 지급되는 임금형태를 뜻함
(대법원 1994. 5. 24.선고 93다32514 판결참조)

※ 포괄임금제
사용자는 근로계약을 체결함에 있어서 근로자에 대하여 기본임금을 결정하고 이를 기초하여 제 수당을 가산하여 이를 합산 지급함이 원칙이나, 예외적으로 감시 · 단속적 근로 등과 같이 근로시간, 근로형태와 업무의 성질 등을 고려할 때 근로시간의 산정이 어려운 것으로 인정되는 경우에는, 사용자와 근로자 사이에 기본임금을 미리 산정하지 않고 법정수당까지 포함된 금액을 월 급여액이나 일당 임금으로 정하거나 기본임금을 미리 산정하면서도 법정 제 수당을 구분하지 아니한 채 일정액을 법정 제 수당으로 정하여 이를 근로시간 수에 상관없이 지급하기로 하는 내용이 포괄임금계약임. 다만, 포괄임금계약이 근로자에게 불이익이 없고 제반 사정에 비추어 정당하다고 인정될 때에 유효함(대법원 1998. 3. 24. 선고 96다24699 판결, 대법원 2014. 6. 26. 선고 2011도12114 판결 등 참조)

나. 보육교직원 등 임금－최저임금법 제6조제4항 및 28조제1항

○ 보육사업안내－보육교직원 인건비 지급기준에 따라 지급

▸ 2020년 보육사업안내『보육교직원 인건비 지급기준』376면

○ 그 외 각 수당(연차휴가, 연간근로, 휴일근무, 야간근무) 지급

▸ 사용자 대표자 원장은 각 수당지급대상에서 제외

※ **최저임금 – 2020년 1. 1. 적용 (위반시 3년 이하 징역이나 2천만원 벌금형)**

▸ 209시간 × 8,590원 = **1,795,310원** (주휴수당이 포함되어 있음)

▸ 수습기간에는 기본급에 90% 지급 (근로계약서에 명시되어야 함)

▸ 최저임금 산입(2019부터 상여금과 복리후생비 중 최저임금(월급기준)의 각 25%, 7% 넘는 금액이 최저임금에 포함돼 2024까지 순차적으로 모두 포함됨

2. 각 수당

가. 연차휴가 수당

○ 연차휴가 발생요건

▸ 상시 5명 이상의 근로자를 사용하는 모든 사업 또는 사업장(어린이집)

▸ 1주에 소정의 근로시간이 15시간 이상인 사람

▸ **2018년 개정 근로기준법 연차유급휴가 적용시기**
근로기준법 (시행 2018. 5. 29.법률 제15108호, 2017. 11. 28.일부개정)
개정된 근로기준법 시행일에 이미 만 1년이 되어 발생한 11개 연차가 소멸하지 않는 사람을 대상으로 하므로 개정된 근로기준법은 **2017. 5. 30. 입사자**부터 적용함

○ 근로자가 계속하여

▸ **2017. 5. 30**일부터 입사한 근로자는 입사일부터 1년이 미만 전달인 한달 동안 개근하면 다음달에 1개씩 연차휴가 발생해 순차적으로 매달 개근하면 최대 연차휴가 **최대 11개** 발생함

○ 아울러, 1년(1년간 80퍼센트 이상 출근한 근로자)이 되는 다음날[4]에 역시 15개의 연차휴가 새로이 한꺼번에 발생하여 최대 26개(=11개+15개) 연차 휴가가 발생함

▸ 사용자는 계속하여 근로한 기간이 1년 미만인 근로자 또는 1년간 80% 미만 출근한 근로자에게는 1개월 개근시 1일의 유급휴가를 주어야 함(근로기준법 제60조 제2항)

4) 엄밀하게 1. 1. 입사자가 12. 31까지 근무하는 경우에도 15개의 연차휴가가 발생됨.
즉, 계속근로기간이 1년이 도래되면 연차휴가가 발생되는 것으로 12. 31. 18:00시가 도래되면(종업시간) 연차휴가가 발생된다고 보아야 함.

○ 연차휴가–사용자는 3년 이상 계속하여 근로한 근로자에게는 즉, 1년간 80%이상 출근한 근로자에게 15일의 유급휴가에 최초 1년을 초과하는 계속근로연수 매 2년에 대하여 1일을 가산한 유급휴가를 주어야 함.(근로기준법 제60조)

이 경우 가산휴가를 포함한 **총 휴가일수는 25일**을 한도로 함

구 분	근무년수	연차휴가일
휴가일수	1년 미만 근로자	월 개근시 1일, 최대 11일
	1년 이상 근로자	연간 80% 이상 출근시 15일
연차 가산일수	근속연수 3년 이상 시 매년 2년에 1일 가산	
연차휴가 한도일	–	25일

○ 연차휴가 발생 사례

예) 2017. 6. 1. 입사

계속하여 근로한

- 기간이 1년 미만, **연차 11개 발생**–1년이 되기 전 한달동안 개근하면 다음달에 1개 연차휴가 발생하여 순차적으로 최대 총11개 연차 휴가 발생함
(사용자는 계속하여 근로한 기간이 1년 미만인 근로자 또는 1년간 80% 미만 출근한 근로자에게는 1개월 개근시 1일의 유급휴가를 주어야 함)
- 2018. 6. 1. 1년이 되는 다음날 **15개** 발생 (1년간 소정의 근로시간 80% 출근)
- 2019. 6. 1. 15개
- 2020. 6. 1. 16개
- 2020. 6. 1. 16개로 1개 가산되어 발생

연차 유급휴가

근로기준법 제60조(연차 유급휴가) ① 사용자는 1년간 80퍼센트 이상 출근한 근로자에게 15일의 유급휴가를 주어야 한다.

② 사용자는 계속하여 근로한 기간이 1년 미만인 근로자 또는 1년간 80퍼센트 미만 출근한 근로자에게 1개월 개근 시 1일의 유급휴가를 주어야 한다.

③ 삭제 〈2017. 11. 28.〉

④ 사용자는 3년 이상 계속하여 근로한 근로자에게는 제1항에 따른 휴가에 최초 1년을 초과하는 계속 근로 연수 매 2년에 대하여 1일을 가산한 유급휴가를 주어야 한다. 이 경우 가산휴가를 포함한 총 휴가 일수는 25일을 한도로 한다.

⑤ 사용자는 제1항부터 제4항까지의 규정에 따른 휴가를 근로자가 청구한 시기에 주어야 하

고, 그 기간에 대하여는 취업규칙 등에서 정하는 통상임금 또는 평균임금을 지급하여야 한다. 다만, 근로자가 청구한 시기에 휴가를 주는 것이 사업 운영에 막대한 지장이 있는 경우에는 그 시기를 변경할 수 있다.

⑥ 제1항 및 제2항을 적용하는 경우 다음 각 호의 어느 하나에 해당하는 기간은 출근한 것으로 본다.

1. 근로자가 업무상의 부상 또는 질병으로 휴업한 기간
2. 임신 중의 여성이 제74조제1항부터 제3항까지의 규정에 따른 휴가로 휴업한 기간
3. 「남녀고용평등과 일 · 가정 양립 지원에 관한 법률」 제19조제1항에 따른 육아휴직으로 휴업한 기간

⑦ 제1항부터 제4항까지의 규정에 따른 휴가는 1년간 행사하지 아니하면 소멸된다. 다만, 사용자의 귀책사유로 사용하지 못한 경우에는 그러하지 아니하다.

○ 연차휴가수당

▸ 연차휴가기간에 근로자가 근로를 제공하지 않더라도 근로를 제공한 것으로 보아 지급되어야 하는 수당

(울산지방법원 2020. 2.19.선고 2018가합24567 판결참조)

○ 연차휴가의 연차수당 전환–(근로기준법 제60조 제5항)

▸ 연차휴가는 발생한날부터 1년 이내 사용하여야 하고 사용하지 못한 경우는 연차수당(보통 **통상임금** 또는 평균임금)으로 전환돼 지급함

(대법원 2017. 5. 17.선고 2014다232296, 232302 판결 등 참조)

▸ **실무상 ⇒ 1개 연차수당 = 1일 통상임금**

연차휴가수당은 연차휴가가 연차휴가수당으로 전환되는 시점의 시간당 통상임금에 미사용 연차시간(= 미사용 일수 × 8시간)

(대법원 2019. 10. 18. 선고 2018다239110 판결 참조)

○ 연차휴가의 사용촉진–사용자

▸ 사용자가 연차유급휴가의 **사용촉진**을 위해 조치를 하였음에도 사용하지 아니한 경우 사용하지 아니한 휴가는 보상할 의무가 없음–근로기준법 제61조

근로기준법－연차 유급휴가의 사용 촉진

제61조(연차 유급휴가의 사용 촉진) 사용자가 제60조제1항 및 제4항에 따른 유급휴가의 사용을 촉진하기 위하여 다음 각 호의 조치를 하였음에도 불구하고 근로자가 휴가를 사용하지 아니하여 제60조제7항 본문에 따라 소멸된 경우에는 사용자는 그 사용하지 아니한 휴가에 대하여 보상할 의무가 없고, 제60조제7항 단서에 따른 사용자의 귀책사유에 해당하지 아니하는 것으로 본다.

1. 제60조제7항 본문에 따른 기간이 끝나기 **6개월 전을 기준**으로 10일 이내에 사용자가 근로자별로 사용하지 아니한 휴가 일수를 알려주고, 근로자가 그 사용 시기를 정하여 사용자에게 통보하도록 서면으로 촉구할 것
2. 제1호에 따른 촉구에도 불구하고 근로자가 촉구를 받은 때부터 10일 이내에 사용하지 아니한 휴가의 전부 또는 일부의 사용 시기를 정하여 사용자에게 통보하지 아니하면 제60조제7항 본문에 따른 기간이 끝나기 **2개월 전**까지 사용자가 사용하지 아니한 휴가의 사용 시기를 정하여 근로자에게 서면으로 통보할 것

○ **연차휴가의 대체(휴무)로 전환가능**－근로자 대표와 서면합의

▸ 사용자는 근로자대표와의 서면 합의에 따라 제60조에 따른 연차 유급휴가 일을 갈음하여 특정한 근로일에 근로자를 **휴무**시킬 수 있음

▸ 연차휴가 대체합의서－사용자는 근로자 대표와 서면합의
근로자 대표－근로자 전원 또는 근로자의 과반수로 선임(서명 날인 등)
서면합의서에는 근로자 대표를 증빙할 수 있는 서류가 첨부되어야 함

○ 유급휴가의 대체

▸ 유급휴가 대체는 근로일 사이에 일명 징검다리 휴일이 있는 경우 또는 명절 전후, 기타 국가가 정한 공휴일에 연차휴가를 사용할 수 있음, 다만 근로자의 날은 대체 불가함

▸ 연차휴가 대체합의서가 명시적으로 없어도 노사합의에 의한 취업규칙에 유급휴가의 대체를 정한 경우 별도의 서면 합의 없어도 유효하므로 대체휴가 가능

근로기준법－유급휴가의 대체

제62조(유급휴가의 대체) 사용자는 **근로자대표**와의 **서면 합의**에 따라 제60조에 따른 연차 유급휴가일을 갈음하여 **특정한 근로일**에 근로자를 **휴무**시킬 수 있다.

연차휴가 가불사용은 가능하나 근로기준법 제60조 규정에 의한 연차 유급휴가에는 포함되지 않아 월 근무시간에 포함될 수 없음

○ 가불된 연차 유급휴가는 근로기준법에 따른 유급휴가가 발생하지 않았음에도 근로자와 사용자가 합의 하에 연차 유급휴가를 사용한 것으로 그 본질은 **사용자가 임의로 부여한 유급휴가**에 해당함. 가불된 연차 유급휴가는 근로기준법에 의해 보장된 연차 유급휴가보다 근로자에게 유리한 것이므로 근로기준법상 위법한 것은 아니지만, 그 본질이 근로기준법상의 연차 유급휴가는 아님.

○ 연차 유급휴가가 가불된 이후에 해당 직원의 근무기간 요건이 충족됐다고 하여도 그 본질이 근로기준법에 따른 유급휴가로 변경되는 것도 아님 결국, 사용한 유급 연차휴가는 가불된 연차 유급휴가로서 근로기준법 제60조 1항 내지 5항에 따른 연차 유급휴가가 아니어서 월 근무시간에 포함될 수 없음
(서울행정법원 2020.5.15.선고 2019구합76290 판결)

나. 연장근로수당, 야간근무수당, 휴일근무수당 등-근로기준법 제56조

○ 연장근로수당 (=초과근무수당=시간외 근무수당)

▸ **통상임금**의 100분의 50 이상을 가산하여 근로자에게 지급

▸ 하루에 8시간을 초과하거나 1주에 40시간을 초과하는 근로
 – 5인 이상 사업장 : 통상시급 × 1.5 × 연장근로 한 시간
 – 5인 미만 사업장 : 통상시급 × 1 × 연장근로 한 시간 (가산수당 적용제외)

▸ 연장근로 수당은 지급하나 가산수당적용제외 (근로기준법 제63조)
 – 토지의 경작·개간, 식물의 재식(栽植)·재배·채취 사업, 그 밖의 농림 사업
 – 동물의 사육, 수산 동식물의 채포(採捕)·양식 사업, 그 밖의 축산, 양잠, 수산 사업
 – 감시(監視) 또는 단속적(斷續的)으로 근로에 종사하는 자로서 사용자가 고용노동부장관의 승인을 받은 자
 – 관리·감독 업무 또는 기밀을 취급하는 업무를 취급하는 업무에 종사하는 근로자

▸ 1일 8시간을 초과하여 근무하는 경우, 어린이집을 운영하는 자(대표자)는 해당 보육교직원에게 시간외 근무수당을 지급하야여 함 (근로기준법 제50조)

▸ 연장근로는 당사자 간의 합의, 1주일에 12시간을 한도
다만, 연장근로합의는 원칙상 거부할 수 있음
연장근로명령 및 승인한 경우 = 통상임금의 150% 가산 지급

▸ 연장근로의 별도의 지시가 없었음에도 불구하고 근로자가 자발적으로 연장근로를 한 경우, 이를 알고도 묵인 또는 객관적인 연장근로가 불가피한 경우가 인정되면 별도의 지시가 없었다고 하여도 연장근로시간으로 취급되어야 함

○ 휴게시간

▸ 사용자는 근로시간이 4시간인 경우에는 30분 이상, 8시간인 경우에는 1시간 이상의 휴게시간을 근로시간 도중에 주어야 하고 휴게시간은 근로자가 사용주의 지배관리에서 벗어나 자유롭게 이용할 수 있음 (근로기준법 제54조)

▸ 휴게시간은 근로시간에서 제외됨
<u>다만, 어린이집 보육교직원의 경우, 점심시간에도 영유아를 보육하는 특별한 사정상 휴게시간이 제대로 주어지지 않을 경우 근로기준법 위반이 발생 할 수 있음</u>

○ 야간근무수당－**통상임금**의 100분의 50 이상을 가산하여 근로자에게 지급

▸ 야간근로(오후 10시부터 다음 날 오전 6시 사이의 근로를 말함)

▸ 다만, 야간근로가 연장근로인 경우, 야간근로수당과 함께 연장근로수당을 중복하여 지급하여야 함 (근로기준법 제56조)

○ 휴일근무수당

▸ 8시간 이내의 휴일근로 : **통상임금**의 100분의 50

▸ 8시간을 초과한 휴일근로 : **통상임금**의 100분의 100

○ **연장근로 등을 보상휴가로 전환가능－근로기준법 제57조**

▸ 사용자는 근로자대표와의 서면 합의에 따라 제56조에 따른 연장근로 · 야간 근로 및 휴일근로에 대하여 임금을 지급하는 것을 갈음하여 휴가를 줄 수 있음

▸ 보상휴가제 합의서－사용자는 근로자 대표와 서면합의
근로자 대표－근로자 전원 또는 근로자의 과반수로 선임(서명 날인 등)
서면합의서에는 근로자 대표를 증빙할 수 있는 서류가 첨부되어야 함

○ <u>야간근로와 휴일근로의 제한－근로기준법 제70조</u>

▸ 사용자는 **18세 이상의 여성**을 오후 10시부터 오전 6시까지의 시간 및 휴일에 근로시키려면 그 근로자의 동의를 받아야 함

▸ 사용자는 **임산부**와 18세 미만자를 오후 10시부터 오전 6시까지의 시간 및 휴일에 근로시키지 못함
(다만, 18세 미만의 동의, 산후 1년이 지나지 아니한 여성의 동의, 임신 중 여성이 명시적으로 청구한 경우－고용노동부장관 인가 받아 근로가능)

○ 시간외 근로의 제한-근로기준법 제71조

▸ 사용자는 산후 1년이 지나지 아니한 여성에 대하여는 단체협약이 있는 경우라도 1일에 2시간, 1주에 6시간, 1년에 150시간을 초과하는 시간외근로를 시키지 못함

근로기준법-보상휴가제
제57조(보상 휴가제) 사용자는 근로자대표와의 서면 합의에 따라 제56조에 따른 **연장근로 · 야간근로 및 휴일근로**에 대하여 임금을 지급하는 것을 갈음하여 **휴가**를 줄 수 있다.

다. 주휴수당-단시간 근로자

○ 주휴수당 발생요건

▸ 1주일 동안 소정의 근로시간이 15시간 이상인 근로자이고(보육교직원 등)

▸ 1주일 동안소정의 근로시간 동안 개근한 근로자이며

▸ 다음 주에 출근한 경우

⇒ 근로자 스스로 결근하지 않으면 됨

근로자 개인사정으로 결근하지 않으면 됨

○ 주휴수당 산정방법

▸ 주휴수당 - 사용자는 근로자에게 1주일에 평균1회 이상의 유급휴일을 주어야 하는데 주휴수당은 근로기준법상의 수당으로 근로자가 주휴일에 실제로 근무를 하지 않더라도 근무를 한 것으로 간주하여 지급되는 임금임

▸ 주휴수당은 통상임금을 기초하여 산정

(대법원 2018. 9. 28.선고 2017다53210,53227,53234 판결 등 참조)

▸ 주휴수당 산정 산식

○ **주휴수당 = 해당 주의 시간급 통상임금(시급) × 주휴일 근로시간 8시간**

○ 월 주휴수당 = 해당 월의 시간급 통상임금 × 주휴일 근로시간 8시간 × 월평균 주휴일 수 4.435주

▸ 4.345주 = 1년간의 주휴일수를 12개월로 나눈 값(= 365 ÷ 7일) ÷ 12개 월, 소수점 넷째자리 이하 버림

※ **주후수당은 고정금액임**

○ **주휴수당을 지급하는 경우**

- 조퇴, 지각하였으나 1주일간 모두 출근한 경우
- 해당 1주간에 공휴일만 제외하고 모두 출근한 경우
- 고용주(대표자 원장)가 1주 중 특정일을 출근하지 아니하게 한 경우
- 1주간 5일 중 1일은 연차휴가 사용하고 4일만 출근한 경우
- 1주간 모두 출근했으나 4대 보험 미가입, 근로계약서 미작성한 경우
- 상시근로자가 5인 미만 사업장 근무한 경우
- 1주간 4일 연차휴가 사용하고 1일 출근한 경우
- 1주간 하루 8시간 5일근무한 경우 ⇒ 주휴수당 = 40시간/5일×시급
- 1주간 하루 7시간 5일근무한 경우 ⇒ 주휴수당 = 35시간/5일×시급
- 1주간 하루 6시간 5일근무한 경우 ⇒ 주휴수당 = 30시간/5일×시급
- 1주간 하루 5시간 5일근무한 경우 ⇒ 주휴수당 = 25시간/5일×시급
- 1주간 각 4일간 각 7, 4, 6, 7시간으로 24시간 근무한 경우
  ⇒ 주휴수당 = 24시간/5일×시급
- 1주 중 주말 2일만 8시간 근무한 경우 ⇒ 주휴수당 = 16시간/5일×시급
- 1주 중 주말 2일만 7시간 근무한 경우 ⇒ 주휴수당 = 14시간/5일×시급
- 1주 중 화요일만 1일 출근해 15시간 근무한 경우
  ⇒ 주휴수당 = 15시간/5일×시급
- 1주간 1일 8시간 6일간 근무하여 주48시간 근무한 경우
  ⇒ 주휴수당 = 48시간/5일×시급 ⇒ 8시간 초과하여도 8시간만 지급

○ 주휴수당을 지급하지 않는 경우

- 단기 알바로 1주일 근무하였으나 다음 주 출근하지 않은 경우
- 1주 중 연차휴가로 5일 사용한 경우
- 근무를 시작하는데 주중에 입사하는 경우
- 1주 중 주말 2일만 7시간 근무한 경우 ⇒ 주휴수당 = 14시간/5일×시급
  지급요건 중 15시간 미달
- <u>월급제로 한 달에 180만원 지급받으면 주휴수당은 ⇒ 지급안됨</u>
  <u>월급 안에 주휴수당이 포함됨</u>

다만, 주휴수당이 포함된 월급 안에 최저시급으로 계산한 금액보다 적으면 주휴수당이 정확히 포함된 것이 아니므로 차액(최저시급으로 계산한 금액－받고 있는 월급 = 차액) 만큼 지급받아야 함

※ 최저임금 산정 시간에 **주휴수당 포함** 위헌여부 ⇒ 합헌 (기각, 각하)
최저임금 적용을 위한 임금의 시간급 환산방법 사건

○ 최저임금법 제5조의2는 근로자의 임금을 최저임금의 단위기간에 맞추어 환산하는 방법을 대통령령으로 정하도록 위임함.
최저임금법시행령 제5조 제1항은 주 단위로 정해진 임금을 최저임금의 적용을 위해 시간에 대한 임금으로 환산할 경우, **그 임금을 『소정근로시간 수』와 『법정 주휴 시간 수 = 유급으로 처리되는 시간 수』를 합산한 『최저임금 적용 기준 시간 수』**로 나눈 금액으로 함.

○ 주휴수당은 1주일간 소정근로시간을 개근한 근로자에게 지급되는 유급휴일 수당으로 1주 15시간 이상 근무한 근로자는 휴일에 쉬게 하면서 8시간에 해당하는 주휴수당을 급여에 포함한 수당임.

○ 한데, 최저임금법 시행령 제5조 제1항에서 월 급여로 환산되는 최저임금 시간급을 계산할 때 법정 주휴시간인 일요일 휴무시간과 주휴수당을 포함하도록 한 것은 위헌이라는 헌법소원이 2019. 1. 4. 제기됨
(최저임금 계산 시 주휴수당 시간이 더해지면 당연 분모가 커지므로 시간당 급여가 낮아짐 - 소상공인 사업주 등은 시간당급여가 최저임금보다 낮아질 가능성이 큼)

○ 그러나, 헌법재판소는 주휴수당은 근로기준법에 따라 주휴시간에 대해 당연히 지급해야 하는 것이므로, 임금을 시간급으로 환산할 때 법정 주휴시간 수까지 포함해 나누도록 하는 것은 합리성이 있다고 2020. 6. 25. 결정하였음.

최저임금 산정 시간에 주휴수당 시간 포함한 최저임금법 시행령은 합헌
= 최저임금법시행령 제5조 제1항 제2호

헌법재판소는 2020. 6. 25. 재판관 전원일치 의견으로, 근로자의 임금을 최저임금의 단위기간에 맞추어 환산하는 방법을 대통령령으로 정하도록 한 최저임금법 제5조의2에 대한 심판청구가 기본권침해의 직접성 요건을 충족하지 못하여 부적법하고, 최저임금의 적용을 위해 주(週) 단위로 정해진 근로자의 임금을 시간에 대한 임금으로 환산할 때, 해당 임금을 1주 동안의 소정근로시간 수와 법정 주휴시간 수를 합산한 시간 수로 나누도록 한 최저임금법 시행령 제5조 제1항 제2호가 사용자인 청구인의 계약의 자유 및 직업의 자유를 침해하지 않는다는 결정을 선고함.(헌법재판소 2020. 6. 25.결정 2019헌마 15 결정참조)

▸ **최저임금법 시행령 제5조(최저임금의 적용을 위한 임금의 환산)** ① 근로자의 임금을 정하는 단위가 된 기간이 그 근로자에게 적용되는 최저임금액을 정할 때의 단위가 된 기간과 다른 경우에는 그 근로자에 대한 임금을 다음 각 호의 구분에 따라 시간에 대한 임금으로 환산한다. 〈개정 2018. 12. 31.〉

2. 주(週) 단위로 정해진 임금: 그 금액을 1주의 최저임금 적용기준 시간 수(1주 동안의 소정근로시간 수와 「근로기준법」 제55조제1항에 따라 유급으로 처리되는 시간 수를 합산한 시간 수를 말한다)로 나눈 금액

라. 감염병예방법에 따른 휴가와 휴업관리

○ 휴가

▸ 단체협약이나 취업규칙에 따른 유급휴가 등 규정이 있는 경우 유급병가 등 부여해야 함

▸ 별도의 규정이 없는 경우에도 자발적으로 유급병가 권고

○ 휴업 및 입원 또는 격리

▸ 근로자의 휴가 신청이 없으나 사업주 자체판단(매출감소 등)으로 휴업 시 휴업수당 지급해야 함. 다만, 정부의 격리조치 등 불가항력적으로 휴업 시 휴업수당 발생하지 않음)

○ **입원** 또는 **격리**되는 경우 국가에서 **유급휴가비** 또는 **생활지원비**를 지원
단, 어린이집 제외-국가와 지자체의 보육료 등을 지원받고 있어 제외 됨
결국, 입원 또는 격리기간에 유급휴가를 반드시 줄 의무는 없음

▸ 유급휴가비용을 지원받은 사업주는 반드시 근로자에게 유급휴가를 부여해야 함 (유급휴가비와 생활지원비 중복지급 되지 않음)

※ **신종감염병증후군 및 중동호흡기증후군(MERS)발생에 따른 유급휴가비용 및 생활지원비 지원금액**
(시행 2020. 2. 6. 보건복지부고시 제2020 - 30호, 2020. 2. 6, 일부개정)

구분내용	유급휴가비용 지원액	생활지원비 금액
지원대상	격리된 자에게 유급휴가 부여 사업주	격리통지서를 받고 격리된 자
지원수준	개인별 임금 일급기준 1일 상한액 13만원 적용	긴급복지 지원금액 등 기준애서 정하는 생계지원금액 4인 가구 123만원
신청할 곳	국민연금공단지사 국번없이 1355(유료)	주민등록관할 시군구 (또는 읍, 면, 동)
	2020.2.17.부터 신청 접수 후 지급	

※ **감염병의 예방 및 관리에 관한 법률 제41조의2(사업주의 협조의무)**

① 사업주는 근로자가 이 법에 따라 입원 또는 격리되는 경우「근로기준법」제60조 외에 그 입원 또는 격리기간 동안 유급휴가를 줄 수 있다.
이 경우 사업주가 국가로부터 유급휴가를 위한 비용을 지원 받을 때에는 유급휴가를 주어야 한다.

▸ 감염병예방법시행령 제23조의2(유급휴가 비용 지원 등)

▸ 감염병예방법시행규칙 제31조의5(유급휴가 비용지원 신청서)

마. 출산휴가 및 육아휴직 수당[5)]

☐ **출산휴가 급여 등** – 고용보험법 제75조 (출산전후 휴가급여 등)
(남녀고용평등과 일 · 가정 양립 지원에 관한 법률 제18조 및 제18조의2)

5) 남녀고용평등과 일 · 가정 양립 지원에 관한 법률 (약칭: 남녀고용평등법) 및 고용노동부 한국고용정보원 고용보험 www.ei.go.kr/ 고용보험 제도 참조, 근로기준법 제74조

○ 출산휴가－90일(근로기준법 제74조)

▸ 다 태아 2명이상의 아이 경우 120일 가능

▸ 상시 4인 이하 사업장도 적용됨

▸ 계약직, 임시직, 시간제와 무관하게 사용가능. 다만, 계약기간 내 재직을 전제로 함

○ 태아의 검진시간 허용 및 육아시간(근로기준법 제74조의2 및 75조)

▸ 사용자는 임신한 여성근로자가 「모자보건법」 제10조에 따른 임산부 정기 건강진단을 받는데 필요한 시간을 청구하는 경우 이를 허용해야 함
(임금삭감 안됨)

▸ 생후 1년 미만의 유아(乳兒)를 가진 여성 근로자가 청구하면 1일 2회 각 30분 이상의 유급 수유 시간을 주어야 함.

○ **출산 전·후 휴가 급여 및 신청**

▸ 우선지원 대상기업은 90일의 급여가 고용보험에서 지급
모든 사업장이 최초 60일은 사업주가 부담해야 하고, 우선지원대상기업의 경우 90일이 출산휴가급여로 지원되므로 출산휴가급여와 급여차액은 지급해야 함

▸ 대기업은 최초 60일은 사업주가 부담, 30일은 고용보험에서 지급

▸ 신청기간
출산전후 휴가가 끝난 날 이전에 고용보험 피보험단위기간이 통산하여 180일 이상 시작한 날 이후 1개월부터 끝난 날 12개월 이내 신청

▸ 신청서류
출산전후 (유산, 사산, 배우자휴가) 급여신청 구비서류 아래 참조

▸ 급여수준
출산전후 휴가 기간 중 우선지원 대상기업의 근로자 90일분(600만원 한도, 다 태아일 경우 120일 분 800만원)

※ **출산휴가 급여 우선지원 대상기업－고용보험법시행령 제12조 【별표1】**
제조업 500명 이하 사업장, 보건업 및 **사회복지 서비스업** 300명 이하 사업장, 숙박 및 음식점업, 금융 및 보험업, 예술, 스포츠 및 여가관련 서비스업 200인 이하 사업장, 기타 100명 이하 사업장

□ 배우자 출산휴가 급여 등

○ 배우자 출산휴가

- 시행일－2019.10. 1
- 휴가 사용기간－유급 10일(10일에는 공휴일 포함되지 않음), 1회 분할사용
- 배우자 출산휴가를 시작한 날 이후 1개월부터 신청가능
  단, 출산한 날부터 90일 이내 휴가를 시작하면 됨. 휴가 종료일은 출산일부터 90일 넘겨도 됨
- 휴가 청구기간－출산일부터 90일

○ 배우자 출산휴가 급여 및 신청

- 배우자 출산휴가 최초 5일을 통상임금에 상당하는 금액
- 사업자 위반 시 3년 이하 징역 또는 3천만원 이하벌금(배우자 출산휴가로 인한 해고 등 불이익을 준 경우) 또는 과태료 500만원 이하
  (남녀고용평등과 일·가정 양립 지원에 관한 법률 제37조 제2항 제2의2호)
  (남녀고용평등과 일·가정 양립 지원에 관한 법률 제39조 제2항 제3호)

○ 급여지급요건 및 대상

- 남녀고용평등과 일 가정 양립지원에 관한 법률 제18조2 규정에 따른 배우자 출산 휴가 신청
- 배우자 휴가가 종료일 이전에 고용보험법 제41조에 따른 피보험 단위기간(재직하면서 임금을 받은 기간－고용기간)이 모두 합하여 180일 이상
- 배우자 출산휴가 시작 날 이후 1개월부터 휴가 끝날 이후 12개월 이내 신청
- 고용보험법에 따라 우선지원 대상기업 소속 근로자
  이 경우 정부지원으로 근로자의 5일분 통상임금 100%를 기업에 지원함

○ 신청서류

- 출산전후 (유사, 사산, 배우자휴가) 급여신청 구비서류 아래 참조

□ 급여신청서류

○ 출산전후 (유사, 사산, 배우자휴가) 급여신청 구비서류

- 신청방법 - 인터넷, 방문, FAX, 우편,

▸ 처리기간 - 14일

▸ 온라인

- 고용노동부 한국고용정보원 고용보험 www.ei.go.kr 고객센터 1350(유료)
- 사업주(기업회원, 최초1회)가 확인서를 접수한 후 신청인 (개인회원)이 급여신청서 접수

▸ 고용센터 방문 - 고용보험법 시행규칙 제123조

- 출산전후(배우자 등)휴가 급여신청서
- 출산전후(배우자 등) 휴가 확인서 (최초1회만 제출)
- 통산임금을 확인할 수 있는 자료(임금대장, 근로계약서 등)사본 1부
- 휴가기간 동안 사업자로부터 금품을 지급받은 경우 이를 확인할 수 있는 자료
- 유산 또는 사산을 하였음을 증명하는 의료기관 진단서 1부

□ 육아휴직기간 및 급여 등

○ 육아휴직

▸ 재직기간 6월 이상

사업주로부터 30일 이상 육아휴직을 부여받아야 함

남녀 고용평등과 일 가정 양립 지원에 관한 법률 제19조

▸ 자녀가 만 8세 이하 또는 초등학교 2학년이고 재직한 지 6개월이 지나면 총 1년간 사용

▸ 급여지급액

- 육아휴직 시작일부터 3개월까지는 통상임금의 100분의 80을 육아휴직 급여액으로 지급
- 육아휴직 4개월째부터 육아휴직 종료일까지 통상임금의 100분의 50을 육아휴직 급여액으로 지급

※ 단, 육아휴직 급여 25%(사후지급금)은 고용센터에서 육아휴직급여 신청자에 대한 지급요건(육아휴직 종료 후 해당 사업장에 복직하여 6개월 이상 계속 근무한 경우) 확인 후 지급함.

※ 기간제 근로자가 육아휴직 중 또는 육아휴직 복귀 후 6개월 전에 근로계약 기간이 만료되어 계속 근로를 할 수 없는 경우, 근로계약 종료시점에 육아휴직 복귀 후 지급금(100분의 25)을 지급
(계약기간 만료일이 2017.06.28. 이후인 기간제 근로자 대상)

육아휴직 1회 분할사용 시 - 합산기간 30일 이상이면 육아휴직급여 지급가능

○ □□공단에서 근무하던 갑은 아이를 돌보기 위해 2019. 2. 18.~3. 17.까지 28일간, 2019. 4. 9.~10까지 2일간 육아휴직을 나누어 사용함.

○ 이후 갑은 관할 노동청에 「남녀고용평등과 일 · 가정 양립 지원에 관한 법률」 제19조에 따른 육아휴직을 30일(「근로기준법」 제74조에 따른 출산전후휴가기간과 중복되는 기간은 제외한다) 이상 부여받은 피보험자 중 육아휴직을 시작한 날 이전에 제41조에 따른 피보험 단위기간이 통산하여 180일 이상인 피보험자에게 육아휴직 급여를 지급한다고 규정한 고용보험법 제70조 제1항 규정에 따라 육아휴직 급여를 신청함.

○ 그러나, 관할 노동청은 갑은 육아휴직을 28일과 2일로 각 나눠 사용했으므로 30일 이상 부여받은 육아휴직이 아님을 이유로 육아휴직 급여 지급 대상자가 아니라며 거부함

○ 법원은 고용보험법 제70조 1항은 육아휴직을 30일 이상 부여받은 피보험자에게 육아휴직급여를 지급하도록 규정하고 있고 남녀고용평등법 제19조의4는 육아휴직을 1회에 한해 분할 사용할 수 있도록 규정하고 있음

이 같은 육아휴직급여 제도는 육아휴직을 사용한 경우 그 기간 동안 소득을 보전해 제도사용을 촉진함으로써 여성이 노동시장에 참여할 수 있도록 장려하는 데 그 목적이 있다는 점 등을 봤을 때 '30일 이상'을 요건으로 둔 것은 30일 이상 장기간의 육아휴직을 장려하기 위한 취지로 해석해야 함.

○ 법 규정 문언에서 육아휴직을 '연속하여' 30일 이상 부여받을 것을 요건으로 하지 않은 이상 법 취지에 맞게 국민의 권리를 제한하지 않도록 합산한 기간이 30일 이상인 근로자도 육아휴직급여를 신청할 수 있다고 봐야 함.

결국 갑의 육아휴직급여 신청을 거부한 노동청의 처분은 위법함

(광주고등법원 2020. 5. 8. 선고, 2010누12509 판결)

○ 육아휴직기간－1년 이내

▸ 자녀 1명당 1년 사용가능, 자녀가 2명이면 각각 1년씩 2년 사용가능

▸ 근로자의 권리이므로 부모가 모두 근로자이면 한 자녀에 대하여 부 1년, 모 1년 사용가능하며, 부부가 동시에 같은 자녀에 대해 육아휴직 사용 가능함

▸ **남녀고용평등과 일 · 가정 양립 지원에 관한 법률 제19조, 고용보험법 제70조**

▸ 사업주가 정당한 사유없이 육아휴직을 허용하지 않는 경우 500만원 이하의 벌금에 처함(남녀고용평등과 일 · 가정 양립 지원에 관한 법률 제37조 제4항 제4호)

○ 2020. 2. 28. 일부터 부부가 **동시**에 육아휴직 신청 가능함

▸ 동시 육아휴직 시작일부터 3개월까지는 통상임금의 100분의 80을 급여액으로 지급

▸ 육아휴직 4개월째부터 육아휴직 종료일까지 통상임금의 100분의 50을 급여액으로 지급

▸ **육아휴직급여 특례('아빠 육아휴직 보너스제')와 중복불가**

○ **육아휴직급여 신청 시 구비서류 및 기간**

▸ 육아휴직을 시작한 날 이후 1개월마다 월 단위 신청가능 육아휴직이 끝난 날 12개월 이내 신청

▸ 육아휴직 급여 신청 시 구비서류

① 육아휴직 급여 신청서 - 별지100호 서식 (고용보험법 시행규칙 제116조)

② 육아휴직 확인서 1부(최초 1회만 해당) - 별지 102호 서식 (동 규칙 제118조)

③ 통상임금을 확인할 수 있는 증명자료(임금대장, 근로계약서 등) 사본 1부

④ 육아휴직 기간 동안 사업주로부터 금품을 지급받은 경우 이를 확인할 수 있는 자료의 사본 1부

○ 신청방법

▸ 육아휴직 급여를 지급받고자 하는 근로자는 신청인의 거주지나 사업장의 소재지 관할 직업안정기관의 장에게 신청

▸ 온라인 : 사업주(기업회원. 최초 1회)가 확인서를 접수 한 후 신청인(개인회원)이 급여 신청서를 접수

▸ 고용정보센터 방문/우편 : 확인서 및 급여신청서를 고용센터에 신청 접수

○ **육아휴직급여 특례 – '아빠 육아휴직 보너스제'**

▸ 동일자녀에 대하여 부모가 **순차적**으로 모두 육아휴직을 사용하는 경우, 두 번째 사용한 사람의 육아휴직 3개월 급여를 통상임금의 100%로 상향하여 지급하고 그 후 종료 시까지 통상임금의 50% 지급

※ 2019.1.1.부터 상한액 250만원 적용, 이전은 상한액 200만원

▸ 아빠 육아휴직 보너스제가 적용된 달은 육아휴직 급여 사후지급분 제도는 적용되지 않음

※ 사후지급분 제도 : 육아휴직 급여의 25%는 육아휴직 급여 종료 후 복귀하여 6개월 이상 근무한 경우에 지급하는 제도

▸ 부모가 동일 자녀에 대하여 순차적으로 사용하는 경우 두 번째 육아휴직을 사용한 경우 지급되며, 육아기 근로시간 단축을 사용한 경우와 부부가 같은 자녀에 대하여 동시에 육아휴직을 사용하는 경우에는 아빠 육아휴직 보너스제 급여지급 대상이 아님 단, '16.1월 이후에 동일한 자녀에 대하여 두번째 육아휴직을 사용한 근로자에게만 아

Ⅳ

빠 육아휴직 보너스제가 3개월 적용됨

▸ 이미 동일 자녀에 대해 '16.1.1. 이전 휴직을 했고, '16.1.1. 이후 나머지 기간을 분할 사용 또는 연장 시 3개월 혜택 미적용

※ 배우자가 공무원인 경우나 사립학교 교원인 경우 등은 고용보험 시스템에 육아휴직 이력이 남지 아니하나, 배우자가 육아휴직을 사용한 적이 있는 확인서 등을 제출한다면, 아빠 육아휴직 보너스제 급여를 지급 받을 수 있음

□ 육아기 근로시간 단축제도 (단축근로 1+1)

○ 육아휴직을 신청할 수 있는 근로자는 육아휴직을 대신해서 직장에서 근무하는 동안 시간을 단축해서 근무할 수 있는 제도임

○ 자녀가 만 8세 이하 또는 초등학교 2학년이고 재직한 지 6개월이 지나면 총 1년간 사용 (육아기 근로시간 단축을 신청하는 경우 1년 이내 사용할 수 있음)

※ 자녀 1명당 육아휴직과 육아기 근로기간 단축을 합산하여 최대 2년까지 사용가능 (육아휴직을 미 사용기간을 가산하는 최대 2년까지 사용할 수 있음)

○ 사업주는 육아기 근로시간 단축을 허용하는 경우 단축 후 근로시간은 주당 15시간 이상이어야 하고 35시간을 초과는 안 됨.

○ 재직기간 6월 이상

(육아기 근로시간 단축 시작한날 이전부터 피보험단위기간 180일 이상, 다만 과거 실업급여를 받은 경우 인정받은 피보험기간 제외됨)

▸ 사업주로부터 30일 이상 육아기 근로시간 단축을 부여받아야 함

또한, 동일 자녀에 대해 피보험자인 배우자가 같은 기간 30일 이상의 육아휴직을 부여받지 않거나 육아기 근로시간 단축을 30일 이상 실시하지 않아야 함

○ 신청시기

▸ 육아기 근로시간 단축을 시작한 날 이후 1개월부터 매월단위로 신청. 해당 월 중에 실시한 육아기 근로기간 단축에 대한 급여지급 신청은 다음 달 말일까지 해야 함. (매월신청과 더불어 한번 모두 신청도 가능하나 육아기 근로시간 단축이 종료된 후 12개월 이내 신청하지 않은 경우 급여지급 불가)

○ 신청방법

▸ 육아기 근로시간 단축 급여를 지급받고자 하는 근로자는 신청인의 거주지나 사업장의 소재지 관할 직업안정기관의 장에게 신청

○ 구비서류

① 육아기 근로시간 단축급여 신청서 – 별지100호 서식 (고용보험법 시행규칙)

② 육아기 근로시간 단축확인서 (최초 1회) – 별지 102호 서식 (동 규칙)

③ 육아기 근로시간 단축 전후 소정의 근로시간, 통상임금을 확인할 수 있는 증명자료 (임금대장, 근로계약서 등) 사본 1부

④ 육아기 근로시간 단축기간 동안 사업주로부터 금품을 지급받은 경우 이를 확인할 수 있는 자료의 사본 1부

▸ 온라인 : 사업주(기업회원. 최초 1회)가 확인서를 접수 한 후 신청인(개인회원)이 급여 신청서를 접수

▸ 고용정보센터 방문/우편 : 확인서 및 급여신청서를 고용센터에 신청 접수

▸ 남녀 고용평등과 일 가정 양립 지원에 관한 법률 제19조의2
고용보험법 제73조의2

○ 급여지급액

▸ 고용보험법 시행령 제104조의2(육아기 근로시간 단축 급여)에 의한 산식으로 계산 됨.

3절 퇴직 및 해고 등

1. 퇴직 및 퇴직금 발생요건

가. 퇴직

○ 근로자 의사에 의한 의원퇴직 등

○ 근로관계의 종료를 사유로 하여 지급되는 일시지급금 = 퇴직금

나. 퇴직금 발생요건

① 근로자 일 것

② 1년 이상 근무하여야 할 것

▸ 1년 이상 근무기간 중간에 결근, 지각, 휴가 등 무관하게 발생
▸ 수급기간도 퇴직금 산정기간에 적용됨

③ 1주간 소정의 근로시간(일하기로 정한 시간) 15시간 이상인 근로자

▸ 4주를 평균하여 1주간의 소정의 근로시간이 15시간 이상일 것
한달 60시간 이상

④ 퇴직할 것

※ 4대 보험 미가입, 근로계약서 미작성해도 퇴직금발생
※ 입사시 또는 재직기간 중 퇴직금 미지급 동의(구두, 서면) ⇒ 효력 없음
다만, 퇴직시 퇴직금에 대한 동의 효력 발생 함
※ 일용직의 경우 통상근로계수(0.73) 적용(또는 적용제외 되는 경우도 있음)

다. 퇴직금 지급시기–근로기준법 제36조 및 37조, 동시행령 제17조

○ 퇴직한 경우 그 지급사유가 발생한 때부터 **14일 이내** 일체의 금품지급

※ 근로자퇴직급여보장법 제9조(퇴직금의 지급) 사용자는 근로자가 퇴직한 경우에는 그 지급사유가 발생한 날부터 **14일 이내에 퇴직금을 지급**하여야 함. 다만, 특별한 사정이 있는 경우에는 당사자 간의 합의에 따라 지급기일을 연장할 수 있음.

※ **퇴직금의 시효 : 3년**
근로자퇴직급여보장법에 따른 퇴직금을 받을 권리는 **3년간** 행사하지 아니하면 시효로 인하여 소멸함

○ 미지급임금에 대한 지연이자는 그 지급사유가 발생한 때부터 14일 이내 지급하지 아니하는 경우 그 다음날부터 지급하는 날까지의 지연일수에 대하여 **연 100분의 20 이율**에 따른 지연이자를 지급하여야 함

※ **퇴직금의 중간정산은 금지됨**
○ 다만, 2012. 7. 26 이후 퇴직금 중간정산이 인정되는 경우
(근로자 퇴직급여 보장법 제8조 제2항 및 시행령 제3조)

(시행 2012. 7. 26. 법률 제10967호, 2011. 7. 25. 전부개정)

① 무주택자인 근로자가 본인 명의로 주택을 구입하는 경우

② 무주택자인 근로자가 주거를 목적으로 「민법」 제303조에 따른 전세금 또는 「주택임대차보호법」 제3조의2에 따른 보증금을 부담하는 경우. 이 경우 근로자가 하나의 사업에 근로하는 동안 1회로 한정함

③ 근로자가 6개월 이상 요양을 필요로 하는 다음 각 목의 어느 하나에 해당하는 사람의 질병이나 부상에 대한 의료비를 해당 근로자가 본인 연간 임금총액의 1 천분의 125를 초과하여 부담하는 경우

가. 근로자 본인

나. 근로자의 배우자

다. 근로자 또는 그 배우자의 부양가족

④ 퇴직금 중간정산을 신청하는 날부터 거꾸로 계산하여 5년 이내에 근로자가 「채무자회생 및 파산에 관한 법률」에 따라 파산선고를 받은 경우

⑤ 퇴직금 중간정산을 신청하는 날부터 거꾸로 계산하여 5년 이내에 근로자가 「채무자회생 및 파산에 관한 법률」에 따라 개인회생절차개시 결정을 받은 경우

⑥ 사용자가 기존의 정년을 연장하거나 보장하는 조건으로 단체협약 및 취업규칙 등을 통하여 일정나이, 근속시점 또는 임금액을 기준으로 임금을 줄이는 제도를 시행하는 경우

⑦ 사용자가 근로자와의 합의에 따라 소정근로시간을 1일 1시간 또는 1주 5시간 이상 변경하여 그 변경된 소정근로시간에 따라 근로자가 3개월 이상 계속 근로하기로 한 경우

⑧ 법률 제15513호 근로기준법 일부개정 법률의 시행에 따른 근로시간의 단축으로 근로자의 퇴직금이 감소되는 경우

⑨ 그 밖에 천재지변 등으로 피해를 입는 등 고용노동부장관이 정하여 고시하는 사유와 요건에 해당하는 경우

※ 사용자는 퇴직금을 미리 정산하여 지급한 경우 근로자가 퇴직한 후 5년이 되는 날까지 관련 증명 서류를 보존하여야 함.

○ 퇴직금 중간정산이후 문제

▸ 퇴직금(누진제 퇴직금) 중간정산문제는 가능한 사전에 중간정산 이후의 퇴직금 산정방

식을 정함이 바람직

▸ 퇴직금 중간정산 이후 별도의 산정방식을 정하지 아니한 경우, 중간정산 이후 퇴직금 산정을 위한 계속근로연수가 정산시점부터 새로이 기산되는 것으로 하여 퇴직금을 산정하게 됨

○ 퇴직급여보장제도 – 노사합의에 따라 선택 가능, 근로기준법 제34조

▸ **퇴직금제도** - 근로자퇴직급여 보장법 제8조
  - 퇴직금제도를 설정하려는 사용자는 계속근로기간 1년에 대하여 30일분 이상의 평균임금을 퇴직금으로 퇴직 근로자에게 지급할 수 있는 제도를 설정
  - 법정퇴직금 = (평균임금 × 30일) × (계속근무일수 / 365일)

▸ **퇴직연금제도** - 근로자퇴직급여 보장법 제5조
  - **확정급여형, 확정기여형** 중 선택 후 규약 등 작성 (근로자 과반수 동의 등)
  - 근로자 대표동의 ⇒ **고용노동부장관 신고** / (개인형 퇴직연금은 별도설정)

라. 어린이집의 퇴직급여관리

○ 어린이집을 설치·운영하는 자는 퇴직금을 지급할 수 있도록 별도의 퇴직적립금을 관리·운영해야 하며 퇴직적립금은 어린이집에서 부담해야 함

○ 어린이집을 설치·운영하는 자는 시장·군수·구청장등에게 매 회계연도 결산보고서(매년 3. 31까지) 퇴직적립금 통장사본, 예금잔액증명서 등 증빙서류와 함께 적립금 현황을 보고하여야 함

○ 어린이집 대표자겸 원장 또는 대표자겸 보육교직원은 국고보조(인건비 및 보육료 지원)을 통한 퇴직급여, 퇴직적립금의 적립, 지원대상이 아님
다만, 국공립어린이집, 사회복지법인 어린이집 제외

○ 1년 미만 근로자의 퇴직적립금 처리

▸ 인건비 국고보조 대상 근로자
근속기간이 1년 미만인 자가 퇴직한 경우 그 퇴직적립금 중 국고 및 지방자치단체보조금은 회계연도 종료 후 3월 이내 반환해야 함

▸ 인건비 국고보조 대상이 아닌 근로자
근속기간이 1년 미만인 자가 퇴직한 경우 퇴직 후 3월 이내 퇴직급여, 퇴직적립금 목

으로 여입 후 타목으로 재편성해야 함

2. 퇴직금 계산

○ **퇴직금 = [(평균임금 × 30일) × 총계속근로기간] / 365일**

○ 퇴직일 직전 3개월 평균임금 (최종 3개월의 임금 총액 / 그 기간의 일수)

▸ 고정적, 정기적, 일률적으로 지급하기로 정한 임금
(통상임금 뿐 만 아니라 근로기준법상 임금에 해당하는 금품은 모두 포함)

▸ 평균임금이 통상임금보다 적으면 통상임금을 평균임금으로 본다.

○ 상여금 직년 1년 = 상여금 300% ÷ 12 × 3

○ 미사용 연차수당도 최종 퇴직일 이전 3개월의 임금총액에 합산 함

○ 보육교사 처우개선비 등은 어린이집 원장(대표자)이 지급하는 임금 등이 아니어서 퇴직금에 산입하지 아니함 (평균임금 및 통상임금에 미 산입)

예) 최종 퇴직일 이전 3개월의 임금총액 / 그 기간의 날수(일수)

역산해서 3개월 기간임

미사용 연차수당도 최종 퇴직일 이전 3개월의 임금총액에 합산 함

미사용 연차수당 = (미사용 연가개수 0개×통상임금) × 12 / 3

미사용한 전년도 연차휴가 = 미사용 연차수당

예) 입사일 2017. 08. 01. 임의적용 보육교사 3호봉 기준 – 2020년 기준
퇴직일 2019. 09. 30.
2019년 퇴직일 이전 3개월 급여
7월 2,093,300원 (기본급 1,993,300원, 연장근로수당 100,000원)
8월 2,113,300원 (기본급 1,993,300원, 연장근로수당 120,000원)
9월 2,103,300원 (기본급 1,993,300원, 연장근로수당 110,000원)
계 6,309,900원
상여금 300% ⇒ 5,979,900원
(역산한 최종 퇴직일 이전 3개월은 2019. 7. 1 ~ 2019. 09. 30)
잔여 연차 5일

▸ **통상임금**

1일 통상임금 = 한 달 급여 중 통상임금 / 209시간 × 8시간

1,993,300원 / 209시간 × 8시간 = 76,298.5원 = **76,300원**

고정적, 정기적, 일률적으로 지급받은 금액 (기본급 + 식대 + 직책급 등)

연장근로수당, 휴일근무수당, 야간근무수당은 제외 됨

▸ 연차수당 76,300원× 5일 = 381,500원

381,500원 / 12 × 3 = 95,374.9원 = **95,375원** ⇒ 평균임금 가산

▸ 연간 상여금 5,979,900원 / 12 × 3 = **1,494,975원** ⇒ 평균임금 가산

▸ **평균임금** = 6,309,900원 + 95,375원 + 1,494,975원 / 92일

⇒ **85,872원** (92일 = 7월 ⇒ **31일** + 8월 ⇒ **31일** + 9월 ⇒ **30일**)

▸ **퇴직금 = [(평균임금 × 30일) × 총계속근로기간] / 365일**

85,872원 × 30일 × 791일 / 365일 = **5,582,856원**

※ **인터넷 퇴직금 계산기 활용 참조－포털 사이트(portal site)**

3. 해고 등

○ 원칙적으로 구두해고는 정당한 사유가 있어도 무조건 부당해고 임

○ 정당한 해고사유

▸ 사회통념상 고용관계를 계속할 수 없을 정도로 근로자에게 책임 있는 사유가 있어야 함 (일정기간 무단결근, 근무태만 및 업무수행능력 부족, 공금횡령 등, 직장질서를 문란하게 하는 경우 등)

○ 해고 시 적어도 30일전 해고예고 해야 함- 근로기준법 제26조

▸ 해고사유와 그 시기를 서면으로 통지해야 효력 있음

▸ 해고의 근거 규정

▸ 해고처분의 근거가 되는 서류 등 해고사유를 서면으로 보관

▸ 근로자의 수령거부, 입증책임을 위해 서면통지 방식은 '**내용증명**'으로 함

○ 해고예고수당 수령가능 - 30일분(근로기준법 제26조 - 통상임금 30일분)

▸ 해고 시 1월전 해고예고 통지를 서면으로 하지 아니하는 경우

▸ 기간의 약정이 없는 고용의 해지통고는 1월전 통고해야 함 - 민법 제660조예

※ **불확정적 조건(조건을 붙인 해고)을 붙인 해고는 무효가 될 수 있음** - 해고예고 수당 지급가능(서울고등법원 2019. 9. 10.선고 2019나2013832판결참조)

▸ 해고예고는 일정시점을 특정하거나 언제 해고되는지 근로자가 알 수 있는 방법으로 하여야 함.

▸ 해고날짜를 명확히 하지 아니한 경우 - 당분간 근무를 계속하여 후임자에게 업무인수인계를 해주라고 한 사례
(대법원 2010. 4. 15.선고 2009도13833 판결)

○ 해고의 제한(해고금지기간) - 근로기준법 제23조

▸ 업무상 부상 또는 질병의 요양을 위하여 휴업한 기간과 그 후 30일, 산전(産前) · 산후(産後)의 여성이 이 법에 따라 휴업한 기간과 그 후 30일 동안(출산휴가기간과 그 후 30일, 육아휴직기간 등)

○ 부당해고의 구제신청 - 근로기준법 제28조

▸ 부당해고 등이 있었던 날부터 3월 이내

▸ 관할 노동위원회 구제신청 - 근로기준법 제30조 및 제31조

▸ 부당해고에 대한 노동위원회의 구제명령이 판정 및 명령이 이루어진 경우 사업주는 해당 근로자에 대하여 복직 및 해고기간동안이 임금전액을 지급해야 함

▸ 지방노동위원회의 구제명령에 불복하는 사업주나 근로자는 구제명령서나 기각결정서를 통지받은 날부터 10일 이내에 중앙노동위원회에 재심을 신청할 수 있음

▸ 중앙노동위원회의 재심판정에 대하여 사용자나 근로자는 재심판정서를 송달받은 날부터 15일 이내에 「행정소송법」의 규정에 따라 소(訴)를 제기할 수 있음

▸ 각 기간 이내에 재심을 신청하지 아니하거나 행정소송을 제기하지 아니하면 그 구제명령, 기각결정 또는 재심판정은 확정됨

○ 부당해고의 구제신청을 지방노동위원회를 이어 중앙노동위원회 재심판정에 불복하여 법원에 부당해고구제재심판정취소 행정소송을 제기하는 경우

구 분	종전 판례	변경된 판례
정년 도달 및 근로계약 만료 등	**각하 - 소의 이익 없음** (원직에 복직불가 등)	**소의 이익 있음** (해고기간 중 받지 못한 임금 수령가능성 등 재판청구권 인정)

▸ 근로자가 부당해고 구제신청 후 법원에 소송이 계속 중 정년에 이르거나 근로계약기간이 만료하는 등의 사유로 원직에 복직하는 것이 불가능하게 된 경우, 원직에 복직하는 것이 불가능하게 된 경우에는 소의 이익이 없다고 판결하여 왔음

▸ 그러나, 대법원은 근로자가 부당해고 구제신청 후 법원에 소송이 계속 중 정년에 이르거나 근로계약이 만료 하는 등의 사유로 원직에 복직하는 것이 불가능하게 된 경우에도 구제신청을 기각한 중앙노동위원회의 재심판정을 다툴 소의 이익이 있다는 종전의 판례를 변경한 대법원 전원합의체 판결을 하였음

'부당해고' 소송 중 정년에 도달해도 소송의 이익 있음

종래 대법원이 근로자가 구제명령을 얻는다고 하더라도 객관적으로 보아 원직에 복직하는 것이 불가능하고, 해고기간에 지급받지 못한 임금을 지급받기 위한 필요가 있더라도 민사소송절차를 통하여 해결할 수 있다는 등의 이유를 들어 소의 이익을 부정하여 왔던 판결들은 금품지급명령을 도입한 근로기준법 개정 취지에 맞지 않고, 기간제 근로자의 실효적이고 직접적인 권리구제를 사실상 부정하는 결과가 되어 부당함
(대법원 2020. 2. 20 선고 2019두52386 전원합의체 판결)

4절 산재해보상보험 및 산업안전보건관리

1. 산업안전보건법에 따른 산업안전교육 여부-어린이집은 적용제외

가. 어린이집 원장(대표자)

○ 임금을 목적으로 사업이나 사업장에 근로(정신노동, 육체노동)를 제공하는 근로자를 직접 고용하므로 산업안전보건법령의 전반적인 산업재해예방의 책임을 짐

○ 그러나, 산업안전보건법 적용제외 규정에 따라 **어린이집은 '사회복지서비스업'에 해당되어 적용제외 됨** (보육교직원 등)

(산업안전보건법 제3조(적용 범위) 및 동시행령 제2조 제1항【별표1】)

○ 다만, **조리원, 운전기사 등 현업업무에 종사하는 사람은** 산업안전보건법 제29조 동시행규칙 제26조【별표4】에 따른 정기교육은 **매분기별 3시간 이상 산업안전교육**을 받아야 함(채용 시 교육은 8시간 이상)

※ **공공행정 등에서 현업업무에 종사하는 사람의 기준 – 고용노동부 장관 고시 (제정 2020. 1. 15. 고용노동부고시 제2020 – 62호)**

○ 위반시 – 과태료 500만원 이하 (산업안전보건법 제175조 제5항 제1호)

※ 산업안전보건법 법률 제16272호, 2019. 1. 15. 전부개정
2020. 1. 16. 시행

나. 관리감독자 (안전점검 등 업무) – 원장(대표자)

○ 대표자는 어린이집 업무와 그 소속 직원을 직접 지휘 · 감독하는 직위에 있는 사람(원장 = 관리감독자)에게 산업안전 및 보건에 관한 업무 수행하도록 해야 함

○ 정기교육은 **연간 16시간** 받아야 함

○ 산업안전교육 일지 작성 등 관리

○ 산업재해 기록 · 유지 및 보고를 관할 행정청에 함

다. 관리감독자의 업무 – 산업안전보건법 시행령 제15조

① 사업장 내 관리감독자가 지휘 · 감독하는 작업과 관련된 기계 · 기구 또는 설비의 안전 · 보건 점검 및 이상 유무의 확인

② 관리감독자에게 소속된 근로자의 작업복 · 보호구 및 방호장치의 점검과 그 착용 · 사용에 관한 **교육 · 지도**

③ 해당작업에서 발생한 산업재해에 관한 보고 및 이에 대한 응급조치

④ 해당작업의 작업장 정리 · 정돈 및 통로 확보에 대한 확인 · 감독

⑤ 사업장의 다음 각 목의 어느 하나에 해당하는 사람의 지도 · 조언에 대한 협조

라. 안전보건관리자 – 어린이집은 해당 없음 (×)

○ 산업안전보건법 제15조제2항 및 동시행령 제14조【별표2】

○ 사회복지 서비스업은 상시근로자 330명 이상 일 경우 두어야 하므로 어린이집은 해당 없음

마. 보건관리자 – 어린이집은 해당 없음 (×)

○ 산업안전보건법 제18조제1항 및 동시행령 제20조 제1항【별표5】

○ 사회복지 서비스업에 준하는 교육서비스업을 준용할 경우 현업 상시근로자 50명 이상 일 경우 두어야 하므로 현업(조리원, 운전기사 등)에 종사하는 사람 50명 이상 어린이집은 사실상 없어 어린이집은 해당 없음

※ **산업안전보건법 제3조(적용 범위) 및 동시행령 제2조 제1항**【별표1】

제3조(적용 범위) 이 법은 모든 사업에 적용한다.

다만, 유해 · 위험의 정도, 사업의 종류, 사업장의 상시근로자 수(건설공사의 경우에는 건설공사 금액을 말한다. 이하 같다) 등을 고려하여 **대통령령**으로 정하는 종류의 사업 또는 사업장에는 **이 법의 전부 또는 일부를 적용하지 아니할 수 있다.**

법의 일부를 적용하지 않는 사업 또는 사업장 및 적용 제외 법 규정(제2조제1항 【별표1】 관련)

대상 사업 또는 사업장	적용 제외 법 규정
2. 다음 각 목의 어느 하나에 해당하는 사업 가. 소프트웨어 개발 및 공급업 나. 컴퓨터 프로그래밍, 시스템 통합 및 관리업 다. 정보서비스업 라. 금융 및 보험업 마. 기타 전문서비스업 바. 건축기술, 엔지니어링 및 기타 과학기술 서비스업 사. 기타 전문, 과학 및 기술 서비스업(사진 처리업은 제외한다) 아. 사업지원 서비스업 **자. 사회복지 서비스업**	**제29조**(제3항에 따른 추가교육은 제외한다) 및 제30조
4. 다음 각 목의 어느 하나에 해당하는 사업 가. **공공행정**(청소, 시설관리, 조리 등 **현업업무**에 종사하는 사람으로서 고용노동부장관이	제2장제1절 · 제2절 및 제3장(다른 규정에 따라 준용되는 경우는 제외한다)

정하여 고시하는 사람은 제외한다), 국방 및 사회보장 행정 나. **교육 서비스업 중 초등 · 중등 · 고등 교육기관, 특수학교 · 외국인학교 및 대안학교**(청소, 시설관리, 조리 등 **현업업무**에 종사하는 사람으로서 고용노동부장관이 정하여 고시하는 사람은 제외한다)	
5. 다음 각 목의 어느 하나에 해당하는 사업 가. **초등 · 중등 · 고등 교육기관, 특수학교 · 외국인학교 및 대안학교 외의 교육서비스업**(청소년수련시설 운영업은 제외한다)	제2장제1절 · 제2절, 제3장 및 제5장제2절(제64조제1항제6호는 제외한다). 다만, 다른 규정에 따라 준용되는 경우는 해당 규정을 적용한다.
6. 상시 근로자 5명 미만을 사용하는 사업장	제2장제1절 · 제2절,제3장(제29조제3항에 따른 추가교육은 제외한다), 제47조, 제49조, 제50조 및 제159조(다른 규정에 따라 준용되는 경우는 제외한다)
비고: 제1호부터 제6호까지의 규정에 따른 사업에 둘 이상 해당하는 사업의 경우에는 각각의 호에 따라 적용이 제외되는 규정은 모두 적용하지 않는다.	

※ 산업안전보건법 제29조(근로자에 대한 안전보건교육)

① 사업주는 소속 근로자에게 고용노동부령으로 정하는 바에 따라 정기적으로 안전보건교육을 하여야 한다.

② 사업주는 근로자(건설 일용근로자는 제외한다. 이하 이 조에서 같다)를 채용할 때와 작업내용을 변경할 때에는 그 근로자에게 고용노동부령으로 정하는 바에 따라 해당 작업에 필요한 안전보건교육을 하여야 한다.

③ 사업주는 근로자를 유해하거나 위험한 작업에 채용하거나 그 작업으로 작업내용을 변경할 때에는 제2항에 따른 안전보건교육 외에 고용노동부령으로 정하는 바에 따라 유해하거나 위험한 작업에 필요한 안전보건교육을 추가로 하여야 한다.

④ 사업주는 제1항부터 제3항까지의 규정에 따른 안전보건교육을 제33조에 따라 고용노동부장관에게 등록한 안전보건교육기관에 위탁할 수 있다.

※ 안전보건공단

○ 산업안전공단법 1987. 5. 30. 법률 제3931호 제정 후 수회 개정됨

○ 안전보건공단 – www.kosha.or.kr/
산업안전보건 전문기관, 교육자료 등 활용

2. 산업재해보상처리

가. 산업재해보상처리(산재처리)

○ 산재처리란 업무상 사유(또는 사고)에 따른 근로자의 질병, 부상(낙상, 골절 디스크, 추락 등) 장해 또는 사망에 따른 재해에 대한 보상을 사업주가 아닌 근로복지공단에서 산업재해보상보험법에 따라 발생된 재해(사고)에 적절한 보상하는 절차를 의미함

○ 산재처리 대상 – 업무상의 사고, 업무상 질병, 출퇴근 재해

※ 공상처리

산재나 근로기준법 등으로 규정하고 있는 용어는 아니나 회사자체에서 재해를 입은 근로자를 치료하고 지원하는 것으로 치료비와 치료기간, 합의금 등을 회사의 취업규칙에 별도 규정을 두거나 노동조합과 체결한 단 체협약에 규정을 두어 운영하고 있음(사실상 민법에 따른 합의임)

업무 중 발생된 부상의 정도가 경미하고 휴유증이 남을 가능성이 적은 재해라면 공상처리로 가능할 수 있음

<u>그러나, 장기적인 치료를 필요하거나 후유증이 남을 가능성이 높으면 산재처리 하여야 함</u>

나. 요양급여 신청

① 산재발생하면 응급조치 후 의료기관(산재지정 의료기관) 이송

② 요양급여신청서 작성 - 근로복지공단에 제출 (사업장관리번호 검색)

근로복지공단 www.kcomwel.or.kr **요양급여신청서**를 다운받아 사용

(근로복지공단 ⇒ 정보공개 ⇒ 자료실 ⇒ 서식자료 ⇒ **요양급여신청서**)

- ▸ 요양급여신청서 **대표전화** : 1588 – 0075

  재해진술서, 재해발생보고서, 목격자진술서, 요양신청서, 병원진단서 등 의무기록지 등 개관적인 자료 첨부

- ▸ 7일 이내 요양승인 여부 결정 됨

③ 불승인 된 경우

▸ 불승인 처분되는 경우－처분받은 날부터 90일 이내 재심사 청구
▸ 업무상 질병판정위원회 심의를 거쳐 불승인처분 된 경우 심사청구 절차 없이 처분청을 경유하여 고용노동부에 재심사 청구 또는 법원에 행정소송을 제기해야 함

다. 휴업급여신청 및 지급

○ 휴업급여신청서－근로복지공단
▸ 급여대장(재해발생 일을 제외한 3개월의 평균임금), 급여통장사본 첨부

○ 휴업급여 지급 등
▸ 요양(입원, 통원치료, 재가요양 등) 기간 중 미 취업기간
▸ 1일 휴업급여 = 평균임금의 70%로 산정해 지급

○ 휴업급여 지급을 위한 산업재해보상처리 요양기간은 4일 이상인 경우 3일 이내는 건강보험 적용됨

라. 실업급여 - 고용보험법 제37조(실업급여의 종류)

○ 실업급여는(구직급여와 취업촉진수당) 고용보험은 가입한 근로자가 실직하고 재취업 활동하는 동안 급여를 받음으로 실업으로 하는 생계불안을 극복하고 생활안정을 도모하고 재취업의 기회를 지원해 주는 제도임
○ 실업급여는 실업이라는 보험사고가 발생했을 때 취업하지 못한 기간에 대하여 적극적인 재취업활동 사실을 확인(실업인정)하고 지급함
○ 회사가 의무가입 대상임에도 고용보험에 가입하지 않았어도 근로자 신청에 의해 사실관계를 확인 후 3년 이내의 근무기간에 대해 피보험자격 소급 취득, 사업장이 폐업되었어도 근로자가 근무하였음을 증명할 증명자료가 있는 경우 고용보험을 소급하여 구직급여 가능함

마. 실업급여 신청기간

○ 고용보험법 제40조, 동시행규칙 제102조 제2항【별표2】
○ 실업급여 중 구직급여는 퇴직 다음날부터 12개월이 경과하면 급여일수가 남아 있어도 더 이상 지급받을 수 없음－고용보험법 제42조(실업의 신고)

○ 실업급여 신청 없이 재취업하면 지급받을 수 없음으로 퇴직즉시 신청

바. 실업급여 신청조건 - 고용보험법 제40조

① 이직일 전 18개월 동안(초단시간 근로자의 경우 24개월) 보험기간 이 총 180일(6개월) 이상일 것

② 근로의 의사 및 능력이 있음에도 취업하지 못한 상태에 있을 것(영리를 목적으로 하는 사업을 영위하는 경우 포함)

③ 적극적인 재취업활동(재취업활동을 하지 않는 경우 미지급)에도 불구하고 취업하지 못한 상태이나 재취업을 위한 노력을 적극적으로 할 것
특히, 온라인 신청 후 고용센터 방문해 재취업 의사를 확실해야 함

④ 이직(퇴직)사유가 비자발적인 이직사유일 것
고용보험법 제58조에 따른 수급자격제한 사유에 해당 하지 아니할 것
다만, 자발적인 퇴사시의 경우에도 이직 전까지 이직회피에 대한 노력을 했으나 사업장의 사정으로 더 이상 근로가 어려워 이직한 경우 이직의 불가피성을 인정하여 실업급여신청 가능

※ **실업급여 자격제한 사유－수급자격이 안 되는 경우**(고용보험법 제58조)

① 본인 스스로 사표(사직서 또는 사직원 등)를 쓰는 경우
② 본인과실로 회사에서 해고된 경우
③ 형법 또는 법률위반으로 금고이상의 형을 선고받고 해고된 경우
④ 공금횡령, 회사기밀 누설, 기물파괴 등으로 회사에 막대한 재산상의 손해를 주어 해고된 경우
⑤ 정당한 사유 없이 장기간 무단결근하여 해고된 경우 등

※ 퇴직여부 확인(행정처리) - 근로복지공단

▸ 퇴직한 회사에서 근로복지공단에 고용자격 피보험자격 상실신고서, **이직확인서** 신고하면 퇴직처리가 됨

▸ 근로복지공단 '**고용산재보험 토탈서비스**' 2020.1.16. 조회－퇴직처리여부 개인별 부과고지 보험료 조회

사. 실업급여 신청방법 및 수급기간 등

① <u>워크넷을 통한 구직신청</u> - 회원가입 후 구직신청 (이력서, 자기소개서)
www.work.go.kr 개인 고유의 워크넷 구직번호, 『구직신청』

② <u>고용보험 수급자격신청자 온라인 교육</u>
동영상 교육 후 7일 이내 완료

③ <u>관할 고용센터 방문접수－**고용보험시행규칙 【별지82호】** 서식</u>
온라인 교육종료 후 14일 이내 고용센터 방문(신분증 소지) 수급신청

▸ 신청완료 후 1~4주기로 신청날짜에 관할 고용센터를 방문해 실업중이고 취업활동 중임을 인정받아야 함－고용보험법 제44조(실업의 인정)
(처음 방문시 인터넷으로 신청하면 추후 온라인으로 가능함)

▸ **고용보험 실업급여**－www.ei.go.kr 서식 **다운로드** 사용 국번없이 1350(유료)
〔고용보험⇒자료실⇒서식자료실⇒**실업인정(국민연금가입기간추가산입)신청서**〕

○ 실업급여 지급액과 수급기간－고용보험법 제46조(구직급여일액)

▸ 구직급여 지급액 = 퇴직 전 평균임금의 60% × 소정급여일수
지급기간(수급기간) 120일 ~ 270일
이직일 2019.10.1.이전－퇴직전 평균임금의 50% × 소정급여일수
지급기간(수급기간) 90일 ~ 240일

▸ 상한액－이직일 2019. 1월 이후 1일 66,000원 (2018. 1월 이후 60,000원)

▸ 하한액－고용보험법 제50조 제1항【별표1】구직급여의 소정일수
퇴직당시 최저임금법상 시급 최저임금의 80% × 1일 소정근로시간(8시간)

▸ 구직급여의 소정일수 = 연령 및 고용보험 가입기간에 따름

○ 수급기간 국민연금 보험료지원－고용보험법 제55조의2

▸ 실업급여 수급기간 국민연금 보험료의 100분의25 지원

○ 실업급여 수급권의 보호－고용보험법 제38조 및 38조의2, 동시행령 제58조의3

▸ 실업급여전액－권리양도 등 금지 · 압류 · 담보제공의 금지 및 공과금면제

[별지 제2호 서식] <개정 2019. 8. 12.>

산 업 재 해 보 상 보 험

요 양 급 여 신 청 서

※ 굵은 선 안은 필수 기재사항이므로 반드시 기재해 주시기 바랍니다. (앞 면)

접수일자		접수번호		처리기간	7일

재해자			
	성 명(외국인은 외국인등록증상 영문명 대문자)		주민등록번호(외국인등록번호) [ ][ ][ ][ ][ ][ ][ ][ ][ ][ ][ ][ ][ ]
	주 소		휴대전화: 전화번호:
	재해발생 일 시	[ ][ ][ ][ ]년 [ ][ ]월 [ ][ ]일 [ ][ ]시 [ ][ ]분	채용일자: 년 월 일
	출근시간:	퇴근시간:	직 종:
	보험가입자(사업주)와의 관계	사업주 여부	[ ] 해당없음 [ ] 실제사업주(동업자포함) [ ] 하수급사업주
		친인척 여부	[ ] 해당 없음 [ ] 배우자 [ ] 부모 [ ] 자녀 [ ] 형제자매 [ ] 기타 친인척( )

사업장 및 재해 관련 내용					
	신청 구분: [ ] 업무상 사고 [ ] 업무상 질병(진폐 · CS2 포함) [ ] 출퇴근 재해				
	사업장명		사업주명		연락처(☎)
	사업장관리번호	[ ][ ][ ]-[ ][ ]-[ ][ ][ ][ ][ ]-[ ] (사업개시번호:)			
	사업장 주소				
	재해 발생 경위(별지사용 가능) ※ 작성방식: 어디에서(구체적 장소), 무엇을 하기 위해(작업내용, 목적), 무엇을 사용하여(작업도구, 취급물질), 어떻게 하다가 (경위, 동작, 움직임), 어떤 이유 때문에 어떻게 재해를 당하였는지 작성하여 주시기 바랍니다. ① 위 재해와 관련하여 교통사고, 음주, 폭행 등의 사유로 경찰서에 신고(접수)된 사실이 있습니까? [ ]예 [ ]아니오 ② 위 재해와 관련하여 119 또는 소방서에 구조구급 · 재난 신고(접수)된 사실이 있습니까? [ ]예 [ ]아니오 ③ 위 재해와 관련하여 자동차 보험사에 사고를 신고한 사실이 있습니까? [ ]예 [ ]아니오				
	목격자가 있는 경우: 성명( ), 연락처( ), 재해자와의 관계( )				
	재해 발생 후 현재 요양 중인 의료기관 전에 진료(치료) 받은 의료기관 의료기관명: 소재지: 의료기관명: 소재지:				

< 요양급여신청 의료기관 대행 제출 위임(동의)장 >

본인은 요양급여 신청서를 아래 의료기관이 대행하여 근로복지공단[고용 · 산재보험토탈서비스(total.kcomwel.or.kr) 포함]에 제출하는 것을 위임·동의합니다.

위임하는 자(신청인) (서명 또는 인)	위임받는 자(의료기관) (서명 또는 인)

※ 첨부서류: : 산업재해보상보험 요양급여신청 소견서(별지 제3호 서식)

위와 같이 업무상재해 인정 및 요양급여를 신청합니다.

년 월 일

신청인 (서명 또는 인)

대리인 (서명 또는 인)

(뒷 면)

다른보상	① 본 재해와 동일한 사유로 민법, 기타 법령에 따라 보상 또는 배상금을 수령한 사실이 있습니까? 1. [ ]예 2. [ ]아니오 ② 보상 또는 배상금을 수령한 경우 내역(①에서 "예"라고 체크한 경우에만 작성합니다.)

수령일자	수령금액	지급한 자(기관) 또는 지급처	첨부서류
			①합의서②판결문(또는 결정문)③영수증④기타

안내사항	① 산업재해보상보험법 시행규칙 제20조 제2항에 따라 요양급여신청서가 접수되면 보험가입자(사업주)에게 알리고 보험가입자 의견을 확인하여 신청서를 처리합니다. ② 재해경위 등 주요 사항을 사실과 달리 기재하여 보험급여를 지급받은 경우에는 「산업재해보상보험법」 제84조에 따라 부당이득 징수 등의 불이익 처분을 받게 되오니 사실대로 구체적으로 기재하셔야 합니다. ③ 사업장관리번호는 근로복지공단 홈페이지(http://www.kcomwel.or.kr)에서 사업장명 등으로 검색할 수 있으며, 확인이 어려운 경우 가까운 공단 또는 콜센터(1588-0075)에 문의(전화, 방문)하여 도움을 받을 수 있습니다. ④ 요양급여신청서의 진행 상황은 고용・산재보험 토탈서비스(http://total.kcomwel.or.kr)에서 회원가입 또는 휴대폰 인증 후 직접 조회할 수 있습니다. ⑤ 개인정보 수집・이용・조회는 「산업재해보상보험법」 및 같은 법 시행령에 따라 별도의 동의 절차가 필요 없으며, 「산업재해보상보험법」 제36조 및 같은 법 시행령 제21조에 따른 보험급여 결정에 관한 통지는 개인정보 수집・이용 및 제3자 제공 동의와 무관하게 통지됨을 알려드립니다. ⑥ 신청인이 대리인을 선임한 경우 대리인은 「대리인 선임 신고서」, 가해자가 있는 경우 「제3자의 행위에 따른 재해발생신고서」를 제출하여야 합니다.

개인정보 수집·이용 및 제3자 제공 동의

□ **공단의 부가서비스 홍보와 고객만족 향상을 위한 안내 및 조사 목적**으로 귀하의 소중한 개인정보를 이용하고자 하니 아래의 내용을 자세히 읽고 동의 여부를 결정하여 주시기 바랍니다.

[선택] 부가서비스 제공을 위한 개인정보 수집·이용 동의	**□ 동의함** **□ 동의하지 않음**

※ 귀하는 개인정보 이용에 대한 동의를 거부할 권리가 있습니다. 위 동의에 거부하더라도 산재보험 요양급여 신청 및 보험급여 청구에 대한 불이익은 발생하지 않으나, 동의 거부 시 홍보자료 및 홍보물품 수령에 제한을 받으실 수 있습니다.

이용 목적	이용 항목	이용기간
공단서비스 안내 및 홍보 (문자, 전자우편, 감사편지)	성명, 연락처(일반전화, 휴대전화, 전자우편, 주소)	5년

성명 (서명 또는 인)

□ **공단 및 공단과 계약된 민간위탁기관의 심리재활 및 직업재활서비스 제공을 목적**으로 귀하의 소중한 개인정보를 이용 및 제공하고자 하니 아래의 내용을 자세히 읽고 동의 여부를 결정하여 주시기 바랍니다.

[선택] 재활서비스 제공을 위한 개인정보 수집·이용·제공 동의	**□ 동의함** **□ 동의하지 않음**

※ 귀하는 개인정보 이용 및 제공에 대한 동의를 거부할 권리가 있습니다. 그러나 동의하지 않을 경우 공단 또는 공단과 계약된 민간위탁기관의 심리재활 및 직업재활서비스에 대한 안내 및 서비스를 제공받지 못할 수 있습니다.

이용 및 제공 목적	이용 및 제공 항목	이용 및 제공 기간
- **심리재활** (희망찾기, 심리상담, 재활스포츠) - **직업재활** (원직복귀지원, 직업훈련, 재취업)	성명, 연락처(일반전화, 휴대전화, 전자우편, 주소)	3년

성명 (서명 또는 인)

근로복지공단 지역본부(지사)장 귀하

(210mm×297mm, 일반용지 60g/㎡)

■ 고용보험법 시행규칙[별지 제82호서식] <개정 2019. 7. 16.>

실업인정(국민연금 가입기간 추가 산입) 신청서

※ 뒤쪽의 작성방법을 읽고 앞쪽, 뒤쪽 모두 작성하시기 바라며, [ ]에는 해당되는 곳에 √표를 합니다. (앞쪽)

접수번호	접수일	처리기간 : 5일

<table>
<tr><td rowspan="2">신청인
(수급자격자)</td><td>① 성명</td><td>② 주민등록번호</td></tr>
<tr><td colspan="2">③ 주소
(전화번호:)
(휴대전화번호:)</td></tr>
</table>

<table>
<tr><td colspan="2">④ 지정된 출석일(실업인정일)</td><td>⑤ 실업인정대상기간</td></tr>
<tr><td rowspan="2">⑥ 지급계좌</td><td>신규신청[ ]</td><td>은행명: 계좌번호: 예금주:</td></tr>
<tr><td>변 경[ ]</td><td>* 지급계좌가 압류되어 있는 경우에는 "압류방지 전용통장" 발급받아 기재</td></tr>
<tr><td rowspan="3">⑦ 실업인정 대상기간 중 취업사실 등 확인</td><td>근로사실 및 소득발생</td><td>[ ] 없음 [ ] 있음 (근로일: 소득(예정)액:)</td></tr>
<tr><td>사업자등록 (자영업개시)</td><td>[ ] 없음 [ ] 있음 (등록일(시작일): 사업내용:)</td></tr>
<tr><td>산재휴업급여</td><td>[ ] 없음 [ ] 있음 (재해일:)</td></tr>
<tr><td rowspan="4">⑧ 실업인정 대상기간 중 재취업활동 확인</td><td>구직활동</td><td>
<table>
<tr><td>일자</td><td>업체명</td><td>전화번호</td><td>직종</td><td>구직방법</td><td>구직활동 결과</td></tr>
<tr><td></td><td></td><td></td><td></td><td></td><td></td></tr>
<tr><td></td><td></td><td></td><td></td><td></td><td></td></tr>
<tr><td></td><td></td><td></td><td></td><td></td><td></td></tr>
</table>
</td></tr>
<tr><td>자영업 준비활동</td><td></td></tr>
<tr><td>취업(예정)내역</td><td>[ ] 취직 [취직(예정)일: 회사명: 전화번호:]
[ ] 자영업 [시작(예정)일: 사업내용:]</td></tr>
<tr><td>구직활동 외 활동사항</td><td>내용
[ ] 고용센터 집체교육 [ ] 취업확정자
[ ] 직업지도 참여(취업특강 등) [ ] 사회봉사활동 참여자
[ ] 집단상담 프로그램 [ ] 부당해고 구제신청자
[ ] 직업훈련 수강 [ ] 재취업활동 없는 자
[ ] 기타</td></tr>
<tr><td>⑨ 다음 출석일까지 수행하여야 할 활동</td><td colspan="2">[ ] 구직활동( ) [ ] 자영업 준비활동
[ ] 고용센터 집체교육 [ ] 직업훈련 수강
[ ] 직업지도 참여(취업특강 등) [ ] 사회봉사활동 참여
[ ] 집단상담 프로그램( ) [ ] 기타( )</td></tr>
<tr><td colspan="2">⑩구직급여 지급 결정 시 통지 방법
* 전자우편 등으로 통지 받기를 희망하는 경우</td><td>[ ] 휴대전화 문자메시지
[ ] 전자우편(이메일:)</td></tr>
</table>

「고용보험법」 제44조제2항·제3항 및 제69조의9, 같은 법 시행령 제63조·제66조 및 제93조의2, 같은 법 시행규칙 제84조 및 제115조의5에 따라 위와 같이 실업인정을 신청하며, 위 내용이 사실임을 확인합니다.

년 월 일

신청인 (서명 또는 인)

○○지방고용노동청(지청)장 귀하

<table>
<tr><td>첨부서류</td><td>1. 수급자격증 1부
2. (상해)진단서, 재직증명서, 근로계약서, 면접확인서, 구직활동 내역서 등 「고용보험법 시행규칙」 제90조에 따른 증명서에 의한 실업인정의 각 해당 사유를 확인할 수 있는 서류(해당하는 경우에만 제출합니다) 1부
3. 「고용보험법 시행규칙」 제91조에 따른 직업능력개발 훈련사실을 확인할 수 있는 수강증명서(해당하는 경우에만 제출합니다) 1부</td><td>수수료
없음</td></tr>
</table>

※ 아래 란은 적지 아니합니다.

<table>
<tr><td colspan="2">실업인정 유형</td><td colspan="8">[ ] 실업인정일 변경 [ ] 증명서에 따른 실업인정 [ ] 잠정실업인정
[ ] 해고효력을 다투는 자의 실업인정 [ ] 상병급여 청구와 병행 [ ] 유족의 청구에 따른 실업인정</td></tr>
<tr><td rowspan="2">지급 사항</td><td rowspan="2">처리</td><td>실업인정일수</td><td></td><td>구직급여 산출명세</td><td colspan="3"></td><td>지급액</td><td></td></tr>
<tr><td>미지급사유</td><td colspan="7"></td></tr>
<tr><td rowspan="2">접 수</td><td>접수연월일</td><td>접수번호</td><td rowspan="2">결재</td><td>담당</td><td>팀장</td><td>과장</td><td>청장·지청장</td><td colspan="2">결재연월일</td></tr>
<tr><td>. . .</td><td></td><td></td><td></td><td></td><td></td><td colspan="2">. . .</td></tr>
</table>

210mm×297mm백상지(80g/㎡) 또는 중질지(80g/㎡)]

(뒤쪽)

공지사항
1. 본 민원의 처리결과에 대한 만족도 및 관련 제도 개선에 필요한 의견을 듣기 위하여 전화조사를 실시할 수 있습니다. 2. 위 내용이 사실과 다를 경우에는 「고용보험법」 제61조 및 제62조에 따라 실업급여의 지급이 중지되고 지급받은 실업급여액에 상당하는 금액을 반환하여야 하며, 같은 법 제116조제2항에 따라 1년 이하의 징역 또는 1천만원 이하의 벌금형을 받을 수 있습니다.

작성방법
1. 실업인정 신청서는 출석일마다 작성합니다. 2. ①란·②란 및 ③란은 반드시 적습니다. 3. ⑤란은 이전 실업인정일의 다음 날부터 출석일(실업인정일)까지의 기간을 적습니다. 4. ⑥란은 최초 실업인정 시의 지급계좌를 적으시고, 그 이후부터는 변동사항이 있을 때만 적습니다. ("압류방지 전용통장"을 발급받고자 하는 경우에는 실업인정 업무 담당자에게 문의하시기 바랍니다.) 5. ⑦란 중 근로사실 및 소득발생란은 실업인정 대상기간 중 일한 적(공공근로, 일용, 아르바이트 포함)이 있으면 적으십시오. 6. ⑦란 중 사업자등록란은 본인 명의의 사업자등록 및 명의 대여사항을 적습니다. (보험모집인, 채권추심원, 학습지교사 등을 시작한 사실이 있을 경우도 적으십시오.) 7. ⑦란 중 산재휴업급여란은 실업급여를 받고 있는 현재 산업재해로 인한 급여를 받고 있거나 받을 예정이면 적으십시오. 8. ⑧란 중 자영업 활동계획란은 자영업계획이 있으신 분만 적으십시오. 9. ⑧란 중 취업(예정)내역란은 취직 또는 자영업이 확정된 경우에 적습니다.

국민연금 가입기간 추가 산입 신청 (구직급여 수급 개시일 기준 만 60세 이상인 사람 제외)	
① 구직급여 수급기간에 대한 국민연금 가입기간 추가 산입 신청 여부	[ ] 신청함 [ ] 신청하지 않음
② 국민연금 가입기간 추가 산입 신청에 따른 국민연금 보험료 중 본인부담금 납부 고지서 수령 방법	[ ] 우편 [ ] 전자우편(이메일:)
③ 국민연금 보험료 중 본인부담금 납부 시 자동이체 희망 여부 * 구직급여 수급 계좌에서 자동 출금됩니다.	[ ] 희망함 [ ] 희망하지 않음

「고용보험법 시행규칙」 제107조의2에 따라 위와 같이 국민연금 가입기간 추가 산입을 신청합니다.

년 월 일

신청인 (서명 또는 인)

○○지방고용노동청(지청)장 귀하

<작성방법> ①, ②, ③란은 수급자격 인정(국민연금 가입기간 추가 산입) 신청서 또는 자영업자 수급자격 인정(국민연금 가입기간 추가 산입) 신청서에 따라 신청하지 않은 경우에 기재하며, 신청하지 않으려는 경우에는 신청하지 않음으로 표시합니다. 실업인정 신청 시 국민연금 가입기간 추가 산입을 신청하지 않는 경우에는 국민연금공단에 직접 신청하여야 합니다.

국민연금 가입기간 추가 산입 신청 관련 재산·소득 확인 동의서 (고소득자 또는 고액재산가 지원 제외)
본인은 국민연금 가입기간 추가 산입을 위한 보험료 지원 대상 파악을 위해 담당 직원이 「국민연금법 시행령」 제25조의2에 따른 재산 또는 소득을 확인하는 것에 동의합니다.

신청인 (서명 또는 인)

○○지방고용노동청(지청)장 귀하

1. 구직급여 수급기간에 대한 국민연금 가입기간 추가 산입은 구직급여 수급자가 국민연금보험료 납부를 희망하는 경우 국민연금보험료의 일부를 지원받아 그 기간을 국민연금 가입기간으로 산입하여 연금수급권을 확보하고자 시행하는 제도로서, 국민연금공단에서 실업에 대한 가입기간 추가 산입 인정 여부를 확인하여 처리결과를 통보합니다.
2. 구직급여를 지급받은 누적 일수가 30일이 될 때마다 1개월 단위로 국민연금보험료를 지원합니다.
3. 해당 월의 국민연금보험료 중 신청인이 보험료의 1/4을 부담하면 나머지 보험료인 3/4이 지원됩니다.

처리절차

<실업인정 신청>

신청서 작성	→	접수	→	확인·검토	→	급여 지급 여부 결정·통지	→	급여 수급
신청인		고용센터		고용센터		고용센터		신청인

<국민연금 가입기간 추가 산입 신청>

신청서 작성	→	접수	→	전산입력	→	산입여부 결정·통지	→	통지서 수령
신청인		고용센터		고용센터		국민연금공단		신청인

5절 노사협의회

1. 노사협의회 설치-근로자참여 및 협력증진에 관한 법률 (근로자참여법)

가. 노사협의회

○ 근거-근로자참여 및 협력증진에 관한 법률 제3조 제1호

○ 근로자와 사용자가 참여와 협력을 통하여 근로자의 복지증진과 기업의 건전한 발전을 도모하기 위하여 구성하는 협의기구를 말함

나. 노사협의회 설치의무-상시 30명이상 보육교직원 등 근로 어린이집

○ 노사협의회는 근로조건에 대한 결정권이 있는 **상시 30명이상의 근로자**를 사업이나 사업장에서 반드시 설치하여야 함.

○ 근로자 수가 30명 이상이면 해당 근로자가 지역별로 분산되어 있더라도 그 주된 사무소에 노사협의회를 설치하여야 함.

(근로자참여 및 협력증진에 관한 법률 제4조 제1항 및 동법시행령 제2조)

○ 노사협의회 설치의무 위반시-1천만원 이하의 벌금

▸ 노사협의회의 설치를 정당한 사유 없이 거부하거나 방해한 자

(근로자참여 및 협력증진에 관한 법률 제30조 제1호)

▸ 노사협의회규정을 제출하지 아니한 때에는 200만원 이하의 과태료 부과

(근로자참여 및 협력증진에 관한 법률 제33조 제1항)

2. 노사협의회 구성

○ 협의회는 근로자와 사용자를 대표하는 같은 수의 위원으로 구성하되, 각 3명 이상 10명 이하로 함

○ 근로자를 대표하는 위원(이하 "근로자위원"이라 한다)은 근로자가 선출하되, 근로자의 과반수로 조직된 노동조합이 있는 경우에는 노동조합의 대표자와 그 노동조합이 위촉하는 자로 함

○ 사용자를 대표하는 위원(이하 "사용자위원"이라 한다)은 해당 사업이나 사업장의 대표자와 그 대표자가 위촉하는 자로 함

○ **근로자위원이나 사용자위원의 선출과 위촉 방법**

▸ 근로자의 과반수로 구성된 노동조합이 조직되어 있지 아니한 사업 또는 사업장의 **근로자위원**은 근로자의 **직접 · 비밀 · 무기명투표로 선출함**

▸ 다만, 사업 또는 사업장의 특수성으로 인하여 부득이하다고 인정되는 경우에는 작업 부서별로 근로자 수에 비례하여 근로자위원을 선출할 근로자(이하 이 조에서 "위원선거인"이라 한다)를 선출함

▸ 위원선거인 과반수의 직접 · 비밀 · 무기명투표로 근로자위원을 선출할 수 있음

▸ 근로자위원 선출에 입후보하려는 자는 해당 사업이나 사업장의 근로자여야 하며, 해당 사업 또는 사업장의 근로자 10명 이상의 추천을 받아야 함

○ **노사협의회 의장과 간사**

▸ 협의회에 의장을 두며, 의장은 위원 중에서 호선(互選)
이 경우 근로자위원과 사용자위원 중 각 1명을 공동의장으로 할 수 있음

▸ 의장은 협의회를 대표하며 회의 업무를 총괄함

▸ 노사 쌍방은 회의 결과의 기록 등 사무를 담당하는 간사 1명을 각각 둠

▸ 위원의 임기는 3년으로 하되, 연임할 수 있음 (비상임 · 무보수)

▸ 보궐위원의 임기는 전임자 임기의 남은 기간으로 함

3. 노사협의회 설치 절차

○ 노사협의회 설치관련 공고

○ 노사협의회 설치준비위원회 구성

○ 노사협의회 위원위촉

○ 노사협의회 규정제정 신고－15일 이내에 고용노동부장관에게 제출
(변경한 경우에도 동일함)

○ 노사협의회 규정－【별지 32】[6)]

▸ 협의회의 위원의 수

▸ 근로자위원의 선출 절차와 후보 등록에 관한 사항

▸ 사용자위원의 자격에 관한 사항

▸ 법 제9조제3항에 따라 협의회 위원이 근로한 것으로 보는 시간에 관한 사항

6) 고용노동부 홈페이지 노사상생지원과 노사협의회 표준 규정 2019.06.21

▸ 협의회의 회의 소집, 회기(會期), 그 밖에 협의회의 운영에 관한 사항
▸ 법 제25조에 따른 임의 중재의 방법 · 절차 등에 관한 사항
▸ 고충처리위원의 수 및 고충처리에 관한 사항
○ 협의회규정 제정 또는 변경
▸ 협의회규정을 제정하거나 변경할 경우에는 협의회의 의결을 거쳐야 함

4. 노사협의회 협의 사항

○ 생산성 향상과 성과 배분
○ 근로자의 채용 · 배치 및 교육훈련
○ 근로자의 고충처리
○ 안전, 보건, 그 밖의 작업환경 개선과 근로자의 건강증진
○ 인사 · 노무관리의 제도 개선
○ 경영상 또는 기술상의 사정으로 인한 인력의 배치전환 · 재훈련 · 해고 등 고용조정의 일반원칙
○ 작업과 휴게 시간의 운용
○ 임금의 지불방법 · 체계 · 구조 등의 제도 개선
○ 신기계 · 기술의 도입 또는 작업 공정의 개선
○ 작업 수칙의 제정 또는 개정
○ 종업원지주제(從業員持株制)와 그 밖에 근로자의 재산형성에 관한 지원
○ 직무 발명 등과 관련하여 해당 근로자에 대한 보상에 관한 사항
○ 근로자의 복지증진
○ 사업장 내 근로자 감시 설비의 설치
○ 여성근로자의 모성보호 및 일과 가정생활의 양립을 지원하기 위한 사항
○ 「남녀고용평등과 일 · 가정 양립 지원에 관한 법률」 제2조제2호에 따른 직장 내 성희롱 및 고객 등에 의한 성희롱 예방에 관한 사항
○ 그 밖의 노사협조에 관한 사항
○ 회의는 근로자위원과 사용자위원 각 과반수의 출석으로 개최하고 출석위원 3분의 2 이상의 찬성으로 의결함

5. 노사협의회 설치 및 운영 시 행정사항

○ 노사협의회 설치 대상인지 여부 확인－상시근로자 30명 이상

○ 근로자가 지역적으로 분산되어 있는지 확인

○ 근로자 위원 선출시 직접·비밀·무기명 투표 실시

○ 사업장에 적합한 노사협의회 규정 적용

○ 노사협의회 회의록 등 관련서류 보관

○ 노사협의회는 3개월마다 정기적으로 회의를 개최하여야 함 (임시회 개최)

○ 회의는 근로자위원과 사용자위원 각 과반수의 출석으로 개최하고 출석위원 3분의 2 이상의 찬성으로 의결함

○ 협의회의 회의는 공개함. 다만, 협의회의 의결로 공개하지 아니할 수 있음

○ 각 사업장(어린이집)의 여건이나 특성 등을 반영하여 노사협의회 구성운영 필요

○ 고용노동부 홈페이지－노사상생지원과 『**노사협의회운영매뉴얼**』 활용

IV

6. 각 서식 참조 등

○ 근로자참여 및 협력증진에 관한 법률 시행규칙 별표

(시행 2019. 12. 23. 고용노동부령 제270호, 2019. 12. 23. 타법개정)

▸ (제정, 변경) 협의회규정 제출서 [별지 제1호서식]

▸ 협의회규정 변경·보완 요청 [별지 제2호서식]

▸ 제 차 (정기·임시) 노사협의회 회의록 [별지 제3호서식]

▸ 고충사항 접수·처리대장 [별지 제4호서식]

【별지 32】

노사협의회 운영규정 예시(안)

○○ 어린이집 노사협의회 운영규정

제정 0000. 0. 0

개정 0000. 0. 0

제 1 장 총 칙

제1조 (목적)

본 규정은 근로자와 사용자 쌍방이 이해와 협조를 통하여 노사공동의 이익을 증진함으로써 ○○ 어린이집의 발전과 근로자복지증진에 기여함을 목적으로 한다.

제2조 (명칭 및 소재)

노사협의회(이하 "협의회"라 한다)는 어린이집 사업장에 설치하고 명칭은 다음과 같이 정한다.

설치장소	명 칭	비 고
○○○ 어린이집	○○○ 어린이집 노사협의회	

제3조 (신의성실의 의무)

근로자와 사용자는 상호신뢰를 바탕으로 성실하게 협의에 임하여야 한다.

제4조 (노동조합과의 관계)

노동조합의 단체교섭 및 기타 모든 활동은 이 규정에 의하여 영향을 받지 않는다.

제5조 (사용자의 의무)

① 사용자는 근로자위원의 선출에 개입하거나 방해해서는 안된다.

② 사용자는 근로자위원의 업무를 위하여 장소제공 등 기본적인 편의를 제공한다.

제 2 장 협의회의 구성

제6조 (협의회의 구성)

① 협의회는 근로자와 사용자를 대표하는 각 ○인의 위원으로 구성한다.

※ 노사협의회 위원은 노사동수로 구성하되 노사 각 3인 이상 10인 이내로 구성 (근로자참여 및 협력증진에 관한법률 제6조 제1항)

② 근로자를 대표하는 위원(이하 "근로자위원"이라 한다)은 근로자가 선출한다.

③ 사용자를 대표하는 위원(이하 "사용자위원"이라 한다)은 다음과 같다.

가. 대표자 나. 원장 다. 원감

라. 기타 대표가 위촉하는 보육교직원

제7조 (의장)

① 협의회의 의장은 위원중에서 호선한다. 이 경우 근로자위원과 사용자위원 중 각 1인을 공동의장으로 한다.

② 의장은 협의회를 대표하며 회의업무를 총괄한다.

③ 의장의 임기는 1년으로 한다.

제8조 (간사)

① 노사 쌍방은 회의의 기록 등 사무를 담당하는 간사 1인을 각각 둔다.

② 간사는 근로자위원 및 사용자위원 중에서 각각 호선하여 선출된 자로 한다.

제9조 (위원의 임기)

① 위원의 임기는 3년으로 하되 연임할 수 있다.

② 보궐위원의 임기는 전임자의 잔임기간으로 한다.

③ 위원은 그 임기가 만료된 경우라도 그 후임자가 선출될 때까지 계속 그 직무를 담당한다.

제10조 (위원의 신분)

① 위원은 비상임 · 무보수로 한다.

② 위원의 협의회 출석에 소요되는 시간에 대하여는 근로한 것으로 본다.

제11조 (실무소위원회)

① 협의회는 상정된 안건의 사전심의를 위하여 실무소위원회를 구성할 수 있다.

② 실무소위원회는 노사위원 각각 2인으로 구성한다.

③ 노사일방의 협의회대표는 실무소위원회의 개최가 필요하다고 인정되는 경우 상대방에게 7일전까지 이를 통보하여야 한다. 다만, 긴급하거나 신속한 결정이 요구되는 경우는 예외로 한다.

제 3 장　근로자위원 선출

제12조 (선거관리위원회 구성)

① 근로자위원 선출에 관한 선거관리위원회(이하 “선관위”라 한다)는 ○인 이내의 위원으로 구성한다.

② 선관위는 선거공고일부터 14일전에 구성한다.

제13조 (선거관리위원회의 임무)

선관위의 임무는 다음 각 호와 같다.

1. 선거 및 일정공고
2. 투표 및 입후보자 등록 등에 관한 사항
3. 당선자 결정에 관한 사항
4. 기타 선거와 관련된 사항

제14조 (선거관리위원 선출)

선거관리위원은 선거관리에 참여를 희망하는 근로자 중에서 추첨에 의하여 결정한다.

제15조 (선거일)

근로자위원 선거는 근로자위원 임기 만료일 15일 이전에 실시한다.

제16조 (후보 등록)

① 근로자위원에 입후보하고자 하는 자는 당해 사업장의 근로자 10인 이상의 추천(복수추천 가능)을 받아 선관위에 등록하여야 한다.

② 선거관리위원은 공정한 투표관리를 위하여 근로자위원에 입후보할 수 없다.

제17조 (근로자위원 선출)

① 근로자위원은 직접 · 비밀 · 무기명투표에 의하여 선출한다.

② 근로자위원은 부서별 인원비례에 따라 배정된 인원을 선출하되 당선자는 투표결과 다수득표자 순으로 한다.

③ 득표수가 같을 때에는 장기근속자, 연장자 순으로 당선자를 결정한다.

제18조 (보궐선거)

① 근로자 위원에 결원이 생긴 때에는 결원이 발생한 날부터 30일 이내에 보궐선거를 실시한다.

② 제①항에 불구하고 제17조에 의한 근로자위원으로 선출되지 못한 자 중 다수득표자 순에 의한 차점자 명부를 작성 · 보관하고 근로자위원의 결원을 보궐선거 없이 명부상 서열에 따라 충원할 수 있다.

제 4 장 협의회의 운영

제19조 (협의회 회의)

① 협의회의 정기회의는 매분기 말월 첫째 주에 개최한다.

② 협의회는 노사대표가 안건을 제기하는 경우 임시회의를 개최할 수 있다.

③ 협의회의 회기는 협의회 개최공고시 정하여 공고한다.

제20조 (회의소집)

① 협의회의 회의는 의장이 소집한다.

② 의장은 노사일방의 대표자가 회의의 목적 등을 문서로 명시하여 회의의 소집을 요구할 때에는 이에 응하여야 한다.

③ 의장은 회의 개최 7일전에 회의일시, 장소, 의제 등을 각 위원에게 통보하여야 한다.

제21조 (정족수)

회의는 근로자위원과 사용자위원의 각 과반수의 출석으로 개최하고 출석위원 3분의 2 이상의 찬성으로 의결한다.

제22조 (회의의 공개)

협의회 회의는 공개한다. 다만, 출석위원 과반수의 의결이 있는 경우 비공개할 수 있다.

제23조 (비밀유지)

① 협의회의 위원은 협의회에서 지득한 비밀을 누설하여서는 아니 된다. 다만, 비밀의 범위는 매 회의에서 정한다.

② 협의회위원이 비밀을 누설한 경우에는 징계위원회에 회부한다.

제24조 (회의록 비치)

① 회의록은 노사쌍방의 간사 중 1인이 작성하여 각 1부씩 보관한다.

② 협의회는 다음 각호의 사항을 기록한 회의록을 작성 · 비치한다.

가. 개최일시 및 장소

나. 출석위원

다. 협의내용 및 의결사항

라. 기타 토의사항

③ 회의록에는 출석위원 전원이 서명 · 날인한다.

④ 회의록은 작성일부터 3년간 보존한다.

제 5 장 협의회의 임무

제25조 (협의사항)

① 협의회는 다음 각호의 1에 해당하는 사항을 협의한다.

1. 생산성 향상과 성과 배분
2. 근로자의 채용 · 배치 및 교육훈련
3. 근로자의 고충처리
4. 안전, 보건, 그 밖의 작업환경 개선과 근로자의 건강증진
5. 인사 · 노무관리의 제도 개선
6. 경영상 또는 기술상의 사정으로 인한 인력의 배치전환 · 재훈련 · 해고 등 고용조정의 일반원칙
7. 작업과 휴게 시간의 운용
8. 임금의 지불방법 · 체계 · 구조 등의 제도 개선
9. 신기계 · 기술의 도입 또는 작업 공정의 개선
10. 작업 수칙의 제정 또는 개정
11. 종업원지주제(從業員持株制)와 그 밖에 근로자의 재산형성에 관한 지원
12. 직무 발명 등과 관련하여 해당 근로자에 대한 보상에 관한 사항
13. 근로자의 복지증진
14. 사업장 내 근로자 감시 설비의 설치
15. 여성근로자의 모성보호 및 일과 가정생활의 양립을 지원하기 위한 사항
16. 그 밖의 노사협조에 관한 사항

② 협의회는 제1항의 각호의 사항에 대하여 의결할 수 있다

제26조 (의결사항)

회사는 다음 각호의 1에 해당하는 사항에 대해서는 협의회의 의결을 거쳐야 한다.

1. 근로자의 교육훈련 및 능력개발 기본 계획의 수립
2. 복지시설의 설치와 관리
3. 사내근로복지기금의 설치
4. 고충처리위원회에서 의결되지 아니한 사항
5. 각종 노사공동위원회의 설치

제27조 (보고사항)

① 사업주는 정기회의에 다음 각호의 1에 해당하는 사항에 관하여 성실하게 보고, 설명하여야 한다.

1. 경영계획 전반 및 실적에 관한 사항
2. 분기별 생산계획 및 실적에 관한 사항
3. 인력계획에 관한 사항
4. 기업의 경제적 재정적 현황
5. 안전보건에 관한 사항

② 근로자위원은 제1항의 규정에 의한 보고 · 설명을 이행하지 아니하는 경우에는 제1항의 각호에 관한 자료의 제출을 요구할 수 있으며, 사업주는 이에 성실히 응해야 한다.

③ 근로자위원은 근로자의 요구사항을 보고 · 설명할 수 있다.

제28조 (의결사항등의 공지)

① 의장은 협의회에서 의결된 사항을 10일 이내에 공고하여야 한다.

② 협의회는 협의회 운영에 관한 사항을 간행물, 전용게시판 등의 방법으로 안내하여야 한다.

제29조 (의결사항의 이행)

근로자와 사용자는 협의회에서 의결된 사항을 성실하게 이행하고 그 결과를 상호 신속히 통보하여야 한다.

제30조 (임의중재)

① 협의회는 노사대표 각 ○인으로 중재위원회를 구성할 수 있다.

② 중재위원회는 다음 각호의 사항에 대하여 중재한다.

1. 제26조에 규정된 사항에 관하여 협의회가 의결하지 못한 경우
2. 협의회에서 의결된 사항의 해석 또는 이행방법 등에 관하여 의견이 불일치가 있는 경우
3. 기타 중재가 필요한 경우

③ 제2항의 규정에도 중재가 성립하지 않을 경우에는 노동위원회에 중재신청을 할 수 있다.

④ 제2항 및 제3항의 규정에 의한 중재결정이 있는 때에는 협의회의 의결을 거친 것으로 보며 근로자와 사용자는 이에 따라야 한다.

제6장 고 충 처 리

제31조 (고충처리위원회)

① 근로자의 고충을 청취하고 이를 처리하기 위하여 고충처리위원회를 설치 운영한다.

② 고충처리위원회는 사업장 단위로 설치한다.

제32조 (고충처리위원회의 구성)

① 고충처리위원은 협의회위원 중에서 호선하여 노사 각 1인의 위원으로 구성한다.

※ 고충처리위원은 노사를 대표하는 3인 이내의 위원으로 구성

② 고충처리위원의 임기는 3년으로 한다.

③ 사원 고충사항을 효과적으로 처리하기 위해 상담원과 사외 상담원을 둘 수 있다. 이때 사외상담원은 법률, 병무, 건강, 인생, 결혼 등 분야별 학식과 덕망이 있는 인사를 선정하여 위촉할 수 있다.

제33조 (고충의 처리)

① 근로자는 고충처리위원에게 구두 또는 서면으로 상담을 신청한다.

② 상담신청을 접수한 고충처리위원은 당해 근로자의 고충을 성실히 청취한 후 접수일로부터 10일 이내에 처리결과를 해당 사원에게 서면으로 통보하여야 한다. 다만 사외 상담원의 상담을 요할 시에는 상담일정을 별도로 지정하여 상담을 실시할 수 있다.

③ 고충처리위원이 처리하기 곤란한 사항에 대해서는 협의회에 부의하여 협의 처리한다.

제34조 (상담실운영)

근로자의 고충을 처리하기 위하여 총무부 및 노동조합 사무실에 고충처리상담실을 설치 · 운영한다.

제35조 (대장비치)

고충처리위원은 고충사항의 접수 및 그 처리에 관한 대장을 작성 · 비치하고 이를 1년간 보존한다.

제 7 장 보　　칙

제36조 (대표위원의 권한위임)

노사 쌍방의 대표위원은 필요시 그 권한을 타위원에게 위임할 수 있다.

제37조 (신고의무사항)

협의회와 관련하여 노동부에 신고하여야 할 제반 사항은 사용자측에서 한다.

제38조 (운영세칙)

협의회는 협의회운영 등과 관련된 사항에 대하여 운영세칙을 작성할 수 있다.

제39조 (규정외의 사항)

이 규정에 명시되지 않은 사항에 대해서는 법령 및 통상관례에 따른다.

부　　칙

이 규정은 0000.　.　. 부터 시행한다.

V

특이민원 및 대응방안[1]

1) 파주시 『공직자 민원응대 매뉴얼』 2020. 5 참조

1절 어린이집의 기본응대 요령

1. 기본응대 요령

(1) 기본응대

○ 민원인 말을 경청

○ 민원인 입장에서 생각하고 상황이해

○ 감정적인 표현이나 논쟁 삼가

○ 민원인인 제기한 불만 원인파악 후 잘못된 부분 완곡하게 사과

※ **특이민원** : 어린이집 민원인은 대부분 어린이의 학부모와 보호자, 그 밖의 관계인 등으로 보통의 민원과 특별히 다른 방법(폭언, 욕설 등)등으로 어린이집에 관한 어떤 행정처리를 요구하는 민원

(2) 방문민원

○ 가볍게 눈을 맞춘 후 인사

○ 방문목적 확인 후 상담진행 – 질문과 요구에 적극적으로 해결노력

○ 민원인이 돌아갈 때 공손하게 인사

(3) 전화민원

○ 인사 후 소속과 성명을 말한다. – 전화벨 3회 이상 울리기 전 받고 부득이 하게 늦게 전화를 받은 경우 양해를 구한다.

○ 용건을 묻고 상담, 상담이 끝나면 공손한 인사 후 전화를 끊는다.

2. 특이민원 전화응대 요령 – 단순폭언

(1) 전화응대 – 단순폭언

※ 민원내용은 있으나 불만을 갖고 폭언해 불안감을 조성하는 경우, 모욕이나 협박에 이르지 않는 폭언

(2) 1단계－진정요청

○ '학부모님, 화가 나셨지만 차분하게 말씀해 주시면 감사하겠습니다.'
○ '폭언을 계속하시면 정상적인 전화상담이 어렵습니다.'
○ '폭언을 중단해 주십시오.'

(3) 2단계－ 녹 음

○ 1차 폭언중지에도 2차 폭언을 하는 경우
○ '학부모님, 폭언하시면 안됩니다.'
○ '지금부터 상담내용을 녹음하겠습니다.'
(불가피하게 녹음고지가 곤란할 경우 녹음고지 생략)

(4) 3단계－상담종료

○ 3차 폭언을 하는 경우, 법적 경고조치 및 전화상담 종료
'학부모님, 폭언을 지속할 경우에는 관계법령에 따라 처벌받을 수 있습니다.'

※ 경범죄처벌법 제3조 제1항 제19호 : 10만원 이하 벌금, 구류, 과료 형
19. (**불안감조성**) 정당한 이유 없이 길을 막거나 시비를 걸거나 주위에 모여들거나 뒤따르거나 몹시 거칠게 겁을 주는 **말**이나 **행동**으로 다른 사람을 **불안**하게 하거나 **귀찮고 불쾌**하게 한 사람 또는 여러 사람이 이용하거나 다니는 도로, 공원 등 공공장소에서 고의로 험악한 문신(文身)을 드러내어 다른 사람에게 혐오감을 준 사람

○ '더 이상 상담이 어렵습니다' '상담을 종료하겠습니다.'

(5) 4단계－2차 통화 시 원장 연결

○ 동일 민원인이 다시 전화하는 경우
○ 동일하게 응대하되 상급자와 통화를 원하는 경우
○ '네, 학부모님, 원장 등에게 보고 드린 후 다시 연락드릴 수 있도록 하겠습니다.'
※ **당장 바꾸라고 재촉하더라도 매뉴얼대로 차분하게 답변진행**

(6) 5단계 – 상급자 대응

○ 특이민원작성 및 원장보고

※ **최대한 객관적 입장에서 사실에 근거, 6하 원칙에 따라 작성**

○ 원장이 직접 민원인과 직접통화

○ 폭언지속 시, 통화종료 및 서면 경고문 발송가능【별지 29】,【별지 30】

3. 특이 민원–전화응대

(1) 전화응대 1–단순폭언(불안감조성)

모욕과 협박에 이르지 않는 폭언	
1 단계 진정요청	1–1. '화가 나셨겠지만 차분하게 말씀해 주시면 감사하겠습니다.' 1–2. '폭언을 계속하시면 정상적인 전화 상담이 어렵습니다.
2 단계 녹음	1차 폭언중지에도 2차 폭언을 하는 경우 2–1. '폭언을 하시면 안 됩니다.' '지금부터 상담내용을 녹음하겠습니다.'
3 단계 상담종료	3차 폭언을 하는 경우, 법적조치 경고 및 전화상담 종료 3–1. '폭언을 지속할 경우에는 관계법령에 따라 처벌받을 수 있습니다.' 경범죄처벌법 제3조제1항제19호–10만원 이하벌금, 구류, 과료 형 3–2. '더 이상 상담이 어렵습니다. 상담을 종료하겠습니다.'
4 단계 2차 통화시 상급자연결	동일한 민원인이 다시 전화하는 경우 동일하게 응대하되 원장과 통화를 원하는 경우 4–1. '네' '원장님께 보고 드린 후 다시 연락드릴 수 있도록 하겠습니다.' **※ 당장 바꾸라고 재촉하더라도 매뉴얼대로 차분하게 답변진행**
5 단계 상급자대응	① 특이민원 발생 작성 및 원장보고 (최대한 객관적 입장에서 사실근거 6하 원칙에 따라 작성) ② 원장이 직접 민원인과 통화 ③ 폭언 지속 시, 통화종료 및 경고(관계법령 처벌받을 수 있음)

(2) 전화응대 2-욕설

직원의 인격을 무시하는 모욕적인 말로서 폭언 정도가 심한 경우	
1 단계 자제요청 및 녹음	자제요청에도 욕설을 하는 경우 1-1. '학부모님, 지금부터 상담내용을 녹음하겠습니다.' (미리고지, 불가피한 경우 생략)
2 단계 상담종료	2-1. '학부모님 현재 욕설을 하셨기 때문에 더 이상 상담 진행이 어렵습니다.' 통화를 종료하겠습니다. (조언충고 및 욕설 및 대응금지)
3 단계 즉시보고	민원내용을 즉시 원장에게 보고 (메모 또는 구두)
4 단계 원장 조치사항	① 교사면담 및 상태 판단 (휴식 등 부여) ② 녹취파일 청취 및 상황파악 ③ 특이민원발생보고서 작성 ④ 서면 경고장 발송(원장은 특이민원발생내용 검토 후 사안 경중을 고려해 서면 경고문 발송여부 결정, 민원인주소 파악이 안 될 경우, 휴대폰으로 경고를 문자 메시지 형태로 전송조치)
5 단계 2차 통화시 원장 연결	(학부모의 사과여지가 있는 경우)-통화를 진행한다. (사과여지 없고 반복적 욕설을 지속하는 경우) 5-1. '학부모님 죄송하지만 원장을 통해 본 전화에 수신된 번호로 통화가 진행되도록 하겠습니다.' '통화를 종료 하겠습니다.'
6 단계 상급자통화	원장은 신속하게 학부모 통화를 진행한다. (욕설이 지속될 경우) 6-1. '더 이상 상담이 어렵습니다.' '상담을 종료하겠습니다.'(추후 법적조치검토 등)

(3) 전화응대 3-성희롱

1 단계 경고	1-1. '방금하신 말씀은 제가 듣기 불편합니다.' '상담내용이 녹음되고 있습니다.' '성희롱에 해당될 수 있으니 말씀을 가려해 주십시오.' **(학부모 또는 민원인의 발언이 성희롱에 해당됨을 알리고 침착하고 사무적인 어조로 불쾌감을 강하게 표현)**
2 단계 상담종료	**법적조치 경고 및 전화상담 종료** 2-1. '학부모님은 또는 민원인께서는 전화를 이용하여 성적수치심이나 혐오감을 발생 시키셨음으로 **『성폭력범죄의 처벌 등에 관한 특례법』** 제13조에 따라 처벌될 수 있습니다' 2-2. '더 이상 상담이 어렵습니다.' '상담을 종료하겠습니다.' (학부모 또는 민원인의 발언이 성희롱에 해당됨을 알리고 침착하고 사무적인 어조로 불쾌감을 강하게 표현)
3 단계 즉시보고	민원내용을 즉시 원장에게 보고(메모 또는 구두)
4 단계 원장 조치사항	① 보육교사면담 및 상태 판단 (필요시 휴식 등 부여) ② 녹취파일 청취 및 상황파악-성희롱 여부 확인 ③ 특이민원발생보고서 작성 ④ 법적조치 사항 검토 등(법률자문 등)

(4) 전화응대 4-원장 등 통화요구

학부모 또는 민원인의 요구에 끌려가지 말고-어린이집 입장 설명 (평상시 충분한 교육 필요)	
1 단계 실무자 대응	원장으로부터 민원관련 권한을 위임받았음을 설명하고, 일관되게 응대 1-1. '학부모님, 화가 많이 나셨겠지만 차분하게 말씀해 주십시오.' '제가 말씀을 잘 듣고 도와드릴 수 있는 방법을 찾아보겠습니다.'
2 단계 원장대응	불만이 지속되고 원장 통화를 요구할 때 2-1. '학부모님 필요하시다면 원장님에게 연락드리도록 하겠습니다.' '잠시만 기다려 주시겠습니까.' 원장이 전화면담 진행

(5) 전화응대 5-반복전화 및 장시간 통화

반복전화 · 장시간 통화-전화상담의 시간제한성 고지 및 용건위주 질문유도	
1 단계 실무자 대응	1-1. '학부모님, 대기하고 계시는 다른 민원인 때문에 많은 시간을 할애해 드릴 수 없는 점을 양해 주시면 감사하겠습니다.'
반복전화	민원인이 정당한 보육행위에 불복하며 동일내용의 민원을 3회 이상 제기하는 전화 민원
장시간통화	특이 민원인과의 통화시간이 30분 이상 지속될 경우에는 상담곤란을 설명 후 응대 종료 다만, 같은 내용의 민원을 반복하는 경우에는 통화시간이 10분 이상 지속될 경우에는 응대 종료가능

(6) 전화응대 6-전화응대 중 학부모 등이 방문하는 경우

특이민원 전화응대 중 학부모 등이 방문하여 서류요구 및 면담을 요청하는 경우 -전화로 학부모에게 양해를 구하고 방문 학부모 응대-	
1 단계 실무자 대응	1-1. '학부모님, 지금 다른 학부모님이 방문하여 면담을 요청(또는 서류요구)하고 있어서 불가피하게 통화를 종료하오니 양해해 주시면 감사하겠습니다.'
-	특이 학부모 등 전화응대보다는 방문 학부모 등에게 대한 면담 또는 서류발급이 더 시급하다고 판단되는 경우에만 적용

> ※ 소통을 위한 명언
>
> " 내가 **무슨 말을 했느냐**가 중요한 것이 아니라
>
> **상대방이 무슨 말을 들었느냐**가 중요하다 "
>
> －현대 경영학의 아버지, 피터 드러커(Peter Druker, 1909 ~ 2005)－
>
> 어떻게 소통할 것인가?
>
> 원아 및 학부모 등 상담
>
> 듣기는 쉬이 하고 말하기는 더디 하라.

4. 특이 민원－대면응대

(1) 대면응대 1－욕설 · 폭언(고성 · 협박 포함)

학부모 등 폭언 시－어린이집 차원에서 2차 돌발 폭력방지 및 증거확보(녹음)	
1 단계 경고	1－1. '학부모님, 화가 나셨겠지만 차분하게 말씀해 주시면 감사하겠습니다.' 1－2. '학부모님 폭언을 하시면 정상적인 상담이 어렵습니다.' '폭언을 중단해 주십시오.' (다른 보육교직원이 학부모를 진정시키며 별도공간으로 학부모 등 유도 보육아동과 분리)
2 단계 1차 경고	욕설과 협박이 지속발생 시 2－1. '학부모님 공포심이나 불안감을 조성하는 말씀을 반복적으로 하시고 욕설을 계속하시면 위법행위로 관련 법률에 저촉될 수 있습니다.' 2－2. '지금부터 정확한 상담을 위해 녹음을 실시하겠습니다.' (상담중인 보육교사의 동료직원이 녹음을 실시할 경우 사전고지 후 녹음실시)
3 단계 2차 경고	학부모 등의 행동(욕설, 협박)이 제지되지 않을 경우, 경찰신고 3－1. '이제 경찰에 신고하겠습니다.'
4 단계 최후조치	경찰이 도착할 때까지 대기 4－1. '경찰에 신고하였습니다.' '경찰이 도착하기 전까지 학부모 응대를 중단하겠습니다.'
5 단계 원장대응	① 특이민원 발생보고서 작성 및 원장보고(행정청) ② 법적조치 사항 등에 대해 유관기관(행정청, 변호사 등) 협의하여 진행

(2) 대면응대 2- 폭력발생

학부모 등이 보육교직원을 폭행하는 경우- 직원대피 및 경찰신고	
1 단계 진정요청	1-1. '학부모님, 차분하게 설명해 주십시오.' 다른 보육교직원이 함께 있는 학부모를 진정시키며 착석유도 및 음료수 제공
2 단계 경고	폭행발생시- 동료직원 등이 신속하게 학부모 제지 상급자 또는 동료직원이 경고 멘트 2-1. '학부모님, 그런 행동은 형법 제260조에 의한 폭행죄에 해당됩니다.' 2-2. '경찰에 신고하겠습니다.' (단호하지만 정중하게 법적 근거를 말하고 경찰신고 등 법적대응 고지)
3 단계 경찰신고	경찰에 즉시 신고 관내 파출소 현황 미리파악
4 단계 최후조치	경찰이 도착할 때까지 원장 등이 적극 개입하여 추가 피해방지- 원장 대응멘트 4-1. '학부모님,CCTV(또는 스마트 폰)로 지금상황이 녹화되고 있으니 진정하십시오.' 4-2. '진정하시고 원하는 사항을 차분히 말씀해 주셔야 도움을 드릴 수 있습니다.'
5 단계 원장대응	① 특이민원 발생보고서 작성 및 원장보고(행정청) ② 법적조치 사항 등에 대해 유관기관(행정청, 변호사 등)과 협의하여 진행

(3) 대면응대 3- 집기 또는 물품 등을 파손하는 경우

어린이집 원내 물품파손 시- 직원대피 및 원장 적극개입	
1 단계 진정요청	1-1. '학부모님, 차분하게 설명해 주십시오.'
2 단계 경고	**집기, 물품 파손 시** -동료직원 등과 학부모를 제지하고 대피 경고 멘트 2-1. '학부모님, 그런 행동은 형법 제366조에 의한 재물손괴죄 또는 형법 260조에 의한 폭행죄에 해당됩니다.' '진정하시고 말씀해 주시기 바랍니다.' (단호하지만 정중하게 법적근거를 말하고 경찰신고 등 법적대응 고지)
3 단계 경찰신고	-학부모가 진정할 조짐이 없을 경우 경찰에 신고 -관내 파출소 현황 미리 파악
4 단계 최후조치	경찰이 도착할 때까지 원장 등이 적극 개입하여 추가 피해방지 원장 대응 멘트 4-1. '학부모님, CCTV(또는 스마트 폰)로 지금 상황이 녹화되고 있으니 진정하십시오.' 4-2. '진정하시고 원하는 사항을 차분히 말씀해 주셔야 도움을 드릴 수 있습니다.'
5 단계 사후조치	① 특이민원 발생보고서 작성 및 원장보고(행정청) ② 법적조치 사항 등에 대해 유관기관(행정청, 변호사 등) 협의하여 진행

(4) 대면응대 4- 위험물 소지 및 신변을 위협하는 경우

학부모가 위험물을 소지하여 위협하는 경우-학부모 제지 및 직원대피	
1 단계 경고	1-1. '학부모님, 지금 하시는 말씀은 형법 제284조의 특수협박죄에 해당될 수 있습니다.' '진정하시고 차분하게 말씀해 주십시오.'
2 단계 대응	동료직원과 힘을 모아 -학부모등이 소지 위험물이나 흉기를 사용하지 못하게 대응 위험물을 인지하면서 낮은 목소리로 진정유도 -안전을 위해 보육아동 등 직원 대피시킴 학부모가 원에 불을 지르거나 몸에 불을 지르는 경우 -원내 비치소화기로 1차 진압 및 소방서 119 신속신고 직원 간 역할 분담하여 소화기 진압과 소방서 신고를 동시 진행
3 단계 경찰신고	학부모등이 진정할 조짐이 없을 경우 경찰에 신고
4 단계 최후조치	경찰이 도착할 때까지 원장 등이 적극 개입하여 추가 피해방지-원장대응 멘토 4-1. '학부모님, CCTV(또는 스마트 폰)로 지금상황이 녹화되고 있어 향후 형사처벌의 증거로 사용될 수 있으니 진정하십시오.' 4-2. '진정하시고 원하는 사항을 차분히 말씀해 주셔야 도움을 드릴 수 있습니다.'
5 단계 사후조치	① 특이민원 발생보고서 작성 및 원장보고(관할 행정청) ② 법적조치 사항 등에 대해 유관기관(관할 행정청, 변호사 등) 협의하여 진행

5. 온라인 민원 및 문서상 폭언 · 성희롱 등

온라인 민원 및 문서상, 폭언 · 성희롱 등 – 전화 · 대면 폭언 등에 준하여 대응	
1 단계 폭언 등 확인	온라인 민원 및 문서상, 폭언 등 확인 – 민원분류 – 민원내용이 있고 폭언 등을 사용한 경우와 민원내용이 없고 폭언 등만 사용한 경우로 구분하여 분류
2 단계 경고문 발송	**민원내용이 있고 폭언 포함된 경우 – 학부모에게 경고공문 통지** – 민원내용은 있으나 일부 폭언(욕설 등)이 사용된 경우에는 민원인에게 민원회신과 함께 일부 내용이 관련법에 저촉될 소지가 있고 폭언 등이 반복될 경우 법적 조치 등을 취할 수 있다는 경고문구가 포함된 **경고공문 통지** '귀하께서 2019.05.07.자 민원(제목: OO) 내용 중에 표현한 'XXX' OO법 제O조 제O항에 의한 OO죄에 해당될 수 있습니다. 귀하께서 앞으로도 동일표현을 사용하시면 원에서는 법적 조치를 취할 수 있다는 점을 알려드리니 양지하여 주시기 바랍니다. **민원내용이 없고 폭언만 있는 경우 – 법적 조치 경고공문 통지** – 문서 등에 표현된 폭언만으로도 법적 조치 등을 취할 수 있다는 점 통지 '귀하께서 2019.05.07.자 민원(제목: OO) 내용 중에 표현한 'XXX' OO법 제O조 제O항에 의한 OO죄에 해당될 수 있습니다. 귀하의 표현에 대해 원에서는 법적조치를 취할 수 있다는 점을 알려드리니 양지하여 주시기 바랍니다.
3 단계 법적조치 추진	학부모의 폭언 지속사용 시 – 법적 조치 추진 ① 특이민원 발생 보고서 작성 및 원장보고 ② 법적조치 사항 등에 대해 유관기관(행정청, 변호사 등) 협의하여 진행

6. 학부모 등 (민원인)을 배려하는 표현 예시

무심코 쓰는 표현	학부모 등(민원인)을 배려하는 표현
기다리세요.	잠시만 기다려 주시겠습니까?
모르겠는데요.	죄송합니다만, 잘 모르겠습니다. 좀 더 알아보고 알려드려도 될까요?
할 수 없는데요.	죄송합니다. 지금은 할 수 없지만 도울 수 있는 방법이 있는지 찾아보겠습니다.
자리에 없습니다.	지금 자리에 안 계십니다. 메모를 남겨드릴까요?
담당자가 아니어서 모르겠는데요.	죄송합니다. 담당자가 아니라서 제가 잘 알지 못하는 내용이니 전화를 돌려드려도 되겠습니까? 담당자의 전화번호는 000-0000입니다.
예? 뭐라고요?	죄송합니다만, 다시 한 번 말씀해 주시겠습니까?
아닙니다.	죄송합니다만, 제가 확인한 결과 00가 아니라고 합니다. 양해해 주시면 감사하겠습니다.
잠깐 기다리세요.	잠시만 기다려 주십시오.

2절 특이민원의 대응방안

1. 특이민원 법적 대응요령

순 서	구 분	내 용
1 단계	사전고지	녹음, 녹화 등
2 단계	법적조치 구두경고	법적조치 1 ~ 3회 고지
3 단계	법적대응 여부조사 및 법적대응결정	어린이집에서 법률전문가 등 자문 【별지 1】
4 단계	학부모 등(민원인) 통보	학부모 등에게 통보(메시지 등) 【별지 2】
5 단계	법적조치 추진	민사 또는 형사상 조치

※ 보육교직원의 휴게시간 제공 등

○ 산업안전보건법 제41조(고객의 폭언 등으로 인한 건강장해 예방조치)
  같은법시행령 제41조(고객의 폭언 등으로 인한 건강장해 발생 등에 대한 조치)
  같은법시행규칙 제41조(고객의 폭언 등으로 인한 건강장해 예방조치)

▸ 보육교직원이 폭언, 반복 등 특이민원으로 인하여 정신적 또는 심적고통이 클 경우 60분 이내의 범위에서 휴게시간을 부여할 수 있음

▸ 보육교직원이 특이민원인과 통화가 30분 이상 지속되거나 면담시간이 1시간 이상 지속되는 경우에는 응대를 정중하게 종료할 수 있음
  이때 휴게시간을 부여 할 수 있음

▸ 다만, 휴게시간 부여 시 보육담당반 등은 대체교사 또는 다른 반에 교사에게 함께 보육하도록 조치하여야 함

▸ ① 업무의 일시적 중단 또는 전환, ② 근로기준법 제54조(휴게)제1항에 따른 휴게시간의 연장, ③ 산업안전보건법 제41조제1항에 따른 폭언 등으로 인한 건강장해 관련 치료 및 상담 지원 ④ 관할 수사기관 또는 법원에 증거물·증거서류를 제출하는 등 산업안전보건법 제41조제1항에 따른 고객 응대근로자 등이 같은 항에 따른 폭언 등으로 인하여 고소, 고발 또는 손해배상 청구 등을 하는 데 필요한 지원

2. 행위유형에 따른 적용법률 등

(1) 행위유형에 따른 적용법률

구 분	행위유형 및 적용법률
단순폭언	• **행위** 정당한 이유없이 시비를 걸거나 거칠게 겁을 주는 말이나 행위 • **법률** 경범죄처벌법 제3조 제1항 제19호 불안감 조성 • **형량** 10만원 이하의 벌금, 규류 또는 과료의 형으로 처벌 ※ 벌금은 5만원 이상, 감경하는 경우 5만원 미만으로 할 수 있음 과료는 2천원 이상 5만원 미만임 구류는 1일 이상 30일 미만임 형법 제45조 내지 제47조
모욕에 해당하는 폭언	• **행위** 공연히 (불특정 또는 다수인이 인식할 수 있는 상태) 사람을 모욕하는 행위 ※ 폭언의 내용이 '사람에 대한 경멸의 의사를 표시하는 것'이라면 형법상 모욕죄에 해당됨 • **법률** 형법 제311조 모욕 • **형량** 1년 이하의 징역이나 금고 또는 200만원 이하의 벌금 ※ 모욕죄는 피해자가 아닌 제3자의 고발로서는 공소제기가 불가능하며 피해자의 고소가 있어야 공소제기 가능 (소위 친고죄)
협박에 해당하는 폭언	• **행위** 폭언의 내용에 '해악의 고지' 로서 상대방에게 공포심을 일으킬 정도의 것이 포함되어 있다면 협박죄에 해당 • **법률** 형법 제283조 협박, 존속협박 • **형량** 3년 이하의 징역 또는 500만원 이하의 벌금, 구류 또는 과료 ※ 업무를 수행하는 보육교직원에 대한 협박행위를 할 경우, 협박죄와 동시에 업무방해죄가 성립됨
폭행	• **행위** 사람의 신체에 유형력을 행사 • **법률** 형법 제260조 폭행, 존속폭행 • **형량** 2년 이하의 징역, 500만원 이하의 벌금, 구류 또는 과료 ※ 업무를 수행하는 보육교직원에 대한 폭행행위를 할 경우, 폭행죄와 동시에 업무방해죄가 성립됨 (2012도1895판결) ※ 협박죄는 피해자의 명시한 의사에 반하여 공소를 제기할 수 없는 소위 반의사 불벌죄 임

구 분	행위유형 및 적용법률
상해	• **행위** 사람의 생리적 기능을 훼손하는 행위 • **법률** 형법 제257조 폭행, 존속폭행 • **형량** 7년 이하의 징역, 10년 이하의 자격정지 또는 1천만원 이하의 벌금 ※ 업무를 수행하는 보육교직원에 대한 상해행위를 할 경우, 상해죄와 동시에 업무방해죄가 성립됨
기물파손	• **행위** 어린이집에서 사용하는 서류 기타 물건 등을 손상시키는 행위 등 • **법률** 형법 제314조 업무방해죄와 형법 제366조의 재물손괴죄 • **형량** 5년 이하의 징역 또는 1천500만원 이하의 벌금/3년 이하의 징역 또는 700만원 이하의 벌금 ※ 위험한 물건을 휴대하여 기물을 손괴한 경우 형법 제369조의 특수손괴죄로 가중처벌
전화응대 성희롱	• **행위** 전화를 이용하여 성적수치심이나 혐오감을 일으키는 행위 • **법률** 성폭력범죄의 처벌 등에 관한 특례법 제13조 통신매체를 이용한 음란행위 • **형량** 2년 이하의 징역 또는 500만원 이하의 벌금
대면응대 전화응대 업무방해	• **행위** 허위의 사실을 유포하거나 기타 위계 또는 위력으로써 사람의 업무를 방해하는 행위 • **법률** 형법 제314조 업무방해 • **형량** 5년 이하의 징역 또는 1천500만원 이하의 벌금 ※ 업무를 수행하는 보육교직원에 대한 업무방해죄의 위력행위는 폭행이나 협박죄에 이르지 않더라도 자유의사를 제압하기에 족한 정도만 되면 성립함
전화응대 반복전화	• **행위** 정당한 이유 없이 다른 사람에게 전화 · 문자메시지 · 편지 · 전자우편 · 전자문서 등을 여러 차례 되풀이하여 괴롭히는 행위 • **법률** 경범죄처벌법 제3조제1항 제40호 장난전화 등 • **형량** 10만원 이하의 벌금, 구류 또는 과료(科料)

※ 업무

직업상 맡아서 하는 일 (어린이집 원장 또는 유치원 원장 등 담당자)

※ 직무

직책이나 직업상의 맡은 바 임무

(보통 형법상 직무는 공무원이나 의사 등 공공성 있는 자의 업무를 말함)

(2) 법적조치 전 검토사항

○ 어린이집에서 발생하는 모든 문제해결은 합법적이며 합리적인 수단과 방법 등 수많은 대화와 양보 그리고 화해, 사과와 용서 등의 방법을 통하여 해결하여 함

법적조치는 보충적이며 **최후적 수단**이므로 심사숙고 후 법률전문가의 법률자문을 득한 후 **신중하게** 검토해야 할 것임

○ 어린이집 업무방해

어린이집 앞 피켓 1인 시위 = 업무방해죄, 벌금형

어린이집 공사대금 못 받았다며 어린이집 앞에서 **'땀 흘리며 어린이집 공사해준 노임 떼어먹는 어린이집에서 우리 아이가 무얼 배울까'** 등 문구 담긴 피켓 1인 시위는 업무방해죄의 '위력'이란 유형적이든 무형적이든 묻지 않고, 어린이집은 학원이나 영업시설과는 달리 주변환경 평온과 안전이 중시되는 점, 피고인 등이 사용한 피켓의 문구는 어린이집 대표자의 명예를 훼손하는 내용으로 어린이집에 등원하는 원아들과 그 부모들의 의사결정에 충분히 영향을 미칠 수 있는 내용이므로 업무방해죄에서 말하는 **'위력'**을 인정하기에 충분함－**벌금 30만~70만원 선고 원심확정** (대법원 2013. 2. 28 선고 2012도12321판결)

(3) 관련법률

□ **형법**

제257조(상해, 존속상해) ①사람의 신체를 상해한 자는 7년 이하의 징역, 10년 이하의 자격정지 또는 1천만원 이하의 벌금에 처한다.
②자기 또는 배우자의 직계존속에 대하여 제1항의 죄를 범한 때에는 10년 이하의 징역 또는 1천500만원 이하의 벌금에 처한다.
③전 2항의 미수범은 처벌한다.

제258조(중상해, 존속중상해) ①사람의 신체를 상해하여 생명에 대한 위험을 발생하게 한 자는 1년 이상 10년 이하의 징역에 처한다.
②신체의 상해로 인하여 불구 또는 불치나 난치의 질병에 이르게 한 자도 전항의 형과 같다.

③자기 또는 배우자의 직계존속에 대하여 전2항의 죄를 범한 때에는 2년 이상 15년 이하의 징역에 처한다.

제260조(폭행, 존속폭행) ①사람의 신체에 대하여 폭행을 가한 자는 2년 이하의 징역, 500만원 이하의 벌금, 구류 또는 과료에 처한다.

②자기 또는 배우자의 직계존속에 대하여 제1항의 죄를 범한 때에는 5년 이하의 징역 또는 700만원 이하의 벌금에 처한다.

③제1항 및 제2항의 죄는 피해자의 명시한 의사에 반하여 공소를 제기할 수 없다.

제261조(특수폭행) 단체 또는 다중의 위력을 보이거나 위험한 물건을 휴대하여 제260조제1항 또는 제2항의 죄를 범한 때에는 5년 이하의 징역 또는 1천만원 이하의 벌금에 처한다.

제283조(협박, 존속협박) ①사람을 협박한 자는 3년 이하의 징역, 500만원 이하의 벌금, 구류 또는 과료에 처한다.

②자기 또는 배우자의 직계존속에 대하여 제1항의 죄를 범한 때에는 5년 이하의 징역 또는 700만원 이하의 벌금에 처한다.

③제1항 및 제2항의 죄는 피해자의 명시한 의사에 반하여 공소를 제기할 수 없다.

제284조(특수협박) 단체 또는 다중의 위력을 보이거나 위험한 물건을 휴대하여 전조제1항, 제2항의 죄를 범한 때에는 7년 이하의 징역 또는 1천만원 이하의 벌금에 처한다.

제285조(상습범) 상습으로 제283조제1항, 제2항 또는 전조의 죄를 범한 때에는 그 죄에 정한 형의 2분의 1까지 가중한다.

제313조(신용훼손) 허위의 사실을 유포하거나 기타 위계로써 사람의 신용을 훼손한 자는 5년 이하의 징역 또는 1천500만원 이하의 벌금에 처한다.

제314조(업무방해) ① 제313조의 방법 또는 위력으로써 사람의 업무를 방해한 자는 5년 이하의 징역 또는 1천500만원 이하의 벌금에 처한다.

② 컴퓨터등 정보처리장치 또는 전자기록등 특수매체기록을 손괴하거나 정보처리장치에 허위의 정보 또는 부정한 명령을 입력하거나 기타 방법으로 정보처리에 장애를 발생하게 하여 사람의 업무를 방해한 자도 제1항의 형과 같다.

□ 경범죄 처벌법

제3조(경범죄의 종류) ① 다음 각 호의 어느 하나에 해당하는 사람은 10만원 이하의 벌금, 구류 또는 과료(科料)의 형으로 처벌한다. 〈개정 2014. 11. 19., 2017. 7. 26., 2017. 10. 24.〉

2. **(흉기의 은닉휴대)** 칼 · 쇠몽둥이 · 쇠톱 등 사람의 생명 또는 신체에 중대한 위해를 끼치거나 집이나 그 밖의 건조물에 침입하는 데에 사용될 수 있는 연장이나 기구를 정당한 이유 없이 숨겨서 지니고 다니는 사람
3. (폭행 등 예비) 다른 사람의 신체에 위해를 끼칠 것을 공모(共謀)하여 예비행위를 한 사람이 있는 경우 그 공모를 한 사람
19. (불안감조성) 정당한 이유 없이 길을 막거나 시비를 걸거나 주위에 모여들거나 뒤따르거나 몹시 거칠게 겁을 주는 말이나 행동으로 다른 사람을 불안하게 하거나 귀찮고 불쾌하게 한 사람 또는 여러 사람이 이용하거나 다니는 도로 · 공원 등 공공장소에서 고의로 험악한 문신(文身)을 드러내어 다른 사람에게 혐오감을 준 사람
40. (장난전화 등) 정당한 이유 없이 다른 사람에게 전화 · 문자메시지 · 편지 · 전자우편 · 전자문서 등을 여러 차례 되풀이하여 괴롭힌 사람

② 다음 각 호의 어느 하나에 해당하는 사람은 20만원 이하의 벌금, 구류 또는 과료의 형으로 처벌한다.

3. (업무방해) 못된 장난 등으로 다른 사람, 단체 또는 공무수행 중인 자의 업무를 방해한 사람

□ 성폭력범죄의 처벌 등에 관한 특례법

제13조(통신매체를 이용한 음란행위) 자기 또는 다른 사람의 성적 욕망을 유발하거나 만족시킬 목적으로 전화, 우편, 컴퓨터, 그 밖의 통신매체를 통하여 성적 수치심이나 혐오감을 일으키는 말, 음향, 글, 그림, 영상 또는 물건을 상대방에게 도달하게 한 사람은 2년 이하의 징역 또는 500만원 이하의 벌금에 처한다.

□ 명예훼손죄나 모욕죄

형법(시행 2018. 12. 18. 법률 제15982호, 2018. 12. 18. 일부개정)

제307조(명예훼손) ① 공연히 사실을 적시하여 사람의 명예를 훼손한 자는 2년 이하의

징역이나 금고 또는 500만원 이하의 벌금에 처한다.

② 공연히 허위의 사실을 적시하여 사람의 명예를 훼손한 자는 5년 이하의 징역, 10년 이하의 자격정지 또는 1천만원 이하의 벌금에 처한다.

제308조(사자의 명예훼손) 공연히 허위의 사실을 적시하여 사자의 명예를 훼손한 자는 2년 이하의 징역이나 금고 또는 500만원 이하의 벌금에 처한다.

제309조(출판물 등에 의한 명예훼손) ①사람을 비방할 목적으로 신문, 잡지 또는 라디오 기타 출판물에 의하여 제307조제1항의 죄를 범한 자는 3년 이하의 징역이나 금고 또는 700만원 이하의 벌금에 처한다.

② 제1항의 방법으로 제307조제2항의 죄를 범한 자는 7년 이하의 징역, 10년 이하의 자격정지 또는 1천500만원 이하의 벌금에 처한다.

제310조(위법성의 조각) 제307조제1항의 행위가 진실한 사실로서 오로지 공공의 이익에 관한 때에는 처벌하지 아니한다.

제311조(모욕) 공연히 사람을 모욕한 자는 1년 이하의 징역이나 금고 또는 200만원 이하의 벌금에 처한다.

제312조(고소와 피해자의 의사) ① 제308조와 제311조의 죄는 고소가 있어야 공소를 제기할 수 있다.

② 제307조와 제309조의 죄는 피해자의 명시한 의사에 반하여 공소를 제기할 수 없다.

□ 정보통신망 이용촉진 및 정보보호 등에 관한 법률(약칭 : 정보통신망법)

제70조(벌칙) ① 사람을 비방할 목적으로 정보통신망을 통하여 **공공연하게 사실**을 드러내어 다른 사람의 명예를 훼손한 자는 3년 이하의 징역 또는 3천만원 이하의 벌금에 처한다.

② 사람을 비방할 목적으로 정보통신망을 통하여 공공연하게 **거짓의 사실**을 드러내어 다른 사람의 명예를 훼손한 자는 7년 이하의 징역, 10년 이하의 자격정지 또는 5천만원 이하의 벌금에 처한다.

③ 제1항과 제2항의 죄는 피해자가 구체적으로 밝힌 의사에 반하여 공소를 제기할 수 없다.

3. 형사사건 등 (명예훼손, 모욕, 배임, 횡령 등)

(1) 명예훼손 또는 사자명예훼손

○ 명예훼손죄 성립요건

- 사실의 적시 – 허위사실 또는 사실
- 비방의 목적 – 다만, 사실의 적시 행위가 진실한 사실로서 공공의 이해에 관한 사실이거나, 적시의 목적이 오로지 공익을 도모하기 위하여 행하여진 것이라고 인정될 경우에는 처벌하지 않음
- 공연성 – **전파가능성** (많은 사람들이 알 수 있는 상태에서 피해자가 누구인지 알 수 있도록 하는 사실 또는 허위사실의 적시 행위)
- 형법 제307조(명예훼손) 2년 이하 징역 또는 금고 또는 500만원 이하 벌금

○ 공연히 사실을 적시(摘示)하여 사람의 명예를 훼손하거나(형법 제307조) 공연히 허위의 사실을 적시하여 사자(死者)의 명예를 훼손(형법 제308조)하는 것을 내용으로 하는 범죄임. 즉, 피해자의 사회적 가치나 평가를 떨어뜨리는 경우임

- 많은 사람들이 알 수 있는 상태에서
- 피해자가 누구인지 알 수 있도록
- 사실, 허위사실 등 구체적인 내용으로 피해자의 사회적 가치나 평가를 떨어뜨리는 경우 성립함

○ **사자명예훼손**

- 형법 제308조 (사자의 명예훼손) – 공소시효 3년,
2년 이하 징역 또는 금고 또는 500만원 이하 벌금
- 구체적인 사실의 적시가 허구의 사실일 때에만 본죄가 성립함

○ **정보통신망법에 의한 명예훼손죄**

- 명확한 대상 있어야, 제3자 존재해야 함
- **공공연하게 사실 드러내어 명예훼손 – 공소시효 5년**

3년 이하의 징역 또는 3천만원 이하의 벌금

- **거짓의 사실 드러내어 명예훼손 – 공소시효 7년**
  7년 이하의 징역, 10년 이하의 자격정지 또는 5천만원 이하의 벌금

- 인테넷 악풀, 사이버상에서 행해지는 명예훼손, 인터넷 게시글, 인터넷 게시글의 댓글, 타인의 명예를 훼손하는 글, 영상이나 이미지 등을 올리는 일 등

- 정보통신망 이용촉진 및 정보보호 등에 관한 법률 제70조제1항 및 제2항에 의하면 명예훼손이란 사람을 "비방할 목적"을 가지고 정보통신망을 통해 공공연히 사실이나 거짓을 드러내어 타인의 명예에 훼손을 가하는 행위들로 이를 "**사이버 명예훼손**"이라고 함

- 비방할 목적이 드러나지 않는다면 정보통신망이용촉진 및 정보보호 등에 관한 법률상 사이버 명예훼손죄 성립요건에 해당하지 않고 형법에 근거한 명예훼손죄가 성립하게 된다고 봄

- 사이버 명예훼손죄 성립 요건은 ① 대상이 특정되어 있어야하고(명예훼손의 주체, 즉 훼손의 객체가 특정) ② 비방할 목적이 있어야 하며 ③ 구체적인 사실이나 허위사실 언급이 있어야 함. 즉, 특정인의 가치나 평가가 침해될 수 있을 정도로 구체적인 사실이나 허위사실의 언급이 있어야 함

- 명예훼손죄가 성립되어 처벌된 경우 피해자에 의해 정신적 위자료 등 손해배상청구도 가능함으로 **말과 행동뿐만 아니라 맘카페 등 인터넷상에서에 상당한 주의가 필요함**

아동학대 혐의를 받는 보육교사 실명을 학부모에게 유출한 경우
개인정보보호법 및 정보통신망법 위반

갑 원장은 2018. 10. 11. ○○시 ○○구 한 축제장에서 원생을 학대한 의혹을 받은 보육교사의 실명을 학부모에게 유출한 혐의로 어린이집 원장을 개인정보보호법 위반혐의로 불구속기소
그 외 맘카페에 회원 2명도 같은날 보육교사가 어린이를 학대했다는 글을 인테넷 카페에 올리고 보육교사 실명을 카페회원 10여명에게 쪽지로 유포해 정보통신망법위반 혐의로 불구속기소 됨
(인천지방검찰청 부천지청 2019. 02. 21)

○ 명예란 사람의 사회적 지위에 대한 사회의 평가를 말함. 그 평가의 대상은 그 사람의 혈통, 용모, 지식, 건강, 신분, 행동, 직업, 지능, 기술, 성격 등 여러 가지가 있으나

재산적 지위에 관하여는 '신용' 으로써 보호받고 있음 (형법 제313조)

○ 여기서 사람, 즉 명예의 주체는 사회생활을 영위하는 자이면 누구도 될 수 있다. 자연인뿐만 아니라 법인, 법인격 없는 단체를 포함하고 자연인은 유아, 정신이상자, 전과자, 피고인 등도 포함함

○ '공연히'란 불특정 또는 다수인이 인지할 수 있는 상태를 말함. 따라서 불특정인 경우에는 다수인이건 아니건 불문하고, 다수인인 경우에는 불특정이건 특정이건 불문함(통설). '사실을 적시한다'란 사람의 명예를 훼손시키는 사실을 표시하는 것을 말하며, 사람의 명예를 훼손하는 데 족한 일체의 사실을 포함함. 적시된 사실은 진실의 여부는 불문하나 구체적인 것이어야 함

○ 사자에 대한 명예훼손죄는 구체적인 사실의 적시가 허구의 사실일 때에만 본죄가 성립함. 다만, 형법 제307조1항의 경우에 있어서 그 행위가 진실한 사실로서 공공의 이해에 관한 사실이거나, 적시의 목적이 오로지 공익을 도모하기 위하여 행하여진 것이라고 인정될 경우에는 처벌하지 않음 (형법 제310조)

어린이집 교사 퇴사요구를 위해 사회관계망서비스에 단체 대화방을 만들어 거짓사실 게시 등
정보통신망 이용촉진 및 정보보호 등에 관한법률 위반 (명예훼손)

어린이집 학부모는 어린이집 교사를 퇴사시킬 목적으로 사회관계망서비스에 단체대화방을 만들어 어린이집 교사가 아동의 이마를 밀거나 우는 아이를 복도에 방치하였다는 등의 게시글을 올림.
사법당국 조사결과 거짓으로 보육교사 명예를 훼손한 것으로 법원은 이 사건으로 인해 피해자가 직장을 그만두게 되는 등 피해정도가 가볍지 않고 피해자가 엄벌을 탄원하고 있는 바 학부모가 반성하고 있고 초범인 점 등을 고려하였다는 취지로 징역 6개월에 집행유예 2년을 선고하였음 (제주지방법원 형사2단독 2019. 10. 04)

(2) 모욕

○ 공연히 사람을 모욕함으로써 성립하는 범죄임

▸ 구체적 사실이 아니라 추상적 관념을 사용하여 **사람의 인격을 경멸하는 표현(경멸의 의사를 표시 – 욕, 거동 등)**을 사용하는 것임

- 불특정 다수가 알 수 있도록 공개해야 모욕죄가 성립됨. 명예훼손죄와 차이점은 구체적 사실을 포함하는가의 여부임
  (어린이집 내에서 어린이나 보육교직원들 있는 곳에서 욕을 하면 명예훼손죄 또는 모욕죄가 될 수 있음)
- 모욕죄는 친고죄이며, 1년 이하의 징역이나 금고 또는 200만원 이하의 벌금에 처함

○ 공연히는 불특정 또는 다수인이 인식할 수 있는 상태를 말함

- 모욕죄의 객체에는 자연인, 법인, 법인격 없는 단체가 포함되며 행위방법은 언어 · 서면 · 거동(침을 뱉거나 뺨을 때리는 행위) 등을 불문하며, 부작위에 의한 모욕도 가능함
- 특히, 주관적 구성요건으로는 공연히 사람을 모욕한다는 인식이 있어야 함

(3) 배임 또는 횡령

○ 업무상 배임죄는 타인의 사무를 처리하는 자가 업무상 임무에 위배하는 행위를 해 재산상 이익을 취득하거나, 제3자에게 취득하게 해 본인에게 손해를 가한 때 적용됨

○ 횡령은 타인의 재물을 보관하는 자가 재물을 횡령하거나 반환을 거부함으로써 성립되는 범죄

○ 예를 들어, 어린이집 원장이 특별활동 운영업체와 공모해 어린이집 원생 특별활동비를 부풀려 결제한 다음 이 가운데 일부를 돌려받아 개인적으로 사용하였다면 **업무상 횡령죄 (벌금 300만원 등)** 해당됨
(대법원 2018. 10. 25. 선고 2017도934 판결)

※ 형사처벌 등 검토 시 주의사항

○ 객관적 범죄사실 확정을 위한 **증거채득**이 가장 중요함
(통화기록, 문자메시지, 사회관계망서비스, 녹음, CCTV, 증인 등)

형사소송법 제307조(증거재판주의)

① 사실의 인정은 증거에 의하여야 한다.

② 범죄사실의 인정은 합리적인 의심이 없는 정도의 증명에 이르러야 한다.

4. 각종서식 (민원보고, 경고문, 고소장)

【별지 33】

특이민원 발생보고서

○○○ 어린이집

발생일시		00 반		원 장	
민원제목					
학 부 모 (민 원 인)					
주 소					
담 당 자		업 무		전 화	
민원내용	6하 원칙에 따라 핵심내용 위주로 간략하게 작성				
담당교사 의 견					
원장의견					
법률자문 의 견					

V

【별지 34】

전화폭언에 대한 서면 경고문(예시문)

□ **문서제목** 전화폭언에 대한 서면 경고문

□ 본 문

1. ◔◔◔ 어린이 집에서 알려드립니다.
2. 귀하께서는 0000. 00. 00. 00:00에 분홍만 보육교사와 통화중 정당한 이유 없이 시비를 걸거나 겁을 주는 말을 하였습니다.
3. 이와 같은 행위는『경범죄 처벌법』제3조 제1항 제19호에 해당될 수 있습니다.
4. 귀하께서는 앞으로 000 어린이집에 민원을 위한 방문이나 전화 등을 하실 수 있으나 폭언 등이 재발될 경우에는 ◔◔◔ 어린이 집에서 법적 조치 등을 취할 수 있다는 점을 알려드리니 양지하여 주시기 바랍니다.

0000. 00. 00.

◎◎◎ 어린이 집 원장

【별지 35】

고 소 장

고 소 인 ○ ○ ○

주 소: ○○도 ○○시 ○○길 111

(연락처 000 - 0000 - 0000)

피고소인 ◇ ◇ ◇

주 소: ○○도 ○○시 ○○길 222

(연락처 000 - 0000 - 0000)

고 소 취 지

고소인은 위 피고소인을 협박(또는 폭언, 폭행, 재물손괴 등), 정보통신망 이용촉진 및 정보보호 등에 관한 법률 위반으로 고소하오니 철저히 조사하여 의법 조치(또는 엄중히 처벌)하여 주시기 바랍니다.

고 소 이 유

1. 사건발생 경위

고소인은 □□□도 ◒◒시 ▣▣구 ▷▷동에 소재한 "□□□ 어린이집"에서 5년째 근무 중인 어린이집 보육교사이고, 피고소인은 고소인이 전에 담당했던 "△△△"(만4세. 여) 어린이의 친모입니다.

△△△는 0000. 5.부터 위 "□□□ 어린이집"에 다니고 있었는데, 0000. 2. 8. 보육실에서 갑자기 다른 ◉◉◉ 어린이를 떠밀어 가벼운 찰과상을 입게 하여 치료해주고 어린이 부모님 및 원장님과 상의하여 집으로 귀가조치 하였습니다.

물론, 담임 보육교사로서 고소인은 위의 일을 "△△△"의 피고소인 모친과 ◉◉◉ 모친에게도 즉시 알려주고 상의하였으며, 보육일지에도 그대로 기록해 두었음은 물론입니다.

2. 피고소인의 고성과 협박 등

그런데 위의 일이 발생한 지 약20여일 지난 후 0000. 2. 27. 늦은 밤 22:30경 피고소인으로부터 고소인의 개인 휴대폰으로 전화가 왔습니다.

–이하 중략–

3. 아동학대협의로 아동보호기관의 조사 등

0000. 2. 28. 오전 11시경 느닷없이 ◉◉◉ 아동보호전문기관 직원 2명과 ◇◇◇구청 담당자 2명이"아동학대"신고가 들어와 조사하러 왔다며 "□□□ 어린이집"을 찾아와 조사를 받게 되었는데, 물론 고소인은 숨기거나 보탬이 없이 사실 그대로를 밝혔습니다.

–이하 중략–

4. 결 어

피고소인은 역시 위와 같이 어린이집을 찾아와 고성과 폭언, 협박 등 형태로 고소인에게 가한 고통에 대하여 책임을 져야하며 그 대가를 치러야 마땅할 것입니다.
그러므로 위 사건은 철저히 조사하시어 피고소인을 엄중히 처벌하여 주시기를 바라며 본 고소에 이른 것입니다.
추후, 피고소인이 고소인에게 고성으로 욕설 또는 협박, 강요한 내용의 휴대폰 통화 내용 등을 제출하겠습니다.

입 증 방 법

1. 증제1호 ······························ (피고소인이 보내온) 문자내용

1. 증제2호 ······························ (피고소인이 ◇◇카페에 게시한) 카페글

1. 증제3호 ······························ 어린이집 아동학대 의심사례에 대한 판정결과 (◉◉◉ 아동보호전문기관)

. . .

고소인 ○○○ (인)

V

□□□ 경찰서장 귀하

※ 고소

범죄의 피해자나 그 법정 대리인이 수사 기관에 범죄 사실을 신고하여 법적 처리를 구하는 일

※ 고발

가해자나 피해자가 아닌 제삼자가 어떤 범죄 사실을 경찰서나 검찰청에 신고하여 수사나 기소를 요구함

저자(著者) – author

■ 이기용

파주시 소통법무관

파주시 복지지원과 과장(현재)

단국대학교 행정대학원

행정안전부 『3기 지방행정의 달인』

서울시인재개발원 강의

고양보육교사교육원 강의(현재)

지방공기업평가원 강의(현재)

감수(監修) – supervision

■ 김태우 변호사

김앤장 법률사무소(현재)

서울대학교

한양대학교 법과대학원 법학박사

사법시험 39회 / 연수원 29기

법무부 검찰국 형사법제과장

춘천지검 영월지청장

대전지검 특수부장검사

현장사례를 통해 배우는
어린이집 운영
알기쉬운 영유아보육법령과 지도점검

1판 1쇄 인쇄 — 2020년 8월 3일
1판 1쇄 발행 — 2020년 8월 7일

저　　자 - 이기용
감　　수 - 김태우
발 행 인 - 강철원
발 행 처 - 양성원
주　　소 - 경기도 파주시 검산로 173번길 29-20
전　　화 - 031-946-3861(代)
팩　　스 - 031-946-3864
이 메 일 - tnwpub@naver.com
홈페이지 - tnwpub.co.kr
출판등록 - 2015년 8월 31일 제 2015-000211 호

ISBN 979-11-6126-289-5

정가 25,000원